中国近代史学文献丛刊

王东 李孝迁／主编

京师大学堂历史讲义合刊

屠寄 王舟瑶 陈黻宸
汪荣宝 服部宇之吉／撰
刘开军／编校

上海古籍出版社

2018年度国家出版基金资助项目

上海高校服务国家重大战略出版工程

上海市教育委员会科研创新计划重大项目
"重构中国:中国现代史学的知识谱系(1901—1949)"
(2017-01-07-00-05-E00029)

丛刊缘起

学术的发展离不开新史料、新视野和新方法,而新史料则尤为关键。就史学而言,世人尝谓无史料便无史学。王国维曾说:"古来新学问之起,大都由于新发现。"无独有偶,陈寅恪亦以为"一时代之学术,必有其新材料与新问题",取用此材料,以研求问题,则为此时代学术之新潮流;顺此潮流者,谓之预流,否则谓之未入流。王、陈二氏所言,实为至论。抚今追昔,中国史学之发达,每每与新史料的发现有着内在联系。举凡学术领域之开拓、学术热点之生成,乃至学术风气之转移、研究方法之创新,往往均缘起于新史料之发现。职是之故,丛刊之编辑,即旨在为中国近代史学史学科向纵深推进,提供丰富的史料支持。

当下的数字化技术为发掘新史料提供了捷径。晚近以来大量文献数据库的推陈出新,中西文报刊图书资料的影印和数字化,各地图书馆、档案馆开放程度的提高,近代学人文集、书信、日记不断影印整理出版,凡此种种,都注定这个时代将是一个史料大发现的时代。我们有幸处在一个图书资讯极度发达的年代,当不负时代赋予我们的绝好机遇,做出更好的研究业绩。

以往研究中国近代史学,大多关注史家生平及其著作,所用材料以正式出版的书籍和期刊文献为主,研究主题和视野均有很大的局限。如果放宽学术视野,把史学作为整个社会、政治、思潮的有机组成部分,互相联络,那么研究中国近代史学所凭借的资料将甚为丰富,且对其也有更为立体动态的观察,而不仅就史论史。令人遗憾的是,近代史学文献资料尚未有系统全面的搜集和整理,从而成为学科发展的瓶颈之一。适值数字化时代,我们有志于从事这项为人作嫁衣裳的事业,推出《中国近代史学文献丛刊》,计划陆续出版各种文献资料,以飨学界同仁。

丛刊收录文献的原则：其一"详人所略，略人所详"，丛刊以发掘新史料为主，尤其是中西文报刊以及档案资料；其二"应有尽有，应无尽无"，丛刊并非常见文献的大杂烩，在文献搜集的广度和深度上，力求涸泽而渔，为研究者提供一份全新的资料，使之具有长久的学术价值。我们立志让丛刊成为相关研究者的案头必备。

这项资料整理工作，涉及面极广，非凭一手一足之力，亦非一朝一夕之功，便可期而成，必待众缘，发挥集体作业的优势，方能集腋成裘，形成规模。华东师范大学历史学系，在史学理论与史学史研究领域有着长久深厚的学术传统，素为海内外所共识。我们有责任，也有雄心和耐心为本学科的发展贡献绵薄之力。在当下的学术评价机制中，这些努力或许不被认可，然为学术自身计，不较一时得失，同仁仍勉力为之。

欢迎学界同道的批评！

前　言

作为国立大学的滥觞,京师大学堂之于中国近代学术的发展意义重大。1906年,大学堂庶务提调、代理总监督曹广权即称京师大学堂"为学部直辖之第一学堂,亦为中国学界之第一关键"[①]。然而,人事代谢,岁月更张。京师大学堂的历史细节已不再是"常识",而成为专门的"知识"。今日欲观察京师大学堂的历史教育及其反响,透视域外知识与思想对于近代中国史学之浸染,重建晚清史学界新旧交锋、中外对话的多元图景,则彼时的历史讲义无疑具有重要参考价值。此为汇编京师大学堂历史讲义之初衷与缘起。

《京师大学堂历史讲义合刊》汇辑历史讲义凡五种,依次为屠寄的《京师大学堂史学科讲义》、王舟瑶的《京师大学堂中国通史讲义》、陈黻宸的《京师大学堂中国史讲义》、汪荣宝的《本朝史讲义》以及服部宇之吉的《京师大学堂万国史讲义》。在这里,对各讲义及其作者略作介绍。

屠寄(1856—1921),字敬山,江苏武进(今属常州市)人。1902年至1904年间,屠寄任京师大学堂教习,《京师大学堂史学科讲义》即是他这一时期的课程讲稿。讲义采用章节体,从传说时代到春秋之世,大致对应清季所谓太古史和上古史。屠寄编纂讲义之时,正值"新史学"崛起之日,讲义明显受此时代风尚的影响。在这部讲述中国古老历史的文字里,虽还说着九头纪、钜灵氏,却也已然体现出新的知识来源与思想工具。

王舟瑶(1858—1925),字玫伯,浙江黄岩(今属台州市)人。1902年,管学大臣张百熙聘王舟瑶为京师大学堂教习,"教授师范馆经学科,

---

[①] 曹广权:《京师大学堂同学录·序》,载房兆楹辑《清末民初洋学学生题名录初辑》,"中央研究院"近代史研究所,1962年,第56页。

仕学馆历史科,学生凡三百余人"①。次年冬,两广总督岑春煊奏调王舟瑶襄办学务,王氏遂离职。《京师大学堂中国通史讲义》起于三皇五帝,下迄隋唐。察其内容,实为一部中国古代学术史②。举凡文字之创制、礼乐之制定乃至天文历法、经学诸子皆在其讨论范围。书首《论读史法》既表达出对"旧史学"的价值认同,亦可见对"新史学"的热切关注,此中纠缠与权衡耐人寻味。

陈黻宸(1859—1917),字介石,浙江瑞安人。1904 年 1 月 19 日,陈黻宸入京师大学堂讲授史学,每周授课三次③。1906 年 10 月,陈黻宸离京赴粤,任两广方言学堂监督兼两广优级师范学堂教务长。《京师大学堂中国史讲义》从春秋时期讲起,有接续屠寄讲义之意。内容包括"读史总论"、"政治之原理"、"社会之原理"、"孔子作《春秋》"、"孔子之门"、"孔子弟子之轶闻"、"孔子弟子之派别"、"老墨之学"。前三讲阐述建设新史学的理论,提出"史质"、"史情"等概念,皆为新颖之论断,其余五讲则评述老子、孔子及其弟子和墨子之学。陈氏讲义曾收入《陈黻宸集》。

汪荣宝(1878—1933),字衮父、衮甫,号太玄,江苏元和(今属苏州市)人。1904 年底至 1906 年秋,汪荣宝执教于京师大学堂译学馆,撰成《本朝史讲义》。此讲义约有三个版本。一是 1906 年京师学务处官书局本,两册,两编 20 章④。第一册为第一编开创时期,第二册为第二编全盛时期,止于乾隆朝。二是 1909 年商务印书馆初版,一册,三编 26 章,封面题"学部审定中学堂师范学堂用",题名《中国历史教科书》(原注:原名《本朝史讲义》),版权页署汪荣宝编纂,张元济校订,较之前本增加"第三编忧患时期",下限延至太平天国运动失败。其中,第三编第二十五章的一部分以及第二十六章为京师大学堂译学馆教习杨敏曾遵循汪荣宝体例补写,所补内容也经过了汪氏的认可。三是 1913 年商务印书馆的许国英增订本,更名《清史讲义》,增补"第四编改革时

---

① 王舟瑶:《默盦居士自定年谱》,《北京图书馆藏珍本年谱丛刊》第 185 册,北京图书馆出版社,1999 年,第 453 页。
② 王舟瑶自定年谱称于京师大学堂任教期间著有《中国学术史》,可以印证。
③ 陈黻宸:《致醉石弟书第二五》,载陈德溥编《陈黻宸集》下册,中华书局,1995 年,第 1061 页。
④ 讲义第二编末印有"第三编忧患时期续出"字样,待考。

期",叙事直至清朝覆亡。上述版本中,以京师学务处官书局本最早,惜非足本;1913年增订本内容完备,惟第四编出自许国英之手,加之朝代更替,与汪氏叙事立场已呈物换星移之势,并不契合"京师大学堂历史讲义"的本旨。故而本次整理以1909年商务印书馆初版为底本,参校京师学务处官书局本。

日本学者服部宇之吉(1867—1939)是日本东京帝国大学文科大学教授,文学博士,1902年至1909年执教京师大学堂。对于晚清知识界及学堂士子而言,"万国史"尚属一个新的知识体系和学术概念。《京师大学堂万国史讲义》卷首《提要》回应何谓万国史、万国史之开端、万国史之分期诸问题。正文四章则讲述古埃及、两河流域和波斯、希腊诸文明间的联系及其隆替。

五种讲义的编次标准,是先中国史,后万国史;于中国史讲义则大体以编纂者入京师大学堂时间先后为序。编校以保持文献原貌为原则,文字上明显的讹、衍、倒径改;文字脱漏酌情增补,并置于"〔〕"内以示区别;原稿双行夹注改为单行夹注。

整理过程中,瞿林东教授、周文玖教授给予莫大鼓励。王应宪、胡文波、周保明、张晓川、张松韬、朱领诸君或代为搜集资料,或答疑解惑。在此一并致谢!

《京师大学堂历史讲义合刊》包罗甚广,讲时代则自草昧以至晚清;论地域则广袤之华夏以外,又及两河流域。笔者学识浅陋,编校难免讹误,恳请读者指正!

刘开军
2018年秋于四川师范大学桂苑

目 录

丛刊缘起 / 1
前言 / 1

京师大学堂史学科讲义 / 屠寄

太古史第一 / 3
第一章　自开辟至叙命纪 / 3
　　第一节 / 3
第二章　自钜灵氏至神农 / 5
　　第一节 / 5
　　第二节 / 5
　　第三节 / 6
　　第四节 / 7
　　第五节 / 8
第三章　自黄帝至帝挚 / 10
　　第一节 / 10
　　第二节 / 12
　　第三节 / 13
第四章　人民开化之度 / 15

上古史第二 / 17
第一章　唐虞 / 17
　　第一节　唐 / 17

第二节　虞／18

第三节　唐虞以前种族之争／18

第四节　唐虞以前之疆域／22

第二章　夏后氏　起戊戌终己酉，自禹至桀十七君，共十四世，通羿、浞四百七十一年／24

第一节／24

第二节　启之嗣位／25

第三节　后羿、寒浞之乱／25

第四节　少康中兴／26

第五节　夏之衰亡／27

第三章　商　汤灭夏以至于受，三十王十七世六百二十九年，或云四百九十六年／29

第一节　商之先世／29

第二节　成汤之兴／29

第三节　伊尹略传／30

第四节　殷之中叶／32

第五节　商之衰亡／33

第六节　商时疆域属国／35

第七节　夏商官制田制／36

第八节　夏商礼俗／37

第四章　西周　武王灭殷，岁在辛卯，至幽王十一年庚午，凡二百九十三年／38

第一节　周之先世／38

第二节　武王克商／39

第三节　周初封建／41

第四节　周公东征后又大封同姓／43

第五节　周公政绩／44

第六节　周初外交／44

第七节　成康致治／45

第八节　昭王南征不复／45

第九节　穆王巡狩四方／45

第十节　共、懿、孝、夷四王 / 46

　　第十一节　厉王监谤,国人流之于彘 / 47

　　第十二节　周宣王中兴 / 48

　　第十三节　幽王之乱,平王东迁 / 48

　　第十四节　西周制度 / 49

第五章　春秋之世　起周平王四十九年,讫敬王三十九年,凡二百四十二年 / 53

　　第一节　春秋十三国原始及位置 / 53

　　第二节　齐桓、宋襄之霸 / 54

京师大学堂中国通史讲义/王舟瑶

论读史法 / 59

第一编　学术史 / 62

第一章　三皇五帝 / 63

　　第一节　伏羲 / 63

　　第二节　神农 / 63

　　第三节　黄帝 / 64

　　第四节　尧舜 / 65

第二章　三代 / 66

　　第一节　夏 / 66

　　第二节　商 / 67

　　第三节　周初 / 67

　　第四节　墨家 / 68

　　第五节　名家 / 70

　　第六节　法家 / 70

　　第七节　阴阳家 / 71

　　第八节　从横家 / 71

　　第九节　农家 / 72

　　第十节　兵家 / 73

　　第十一节　医家 / 73

第十二节　杂家 / 73
　　　第十三节　文家 / 74
　第三章　秦汉 / 75
　　　第一节　秦 / 75
　　　第二节　西汉 / 76
　　　第三节　东汉 / 77
　第四章　汉学别派 / 79
　　　第一节　诸经立学先后 / 79
　　　第二节　《易》家 / 79
　　　第三节　《尚书》家 / 81
　　　第四节　《诗》家 / 82
　　　第五节　《礼》家 / 84
　　　第六节　《春秋》家 / 85
　　　第七节　《论语》家 / 87
　　　第八节　《孝经》家 / 88
　　　第九节　小学家 / 89
　　　第十节　结论 / 93
　第五章　三国　晋　南北朝 / 95
　　　第一节　概论 / 95
　　　第二节　三国儒学 / 95
　　　第三节　晋儒学 / 96
　　　第四节　南北朝儒学 / 96
　　　第五节　老庄之学 / 97
　　　第六节　文学 / 98
　第六章　隋　唐　五代 / 100
　　　第一节　隋 / 100
　　　第二节　唐 / 101

京师大学堂中国史讲义／陈黻宸

读史总论 / 107

政治之原理 / 110
社会之原理 / 112
孔子作《春秋》/ 120
孔子之门 / 124
孔子弟子之轶闻 / 133
孔子弟子之派别 / 136
老墨之学 / 139

中国历史教科书(原名《本朝史讲义》)/汪荣宝

绪论 / 147
第一编　开创时期 / 149
　第一章　本朝建国以前满洲之史略 / 149
　第二章　创业之始及塞外各部之征服 / 151
　第三章　辽东之战争 / 157
　第四章　辽西之战争 / 162
　第五章　朝鲜及内蒙古之臣附 / 172
　第六章　本朝之定鼎及明室之偏安 / 176
　第七章　桂王之割据 / 183
　第八章　三藩之乱 / 192
　第九章　台湾之收服 / 199
　第十章　中西国际之由来 / 203

第二编　全盛时期 / 210
　第十一章　东北经略及中俄交涉 / 210
　第十二章　准噶尔之膺惩 / 215
　第十三章　西藏之平定 / 220
　第十四章　康熙之政要 / 225
　第十五章　青海及准部之叛乱 / 229
　第十六章　雍正之内治及外交 / 235

第十七章　准部之荡平 / 241
第十八章　回部之征定 / 247
第十九章　苗族之剿治及西南诸国之服属 / 252
第二十章　乾隆朝之政治 / 264

第三编　忧患时期 / 272
第二十一章　嘉庆朝各省之叛乱 / 272
第二十二章　回疆之骚动 / 289
第二十三章　鸦片战争 / 295
第二十四章　洪秀全之大乱 / 308
第二十五章　英法同盟军之入寇 / 327
第二十六章　大乱之平定 / 338

京师大学堂万国史讲义 / 服部宇之吉

提要 / 365
卷一　太古史 / 368
第一章　埃及与亚细亚诸国之关系 / 368
　　埃及文化状态之述略 / 370
　　美索博达密亚发达之概要 / 372
　　喀尔垤亚族之文化 / 373
第二章　希伯来族全盛之时代 / 377
　　亚西里亚帝国 / 377
第三章　亚西里亚帝国　四大强国崛起 / 383
　　波斯帝国 / 383
第四章　希腊国发达概略　至纪元前五百年止 / 387

京师大学堂史学科讲义

屠 寄 撰

太古史第一

第一章　自开辟至叙命纪

第一节

太古未有书契，故老相传有盘古氏者，西土考我国太古人种自撒马利亚、巴比伦等处迁来，其民族曰巴科。巴科者，译言百姓也，与盘古音相近。世儒谓盘古犹言盘固，未免望文生义。**肇分天地**，于是天皇氏、地皇氏、人皇氏相继御世。旧传天皇氏一姓十三人，兄弟各一万八千岁；地皇氏一姓十一人，兄弟各一万八千岁；人皇氏一姓九人，兄弟合四万五千六百年。又云：天皇氏始制干枝之名，以定岁之所在；地皇氏定三辰，分昼夜，以三十日为一月，十一月为冬至；人皇氏相厥山川，分为九区，谓之九囿，兄弟各居一方而为之长。主不虚王，臣不虚贵，政教君臣所自起，饮食男女所自始。其说皆荒诞不经。按：黄帝时大挠始作甲子，容成始作历，则未有甲子与历以前，度不过视草木荣枯以纪四时，如蒙九一岁为一草而已。观日之升降以知昼夜，月之盈亏以纪晦朔，积久经验，诚自不难，然究不能骤推冬至也。画野分州亦始自黄帝。人皇之世声教不远，未必遽及大江以南。《易·系辞》言：有夫妇然后有父子，有父子然后有君臣，有君臣然后有上下。庖牺以前，未制嫁娶之礼，则其时男女无别，政教君臣何自而起耶？凡此皆后人附会之辞，削而辨之，不敢疑误后学也。**天皇氏一姓十二头**，十二头犹言十二人。言语质实，如今人数鱼、鸟以头计之。**遗迹在西北柱州昆仑之山下**。西士谓葱岭中大平原，世界最高之地，太古人种实生于此。西北柱州地虽无考，然云昆仑山下，则知去昆仑不远。传记谓为无外之山。郑康成谓无外之山在昆仑东南万二千里。以今地形考之，知不如是之远。天皇氏被迹在昆仑山下，则其人种尚在西北塞外，未入中原也。柱州之"柱"音与叙利亚之"叙"、如德亚之"如"、大秦之"秦"约略相同，近疑仍指撒马利亚言之。**地皇氏一姓十一头，兴于熊耳、龙门之山**。熊耳在今河南卢氏县西南五十里，宜阳县西百里。龙门在今陕西韩城县。**人皇氏一姓九头，**

生于刑马之山,出于隉地之口。以上二地名未详。是时未有官制,稍立尊卑之别,盖渐成部落酋长之世矣,是谓九头之纪。

相传自开辟至获麟,二百七十六万岁,分为十纪,大率一纪二十七万六千年。十纪者,一曰九头纪,一代。二曰五龙纪,五代。三曰摄提纪,一作括提,七十二代。四曰合雒纪,三代。《雒书》合雒纪次禅通纪下。五曰连通纪,六代。六曰叙命纪,四代。七曰循蜚纪,八曰因提纪,《雒书》因提纪次叙命纪下。九曰禅通纪,十曰疏仡纪。《雒书》无此纪。或以十纪自燧人以下,一云庖牺前六纪后三纪,疏仡纪自黄帝始。叙命以上无氏可传。循蜚、因提、禅通、庖牺、神农、黄帝、苍颉其名氏皆见于巴比伦神王系表,则人种西来之说信而有征。

自九头以后,历五龙、摄提、合雒四纪,始教民穴居。又历连通、叙命二纪,御世之君始有氏可考。以下为循蜚纪。

第二章　自钜灵氏至神农

第一节

钜灵氏者出于汾脽，今山西荣河县。挥五丁之士，开通江河，居无恒处，而迹躅于蜀。其后有句强氏、谯明氏、涿光氏、钩陈氏、黄神氏、钜神氏、犁灵氏、大騩氏、今开封府新郑县有大騩山。鬼騩氏、弇兹氏、泰逢氏、冉相氏、盖盈氏、大敦氏、灵阳氏、巫常氏、泰壹氏。

泰壹氏正神明之位，盖始以神道设教者也。其后有空桑氏、空桑故城在今陈留县十五里，伊尹亦生于此。神民氏。神民亦曰神皇，使神民异业，盖分政教为二，使人各司掌之者也。犹太、罗马、天方各教，其始皆以祭司兼治民事。吾国分政教乃在羲、农以前，其识固胜西人也。其后有倚帝氏、次民氏。或谓次民之世，穴处终矣。愚谓太古未有宫室，冬居营窟，夏居橧巢，各因寒暖而异其处。况有巢氏未兴民舍，穴处何以安其身哉？商末古公亶父居邠，犹且陶复陶穴，即今直隶、山西、陕西近边穴处之风犹未革也。已上为循蜚之纪，凡二十有二氏。自此以下传世始可考。

第二节

太古之民，被发卉服，蔽前而不蔽后。有辰放氏作，教之搴木茹皮，以御风霜，绚发冒首，以去灵雨，而民从之，命之曰衣皮之民。传四世。自此以下始有世可纪。其后有蜀山氏。蜀之为国，肇自人皇。其始蚕丛、柏濩、鱼凫三君，各数百岁，同号蜀山。蚕丛居瞿上，故城今成都双流县东十五里。鱼凫治导江，今县属成都。逮蒲泽。今冀州府南宫县。其民魋髻左言，相传最后之君号望帝云。蜀山氏之后，有豗傀氏、传六世。浑沌氏、传七世。东户氏、传十七世。《子思子》曰：东户氏垂精拱默而九寰以承流。当是之时，禽兽成群，竹木遂长,道上颜行而不拾遗,耕者余饩,宿之陇首。其歌乐而不淫,其哭哀而无声,盖至德之世也。按:《子思子》伪书,故附注于此,不入正文。皇覃氏、传七世。启统氏、传三世。吉夷氏、传四世。几蘧氏。

几蘧氏之在天下也,不治而不乱,徇耳目内通而外乎心知。天下之人惟知母而不知父,男女无别,西人所谓杂昏时代,故人知母而不知父。而道家反以此为美俗,过矣。鹑居鷇饮,而不求不誉。昼则旅行,夜则类处。及其死也,槁骨风化而已。命之曰知生之民。据《元桑子》文。其后有豨韦氏、"豨韦"盖"豕韦"之异文,居冀州,伯而不王,其族后为室韦,即汉时东胡也。传四世。大巢氏。

太古民食果蓏,穴居野处,与物相友,无有妳伤之心。其后人民渐多,草木之实不足,乃猎取鸟兽虫蛇以为鲜食。而物始与人为敌,爪牙角毒,不胜其害。有圣人作,教民构木为巢以避之,故号大巢氏,亦曰有巢氏,传四世。或云百有余代。治石楼山南。罗泌云:山在琅邪。今山东清城县西南三十里有石屋山是也。其后有燧人氏。

太古之民,未有火化。其民山居,则食鸟兽,茹毛饮血,衣其羽皮。近水则食鱼鳖蠃蛤,腥臊臭恶,伤害腹胃,而多疾病。有圣人作,上观星象,下察五行,知空中有火,丽木则明,于是顺四时,别五木,钻燧改火,教民熟食,而民利之,故号燧人氏。是为火教化之始。时犹未有文字,燧人氏始作结绳之政,立传教之台,铸金作刃。盖自用石之世,变而为用铜铁之世矣。按:地质学家分太古人民进化之度,曰用石之世、用铜之世、用铁之世。燧人时盖已知开矿,变用石而用金,但其所谓金不知是金是铁也。得四佐焉,曰:明由、必育、成博、陨丘。传八世。或云百余代。其后有庸成氏,居于群玉之山,其山平阿无隘,四彻中绳,盖葱岭中大平原,所谓波谜罗者也。《穆天子传》:西登昆仑,癸巳,登群玉之山。则群玉山在昆仑西可知。按:葱岭在昆仑西,于阗河出焉。河中产玉,则葱岭即群玉矣。已上为因提之纪,十有三氏。

第三节

自庸成氏之后,有轩辕氏、非黄帝轩辕氏。祝融氏。亦作祝诵。轩辕氏作于空桑之北,绍物开智,见转蓬而制乘车,横木为轩,直木为辕,故号轩辕氏。祝融氏听弇州之鸣鸟,以为乐歌,谐神明而和人声,是为乐歌之始,以火施化,亦号赤帝。故后世火官,因以为号。都于郐,今河南新郑县。葬衡山之阳。山在湖南衡州府衡山县，上有祝融峰。

第四节

太皞庖牺氏者，风姓，母曰华胥，生于成纪，今陕西秦州秦安县北。作都于陈。今河南陈州府淮宁县。仰观象于天，俯观法于地，中观万物之宜，于是乎始作八卦，因而重之，爻象备矣，谓天为乾，谓地为坤。西士考知是撒马利亚语，亦足为人种西来之证。此文字之萌芽也。作罔罟，教民佃渔畜牧，以充庖厨。盖是时已自游猎之世变入游牧之世。按：太古之民，山居者猎禽兽，水居者拾蠃蚌，以助果蓏之食。及后人民众多，野兽逃匿，其猛鸷者与人敌，而不易猎取，乃取若马、若牛、若羊、若驴、若犬、若豕、若鸡、若凫等之雏者而字畜之，久之野性渐驯，而高飞、疾走、猛鸷之力亦减。野兽亦且弱肉强食之，于是家畜益依人以避害，而不敢远离，遂成畜牧之世。人民不必入深山密林，而自得卵、乳、血肉、皮革、毛羽、骨角、齿牙之食用。开化之度益进矣。以龙纪官，如春官苍龙、夏官赤龙、中官黄龙之类。于是乎始有官制。纪阳气之初以为律法，有甲历五运，是为律历之始。造琴瑟，是为乐器之始。制嫁娶，以俪皮为礼，是为昏姻之始。按：上古男女无别，人多野合，即合即离，故子生知母而不知父。且妇女柔弱，既无属则男子往往掠夺以为货财，交易以为婢妾，而部落之忿争斗哄日甚。故圣人制为嫁娶之礼，而人道始立。用俪皮者，取鹿有文章，且游牧之世未有布帛也。象法乾坤，以正君臣、父子、夫妇之义，人民乃治。君亲以尊，臣子以顺，群生和洽，各安其性。盖自开辟以来至庖牺氏，百度草创略备，人民开化之度蒸蒸日上矣。庖牺在位百十有五年没，葬于陈。庖牺陵在淮宁县北三里。

女娲者，庖牺同母女弟也，佐庖牺正昏姻，以重万民之判，祷祀神祇，而为女媒，因置媒妁。庖牺没，女娲氏代立。当是时也，有共工氏名康回者，髦身朱发，窃保冀方，任知刑而强，伯九域而不王，自谓水德，以水纪官，壅高堙庳，以害天下。女娲氏讨而诛之，以治天下，都于中皇之山，今陈州府西华县西有女娲城，女娲所都。是为女皇。谯周谓伏羲次有三姓始至女娲，今阙疑。作笙簧，筮张云幕而枚占之。张云幕者，欲变营窟橧巢为穿庐也。游牧之世，逐水草无常处。营窟橧巢又不如张幕之便于移徙，然虑民狃故俗，而惮于变革，故假托神明枚卜以决疑耳。在位百三十年没。女娲墓在河南陕州阌乡县，世谓之风陵。一说在济宁州，一说在赵城。其后有柏皇氏、中央氏、大庭氏、栗陆氏。栗陆敖愎自用，民始携叛。其臣东里谏而被杀，天下益贰，栗陆遂亡。其后有骊连氏、混敦氏、赫胥氏。

赫胥氏之为治也，尊民而重事。方是之时，人居不知所为，行不知所之，鼓腹而游，含饴而嬉，昼动夕息，渴饮饥食，莫知作善而作恶也。其后有尊卢氏、皞英氏、有巢氏。刘恕曰：非人皇后有巢氏。昔在太古，多禽兽之难，圣人教之巢居，人获安焉。及其久也，木处而颠，有圣人教之编槿而庐，缉藋而扉，塓涂茨翳，以避其祸。以其革有巢之化，故亦号有巢氏，是曰古皇。盖屋庐之始也。游牧迁徙之民族，渐趋于土著矣。其后有朱襄氏。

朱襄氏之世，恒风振荡，果木不实，命士达作五弦之瑟，以来阴气，定群生而天下治。其后有葛天氏。

葛天氏之治世也，不言而信，不化而成，荡荡乎无能名之，俗以熙熙。其作乐也，三人操牛尾，投足以歌八阕，一曰《载民》，二曰《玄鸟》，三曰《遂草木》，四曰《奋五谷》，五曰《谨天常》，六曰《达帝功》，七曰《依地德》，八曰《总万物之极》。是为广乐。其后有阴康氏。

阴康氏之始，阴多滞伏而湛积，水道壅塞，不行其原，民气郁阏而殚著，筋骨瑟缩而不达，故作为舞以宣导之，是为乐舞之始。阴康氏治华原。今属陕西西安府。其后有无怀氏。

无怀氏之世，民甘食而乐居，怀土而重生，形有动作，心无好恶。鸡犬之声相闻，民至老死不相往来，命之曰无怀氏之民。已上女娲至无怀十五君，袭庖牺氏之号。世传庖牺之后凡十五代为天子，而后神农氏作。然太皞命官而十五氏多预焉，则皆佐庖牺为治之臣也。岂当时各君一方以理民，如后世诸侯之国耶？

第五节

炎帝神农氏，名石年。母曰任姒，有蟜氏之女，少典之正妃，生神农于姜水，故以姜为姓。凤翔府宝鸡县南有姜氏城。《水经·渭水注》：岐水又东径姜氏城南为姜水。起于烈山，山在今德安府随州城东百八十里。代庖牺氏治天下，故又号烈山氏。亦号伊耆氏、魁隗氏。都陈，迁鲁，郑康成谓炎帝大庭氏也，故鲁曲阜有大庭氏之库。以火纪官。太古人民，皆食禽兽肉。至于神农，人民众多，禽兽不足。于是神农乃求可食之物，相土地燥湿、肥硗、高下，因天之时，分地之利，教民播种五谷，作陶冶斤斧，为耒耜耡耨，以垦草莽。然后五谷兴焉，以助果蓏，实而食之。又尝百草之味，察水泉之甘苦，令民知所避就。当此之时，一日而遇七十毒，神而化之，使民宜之，天下号曰神农。由是鲜食之世一变而为粒食之世矣。日中为市，致天下之民，聚天下之货，交易而退，各得其所，于是始有商政。当是时也，诸侯夙沙氏"夙"一作"质"，质沙即长沙。叛不用命，箕文谏而杀之。退而修德，夙沙之民自攻其君而来归。于是地南至交趾，今安南。北至幽都，旧说以今顺天当幽都，因唐置幽州于此故也。愚谓当在今承德府诸地。东至旸谷，或谓山东登州。或谓奉天金州。西至三危。《一统志》谓在沙州城东南二十里。愚谓实青海西南之古尔班波罗齐老山也。在位百二十年，没葬长沙之茶乡，今长沙府茶陵州。子临魁立。没，子承立。没，子明立。没，子宜立。没，子来立。没，子里立，在位四十九年。没，曾孙榆罔立，居于空桑，为政束急，务乘人而斗其知。诸侯携贰，九黎之君蚩尤作乱。帝避居涿鹿，山名，在今保安州西。在位五十五年。少典国君公孙轩辕起而代之，降封帝于潞，今顺天府通州。神农氏遂亡。神农氏一代君位，皆传子若孙，盖用家族主义也。已上为禅通纪。

第三章　自黄帝至帝挚

第一节

黄帝自然氏，少典国君之子，氏公孙，按：神农氏亦少典国君之子，黄帝与之同族，故氏公孙。名轩辕。母曰附宝，生帝于寿丘，在曲阜东北六里。长于姬水，故以姬为姓。其为道也法自然，故号自然氏。诸书讹作有熊，且以为国名，皆非是。神农氏世衰，诸侯相侵伐，暴虐百姓，蚩尤氏尤甚，神农氏勿能征。轩辕乃习用干戈，以征不享，诸侯咸来宾。轩辕益修德振兵，治五气，艺五种，抚万民，度四方，教熊、罴、貔、貅、䝙、虎，与炎帝战于阪泉之野，今延庆州西。三战，然后得志。蚩尤作乱，不用命。轩辕征师，与蚩尤战于涿鹿之野。是时大雾，军士昏迷。轩辕作指南车、记里鼓，以示四方、远近，遂禽蚩尤，戮于中冀，名其地曰绝辔之野。于是诸侯尊轩辕为天子，代神农氏，是为黄帝。以云纪官，立六相，其治内行刀锯，外用甲兵。天下有不顺者，从而征之，平者去之，披山通道，未尝宁居。东至于海，登丸山，山在今青州府临朐县。及岱宗。西至于空桐，山在今肃州。登鸡头。同上。南至于江，登熊、湘。旧说以熊为熊耳山，然去江远。湘山在今长沙府益阳县。北逐荤粥，合符釜山，今延庆州西北二十里有历山，形如覆釜，疑即此。而邑于涿鹿之阿。故城在今保安州西。迁徙往来无常处，以师兵为营卫。作舟车以济不通，旁行天下，方制万里，画野分州，得百里之国万区。置左右大监，监于万国。经土设井，以塞讼端，立步制亩，以防不足，使八家为井，井开四道，而分八宅，凿井于中。一则不泄地气，二则无费一家，三则同风俗，四则齐巧拙，五则通货财，六则存亡更守，七则出入相同，八则嫁娶相媒，九则有无相贷，十则疾病相救。既牧之于邑，故井一为邻，邻三为朋，朋三为里，里五为邑，邑十为都，都十为师，师十为州。分之于井而计于州，则地著而数详。于是部落酋长之世一变而为封建井田之世，游牧之民悉成土著之民矣。此开辟以来世界一大进化也。

牺、农以来，百度草创而已。至于黄帝，欲开万世文明之治，乃命苍颉作书，或以苍颉为古之帝王。巴比仑神王系表亦有其名。大挠作干枝，十干曰：阏逢、旃蒙、柔兆、强圉、著雍、屠维、上章、重光、元默、昭阳。十二枝曰：困敦、赤奋若、摄提格、单阏、执徐、大荒落、敦牂、协洽、涒滩、作噩、阉茂、大渊献。西士考知皆撒马利亚语，亦人种西来之确证也。黄帝以阏逢摄提格纪元，后儒便文作甲寅。容成作《盖天历》及《调历》。岁纪甲寅，日纪甲子，积余分置闰。设灵台，立占天之官，命隶首作数，始一终九，算法之始。伶伦作律吕，《汉志》谓：伶伦自大夏之西、昆仑之阴取竹于嶰谷。按：秦汉间大夏在妫水北，今布哈尔等地也，在葱岭西，因此知黄帝时，中国与西域交通甚便，亦人种西来之确证。《水经注》云：昆仑之山，其上有黄帝宫，非无稽也。荣瑗作十二钟，大容作《咸池》之乐。染五色为文章，以表贵贱。制冕旒，垂衣裳，伐木构材，建筑宫室，上栋下宇，以避风雨寒暑，作合宫以祀上帝。周所谓明堂。范金为货，作金刀五币，以御轻重。古者民知急于衣食，居水者食蠃蚌而衣草木，居山者食禽兽而衣其羽皮，民老死不相往来。其后人民众多，交通渐广，因寒暖之异，山居者愿得卉服，水居者愿得羽皮，于是乎有贸易。贸易既兴，宜有居中以御轻重之法，于是山居者以皮为币，水居者以贝为货。故币字从巾，而货字从贝。然皮不便于割裂，货不便于携带也。圣人乃范金作刀，以代货。黄金、白金、赤金，凡三等。饰皮为币，凡五等。诸侯聘享，其制不传。然汉武时，以白鹿皮方尺，缘以藻缋，为皮币，直四十万。盖此类也。咨于岐伯，而作《内经》。元妃西陵氏，名嫘螺，亦名嫘祖。教民育蚕。一切制作，粲然大备。于是诸北、儋耳之国，诸北之国在漠北，盖即《辽史》所谓阻卜，《金史》所谓阻𩰚也。儋耳，今广东儋州。莫不献其贡职。

黄帝之子二十五宗，其四母之子，得姓者十有四人，别为十二姓：姬、酉、祈、己、滕、箴、任、荀、僖、姞、儇、依。二人为姬，二人为己。是为姓氏之始。黄帝在位百年，崩葬桥山。山在延安府中部县北。子青阳立，据《左传》，名挚。是为帝少皞。

黄　帝　辨

目东亚之人为黄种，其说发自西人。本国古来无此语也，然经传有黄帝、黎民。《史记·五帝纪》：有土德之瑞，故号黄帝。《封禅书》曰：黄帝得土德，黄龙地螾见。太史公曰：百家言黄帝，其文不雅驯,荐绅先生难言之。孔子所传《宰予问五帝德》及《帝系姓》,儒者或不传。然则黄帝土德王之说,果信乎?据《封禅书》:或曰黄帝得土德,夏得木德,殷得金德,周得火德,秦变周,水德之时。或曰者,史公盖疑之也。以五行旧说证之,土与木为相生,金与木、火与金、水与火为相刻。其所以相生相刻不同者,说者曰:自黄帝至禹禅让也,故相生;殷受夏,周受殷,秦受周,征诛也,故相刻。其言辨矣!然秦献公自以得金瑞,故作畦畤,祀白帝。而始皇时,更命河曰"德水",以冬十月为岁首,色尚黑,度以六为名,则又自以为水德。何其进退无据耶?秦既自命水德,以相刻之理推之,汉家代之,当以土德。公孙臣之言近似矣。然高祖微时,斩白蛇,有物曰:蛇,白帝子,而杀者赤帝子。则又似秦以金德,汉以火德刻之矣。至张苍以河决金堤,为汉家水德之符。夫使五德五运之说果有明征,其理宜推之中外古今而皆信。而秦、汉二代君臣前后无定论如此,则五行家之学不足以公诸天下后世明矣。五行之学既不足信,则黄帝土德之瑞一言,理亦当废。然黄帝则固有其人,见于孔子《易传》者,不可诬也。则黄帝果何号耶?西人以肤色别人种,其学有专家,殆非创自今日。彼谓我为黄种,而我四亿之人亦自认为黄帝之子孙。然则黄帝者,果何种人之帝耶?汉以来,阴阳五行家不足自存其说,学已久废。惟世之谈风水者,窃其支离之绪余,以惑人而糊口,于是停棺不葬,焚毁电杆,拆坏铁路等事,层见叠出,其影响至庚子拳匪之祸而极。今学者不务推其本,拯其末,斤斤执古说以相诮,此不特学界之害,亦人心世道之忧也。

第二节

少皞金天氏,黄帝元妃西陵氏所生,赐姓己,《世本》曰姬。《说文》曰嬴。降居江水,岷江也。为诸侯,邑于穷桑,在今兖州府曲阜县北八里。而登帝位,能修太皞之法,故曰少皞。都于曲阜,以鸟纪官,作《大渊》之乐。在位八十四年崩,葬云阳。今曲阜东北三里。其同母弟昌意之子帝颛顼立。

第三节

　　帝颛顼者，姬姓，黄帝之孙，昌意之子也。母曰昌仆，生帝于若水。若水即金沙江大江之西源也，出青海西巴颜哈剌山至叙州府，北会岷江。有圣德，十年而佐少皞，十二而冠，始封高阳，《图经》言浚仪有高阳故城。浚仪即今祥符。故曰高阳氏。既即位，都帝丘，今大名府开州南。色尚赤。古者民神异业，少皞之衰，九黎乱德，民神杂糅，不可方物。夫人作享，家为巫史，无有要质。民匮于祀，而不知其福。蒸享无度，民神同位。民渎齐盟，无有严威。神狎民则，不蠲其为。嘉生不降，无物以享。祸灾荐臻，莫尽其气。静轩周氏曰：此奸臣僭叛、异端簧惑之始，天道为之小变矣。愚谓黄帝作合宫以事天，敬之至也。九黎乱德，而令民神杂糅，遂开后世一切多神教、凡物教之风。然五帝时，民智未开，易惑于鬼神邪说，诚无足怪。至于今日，开化已四五千年，犹为一切不经无益之事，尤世道之忧也。颛顼忧之，乃命南正重司天以属神，北正黎司地以属民，使复旧常，无相侵渎。盖政教之别自此严矣。命五官，五行之官为木正曰句芒，火正曰祝融，金正曰蓐收，水正曰玄冥，土正曰句龙。《左传》谓颛顼之世，不能纪远，乃纪于近，始为民师，而命以民事。愚谓颛顼非不能纪远，盖不信云物龙凤等为征祥，合于孔子务民之义，敬鬼神而远之义也。《白虎通德论》谓颛者，专也；顼者，正也。能专正天人之道，故曰颛顼。《风俗通义》：言其承文，易之以质，使天下蒙化，皆贵贞悫。观其命重、黎事，可信也。作历，以孟春为元。元年己酉，或云辛亥、辛巳、己丑、丙戌，互异。是时正月朔旦立春，后世谓之颛顼历。颛顼之法，妇人不避男子于路者，拂之四达之衢。盖道路男女异行之礼自此始。男子由右，妇人由左。制九州，北至幽陵，南至交趾，西至流沙，今安西州东南有鸣沙山，西南有故沙州城，即古流沙。然其绵地甚广，虽罗布淖尔以西亦可以流沙目之。东至蟠木，未详。《山海·海外经》以为东海有山曰度索，上有桃树，屈蟠三千里云云。语涉不经，然云山在东海中，近似今之日本。莫不砥属。作《承云》之乐，以祀上帝。在位七十八年崩，葬濮阳。在大名府开州，唐以前为帝丘，商末为朝歌，周为卫国。少皞之孙帝喾立。

　　帝喾者，黄帝之曾孙，少皞之孙，蟜极之子也。少皞之前，天子之号象其德，如炎帝、黄帝。百官之号象其征。如以龙纪、火纪、云纪、鸟纪。颛顼以来，天子之号因其地，如高阳、高辛。百官之号因其事。如司天、司地、木正、火正、金正、水正、土正。帝喾始封于辛，故号高辛氏。辛地未详。年十五佐颛顼,三十而登帝位,都亳。今河南偃师县。共工氏作乱,高辛使火正重黎诛之而不尽。帝以庚寅日诛重黎,而以其弟代重黎居火正,为祝融。命咸墨为《九招》《六英》之乐,倕作鼙鼓钟磬吹苓管埙篪。帝普施利物,不于其身。聪以知远,明以察微。顺天之时,知民之急。仁而威,惠而信,修身而天下服。取地之材而节用之,抚教万民而利诲之,历日月而迎送之,明鬼神而敬事之。其色郁郁,其德嶷嶷。其动也时,其服也士。信如司马迁之言,则帝喾之政,教养兼施,其德公私俱备。宜乎有圣子如尧,开唐、虞二代公天下之风也。在位七十五年崩,葬顿丘。故城在今东昌府清丰县西南二十五里。子挚立,在位九年,不善,诸侯废之,而立其弟放勋,是为帝尧。

第四章　人民开化之度

渴饮饥食，不待教也。然至燧人时始知熟食；庖牺作罔罟，教民畜牧佃渔；神农时始知耕植；黄帝之时，人民土著已多，始立井田之制，多寡贫富均矣。太古之人未有衣服，擥木茹皮，蔽前而已。后世蔽膝之芾犹存古风。神农时已纺织麻枲；黄帝时始育蚕，制玄衣黄裳，未有宫室，营窟橧巢，至是始伐木建筑，上栋下宇，以御风雨。然合宫之制，盖实茅茨也。民间特编槿为庐，缉萑为扉，墐涂而已。先是人民散处，一山一水之隔，民老死不相往来。及其见欆木之浮、飞蓬之转，乃刳木为舟，剡木为楫，以济不通；作椎轮之车，以引重致远，民始免负戴之劳。少皞时驾之以牛，其后夏禹之世，奚仲始驾以马。燧人之世，结绳而治，庖牺始画八卦，刻木成文，是为书契。黄帝之史苍颉始作六书，其书下行，一指事，二象形，三会意，四谐声，五假借，六转注。指事象形谓之文，会意以下谓之志，在于竹帛谓之书。

太古之人见夫苍苍者天，抟抟者地，日月星辰升降隐见盈亏，风雨霜雪雷电作止变幻，山川出云，陵谷迁贸，求其故而不得，则疑，疑则惧，惧则邀福免祸之念动，而崇拜之心生。不知草木腐败之能生瘴疠也，而以为有木石之怪。因鸷鸟、猛兽、恶虫、毒蛇之能伤人而不知防也，以为各有神驱使之。因登山而颠，涉水而沉，行道而殣者之多也，以为有道路之神。甚且疑井灶、堂奥、户牖、屋漏、上下四旁，各有神司之。约举之曰百神，总称之曰万灵，于是祷祀祭祀之事以起。圣人因其势而利用之，乃以神道设教，作为卜筮，以占吉凶而决疑。故庖牺以蓍筮，女娲以枚卜。

神农氏始为八蜡，尝谷于明堂，虽猫虎之神亦迎而祀之，重农也。黄帝作合宫以祀上帝，接万灵，立天地神祇物类之官，是为五官，各司其序，民神异业，政教始分矣。少皞氏之衰，九黎乱德，民神杂糅，家为巫史，开后世淫祀之风。颛顼乃命南正重司天以属神，北正黎司地以属民，使复旧常，无相侵渎。当时祀典虽不可考，大抵天地、日月、星辰、风雨、山川、五行之外，非有功德于民者，不在此数也。

太古洼尊、土簋、土铏、抔饮、抟饭，皆以手。或荐之以木叶，继乃用陶匏。黄帝时铸鼎，然惟帝室用之。

兵器始用石，至燧人之世，五金之矿发见，以火冶之，乃有金刃。庖牺造干戈。神农作斤斧。蚩尤作铠与刀、剑、矛、戟、大弩。黄帝作弓矢、五采牙幢。

嫁娶以俪皮为礼。其送死也，始则厚衣之薪，或委之沟壑，亲土埋藏，其哭哀而无声。其后舜用榖木之棺，禹则用桐棺三寸。

太古之人歌而不谣，投足而舞。庖牺始造琴瑟。女娲氏作笙簧。黄帝作十二律、十二钟。其军乐有鼓吹、铙、角、鞞、钲。货币未制以前，山居之民交易以皮，水居之民交易以贝。至黄帝作金刀，饰皮币，以权其轻重。

孔子作《易》，称庖牺、神农、黄帝，而删《书》断自尧以来。太史公作《五帝本纪》，始于黄帝。诚哉其慎也！然九头诸纪，事迹虽荒渺，其名号往往见于故书雅记及巴比仑神王系表。东西数万里，时隔五千年，何其不谋而合若是？然则秦汉以来，诸家传述尚不尽诬，且其所称，颇足征草昧以来人群进化之理。今删其怪迂之说，取其尤雅驯者著于篇，一二私见，附以自注。若乃年世多寡、姓氏异同，言人人殊，无暇聚讼，略以金氏履祥《通鉴纲目前编》为次，酌以刘恕《外纪》，好学之士，自能参考之。

上古史第二

第一章 唐虞

第一节 唐

帝尧者，帝喾之子，名放勋，伊耆氏。年十五，长十尺，佐兄挚，受封于唐，今山西霍州。故又曰陶唐氏，都平阳。今平阳府临汾县。谓年曰载，能明驯德，以亲九族。九族既睦，平章百姓。百官也。百姓昭明，合和万国。黎民皆变化从上，是以大和。巡狩行教，周流五岳，西教沃民，国未详。东至黑齿。国未详。日本女子旧有涅齿之风，即黑齿遗族也。三苗复九黎之德，三苗本九黎之后，复其凶德，乃使民神杂糅也。尧征而克之丹水之南，丹水在南阳。以服南蛮。育重、黎之后不忘旧者，使复典天地之官，是为羲氏、和氏。分命其四子羲仲、羲叔、和仲、和叔，掌四时之职，立天文台于嵎夷、嵎夷注见上。南交、即安南交趾。西土、康成谓陇西郡之西县，今人谓之兑山。按：西县故城在今甘肃秦州西南百二十里。朔方，按：朔方郡在今内蒙古鄂尔多斯右翼后旗黄河套外西岸，然虞之朔方曰幽都，则在今直隶承德府地。测厘二分二至之日景星象，定稘年为三百有六旬有六日，以闰月正四时。后世作历皆原此法而修正之，以月行十二回为一年，西人所谓阴历也。西历以日为主，不闰月而闰日，谓之阳历。当是时，龙门未开，吕梁未发，吕梁山在汾州府永宁州东北。河出孟门，山在今山西泽州府凤台县、河南怀庆府河内县之间，俗名五门山，其高上下四十里，道甚险峻，所谓羊肠道也。江淮通流，四海溟涬，西教《创世记》亦有洪水，约略与我同时。无论平原高阜，尽皆灭之，名曰洪水。民上丘陵，赴树木。四岳举崇伯鲧，使治之。四岳主四方诸侯之事。崇，国名。其后周文王作丰邑于此，今西安府鄠县。鲧之治水，不主疏通而作堤防,九载功不成。是时尧在位已七十载矣,忧洪水不治,欲让位于四岳。四岳不敢当。尧命明举有德者,不避疏贱,众皆举舜。尧以舜为相。舜使鲧之子禹代鲧治水,而益佐之。禹乘四载,随山刊木,乃酾河为二渠,以引之,又北载之高地,至大陆,泽在今直隶顺德府、赵州之间。播为九河,瀹济、漯,决汝、汉,排淮、泗,而注之海,洪水遂平。尧既用舜,凡二十载,知舜之贤,而己之子丹朱不肖,不足传以位,乃命舜摄行天子之政,而己老焉。又八载,尧崩,葬榖林。今曹州府濮州。

第二节 虞

帝舜者,瞽瞍之子,名重华,生于姚虚。地在今曹州府濮州西南五十里,世曰姚城。父顽,母嚚,象傲。舜耕稼陶渔,以事父母,克谐以孝,使不至于奸。年三十,尧闻其贤,妻之二女以观其内,使九男事之以观其外,封于虞,虞城在今解州平陆县北四十五里。故号有虞氏。尧历试舜以五典百官,皆治。宾于四门,诸侯远方至者皆敬。纳于大录,如后世录尚书事。投以艰巨而志不迷惑。时高阳氏有才子八人,国民谓之"八恺"。高辛氏有才子八人,国民谓之"八元"。舜皆举而用之。尧将以帝位禅舜,使摄行天子之政,以观天意。时水土既平,舜乃巡狩四岳,所至各觐其方之君长,协时月正日,同律度量衡,修五礼,五玉三帛,以二生一死为挚。五载一巡狩,群后四朝。有治功者,赐以车服。乃制刑法,象以典刑,流宥五刑,鞭作官刑,扑作教刑,眚灾肆赦,怙终贼刑。流共工于幽州,放驩兜于崇山,孔颖达谓在衡山之南,则南岭也。窜三苗于三危,殛鲧于羽山,山在今山东沂州府日照县东南。四罪而天下咸服。舜摄政之八载,尧崩。三年丧毕,舜避丹朱于南河之南。朝觐、讼狱者不之丹朱而之舜,讴歌者不讴歌丹朱而讴歌舜。舜曰:天也。乃归中国,即帝位,都蒲坂。今蒲州府永济县。舜知其子商均不肖,而天下宗禹之功,既即位三十三载,命禹摄行天子事。如是者十有七载,舜南巡狩,崩于苍梧之野,今广西梧州府。葬于九疑。山在今永州府道州北。

第三节 唐虞以前种族之争

上古九州,土人色黑,曰九黎。其宗教主多神,则巫祝之流也。西来之客种色黄者,曰巴科,译言百姓,人少而智力特强,以贵族自居。其宗教主尊拜神道,与九黎杂处黄河南北。客种常居帝王诸侯百官之位,而役属九黎,谓之黎民,亦谓之群黎。神农氏世衰,九黎之君长蚩尤氏作乱,始起主客种族之争。时帝榆罔都空桑,蚩尤逐之于涿鹿之阿,九黎大盛,客种几为所摈。少典国君公孙轩辕征诸侯之师,与蚩尤战涿鹿之野,禽而戮之。诸侯咸尊轩辕为帝,是为黄帝。黄帝者,黄种人之帝也,以兵威慑服土人。少皞之衰,九黎复盛,行多神之教,民德瞀乱,以致人人作享,家为巫史。颛顼诛九黎君长,流其子孙居于西裔,分为三国,曰三苗,亦曰有苗,言九黎之苗裔也,谓其民曰苗民,天山在其南北。<small>自伊犁之天山至甘肃之祁连山。</small>其不去者,斥逐之于南方,左洞庭,右彭蠡,北至江淮之间。颛顼乃命重、黎绝地天通,而政教分矣。由是西来百姓繁殖黄河南北,而三苗益徙而南。高辛氏世衰,南方三苗复九黎之德,北向与中国争。<small>时惟黄河两岸称中国。</small>尧征而克之丹水之南。<small>丹水在今南阳府。</small>然三苗仍恃其险远,不服中国之化。其君长专制残酷,作五虐之刑,威胁平民,屡寇中国。<small>所谓蛮夷猾夏。</small>鲧作九仞之城以卫君,造郭以守民,稍稍防御之,是为城郭之始。禹既平水土,摄国政,会诸侯之师征三苗,三年乃服,窜其民之恶者于三危,其善者仍留故地。<small>今湖南、广西、贵州、云南、四川山谷之内多有遗种,与汉人类化,肤色亦黄。惟安南、缅甸、暹罗、巫来由及南洋诸岛之人色黑。</small>于是黄种益繁殖九州,势力大盛。黑种九黎之民,自此不复振矣。

黎 民 辨

《虞书》曰:黎民于变时雍。《伪孔传》:黎,众。又曰:黎民阻饥。《伪孔传》:众人之难在于饥。《孟子》曰:黎民不饥不寒。朱注"黎民"黑发之人。从《孔传》"黎,众"之解,则与《尔雅》合,好古之士然之矣。然朱注黑发之人,则既背《尔雅》,又背《孔传》,求之汉、唐,从无此训,则以朱子为杜撰可也。且注书之例,最病添字。朱既以黎为黑,已知黎为黧之借字矣,横加"发"字,则犯添字之病。以《孔传》为正乎?则《诗》称群黎百姓。既曰群,又曰众,何为也?《记》称九黎。既曰九,又曰众,不词矣。将以朱注为正乎?则《书》称黎民阻饥,必尧、舜之政如匈奴、吐蕃贵壮贱老而后可。是非然者。皤皤黄发,种种颁白,情更可怜,不应尧、舜之圣独不代谋生计也。如必谓"黎民"黑发之人,必我四亿黄帝之子孙如日耳曼种之鸢发而后可也。然则"黎民"果何解耶？曰：古无正言也。无已，则请易朱注黑发之人曰黑色之民。人种学者，我国古无专书也。有之，自欧罗巴人始。人种学者，合天演学、地质学、生理学、言语学、宗教学、社会学种种科学而成者也。欧人之考人种学曰：世界人种同出于波谜罗。波谜罗与今译之巴比伦声相近，地在帖格列斯河、哀甫辣底斯河间之下流，犹太教主摩西建国之地也。自循蜚纪以下至黄帝、苍颉，其氏号皆见巴比伦神王系表。而西士傅兰雅曰《易》八卦之文及《尔雅》岁阳、岁阴之名皆巴比伦语。我国旧籍相传首出之君曰盘古。而西人考我国人种，古称巴喀儿亚。巴喀与盘古声转，儿亚语词，犹称蒙古人曰蒙古利亚也。盘古之后，相传有天皇氏，被迹在西北柱州昆仑山下。昆仑在巴颜哈剌山之西，葱岭之东矣。其后有地皇氏、人皇氏。德人某氏著《东亚历史》，并附图。其考我国上古事，曰黄种人自西北波谜罗来，一循江水而下，止于蜀。其图以绿色别之。故金氏履祥《通鉴前编》曰：蜀之为国，肇自人皇，是谓蜀山氏。而《前编》人皇氏后有钜灵氏者，出于汾脽，挥五丁开通江河，居无恒处，而迹躔于蜀，盖即蜀山氏也。有容成氏者，居群玉之山，其山平阿无隘，四彻中绳，以物产地形言之，盖即今葱岭中之大平原，西图所谓帕米尔。东波谜罗。而德人某氏又言：黄种人同时又一支循黄河而下，散布于黄河南北，今陕西、山西、河南、山东等地。图亦以绿色别之，绿色外皆黄色。考黄帝之前，有大騩氏，其迹在今新郑之大騩山。有空桑氏，迹在今陈留县南十五里。有豨韦氏，居冀州。有祝融氏，都于今新郑县。有庖牺氏，都于今陈州府。有女娲氏，都于今西华县。有阴康氏，都于今华原县。有神农氏，都于今曲阜县。以上诸氏皆在酋长之世，不知其同时各据一方欤？抑先后迭为雄长欤？然故书雅记，其迹皆近黄河南北两岸，其时皆在黄帝以前。客种西来，地广人稀，种族之争未起也。如欧罗巴人初至美洲，主客相安。数传之后，客种西来者益多，务农广殖，未免夺土民生计。土民不能堪，于是土民九黎之君蚩尤氏逐神农氏后裔榆罔，自空桑至于涿鹿。客种公孙轩辕与蚩尤战，胜而戮之。主客之争自此始，九黎之名亦自此始。按《书伪孔传》曰：九黎之君号曰蚩尤。《孔子三朝记》曰：蚩尤，庶人之贪者。韦昭曰：九黎氏，蚩尤之徒也。

《国语》曰：少皞之衰，九黎乱德，民神杂糅，不可方物。盖多神教。颛顼受之，乃命南正重司天以属神，北正黎司地以属民，即《书》所谓"遏绝苗民，绝地天通"也。郑注"苗民"谓九黎之君。按：明明九黎之君而谓之民者，如今日之土司，汉官以民礼待之也。康成犹知种界。及至尧时，三苗复九黎之德，韦昭曰：三苗，九黎之后也。尧征而克之丹水之南。然则三苗即九黎之后，苗民即黎民也。曰九黎者，疑谓九州土民，其肤色黧，所以别于西来之黄种也。何以言之？黄种始居波谜罗，地高无湿，故肤色黄。土族居东亚平原，地卑湿重而作苦，故面目黧黑。且所谓黎者，匪必如今阿非利加人种之作深墨色也，特以黄种视之，则谓之黎民云耳。凡主、客二种之相遇也，彼此必取一名以自别而别人。前史称成吉思汗黑鞑靼种，汪古部白鞑靼种。今之内外蒙古，成吉思〔汗〕之后也；察哈尔，汪古部之后也。其色皆黄，孰辨黑白。今欧罗巴人自谓白种，而谓非洲土族曰黑奴，谓美洲土族曰铜色人，谓南洋岛夷曰棕色人。昔日之黄帝、黎民亦犹是耳。世有疑者，吾不辞杜撰之诮也。难者曰：是苗民黎民，三代以上有居官之资格否？答曰：无之也。问何故无之？答曰：三代以上，等族之制严也。故《尧典》曰：克明俊德，以亲九族。九族既睦，平章百姓。百姓昭明，协和万邦。黎民于变时雍。所谓九族者，尧之宗族，自高祖至玄孙。百姓，百官也。黄种最初西来者约百家，其后为百姓，历代以贵族自居，犹《后汉书·东夷传》云：以百家济海故名百济也。万邦，万国诸侯也，皆黄种也。内而九族百官，外而万国诸侯，既睦且和，于是以少数之客种役属多数之土族。而黎民自是变化其民神杂糅之旧俗，从西来黄种尊天敬祖之政教，而主客和矣。又案《皋陶谟》曰：在知人，在安民。禹曰：知人则哲，能官人。安民则惠，黎民怀之。《诗》曰：宜民宜人。又曰：群黎百姓。然则人也，百姓也，有居官之资格者也，贵族也，亦即西来之黄种也。民也，黎民也，苗民也，有苗也，群黎也，无居官之资格者也，土族也，亦即上古九州之黧种也。此三代以前主客等族之制也。难者曰：客种少而主种多，何以客种反成贵族？曰：客种强而主种弱，此古今中外之通例也。高加索人之侵入印度也，分四等族，若婆罗门，若刹帝利，皆客种也；若毗舍耶，若首陀罗，皆主种也，至今婚姻不通焉。欧罗巴人之侵入亚美利加、阿非利加也，役土人为奴隶，草刈而禽狝之，今存者日衰矣。澳大利亚、南洋群岛皆是也。独何疑乎我上古东亚之黎民耶？虽然，我上古西来之黄种，既战胜东亚之主族黧种而迁之，迄今三四千年，已反客为主矣。我后嗣子孙不念祖宗昔日殖民创业之艰难，自暴自弃，一任他种之宰割，几何不为九黎之续耶！

第四节　唐虞以前之疆域

自神农以上，有"大九州"之说，则洪水以前，地球之理已经发明。至战国之世，邹衍犹能言之。时人疑信参半，谓之谈天，不知其说固有师授也。谓中国曰赤县神州。自黄帝以来，德不及远，惟于神州之内，因山川自然之势，画为九区，亦谓之九州。前史谓颛顼制九州者误也。九州之名见于《禹贡》。尧都平阳，舜都蒲坂，禹都安邑，皆在河北，是为**冀州**。今山西、直隶。**济、河维兖州**。济北，河南。今直隶广平、大名、河间、天津四府及深、冀二州，山东之武定、曹州二府及临清一州。**海、岱维青州**。海以西，泰山以东。今山东之济南、登、莱、青四府。**海、岱及淮维徐州**。海以西，泰山以南，淮以北。今山东之泰安、兖、沂三府、济宁一州，江苏之徐州府及海州，安徽之颍州府及泗州。**淮、海维扬州**。淮以南，东至海。今安徽凤阳府寿州之南，浙江宁波、绍兴、严州三府以北及江西全省。**荆及衡阳维荆州**。荆山以南，至衡山之阳。今湖北安陆、德安、宜昌以南及湖南全省。**荆、河维豫州**。荆山以北，南河以南。今湖北之襄阳、郧阳二府，河南之开封府、河南府及陕州以南。**华阳、黑水维梁州**。华山之阳，西南至黑水上游、黑水以东，今日哈剌乌苏即澜沧江之上游也。今陕西之兴安、汉中二府，甘肃之巩昌府及秦、阶二州，四川一省兼得青海一隅。**黑水、西河维雍州**。雍、梁二州同一黑水。先儒分为二，非也。今陕西、甘肃及青海之地。雍、梁二州西边特广者，禹导江河，黑水用工最久，西羌受化。且黄种西来，西边本其始迁之地也。水土既平，舜以冀州之北广大，分置并州；今山西大同、朔平二府，直隶宣化府。燕、齐辽远，分燕置**幽州**；今直隶之顺天，永平、承德三府、遵化一州及奉天之锦州府。分齐置**营州**，今奉天府地。于是肇十有二州。其后禹受舜禅，复为九州。

舜时荒服，南抚交趾、北发，**西戎**、即天山南路。**析支**、今甘肃之贵德、循化二厅地。**渠搜**，今河套内鄂尔多斯蒙兀地。**北山戎**、在今承德府以北山。**息慎**，今吉林以东。东长、岛夷，疑是琉球、台湾。威德之远，幅员之广，后世莫及。

　　唐虞官制可考见者，内有百揆、舜、禹皆尝居之，总理庶政。四岳、姜姓为之，主四岳之祭，为四方诸侯之伯。司空、掌土之官，禹尝为之。后稷、农官，弃为之。司徒、敷五教之官，契为之。五教者，父义、母慈、兄友、弟共、子孝也。士、黄帝曰理，掌五刑之官，皋陶为之。时兵、刑未分，故蛮夷猾夏，亦使士治之。共工、治百工，垂为之。虞、掌山泽，益为之。议百物，调驯鸟兽而知其言。秩宗、典祭祀之礼，伯夷为之。典乐、谐八音，教胄子。八音，金、石、丝、竹、匏、土、革、木。胄子，天子之太子，卿大夫、元士之嫡子也。夔为之。纳言。出纳帝命，龙为之。其南正、北正，则仍颛顼时旧职也。司天地，授民时，羲、和二氏为之。外有州牧、九州九牧，十二州则十二牧。侯伯。三载考功，三考乃行黜陟。

第二章　夏后氏 起戊戌终己酉，自禹至桀十七君，共十四世，通羿、浞四百七十一年

第一节

夏后氏禹，字高密。姒姓，鲧之子，颛顼之六世孙。母曰修己，有莘氏之女，莘城在今山东曹州府曹县北十八里。生禹于石纽。山在今四川茂州汶山县西。长于西羌，茂州以西至青海皆羌地。受封于夏邑，为诸侯。今开封府禹州。鲧既治洪水无功，舜命禹续其业。洪水之患本在江、河，二水皆源出羌中。禹既生长羌中，知其土俗，故命之。禹与益、稷命诸侯百姓兴人徒以傅土，行山表木，定高山大川，详在《禹贡》。禹伤先人功之不成受诛，于是劳心焦思，八年于外，三过其门而不入。陆行乘车，水行乘舟，泥行乘橇，以板置泥通其道路，或作楯。山行乘樏，或作桐，或作檋，谓以铁如锥头，长半寸，施之履下，上山不蹉跌。身执耒耜，以为民先。决九川注海，浚畎浍注川，一亩之间广尺深尺曰畎，百里之间广二寻深二仞曰浍。洪水漏，中州干，民得去其高险，处平土。暨益奏庶鲜食，暨稷播奏庶艰食，楙迁有无化居。鱼盐徙山林，材木徙川泽，交易其所居积。因定九州贡赋，立五服之制。万邦作乂，四夷来王，惟苗民恃险不服。禹奉舜命，攻逐之。由是苗种益衰，不复能抗华夏。舜崩，禹避舜之子商均于阳城。今河南府登封县东南三十八里有阳城。天下诸侯皆去商均而朝禹。禹乃受禅，为元后，都安邑，今解州安邑县西二里，或云夏县西北十五里。不称帝而称王。王者，众所归往之谓也。是后三代之君，皆称王。并十二州为九，《竹书》：舜即位三十三年复九州。命九牧贡金，美铜也。铸九鼎，图九州百物之形，三代相传，以为王者宝器。元年，颁夏时于邦国，以建寅之月为岁首。自汉至今，奉为历法焉。今《夏小正》其遗书也。命奚仲为车正，始以马驾车，建旗旒旗，以别尊卑等级。南巡狩，会诸侯于涂山，

山在今凤阳府怀远县南八里。执玉帛者万国。又东巡狩，济江而南，致群后于会稽。山在今绍兴府城南十二里，本名苗山。群后亦作群神，言其主山川鬼神之祭也。古者民质，各神明其君，所谓民权时代也。防风氏后至，禹戮之。防风者，汪芒氏君之名。汪芒，长狄之国名，以漆姓守封、禺之山。今湖州府武康县东十八里有封山，又东南二里有禹山。行未还而崩，在位九年。葬会稽之山阴。刘恕曰：大江之南，前代要服。舜、禹南巡崩，不返葬。禹非不尊而敬舜也；启非不孝于其父也。时享在乎庙，貌魂气则无不之也。秦汉以下崇尚墓祭，违经弃礼，远事尸柩，难以语乎理矣。子启嗣。先是有虞氏禘黄帝而郊喾，祖颛顼而宗尧，至夏后氏禘黄帝而郊鲧，祖颛顼而宗禹，郑康成谓有虞氏以上尚德，禘郊祖宗用有德者而已，自夏以下稍用其姓氏之先后为次。祭法小变焉。

第二节　启之嗣位

昔尧以天下为公器，知其子丹朱不肖，不足授天下，于是将授舜。时鲧与共工谏阻之，尧以为授舜则天下得其利，而丹朱病；授丹朱则天下病，而丹朱得其利。尧曰：终不以天下之病而利一人，于是卒授舜。舜亦念禹有大功，而己子商均不肖，不敢以天下私之，卒释商均而授禹。禹亦以益佐己治水有大功，欲法尧、舜，授以天下，乃任之政以观天人之意。益相禹七年，而禹崩。三年之丧毕，益避禹之子启于箕山之阴。山在开封府登封县东南三十里嵩高之北。启象禹之贤，素得群后及国民之心。至是天下朝觐、讴歌、讼狱者，不之益而之启，皆曰：吾君之子也。启乃即位于夏邑，改元，大飨群后于钧台。后亦作神，说见上。钧台在今禹州北门外。群后从归冀都。安邑。启又大享之于璇台。费侯伯益出就国。今河南府偃师县南二十里缑氏城，古费国，即伯益所都。时夏同姓诸侯有扈氏，扈国，今西安府鄠县。以尧、舜传贤，而禹独传子，不服。启与战于甘，甘水在鄠县西。灭之，故《淮南子》谓有扈氏为义而亡也。启在位九年崩，子太康立，居斟鄩。鄩城在今河南府巩县西南五十八里。

第三节　后羿、寒浞之乱

太康失德，废后稷不窋之官，不务农而好畋，黎民咸贰。太康承禹、启之业，君位素定，然一失德而民即贰，可见当时民嵒可畏。畋于有洛之表，洛南。十旬弗反。有穷后羿，穷石在今济南府德州。因民弗忍，拒于河，羿入居斟鄩。

羿之先世未闻。帝喾以上，世掌射官。帝锡以弓矢，封之于鉏。鉏城在今卫辉府滑县。夏衰，自鉏迁于穷石，遂号有穷后氏。太康失国，今陈州府太康县即太康失国后所居。其弟五人奉母颐于洛汭，怨而作歌。太康竟不得还以崩。在位四年。羿立其弟仲康于斟鄩。五年秋九月庚戌朔，日有食之，命胤侯征羲、和。盖是时不知日行轨道，与月相同，因受蔽亏之理，乃视为天道之大变。司天之官羲、和，失职不告，以为大罪而讨之也。然仲康之世，王室微弱，政由羿出。仲康在位七年崩，世子相避羿，出居商丘，即今归德府附郭商丘县。即位，依邳侯。奚仲之后，今徐州府邳州。其后一迁于斟灌，今青州寿光县东五十四里有灌亭。再迁于帝丘。羿遂因夏民而代夏政，用寒浞为相。今莱州府潍县东北三十里有寒城。羿善射，荒于游畋。浞专其国政，内外咸服。相之八年，羿将归自畋，浞使羿之家众逢蒙杀之。浞遂自立，不改有穷之号，因羿之室，生浇及豷。浇既长，使居于过。今莱州府掖县西北二十里有过乡。浞又灭戈以处豷。杜预谓戈在宋、郑之间，未详。相之二十六年，浞使浇率师灭斟灌。明年遂伐斟鄩，大战于潍，覆其舟灭之。京相璠曰：故斟鄩国西北去灌亭九里。盖斟鄩本封在今巩县。及羿、浞篡夏时，弃其本封，与斟灌相依，同奖王室，故二国相去如是之远也。又明年，浞遂使浇弑帝相。时相之后有缗氏，有仍氏之女也，今兖州府金乡县东北十五里有东缗城，即有仍故国都。方娠，亡出自窦，逃归有仍，而生少康。

第四节　少康中兴

少康既长，为仍牧正。可见当时诸国尚是游牧之世。浇闻而忌，使椒求之。少康奔有虞，今归德府虞城县。以违其难，为虞庖正。虞君思妻以二姚，而邑诸纶。纶故城在今虞城县东南三十七里。有田一成，有众一旅，能布其德以抚夏众。初，夏遗臣伯靡奔于有鬲氏，鬲城在今济南府德平县东十里。至是闻少康在，自鬲收斟灌、斟鄩之烬，以伐浞。少康使女艾谍浇杀之，以伐过，亦使季子杼诱豷，伯子杼帅师灭戈。寒浞势孤，竟为伯靡所杀，有穷由是遂亡。少康乃自纶归于夏邑。安邑。自相之弑，夏后氏失国无君者，至是已四十年矣。而少康复即元后之位，《竹书》：乙未年。祀夏配天，不失旧物，号为中兴。元年，群后来朝，宾虞公，封季子无余于越。今绍兴府。三年，复田稷。十一年，使商侯冥治河。十八年，迁于原。原城在今怀庆府济源县西北十五里。迁原后三年而崩。伯子杼立。

杼之五年，自原迁于老丘。今陈留县西北四十里有老丘城。八年，征东海及三寿，东海古国之近鲁者，地未详。得一狐九尾。在位十七年崩，子槐立。槐亦作芬。元年，九夷来御。九夷在徐州莒、鲁之间。来御如今外藩之年班。十六年，洛伯用与河伯冯夷斗。用与冯夷二人名，其爵为伯，其国以河、洛为名。《水经注》以为神，大谬。三十三年，封昆吾氏之子于有苏。苏城在今漳德府临漳县西。或云在怀庆府河内县。三十六年，作圜土，即夏台，亦即重泉。是为牢狱之始。四十四年崩，子芒立。五十八年崩，子泄立。二十一年，始命畎夷、白夷、赤夷、玄夷、风夷、黄夷。二十五年崩，子不降立。六年，伐九苑。疑在今兰州府金城县东北边外。二十九年，殷灭皮氏。故城在今绛州河津县西二里。五十九年，逊位于帝扃。扃之十年，前帝不降崩。十八年，帝扃崩，子厪立，居西河。盖即禹都之安邑。昆吾氏迁于许。今开封府许州。八年，帝厪崩。不降之子孔甲立。

第五节　夏之衰亡

先是，太康失国，王政不行于天下。而诸侯昆吾、豕韦，相继为伯。孔甲元年，废豕韦氏，以刘累代之。然孔甲淫乱，好事鬼神。诸侯化之，夏政始衰。国将兴听于民；将亡听于神。所谓"殷鉴不远，在夏后之世"。九年崩，子皋立。元年，使豕韦氏复国。今卫辉府滑县东南五十里有韦城。三年，帝皋崩，子发立。元年，诸侯宾于王门，成皋北门也。成皋在今开封府汜水县西北。献其乐舞。七年崩，子履癸立，是为桀，居斟鄩。伐有施，有施氏献其女妹喜。有宠，所言皆从。三年，作倾宫以居之，毁容台。礼官之府。畎夷入于岐以叛。十年，伊、洛竭。十一年，会诸侯于仍。有缗氏逃归，遂灭之。十三年，迁于河南。盖即夏邑，以囚汤于夏台知之。初作辇，夏辇用二十人。汉井丹曰：桀乘人车。按：古者驾车以牛马，桀乃以人，是视人如牛马也。宋王安石终身不乘肩舆，可称盛德。今日小官贾竖妇人女子皆乘之，何罪于桀，然桀固初作者也。以人代牛马。十四年，扁帅师伐岷山。岷山庄王女于桀，二女曰琬、曰琰。桀嬖之，琢其名苕华之玉，而弃其元妃妺喜于洛，饰瑶台居之。十五年，商侯履自商丘迁于北亳。释地详下章。十七年，使伊尹来朝。伊尹丑有夏之德。二十年，复归于亳，报汤曰：桀迷惑妺喜，好彼琬、琰，不抚其众，上下相疾，民心积怨，皆曰：上天弗恤，夏命其卒。二十一年，商师至有洛，克之，遂征荆，荆降。桀怒商侯履擅讨，以谀臣赵梁计召之。明年，履来朝，命囚诸夏台，即钧台也，在禹州。置之重泉。又明年，释之。诸侯遂宾于商。二十六年，商灭温。今怀庆府温县西南三十里有古温城。二十八年，姒姓昆吾为夏伐商。安邑有昆吾亭。商会诸侯于景亳，今偃师县西南十四里有古亳城，县南二十里有景山，故曰景亳。伐韦取之，遂征顾。明年，又取之。是时桀益淫乱，三旬不朝。太史令终古谏，不听，与费伯昌先后奔商。桀犹不悛。大夫关龙逄引黄图以谏，曰：古之人君爱民节用，享国之日长，今君用财若无穷，杀人若不胜，亡无日矣。立而不去。桀曰：子又妖言矣。于是焚黄图，杀龙逄。三十年，商师征昆吾。明年，商自陑征夏邑。《伪孔传》以为夏邑即安邑，陑在河曲之南。愚按：《竹书》凡称夏邑多指禹之本封而言，今之禹州也。至于安邑，则称冀都，或称河西，不宜前后自乱其例。况《竹书》桀十三年已云迁于河南，二十二年囚履于夏台，台在禹州，则河南即禹州也。岂两都并建，南北俱称夏邑耶？大雷雨，战于鸣条，《孔传》曰：地在安邑之西。郑康成云：南夷地名。夏师败绩。是日，昆吾亦亡。桀出奔三朡，今曹州府定陶县北有三朡亭。商师从之，俘厥宝玉，战于郕，今兖州府汶上县西北二十里有郕城。获桀于焦门，今颍州府亳州，古焦国。神农之后封国于此，后改为谯，自汉至元为谯县。放之于南巢。今庐州府巢县，古巢伯国。秦为居巢县，东晋置南谯郡。桀谓人曰：吾悔不遂杀汤于夏台，以至于此。夏后氏遂亡。商封夏之后，至周为杞。今开封府杞县。

第三章　商　汤灭夏以至于受,三十王十七世六百二十九年,或云四百九十六年

第一节　商之先世

商之先世曰契,母曰简狄,有娀氏之女,《淮南子》谓有娀在不周之北。按:不周在昆仑东南二千三百里,则有娀当在今青海之地,疑即《禹贡》所谓西戎也。帝喾都在今偃师,而其次妃娶诸有娀,亦足为人种西来之证。盖有娀亦黄种也。为帝喾次妃。以春分玄鸟至之日,从帝祀于郊禖,已而生契。吞卵之说不足信。契既长,佐禹治水有功。舜命为司徒,敷五教,封于商,今陕西商州东九十里有古商城。赐姓子。契兴于唐、虞、大禹之际,功业著于百姓,百姓以平。卒,子昭明立。卒,子相土立,作乘马,四井为邑,四邑为丘,有戎马一匹、牛三头。四丘为甸,有戎马四匹、兵车一乘、牛十二头、甲士三人、卒七十二人,是为乘马之法。卒,子昌若立。卒,子曹圉立。卒,子冥立。夏少康时,为司空,治河,勤其官而水死。其后商人郊祀之以配天。冥卒,子㾓立,㾓亦作亥,讹作振。宾于有易而淫焉,有易国疑因易水名。托于河伯之国仆牛之地。仆牛地未详,疑近濮水,濮、仆同声。有易之君緜臣杀㾓,而取仆牛,商国中衰。㾓之子上甲微立,以河伯之师伐有易,灭之,杀緜臣,商之国势复兴。微以甲日生,故名。商家生子以日名,自微始。上甲微能率契者也,故殷人报焉。卒,子报丁立。卒,子报乙立。帝不降之三十五年,殷灭皮氏,不知在何君之世。卒,子报丙立。卒,子主壬立。卒,子主癸立。卒,子天乙立。天乙名履,是为成汤。

第二节　成汤之兴

先是,契封于商,昭明居砥石,即砥柱也。山在今河南陕州东十里,山西平陆县东南五十里黄河中。迁于商。夏后帝相十五年,相土迁商丘。故城在今归德

府附郭商丘县西南三里。**帝芒三十三年，垓迁于殷。**即景亳也，亦曰西亳。今河南府偃师西十四里有亳城。**帝孔甲九年，殷侯复归于商丘。**约在汤之祖若父主壬、主癸之世。**汤始居北亳，既即王位，都南亳，**杜预曰：梁国蒙县北有亳城，中有汤冢，其西有伊尹冢。亳亦作薄。《括地志》曰：宋州穀熟西南三十五里有南亳故城。《书》所称"三亳"者，蒙县之亳曰北亳，汤所居穀熟之亳曰南亳，汤所都偃师之亳为西亳，汤所迁也。自帝喾及垓曾两居西亳，至汤复迁居之，故曰"从先王居"。《史记》《帝诰》之"诰"当作"告"。**后迁西亳，从先王居。**自南亳迁西亳。**自契至汤，至是八迁矣。**

　　汤之始居北亳也，与葛为邻。今归德府宁陵县北十五里有葛城。**葛伯放而不祀。汤使人问之曰：何为不祀？曰：无以供牺牲也。汤使遗之牛羊。葛伯食之，又不以祀。汤又使人问之曰：何为不祀？曰：无以供粢盛也。汤使亳众往为之耕，老弱馈食。葛伯率其民，要其有酒食黍稻者夺之，不授者杀之。有童子以黍肉饷，杀而夺之。汤因葛杀是童子而征。四方闻者皆曰：汤非富天下也，为匹夫匹妇复仇也。**汤尽保护国民之天职，与今日泰西各国政策暗合。**汤始征自葛载，十一征而无敌于天下。东面而征，西夷怨；南面而征，北狄怨，曰：奚为后我？民之望之，若大旱之望雨也。归市者弗止，芸者不变，诛其君而吊其民，如时雨降。民大说。当是时，夏桀行乱政，三旬不朝。太史令终古执图法泣谏，不听，遂来奔。汤使告于诸侯曰：夏王无道，暴虐百姓，穷其父兄，耻其功臣，轻其贤良，弃义听谗，众庶咸怨，守法之臣，自来归我。诸侯闻之，遂宾于商。其后二年，桀杀其大夫关龙逢。于是汤乃率诸侯之师伐桀，放之南巢。三千诸侯，大会于景亳。汤退，再拜从诸侯之位。汤曰：此天子位，有道可以处之，天下非一家之有也，有道者之有也，故天下惟有道者理之，惟有道者宜久处之。汤以让三千诸侯，皆莫敢当。然后汤践天子之位，乃改正朔，以建丑之月为岁首，变服殊号，示不相沿，易民视听，若天时大变。以仲虺、伊尹为左、右相，反桀之事，遂其贤良，以宽治民而除其邪，徇民所喜，远近归之，迁九鼎于亳。在位三十九年而崩，葬于桐。**偃师县西南有尸乡，其东有桐城，今圮。

第三节　伊尹略传

　　伊尹者，名挚，黄帝相力牧之后，生于空桑，耕于有莘之野，乐尧舜之道。非其义也，非其道也，禄之以天下，弗顾也；系马千驷，弗视也。非其义也，非其道也，一介不以与人，一介不以取诸人。汤使人以币聘之，嚣嚣然曰：我何以汤之聘币为哉？我岂若处畎亩之中，由是以乐尧舜之道哉？汤三使往聘之，既而幡然改曰：与我处畎亩之中，由是以乐尧舜之道，我岂若使是君为尧舜之君哉？我岂若使是民为尧舜之民哉？我岂若于我身亲见之哉？且何事非君？何使非民？天之生斯民也，使先知觉后知，使先觉觉后觉。予，天民之先觉者也。予将以斯道觉斯民也，非予觉之而谁也？思天下之民匹夫匹妇有不被尧舜之泽者，若己推而纳之沟中。其自任以天下之重如此，故就汤而说之以伐夏救民。伊尹之始见汤也，言素王及九主之事。《索隐》曰：太素上皇，其道质素，故称素王。刘向曰：九主者，有法君、专君、授君、劳君、等君、破君、固君、三岁社君。胡克家曰：刘向所称九主，法君谓用法严急之君，若秦孝公及始皇等也；劳君谓勤劳天下，若禹、稷等也；等君，等者平也，谓定等威、均禄赏，若高祖封功臣、侯雍齿也；授君谓人君不能自理，而政归其臣，若燕王哙授子之、禹授益之比也；专君谓专己独断，不任贤臣，若汉宣之比也；破君谓轻敌致寇，国灭君死，若楚戊、吴濞等是也；寄君谓人困于下，主骄于上，离析可待，故孟轲谓之"寄君"也；固君谓完城郭、利甲兵，而不修德，若三苗、智伯之类也；三岁社君谓在襁褓而主社稷，若周成王、汉昭、平等是也。按：素王、九主之说盖出于伊尹之书。汤受学焉。时桀虽无道，汤犹冀其悔过也，使伊尹朝于夏而留事之。桀与之饮酒沉湎，群臣醉者持不醉者，不醉者持醉者，相和而歌。伊尹入告于王曰：大命之至，亡无日矣。王阚然抃，哑然笑曰：子又讹言矣。天之有日，犹吾之有民，日有亡乎？日亡吾乃亡矣。伊尹既丑有夏，复归于亳，汤任以国政。汤欲伐桀，伊尹请乏职贡，以观夏动。桀怒，起九夷之师。伊尹曰：未可，彼尚能起九夷之师，是罪在我也。汤乃请复入职贡。明年，又乏职贡。桀起九夷之师，九夷之师不至。伊尹曰：可矣。遂从汤大会诸侯于景亳，伐夏，灭之。汤既践天子位，以伊尹为右相，谓之阿衡。伊尹作《咸有一德》，又受命为四方献令，令四夷各以方物之易得而不贵者来献。象汤武功，作《大濩》之乐。汤崩，太子太丁未立而卒。伊尹立太丁弟外丙。二年崩，又立其弟仲壬。四年崩，伊尹乃立太丁之子太甲。太甲，成汤嫡长孙也，即位于仲壬柩前，谅闇之中。为人后者谓之子。伊尹作《伊训》《肆命》陈政教所当为。《徂后》言汤之法度。书三篇以训之。太甲不明，颠覆汤法。伊尹放之于桐，三年，百官总己以听。太甲悔过，于桐处仁迁义，三年，以听伊尹之训己。于是伊尹乃迎帝归亳，复君位，而授之政。太甲修德，诸侯咸归殷，百姓以宁。伊尹嘉之，作《太甲训》三篇，褒帝之德。及帝崩，庙号太宗，子沃丁立。八年，伊尹卒，葬于亳。伊尹佐汤革命，《易》：汤武革命。历事五朝，摄政当国，内外不疑，帝沃丁思其功而祀之。其子伊陟，复相太戊，为中兴功臣。孟子曰：五就汤，五就桀者，伊尹也。治亦进，乱亦进，伊尹，圣之任者也。公孙丑曰：伊尹曰：予不狎于不顺，放太甲于桐，民大说。太甲贤，又反之，民大说。贤者之为人臣也，其君不贤，则固可放与？孟子曰：有伊尹之志，则可；无伊尹之志，则篡也。

第四节　殷之中叶

沃丁十九年崩，弟太庚立。《竹书》作小庚。五年崩，子小甲立。十七年，弟雍己立。殷道衰，诸侯或不至。十二年崩，弟太戊立。伊陟为相。亳有桑谷生于朝，一莫大拱。太戊惧，侧身修行。三年，远方重译而至者七十六国。命王孟聘西戎。伊陟赞言于巫咸。告诸太戊而用之。巫咸治王家。作《咸艾》，作《太戊》。太戊赞伊陟于庙，告其治功于祖也。言弗臣，伊陟让。殷复兴，诸侯归之。七十五年崩，庙号中宗，子仲丁立。九年崩，弟外壬立。十年崩，弟河亶甲立。殷复衰。先是，外壬之世，邳人、今江苏南徐州府属之邳州。侁人叛。侁城，今陈留县东五里。河亶甲三年，彭伯克邳。彭城，今徐州府铜山县。五年，侁人入于班方。地未详。彭伯、韦伯伐之，侁人来宾。九年崩，子祖乙立，命彭伯、韦伯，以巫贤咸子。为相，殷复兴。十九年崩，子祖辛立。十四年崩，弟沃甲立。五年崩，沃甲兄祖辛之子祖丁立。九年崩，沃丁之子南庚立。六年崩，祖丁之子阳甲立。自仲丁以来，废嫡而更立诸弟子。弟子或争相代立，比九世乱，殷衰，于是诸侯莫朝。帝阳甲四年崩，弟盘庚立。先是，仲丁自西亳迁于嚣；今开封府荥泽县。《竹书》下有"于河上"三字。河亶甲迁相；故城在今彰德府安阳县西北五里。祖乙迁耿，今蒲州府河津县。耿圮，复迁于庇；《史记》作邢，盖一地也。邢，今顺德府邢台县。南庚迁奄，今曲阜。曰商奄，凡五迁。盘庚即位，初亦居奄，念商之旧民在河北者，嚣、相、耿、庇皆在河北。荡析离居，欲率之复居成汤之故居。故居,孟子所谓汤居亳也,是为北亳。然小民安土重迁,不愿从以俱徙,皆咨嗟怨上。盘庚再三告谕之,再遂涉河以南。盘庚亦自奄迁治亳殷,亳殷即北亳,殷之先世子垓所都,汤初起时亦居之,故曰亳殷。旧说以为地在偃师者误。行汤之政,民用以安。殷道复兴,诸侯来朝。二十八年崩,弟小辛立。殷道复衰。三年崩,弟小乙立,六年,命太子武丁居于河,学于甘盘。十年,帝小乙崩,武丁立。武丁既旧劳于外,尽知民之所好恶,谅闇之中,三年不言,恭默思道,政事决定于冢宰。既免丧,思复兴殷,而未得其佐。知傅说之贤,欲举而用之,恐民之不信也,因托之于梦,以为天赐。使百工图写梦象,旁求诸野,果得说于傅岩版筑之中。立以为相,总百官,使视学养老,殷国大治。刘恕曰:武丁即位之初,殷道中衰,甘盘遁世,朝多具臣。傅说贤而隐于胥靡,一旦举而用之,出于微贱,众必骇怪,故托于梦寐,旁求天下,置诸左右,如天所授。群臣莫之疑惧,而傅说之道得行也。若不知其才,徒以梦取,则与王莽按符命以王兴、王盛为四将,光武据谶用王梁为司空何异哉?仲尼删《书》而存之,可以见武丁之意矣。或以此意问程子,程子曰:然则是伪也,圣人无伪。愚按:道原之说可谓知权矣,程子之说固哉。但使用权而有利于民,虽圣人犹为之,如以武丁托之于梦即为伪,岂孔子微服过宋亦为伪耶?抑《孟子》记孔子之事无稽耶? 三十二年,伐鬼方,今贵州也。唐时罗罗鬼主居之,宋为罗施鬼国。今永宁州西北八十里有红崖山,上有摩崖石刻,金石家以为即殷高宗纪功之文。次于荆。三十四年,王师克鬼方,氐、羌来宾。四十三年,王师灭大彭。五十年,征豕韦,克之。自祖乙元年命彭伯、韦伯至是,历百四十八年,相继而亡。武丁五十九年崩,子祖庚立。武丁,殷之大仁也,力行王道,不敢荒宁,嘉靖殷邦,至于大小,无时或怨。是时舆地,东不过江、黄,江亭在今汝宁府正阳县,黄亭在今河南光州。西不过氐、羌,南不过荆蛮,北不过朔方,而颂声作,礼废而复兴,庙号高宗。高宗有子曰己,有孝行,事亲一夜五起,视衣之厚薄、枕之高下也。其母早死,高宗惑后妻言,放之于野而死。国民哀之,谓之孝己,顿为高宗盛德之累。是以曾子有鉴于此,既出其妻,终身不复娶也。

第五节 商之衰亡

祖庚元年,祀高宗过常礼。祖己述《高宗之训》若曰:王者主民,当敬民事,祭祀有常,不宜特丰于亲庙。《伪古文尚书》误合《高宗肜日》《高宗之训》

为一篇,前后意不通贯。十一年崩,弟祖甲立。先是,武丁知祖甲贤,欲舍其兄祖庚而立之。祖甲以为废长立少不义,逃亡民间,至是乃立。二十四年,重作《汤刑》。三十三年崩。帝旧在野,知小人之依,能保惠庶民,不侮鳏寡。迨其末,繁刑以携远,殷道复衰。子冯辛立,四年崩,弟庚丁立。八年崩,子武乙立。三年,自亳殷迁于河北,即相也,河亶甲旧都,后世谓之殷虚,在淇、洹二水之间,南去朝歌百四十里。命周公亶父,赐以岐邑。十五年,自河北迁沬。故城在今卫辉府浚县西五十里,或云淇县东北。武乙无道,为偶人,谓之天神。与之博,令人为行。天神不胜,乃僇辱之。为革囊,盛血,仰而射之,谓之"射天"。三十五年,畋于河渭,暴雷震死。子文丁立,自沬归于河北。四年,命周公季历为牧师。《竹书》谓:王杀季历。附注谓:执诸塞库,季历困而死。《吕氏春秋》同二书,皆在秦火前。姑存其说于此。十三年,文丁崩。子帝乙立,仍自河北徙居沬。时殷政益衰,夷狄内侵。帝乙命南仲文王之属西距昆夷,北城朔方,以备猃狁。即荤粥,亦即匈奴。猃狁之声转为单于。九年崩,子辛立,世号之曰纣。《谥法》:残义损善曰纣。纣材力过人,手格猛兽,知足以拒谏,言足以饰非,以为天下皆出己之下。好酒淫乐,使师涓一作延。作新淫声,北里之舞,靡靡之乐,因改沬曰朝歌。墨子非乐,故邑名朝歌,墨子不入。筑鹿台,一作南单之台。为琼室玉门,其大三里,高千尺,在朝歌中。凡七年乃成。厚赋敛以实之,而盈钜桥之粟,钜桥跨钜鹿水,上有仓。收狗马奇物充牣之。益广沙丘苑台,大聚乐戏,以酒为池,县肉为林,使男女裸相逐于其间。宫中九市,为长夜之饮。车行酒,骑行炙,以绳羁人头,牵诣酒池,醉而溺死。四年,大搜于黎,黎阳故城在今河南卫辉府浚县东北。以兵威示天下。百姓怨望,诸侯有畔者,于是纣乃重刑辟,作炮烙之法。九年,王师伐有苏,获妲己以归,苏本己姓之国。嬖之,惟其言是从。先是,纣以九侯,九侯故城在今彰德府临漳县西二十里。西伯昌、鄂侯鄂城当在今平阳府翼城县境。为三公。九侯入女于纣,其女不善淫,纣怒而杀之,而醢九侯。鄂侯争之,并脯鄂侯。西伯昌闻而窃叹。崇侯虎以告,二十三年,乃囚昌于羑里,在今汤阴县北九里。凡七年。诸侯皆从之囚,纣于是惧。二十九年,释西伯昌。诸侯迎而归之于程。明年,西伯率诸侯入贡。三十三年,西伯昌献洛西之地千里,王命西伯得专征伐。当是时,纣用费仲为政。仲善谀好利,殷民弗亲。纣又用恶来。恶来善毁谗,诸侯益疏,多叛归西伯。西伯滋大，纣由是稍失权重。三十九年，大夫辛甲出奔周。四十一年，西伯昌薨，子发立。四十四年，西伯发伐黎，灭之。黎，近畿诸侯也。_{黎亭在今潞安府长治县东南。}纣之臣祖伊闻而咎周，急奔告于纣曰：天既讫我殷命，格人元龟，莫敢知吉，非先王不相我后人，惟王淫戏用自绝，故天弃我，不有安食，不虞天性，不迪率典。_{郑玄曰：王暴虐于民，使不得安食，逆乱阴阳，不度天性，傲很明德，不修教法。按：逆乱阴阳谓四十三年春大阅不时。}今我民罔不欲丧，曰：天曷不降威，大命胡不至？_{以上述殷民语。}今王其奈何？纣曰：我生不有命在天乎！祖伊反，曰：乃罪多参在上，乃能责命于天。四十七年，内史向挚出奔周。五十一年冬十一月戊子，周师渡孟津，诸侯叛殷会周者八百，皆曰：纣可伐矣。武王曰：尔未知天命，乃观兵而还。纣愈淫乱不止。微子启_{东昌府城东北有微子城。}数谏不听，乃与太师疵、少师彊谋，遂去。比干曰：为人臣者，不得不以死争，乃强谏纣。纣怒曰：吾闻圣人心有七窍。遂杀比干，剖其心观之。箕子惧而佯狂为奴，纣又囚之。微子出奔。殷之太史屠黍抱祭器适周。_{据《韩非子》。}明年，周武王遂率诸侯伐纣。纣率师拒之牧野。甲子日，纣兵败走，入登鹿台，衣其宝玉衣，赴火而死。周武王遂斩纣首，悬之太白。杀妲己，释箕子囚，封比干墓，表商容闾，封纣子武庚以续殷祀，令修行盘庚之政。殷民大说。于是诸侯共戴武王为天子。及武王崩，武庚与管叔、蔡叔作乱，成王命周公诛之，而立微子启于宋。

齐宣王问曰：汤放桀，武王伐纣，有诸？孟子对曰：于传有之。曰：臣弑其君，可乎？曰：贼仁者谓之贼，贼义者谓之残，残贼之人谓之一夫。闻诛一夫纣矣，未闻弑君也。

第六节　商时疆域属国

商之九有，_{本作囿。}与《禹贡》九州略同。据《尔雅》分冀为幽，易青为营，合梁于雍，其兖、徐、扬、荆、豫五州如旧。此晋孙炎说也。今姑从之。

四海之外，肃慎，_{东。}北发，_{南。}渠搜，_{西。}氐、羌_北。来服。此《大戴礼·少间》篇文也，则与虞夏声教所及略同。而《逸周书》引伊尹四方献令曰：正东符娄、疑即朝鲜。仇州、未详。伊虑、疑即挹娄,今吉林府敦化县地。沤深、疑即靺鞨号室部,今乌苏里江左右。九夷、宋刘敞谓九夷在徐州莒、鲁之间,盖东方之夷也。十蛮、蛮者,统类之词,如《金》《元史》之乃蛮,谋速儿蛮是也。亦如绵、如客儿绵。亦作漫,如起儿漫是。又作曼,如日耳曼是也。此之十蛮大抵在东南。越沤、沤同欧,越沤今浙江东南地。髡发文身,言其俗。请令以鱼支之鞞、乌鲗之酱、鲛瞂、利剑为献。正南瓯、未详。邓、今河南邓州。桂国、今广西桂林府。损子、未详。产里、今云南。百濮、今云南曲靖府地。九菌、即"九真"之异文,今法兰西所属安南国地。请令以珠玑、玳瑁、象齿、文犀、翠羽、菌鹤、短狗为献。正西昆仑、今青海以西。狗国、未详,岂即旅獒之国耶？然郑玄谓獒与豪同,谓其酋豪。鬼亲、枳已、以上未详。阇耳、疑因《禹贡》合黎山得名。贯胸、雕题、离丘、未详。漆齿、请令以丹青、白旄、纰罽、江历、未详。龙角、神龟为献。正北空同、大夏、并见前。莎车、今州同名,即叶尔羌。姑、此下疑脱"师"字,今吐鲁以北、巴里坤以南。他旦、鞑靼异文。蒙兀儿突厥自称其人曰达旦。略貌胡、未详。戎翟、大抵西北游牧之种,无定所。匈奴、商时盖尚是小部落。楼烦、汉时在今山西省朔平府等处。月氏、秦汉之间在今甘肃西境。孅犁、共龙、以上两种未详。东胡、今俄属西悉毕尔有水东北流入昂吉剌河者,曰通古斯河,即东胡初地也。其在秦汉之间南至今直隶边外及奉天等地,后为匈奴所摈,仍北退归故地,居鲜卑山。请令以橐驼、白玉、野马、駒骒、駃騠、良弓为献。据此则商初属国,东与南尽海,西逾葱岭,北过沙漠也。

第七节　夏商官制田制

夏商承古封建之制,列爵惟五,曰：公、侯、伯、子、男。或谓夏商无子、男。

职官：夏有三公、九卿、二十七大夫、八十一元士。殷有二相、左右各一。六太、太宰、太宗、太史、太祝、太士、太卜。五官、司徒、司马、司空、司士、司寇。六府、司土、司木、司水、司草、司器、司货。六工。土工、金工、石工、木工、兽工、草工。

田制：夏后氏一夫授田五十亩,较赋税之中,不论丰歉,十而取一,谓之曰贡。商时依井田古法,分田为九区,区七十亩,中为公田,外为私田。夫受一区,八家各私七十亩,共耕公田。公田所获,入之公家,谓之曰助。愚按：井田创自黄帝,夏、商、周沿其制。所谓五十亩、七十亩、百亩云者,非分田有多寡,特三代以步计亩之数不同耳。当时地多人少,可以置井均分。然此制恐第行于王畿及近畿侯国而已，未必九州通行也。

第八节　夏商礼俗

　　夏尚忠，商尚质，周尚文。故孔子曰：行夏之时，乘殷之辂，服周之冕。吾说夏礼，杞不足征也；吾学殷礼，宋不足征也。文献不足故也。足，则吾能征之矣。可见孔子鉴于周末文胜之弊，欲变而复夏、殷之礼也。子曰：先进于礼乐，野人也；后进于礼乐，君子也。如用之，则吾从先进。所谓先进，夏、殷之制礼者也。所谓后进，周之制礼者也。此孔子之微言也。又曰：周监于二代，郁郁乎文哉！吾从周。_{上二句踌躇而未满志之词，下三字不得已之词。}似孔子尚文矣。及林放问礼之本，子曰：大哉问！礼，与其奢也，宁俭；丧，与其易也，宁戚。又曰：礼云礼云，玉帛云乎哉？乐云乐云，钟鼓云乎哉？信如是言，则孔子苟得位乘时，宜必有以变周制，而用夏、殷之礼者矣。

第四章　西周 武王灭殷,岁在辛卯,至幽王十一年庚午,凡二百九十三年

第一节　周之先世

周之先世曰弃,帝喾元妃姜原所生,性好稼穑,发明农学,于洪水之后,唐虞之际,为农师有功,舜封之于邰。今陕西乾州武功县西南二十二里有氂城。子不窋,世后稷。夏太康不务农,不窋因失其官,而自窜于戎狄之间。盖舍农而游牧。至其远孙公刘,定居于邠,今陕西直隶州名。复修后稷农业。民多徙而保归焉,于是游牧渐成土著。周道之兴自此始。至子庆节,遂立国于邠。六世孙高圉,受殷帝祖乙命,列于诸侯。至曾孙古公亶父,复修后稷、公刘农业,国民皆戴之。是时,殷室中衰,戎狄内侵。邠在泾水之阳,北连荤粥,无险可扼,数被侵略。古公事之以皮币、犬马、珠玉,犹不得免。古公揣知荤粥欲得其地为牧场,乃会国民中之耆老议与之。耆老曰:君不为社稷计乎? 古公曰:社稷所以为民也,不可以此而亡民也。耆老曰:君不为宗庙乎? 古公曰:宗庙,吾私也,不可以私害民。夫有民立君,将以利之。与人之兄居而杀其弟,与人之父居而杀其子,以其所养害所养,吾不忍也。民之在吾与在彼,为吾臣与狄人臣,奚以异? 二三子何患无君? 遂率其私属,走马去邠,渡漆、沮,逾梁山,止于岐山之阳。今凤翔府岐山县地东北,距邠州百二十里。邠民曰:仁人也,不可失也。举国扶老携幼从之,一止而成三千户之邑,改国号曰周。旁国民闻其仁,亦多归之。古公乃贬戎狄之俗,营筑城郭室屋,而邑别居之,作五官有司。国民歌乐其德。古公娶有邰氏之女,曰太姜,贤而有色,生太伯、仲雍、季历,化道三子,皆成贤德。古公有事咨谋焉。季历娶挚国任氏之中女,曰太任,亦贤妇人,知胎教,生子昌,有圣瑞。

古公曰：我世当兴，其在昌乎？太伯、仲雍知父意属昌，二人乃自荆适蛮，留居其地，自号勾吴，断发文身，以同其俗。荆蛮之兵慕义而归之者千余家。太伯居于今常州无锡东五十里之梅里。仲雍居于今苏州之常熟。古公卒，季历立，自岐周迁于毕。地在今西安府鄠县西二十五里。当殷武乙之世，先后伐毕程氏今陕西咸阳县东二十一里有汉安陵县故城，即周之程邑。及义渠，今甘肃庆阳府安化、宁州、固原等处，古义渠之地。西落鬼戎，俘其酋长。文丁之世，又伐燕京、燕京即管涔山之异名，在今山西太原府岚县。余无之戎，今潞安府屯留县地。以功受殷命为牧师。继而又克始呼之戎、翳徒之戎，周之兵威大振。季历薨，昌立。昌之臣南仲，以殷王之命，西拒昆夷，城朔方。汉之朔方郡，今内蒙古鄂尔多斯右翼后旗河套外西岸，朔方县在河套内。未知殷末之城当在何地。纣命昌及九侯、鄂侯为三公。昌德望甚隆，诸侯多叛纣而朝周。以崇侯虎之谗，被囚于羑里，凡七年得释。昌仍帅殷之叛国事纣，及得吕尚为师，益治兵，伐密须，降之。密须氏在今甘肃泾州灵台县西五十里。自毕迁于程。纣之三十三年，昌受殷命为西伯，得专征伐，典治江、汉、汝旁诸侯，三分天下有其二。时虞、芮之间有呕脱地，两国争之，质成于周。入其境，见耕者让畔，行者让路；入其邑，见男女异道，斑白不提挈；入其朝，见士让为大夫，大夫让为卿。二国之君相谓曰：此其君亦能让天下而不居矣，吾所争，周人所耻，吾等小人不可以履君子之庭，只取辱耳。遂相让其地为闲田而退。诸侯闻之曰：西伯盖受命之君也。归之者四十余国。时西伯即诸侯位已四十二年矣，至是称王，改元。明年，取耆—作"饥"。《伪孔传》以为疑即黎国。及鄂，《方舆纪要》谓在今怀庆府河内县西北三十里。两存其说。遂伐崇，今西安府鄠县。再驾而降。即其地，作为酆邑。又明年，自程迁都之。遂伐昆夷，时在泾岐山之间。且命世子发营鄗。今鄠县东三十里。作辟雍以教胄子，作灵台以占天文。其治耕者九一，仕者世禄，关市讥而不征，泽梁无禁，罪人不孥。受命后九年而薨，谥曰文王。

第二节 武王克商

武王即位之十一年，岁在庚寅，始决策伐商。初，武王使人谍商，反报曰：谗慝胜良。王曰：未也。又往，反报曰：贤者出走矣。王曰：尚未也。又往，反报曰：百姓不敢诽怨矣。王告吕尚。尚曰：刑胜故不敢诽怨，其乱至矣。遂兴师，革车三百五十乘，虎贲三千人，步卒二万六千二百五十人。使遍告诸侯曰：商有重罪，不敢不伐。于是西夷庸、今郧阳府西南。蜀、今成都府。羌、陇右岷、洮以西皆古羌地，则今甘肃及西川徼外、青海等处。髳、微、二戎在巴蜀间，今川东地。卢、在襄阳府西南。彭、今西川眉州彭山县。濮、百濮绵地甚广，自湖南之常德、辰州二府迤西南至云南之曲靖。悉师以从。十二月戊午，师毕渡孟津。诸侯以兵来会者，车四千乘。王乃誓师，作《泰誓》三篇。其首篇略曰：惟天地万物父母，惟人万物之灵。亶聪明，作元后，元后作民父母。今商王受，不敬上天，降灾下民，罪人以族，官人以世。惟宫室、台榭、陂池、侈服，以残害于尔万姓。焚炙忠良，刳剔孕妇。天佑下民，作之君，作之师，惟其克相上帝。言君、师惟能助上帝佑民者宜为之。商罪贯盈，天命诛之。予弗顺天，厥罪惟钧。天矜下民，民之所欲，天必从之。尔尚弼予一人，永清四海。时哉弗可失！其次篇略曰：惟天惠民，惟辟奉天。有夏桀弗克若天，流毒下国。天乃佑命成汤，降黜夏命。惟受罪浮于桀，剥丧元良，贼虐谏辅。天其以予乂民。天视自我民视，天听自我民听。百姓有过，在予一人，言百姓皆责我不正商罪。今朕必往。其三篇略曰：天有显道，厥类惟彰。今商王受，自绝于天，结怨于民。作威杀戮，毒痡四海，崇信奸回，放黜师保，屏弃典刑，囚奴正士。上帝弗顺，祝降时丧。尔其孜孜，奉予一人，恭行天罚。古人有言曰：抚我则后，虐我则仇。独夫受洪惟作威，乃汝世仇。树德务滋，除恶务本，言当绝去根株。肆予小子，诞以尔众士，殄歼乃仇。二月癸亥，陈师于牧野。王袜解，五人御于王前，莫肯为结，曰：臣所以事君者，非系袜也。王乃左释白旄，右释黄钺，俛而自系。王誓于师略曰：古人有言曰：牝鸡无晨；牝鸡之晨，惟家之索。今商王受，惟妇言是用，昏弃其家国，遗王父母弟不迪；乃惟四方之多罪逋逃，是崇是长，是信是使，是以为大夫卿士，俾暴虐于百姓，以奸宄于商邑。今予发，惟恭行天之罚。勖哉夫子！弗迓克奔，以役西土。甲子昧爽，纣发兵七十万人拒之。师尚父与百夫致师，以大卒驰纣。纣师虽众，皆欲武王亟入，无战心。前行之士倒戈以开武王。武王以革车、虎贲驰之，商师大崩。纣走，反入宣室，自焚死。武王持太白旗以麾诸侯，诸侯毕拜。武王揖诸侯，诸侯毕从入商国。商之百姓咸待于郊，皆再拜稽首，武王亦答拜。入至纣所，王自射之，三发而后下车，以轻剑击之，以黄钺斩纣头，县之太白之旗，亲射恶来之口。纣之嬖妾二女皆自杀。又射三发，击以剑，斩以玄钺，县其头小白之旗，乃出。明日，除道及商纣宫，柴于上帝，祈于社，朝成汤之庙而出。设奠于牧室，以王瑞自古公亶父兴，故追王太王、王季。上祀先公以天子之礼，不以卑临尊也。改建子月为正月，以垂三统，至于敬授民时，巡狩祭享，犹用夏焉。社用栗，牲用骍，以赤为徽号，八寸为尺。商十二寸为尺。是时微子持其祭器，造于军门，面缚衔璧舆榇。王亲释其缚，受其璧而祓之，焚其榇，礼而命之，使复其位。王以庶殷顽民被纣化日久，未可以建诸侯，乃封纣子武庚而三分其地，命弟管叔鲜尹鄘，今河南郑州直隶州治即古管城。蔡叔度尹卫，蔡故城在今汝宁府上蔡县西南十里。霍叔处尹邶，霍故城在今山西霍州直隶州西六十里。相武庚治殷余民，谓之三监。商有贤人曰商容，为百姓所爱，纣废之。商容执羽龠，冯于马徒，欲伐纣而不能，遂伏于太行山。武王以为三公。辞曰：吾尝欲伐纣而不能，愚也。不争而隐，无勇也。愚而无勇，不足备三公。固辞不受，乃封其间。王已平殷乱，天下宗周，欲筑宫于太行之山。周公旦曰：不可。夫太行之山，固塞险阻之地。使我德能覆之，则天下纳贡职者回也；使我有暴乱之行，则天下之伐我难矣。王乃止，罢兵西归。夏四月，至于丰，荐俘馘于太室，大告武成。

第三节　周初封建

武王克商之二年，即位之十三年。大封诸侯。因追思先圣王，乃封神农之后于焦，今安徽亳州。黄帝之后于蓟，今顺天府大兴县。尧之后于祝。一作铸，今泰安府肥城县西北。舜后封国，自夏以来，或绝或续。商末，虞阏父为周陶正，事武王。王赖其利器用，与其神明之后，以元女太姬配其子胡公满，封之于太暤之虚，都宛丘之侧，国号陈，与黄帝、尧后同敬礼之，是谓"三恪"。夏禹之后，商时或绝或封，得其苗裔东楼公，此谥号也，史失其名。封之于杞，今开封府杞县。与宋为二王后。

其功臣谋士以师尚父为首，封之于营丘，国号齐。封周公于少暤之虚曲阜,曰鲁,召奭于北燕,今顺天府蓟州。毕公高于毕,毕原在今西安府咸阳县北五里。弟叔鲜于管,叔度于蔡,管、蔡释地见上节。叔振铎于曹,今曹州府附郭菏泽县治。叔武于郕,兖州府汶上县西北二十里有郕城。或云今曹州府属濮州东南九十里有雷泽废县城,即古郕国。叔处于霍。今山西霍州西六十里。惟康叔封、聃季载、唐叔虞,年皆少,未及封。是时兼制天下,新封建之国七十一,《帝王世纪》谓封诸侯四百人。兄弟就封者十五人,据左氏僖二十四年《传》曰:昔周公封建亲戚以藩屏周。管、蔡、郕、霍、鲁、卫、毛、聃、郜、雍、曹、滕、毕、原、酆、郇,文之昭也。十五人当为十六人,或当时未尽封耳。姬姓就封者四十人。《荀子》作五十三人。周之子孙不狂惑者,莫不为天下显诸侯。又求太伯、仲雍之后,得仲雍曾孙周章,时已君吴,因而封之。别封周章弟虞仲仲雍之庶曾孙。于故夏虚,为西吴,后世谓之虞。故城在今解州平陆县东北三十里。封箕子于朝鲜而不臣也。周初朝鲜兼得今鸭绿江两岸地。

虞夏以前,诸侯号称万国。其初皆黄种百姓之族长,自西徂东,其苗裔散处神州,役属鳖种之民,各成部落而为之酋长。积威已久,遂成世袭。其地其民,私为己有。其中强有力者,号为元后,余称群后,略修职贡于中央政府。古之帝王为息事安人之故,不敢轻于变置,则且就而封建之,谓之诸侯。中间唐、虞、有夏,先后禅让,和平易代,万国不惊,功德所归,群后拥戴。为元后者亦既受其朝觐,自不得无故削夺其疆土,以故启会涂山,执玉帛者犹号万国焉。及夏之衰,元后威德不能及远,于是诸侯强凌弱,众暴寡,互相兼并。虽前史不详其事,观成汤景亳之命,诸侯号为三千,则较虞夏之世,已减三之二而有余矣。汤既受此三千诸侯之拥戴,其势又不能削夺其疆土,则亦不得不仍其故封,所灭者惟葛与韦、顾、昆吾数国而已。商道中衰,诸侯又相兼并,至武王孟津之会,诸侯不期而至者八百,或云千八百。较夏商之际,其数又减三之二而有余矣。此辈既未助纣为虐,又新有功,纵不加封,自未便削夺其疆土,则又不得不仍其故封。然当时诸侯,世袭已久,各君其国,各子其民,势力强盛,天子特虚文羁縻而已。万一中央集权稍弱,其心向背不可知。况庶殷顽民,尤多反侧。于是武王以母弟三人管叔、蔡叔、霍叔,监武庚之国。又大封功臣同姓数十人,与旧日诸侯错置。若鲁若燕,皆大国而据形要者也,以兄弟处之。齐表东海,陈当中原,亦皆大国也,以贵戚处之。而曹、郕诸国复错置其间。王都鄗京,据崤函之固,东向而临之,天下宜可无事矣。及武王崩,成王立,周公摄政。三叔流言,东方之兵事起。

第四节　周公东征后又大封同姓

　　成王始即位,年十三。太公为太师,召公为太保,毕公为太傅,周公以冢宰总百官。管叔及其群弟疑之,流言曰:公将不利于孺子。公闻之,避居东郊。管叔遂以武庚叛,奄与淮夷、徐戎入于邶以从之。明年秋,王迎公归,命伐殷。三年灭之,诛武庚、管叔,放蔡叔,废霍叔为庶人。分殷民为二,以其一封微子启于宋代殷,其一余民以封康叔,封于朝歌,国号曰卫。遂伐奄,灭薄姑。故城在今青州府诸城县西北五十里。或云在博兴县,或云沂州府莒州东北。明年,王师伐淮夷,遂入奄,迁其君于薄姑。先是,商人服象,为虐于东夷。周公以师逐之,至于江南,东土以宁,诸侯复宗周。使伯禽就封于鲁,而公留相成王。自文、武以至周公,灭国五十。至是,封武王弟季载于聃,地未详。或云在今湖北荆门州西,即春秋之那处。成王少弟叔虞于唐,故城在今太原县北二里。蔡叔子胡于新蔡。今县属汝宁府。又有邢,今河南怀庆府河内县西北三十里有邢城。应,今河南汝州宝丰县西北四十里有后汉父城县,县有应乡,即古应国。韩,今陕西同州韩城县南十八里有古韩城,韩后迁于今之固安县南十七里。皆武王之子,失其始封之君名。凡畿内之地,未详。蒋、今河南光州固始县西北七十里有期思城,楚灭之以封孙叔敖者,即古蒋国。邢、今顺德府附郭邢台县西南。茅、今山东兖州府邹县西南有后汉高平侯国,国有茅乡,即古茅国。或云邹县东北。胙、今卫辉府胙城县。邬,畿内之地,未详。皆周公之胤,亦失其始封之君名。或说蒋名伯龄。又有毛、未详。郜、今山东曹州府城武县东南二十里有古郜城。雍、今怀庆府修武县西有古雍城。滕、文王子叔绣所封,故城在今山东兖州府滕县西南十四里。原、未详,疑在今怀庆府济源县。酆、说见前,今鄠县东。郇、未详。皆文王之子、武王之弟,始封之时及其君名,不尽可考。据《春秋左氏传》富辰所言,大抵皆周公辅成王时所封,所谓"周公吊二叔之不咸,故封建亲戚以藩屏周"也。周道亲亲,故周之宗盟异姓为后,后世政治家颇疑其不合公理。然封建之制既不可骤废,必欲增中央集权之力,以冀国家数世之安,不如是固不可也。

第五节　周公政绩

　　商尚质，质之敝宜救之以文。周公多才多艺，既平商乱，朝诸侯于明堂，颁度量衡，更定礼制，事详《周官》。当时行否不可知，若据春秋事实证之，未必尽行也。作乐曰《勺》，即《大武》也。升歌《清庙》时，舞者戴冕执朱干玉戚而舞之，以象武王伐纣之功。

　　成王即位之七年，周公归政，北面就群臣之位。昔武王尝谓周公曰：自洛汭延于伊汭，居易毋固，其有夏之居。我南望三涂，北望岳鄙，顾詹有河，粤詹伊、洛，毋远天室。营周居于洛邑，未就而崩。至是，成王欲竟武王之志。先使召公相宅洛邑，周公卜筑，迁殷顽民于此而居九鼎焉，是为东都洛邑，曰：此天下之中，四方入贡，道里均也。既成，王如东都朝诸侯，既而还西都，问于尹佚曰：何德而民亲其上？对曰：使之以时而敬顺之。王曰：其度安在？曰：忠而爱之，布令信而不食言。如临深渊，如履薄冰。王曰：可惧哉！国民乎！对曰：天地之间，四海之内，善之则畜，不善则仇也。夏、殷之臣仇桀、纣而臣汤、武，若何其不惧也？

第六节　周初外交

　　先是，武王十五年，肃慎氏来宾，贡楛矢石砮，其长尺有咫。王铭之以分元女太姬，归诸陈，示令德之致远也。及成王九年复来朝，王使荣伯作《贿肃慎之命》。按：舜时息慎即肃慎也，其地在今吉林长白山之北，北至今黑龙江城，东至今俄属东海滨省混同江口。《逸周书·王会解》：西面者正北方，有息慎大麈。所谓"大麈"，今俗呼四不象，南苑有之。十年，越裳氏重三译而来朝，越裳，今法属安南国。贡白雉。周公曰：德泽不加，君子不飨其质；政令不施，君子不臣其人。遣之归，道远恐迷其归路，周公锡以轩车五乘，皆为司南之制。越裳使者载之，由扶南林邑海际期年而至其国。按：周公不受越裳之贡，与管仲不欲受江黄之盟同意。欧美人始锐意求属地，自巴西及脱兰士哇尔等地反动以来，稍知属地之累。我国之于越南、朝鲜尤其明证。今英、俄并窥西藏，将来又必增一番胶葛也。

第七节　成康致治

周公既归政成王，王命公留治东都。自陕以东公主之，陕以西召公主之，陕，今河南陕州。谓之二伯，率四方诸侯听命焉。如是者三年，周公归老于丰。成王命公之子君陈代之。十九年，王巡狩侯、甸、方岳，召康公从归于宗周，遂正百官。当是时也，法立而民不犯。二十一年，乃除治象。谓不悬法于象魏。二十五年，大会诸侯于东都，四夷来宾。三十七年崩，子康王钊立，召康公为冢宰，命毕公保厘东郊。十六年，南巡狩，至于九江庐山。二十六年崩，子昭王瑕立。成康之际，四方安宁，刑措不用者，盖四十余年云。

第八节　昭王南征不复

昭王之时，王道微缺，复治象。六年，命郇侯为伯。郇城在今蒲州府临晋县东北十五里。十六年，伐楚，涉汉，遇大兕。十九年，师还，济汉，中流梁绝，王及祭公溺焉。祭城在今河南郑州东十五里。辛伯余靡振其尸而涉。王崩，不告于诸侯，讳之也。当时汉非楚地，故其后管仲责问屈完昭王南征不复，屈完答以问诸水滨也。子穆王满立。

第九节　穆王巡狩四方

穆王即位时，年已五十余矣，闵文武之道缺，以祭公谋父为卿士，伯冏为太仆正，申诫左右，国政以修，自酆迁都于南郑。今陕西华州北，其后宣王弟桓公友封此。王性好游豫，得千里马，使造父为御，欲辙迹遍天下。十二年，将北征犬戎，祭公谏不从，遂亲率六师、七萃之士以行。毛公班、井公利、逢公固、姜姓。祭公谋父，先后从。遂征犬戎，按之《穆天子传》，似当时犬戎在今山西忻、代二州之间。取其王五，兼获四白狼、四白鹿。于是西征，升昆仑之虚，以观黄帝之宫。又西征，至于西王母之邦。所过诸部酋长，皆馈献马、牛、羊。天子赐之，则膜拜而受。天子乐而忘归。先是，有嬴姓之戎徐子诞者，国于潢池之东，今江苏、安徽界上之洪泽湖。地方五百里，行仁义，陆地而朝者三十六国。天子畏其强，分东方诸侯使主之，锡命为伯。诞沟通陈、蔡之间，欲舟行上国。至是闻天子西征，久而不归，诞乃自称偃王，率九夷之师侵洛。天子闻变，以造父御，疾驰还入宗周，大朝，乃里西土之数，曰：自宗周瀍水以西，至于河宗之邦、阳纡之山，三千有四百里；自阳纡至于西夏氏，二千有五百里；自西夏至于珠余氏及河首，千有五百里；自河首、襄山以西，南至于春山、珠泽、昆仑之虚，七百里；自春山以西，至于赤乌氏，春山，三百里；东北还至于群玉之山，截春山以北；自群玉之山以西，至于西王母之邦，三千里；自西王母之邦北至旷原，飞鸟之所解其羽，千有九百里。大凡自宗周至于西北大旷原，万四千里。乃还，东南复至于阳纡，七千里，还归于宗周，三千里。各行兼数，三万有五千里。十四年，王率楚子伐徐戎，克之。偃王爱民无权，不知权变。不忍斗，故败，乃北走彭城东山下。百姓随之者以万数，因名其山为徐山。偃王将死，曰：吾赖于文德，而不明武备，故至于此。

三十七年，大起九师，东巡狩至于九江，遂伐越，至于纡。疑即今江西赣州府鄠都县。三十九年，王会诸侯于涂山。五十一年，作《甫刑》，罪疑惟轻，许民出镮自赎。在位五十五年，崩于南郑之祗宫。

第十节　共、懿、孝、夷四王

穆王子共王繄扈立。四年，王师灭密。故城在今甘肃泾州灵台县西五十里。九年，王使内史良锡毛伯迁命。穆王三十七年，迁败荆人于泮。十二年崩，子懿王囏立。七年，西戎侵镐。十三年，翟人侵岐。十五年，王自宗周迁于槐里。今西安府兴平县东南十一里。二十一年，虢公帅师北伐犬戎，败逋。当是时，王室遂衰，戎翟交侵。诗人疾而歌之曰：靡室靡家，狁玁之故。岂不日戒，玁狁孔亟。二十五年崩，共王弟辟〔方〕立，是为孝王。元年，命申侯伐西戎。申城在今南阳府城北二十里。五年，西戎来献马。八年，使非子牧马汧、渭之间，今凤翔府地。马大蕃息。孝王封非子为附庸，而邑之秦，今甘肃秦州清水县有秦水。是为秦初立国之祖。孝王九年崩，诸侯立懿王之子燮，是为夷王。是时，荒服不朝。七年，命虢公帅六师伐太原之戎，此太原在今甘肃。至于俞泉，地未详，当亦在甘肃。《通鉴胡注》以为在太原府西北，非是。获马千匹。先是，觐礼，天子不下堂而见诸侯。夷王时，王室微弱，天子不敢自尊，始下堂而见诸侯。儒者以为失礼。楚子熊渠甚得江汉间民和，乃兴兵伐庸，汉之上庸县，故城在今郧阳府竹山县东南四十里，即周庸国。按：'伐庸'下，《史记·楚世家》有"杨粤"二字，或以为地名，未详。至于鄂。西鄂也，故城在今南阳府城北五十里。自是之后，迁其民于今之武昌县。熊渠曰：我蛮夷也，不与中国之号谥。立其长子毋康为句亶王，都句亶，今荆州府江陵县。中子挚红为鄂王，鄂城在今武昌县西南二里。少子执疵为越章王，越章今地未详。皆在江上楚蛮之地，楚于是乎始大。八年，夷王崩，子厉王胡立。

第十一节　厉王监谤，国人流之于彘

厉王即位，悦荣夷公。大夫芮良夫谏曰：荣公好专利而不知大难，以是教王，其能久乎？夫王人者，将导利而布之上下者也。匹夫专利，犹谓之盗，王而行之，其归鲜矣。王不听，卒以荣公为卿士，用事。王行暴虐侈傲，国人谤王。召穆公虎谏曰：民不堪命矣！王怒，八年，得卫巫，使监谤者，以告，则杀之。其谤鲜矣。既而王益严，国人莫敢言，道路以目。王喜，告召公曰：吾能弭谤矣。召公曰：是障之也。防民之口，甚于防川。川壅而溃，伤人必多。民亦如之。是故治水者决之使导，治民者宣之使言。故天子听政，使公卿至于列士献诗，瞽献典，史献书，师箴，瞍赋，赋公卿列士之诗。矇诵，诵箴谏之语。百工谏，庶人传语，近臣尽规，亲戚补察，瞽史教诲，耆艾修之，而后王斟酌焉，是以事行而不悖。民之有口也，犹土之有山川也，财用于是乎出；犹其有原隰衍沃也，衣食于是乎生。口之宣言也，善败于是乎兴。行善而备败，所以产财用衣食者也。夫民虑之于心而宣之于口，成而行之。若壅其口，其与能几何？王不听，如是者三年。国人弗能忍，相与畔袭王。王出于彘。今山西霍州治。按：厉王监谤，三年而逐。秦法，诽谤者族，耦语者弃市，二世而亡。为上者不务采舆论，徒禁之使不言，只取乱耳。周、秦之监，夫岂远哉！太子靖匿召公之家，国人从而围之。召公出其子以代王太子，国人杀子，太子竟得脱。于是诸侯奉共伯和摄行天子事，共城即今卫辉府辉县治。按：此从《纪年》，与《庄子》及《吕览》"共伯得乎共首"句合。号曰共和。共和元年，岁在庚申，实厉王之十三年也。共和十四年，厉王崩。周定公、召穆公立太子靖为王,是为宣王。共伯和归其国。

第十二节　周宣王中兴

周自懿王以来,至于共和,戎翟内侵,屡逼京邑。及宣王即位,思复文、武、成、康之政,于是复田赋,作戎车。三年,命大夫秦仲伐西戎。五年夏六月,命尹吉甫帅师伐玁狁,至于太原。是年秋八月,命方叔帅师伐荆蛮。明年,命召公虎帅师伐淮夷,而王亲帅六师伐徐戎。太师皇父、司马休父从,次于淮,徐戎听命,乃归。王威遂振。九年,大会诸侯于东都,遂狩于甫田。东都草地。是时周定公、召穆公为相,樊侯仲山甫赋政于外,王化复兴,周室中兴。既而政稍衰。先是,鲁武公来朝,见其二子括、戏,王命武公以少子戏为世子。仲山甫谏曰:是教逆也。王不听。武公卒,戏立,是为懿公。鲁人杀之而立括之子伯御。于是王师伐鲁,杀伯御,而立懿公弟孝公称,诸侯由是不睦。三十三年,王师伐太原之戎,不克。三十八年,王师及晋师伐条戎、今翼州东北百五十里有条县故城,乐史以为即古条国。按:汉周亚夫封条侯,亦即此。奔戎,王师败绩。明年伐姜戎,战于千亩,在今太原府介休县境。又为所败。王既亡南国之师,四十年,乃料民于太原。即今之太原。虢公谏曰:民不可料也。不听。四十三年,王杀大夫杜伯,杀无罪也。先是,囚杜伯于焦。杜伯之友左儒争之。王不许,曰:汝别君而异友也。谓背君党友。儒曰:君道友逆,则顺君以诛友;友道君逆,则师友以违君。王怒曰:易而言则生,不易则死。儒曰:士不枉义以从死,不易言以求生,臣能明君之过,以正杜伯之无罪。九谏而王不听,竟杀杜伯,左儒死之。四十六年,王崩,子幽王宫涅立。

第十三节　幽王之乱,平王东迁

幽王之增田赋,虢公石父善谀好利,王命为卿士,用事,国人皆怨。先是,褒人有罪,今汉中府褒城县。纳女于后宫以自赎。女曰褒姒,王嬖之,生子伯服。王后姜氏,申女也,生太子宜臼。及褒姒有宠,与虢公比谋废申后,逐宜臼。宜臼奔申。王欲杀之,求诸申,申侯不与。十年,王师伐申。申侯怒，与鄫人鄫城在今兖州府峄县东八十里。召犬戎以攻周，杀王于骊山之下，并杀王子伯服，执褒姒以去。司徒郑桓公友死。初，王宠褒姒，欲其笑万方，故不笑。王为烽火大鼓，有寇至，则击鼓举烽火。诸侯悉至，至而无寇，褒姒乃大笑。王悦，为数举烽火。诸侯稍稍不信，有至有不至。及是犬戎来伐，王复举烽火征诸侯兵，兵莫至，故及于难。于是晋侯仇、卫侯和帅师与秦人救周，破犬戎，遂与郑子掘突共迎故太子宜臼于申而立之，是为平王。是时虢公翰立王子余臣于携，是为携王，二王并立。至平王二十一年，晋文侯杀余臣于携，王统复一。以西都逼近犬丘，乃徙于洛，而以岐西之地予秦，进爵为伯，于是秦始列于诸侯。

武王十二年灭殷，岁在辛卯，至幽王十一年，岁在庚午，凡二百八十一年。此从《竹书纪年》。而周乃东迁，自是称为东周。平王锡命晋侯仇为伯，命郑伯掘突继其父友为司徒。平王既东迁，周室衰弱，王命不行，徒建空名于诸侯之上而已。是以孔子编《诗》，《黍离》以下，降为国风，言其与列国无异也。平王之四十九年，岁在己未，实惟鲁隐公之元年。孔子修《春秋》，托始于是年。自是之后，五霸迭兴，主盟中夏，凡二百四十二年，谓之春秋之世。

第十四节　西周制度

周公损益夏、商之礼，而加之以文，具详《周官》。《冬官》阙，汉儒补以《考工记》。举其大要，曰：天官冢宰，掌邦治，统百官，均四海。曰：地官司徒，掌邦教，敷五典，扰兆民。曰：春官宗伯，掌邦礼，治神人，和上下。曰：夏官司马，掌邦政，统六师，平邦国。曰：秋官司寇，掌邦禁，诘奸慝，刑暴乱。曰：冬官司空，掌邦土，居四民，时地利。此六官谓之六卿，主行政者也。其上有太师、太傅、太保，谓之三公，坐而论道者也。有少师、少傅、少保，谓之三孤，通六卿，谓之九卿。此外，有二十七大夫、八十一元士。诸侯亦有卿、大夫、士。士分上、中、下三等。大国三卿，二卿命于天子，一卿命于其君。次国三卿，一卿命于天子，二卿命于其君。小国二卿，皆命于其君。此《周官》之制也。

封建之制，规方千里之内，谓之甸服，去王城四面各五百里。其外五百里为侯服，又其外五百里为绥服，又其外五百里为要服，又其外五百里为荒服。列爵惟五，分土惟三。曰公、曰侯，分土皆百里，是谓大国。曰伯，七十里，是谓次国。曰子、曰男，皆五十里，是谓小国。其不足五十里者，不达于天子，附于诸侯，曰附庸。天子之卿受地视侯，大夫受地视伯，元士受地视子、男。其地谓之采地，皆在王畿千里之内，所谓畿内诸侯也。

制禄之法，则大国地方百里者，君十卿禄，食二千八百八十人。卿禄四大夫，大夫倍上士，上士倍中士，中士倍下士，下士与庶人在官者同禄。庶人在官，其禄视上农夫，可食九人。次国地方七十里，君十卿禄，食二千一百六十人。卿禄三大夫，大夫倍上士，上士倍中士，中士倍下士，下士与庶人在官者同禄。小国地方五十里，君十卿禄，食一千四百四十人。卿禄二大夫，大夫倍上士，上士倍中士，中士倍下士，下士与庶人在官者同禄，禄皆足以代其耕。

周井田之制，与夏、商同。夏一夫受田五十亩，商一夫七十亩，周一夫百亩。三代不同度，故亩数多寡不同，而地实同也。周六尺为步，步百为亩，亩三为里。故方里而井，井九百亩，其中为公田。八家皆私百亩，同养公田。其法谓之彻，彻者，通也。通力合作。公田百亩，其中画出二十亩，为八家田舍，树桑、柘、种葱、韭，一家各得二亩半，所谓五亩之宅，二亩半在田也。八家共耕八十亩，是谓什一之赋。农夫受田之法，长子年二十为及岁，受田百亩，六十而还。次子谓之余夫，受二十五亩。工、商则以四家而受百亩。其受田百亩，必农之长子者。当时宗法严，而宗法主义盛行也。欧洲上世亦然，即卖田产，买主亦必长子。买主死而无长子承继，则其田仍还原卖之主，定为法律。

公田八十亩中，所收获者，尽举而纳诸公家，谓之粟米之征。有时调取民间绢布，盛之以筐，谓之布缕之征。或公家有修城郭、筑宫室、浚沟渠、平道路之事，则以农隙征调人夫，谓之力役之征。然布缕、力役之征，不常兼用也。

三代兵民不分，国民及岁者谓之壮丁，人人有执兵御敌之义务，与今八旗之制同，即欧洲政治家所谓血税也。当时用车战，故兵赋以车算之，而赋出于田。方里而井，八家。四井为邑，三十二家。四邑为丘，百二十八家。四丘为甸。五百十二家。甸出戎马四匹，兵车一乘，牛十二头，甲士三人,步卒七十二人,运辎重者二十五人,即相土乘马之法也。甸谓之乘,百乘为同,以封畿内公侯,其赋百乘。王畿百同,其赋万乘。诸侯之国,其赋千乘。诸侯之卿大夫有私邑者,其赋亦百乘。以上兵赋。五人为伍,伍伍为两,二十五人。四两为卒,百人。卒五为旅,五百人。旅五为师,二千五百人。师伍为军。万二千五百人。天子六军,大国三军,次国二军,晋为次国,文公以后作三军,其后又作新军,共四军,非周初之制。小国一军。军帅用卿与上大夫,师帅用中大夫,旅帅用下大夫,卒长用上士,两司马用中士,伍长用下士以下。以上兵制。古者文武不分途也。

诸侯有功德者,天子锡以九命,为诸侯之长曰牧,亦曰伯,霸同。亦谓之元侯。元侯承王命以讨不庭,诸侯各率其军从之。王合诸侯,则元侯率之以见。元侯合诸侯,则侯、伯率子、男以见。王巡狩四方,见诸侯能治其国者,则有庆,庆以地;其国不治,则有让,贬爵削地,或加征伐。此周初立国之大势,务巩固中央之集权者也。

诸侯之于天子,有朝觐、会同之礼。诸侯彼此又有相朝之礼,有使卿大夫交聘之礼,务令诸夏辑睦,以防四夷也。当其盛时,两都并建,固结为一王国。同姓诸侯列据四方,韩、芮、毕在西方畿内,近卫西都。雍、毛、单、原、虞、虢诸国,夹河而卫东都。鲁、卫、曹、郕、滕为东面之捍蔽。燕、晋、邢、霍为北方之守御。蔡、息、随、唐为南面之屏障。西都表里山河,号为天府。以御外侮。异姓与诸姬相婚媾,号为甥舅,亦不敢离畔。然诸侯既各私其土,各子其民,且于国内各自建元,汉初诸侯王尚如此。天子不纯臣也。所谓王土王臣,有名无实,王朝之政,止行于甸服,而不达于外服。及周室衰,异姓大国先生心焉。为楚子熊渠。诸姬亦已疏远,自相阋争。如鲁弑懿公,卫弑共伯。畿内诸侯亦有图自立者,如共和。王命梗塞。如厉王居彘,周人谓之汾王,共和居摄。诸侯各恃其力,强并弱,大吞小,至平王时,兼并益炽,昔之号千八百国者,至是才存百七十国而已。有爵列于伯、子,而地倍蓰于公、侯者。如秦、楚、吴、越。其大夫之强者,私邑或逾于小国焉。

周之五刑,墨辟、劓辟、剕辟、宫辟、大辟,见《尚书·甫刑》篇,大抵沿唐虞之制。其所谓"五刑不简,正于五罚",即"金作赎刑"也。罚锾之数,铜六两曰锾。墨辟百锾,劓辟二百锾,剕辟五百锾,宫辟六百锾,大辟千锾。墨罚之属千,千犹云其例千条。劓罚之属千,剕罚之属五百,宫罚之属三百,大辟之属二百,通计五刑之属凡三千。有八议之制,以待亲贵有功之人。又凡有罪者止及一身，家属不连坐。年在悼、七十。耄，八十、九十岁。虽有罪不加刑。若夫不知而犯，过误而犯，意善功恶。遗忘而犯，皆得邀宥恕轻减之典。刑人于市，而王族及有爵者若妇人，皆不于市。又士大夫与老弱者，不使服徒刑，皆可见周法宽厚之意也。

学制，天子、诸侯皆有大学。天子曰辟雍，亦曰成均。王世子，群后之世子，卿、大夫、元士之適子，国之俊秀皆造焉。诸侯曰泮宫，盖诸侯之世子，卿、大夫、士之適子，国之俊秀所造也。今《小戴记》所传之《大学》一篇，自格物致知以至治国平天下之道，所谓大学之道也，而又辅之礼、乐、射、御、书、数之六艺焉。若夫小学，则二十五家为里，有一塾；五百家为党，有一庠；二千五百家为州，有一序。其所谓塾，殆如今之寻常小学；所谓庠，如今之高等小学；所谓序，如今之中学。《管子·弟子职》一篇，即古小学教科书也。《论语》"弟子入则孝，出则弟，谨而信，泛爱众，而亲仁。行有余力，则以学文"，疑是周时高等小学教法。至于中学所施之溥通科学，当有六艺。然以理度之，疑惟贵族得入大学，平民至中学而止，故三代公、卿、大夫皆贵族也。

礼有五，曰：吉、凶、军、宾、嘉。今所传《仪礼》十七篇，皆士礼也，可见三代贵贱不同礼。故《记》曰：礼不下庶人，为其不能备物也。

乐与礼相辅而行。《大武》，周公所作，象武王之功，朱干玉戚冕而舞之。《诗》三百十一篇，皆乐也。乐舞之事，大司乐、小司乐掌之。汉初，窦公号知古音，后竟不传。《小戴记·乐记》一篇，太史公《乐书》采之，所言皆声音之理，而不及其用，知汉武时周乐已亡，今不可考矣。然悬想周公制作，粲然大备，至春秋时犹未尽废也。

第五章 春秋之世 起周平王四十九年,讫敬王三十九年,凡二百四十二年

第一节 春秋十三国原始及位置

列国与周同姓者,鲁、卫、晋、郑、曹、蔡、燕、吴八国最著。鲁,侯爵,周公旦之所封也,都曲阜,属徐州北境。今山东兖州府曲阜县。周公留辅王室,长子伯禽就封,次子君陈代周公治东都,世为王室卿士。自伯禽十四传,九世。至隐公息姑入春秋。卫,侯爵,武王弟康叔之所封也,都朝歌,本殷虚。其后屡迁都楚丘,今大名府开州南颛顼之虚。皆在冀州南境。自康叔十二传,十一世。至桓公完入春秋。晋,侯爵,成王弟叔虞之所封也,初都唐,本尧旧都,今山西晋阳县北一里。曰唐侯,在汾水上流。至子燮,改国号曰晋,其后屡迁都于绛,绛有二,故绛,今山西平阳府翼城县;新绛,今平阳府曲沃县。在冀州。自叔虞十传,九世。至鄂侯郄入春秋。郑,伯爵,宣王弟桓公友之所封也,初都郑,今陕西华州治。至其子武公掘突,迁都新郑,今河南开封府新郑县。在豫州东都洛邑之东南。武公子庄公入春秋。曹,伯爵,武王弟叔振铎之所封也,都曹,注见前章。在豫州东北。自叔振铎十一传,八世。至桓公终生入春秋。蔡,侯爵,武王弟叔度之所封也。至子胡,徙封于新蔡,注见前章。在豫州之南。自胡九传,至宣侯措父入春秋。燕,伯爵,召公奭之所封也,都蓟,今顺天府蓟州。在冀州东北。召公之后仕周者,世为公卿,食采于召。今山西绛州垣曲县东有邵城。自奭十四传,至缪侯入春秋。吴,子爵,泰伯弟仲雍之后也,都吴,自号句吴,今江苏常州府无锡县东南三十里有太伯城,地名梅里。自泰伯至王僚二十三世,皆都此。周敬王六年,阖闾始城姑苏,徙都焉,今苏州府城是也。在扬之域。自仲雍三传,至曾孙周章,皆君吴,武王因而封之。自周章十四传,至寿梦,名始见于春秋。

列国与周异姓者,齐、宋、陈、秦、楚五国最著。齐,姜姓,侯爵,太公

望之所封也，都营丘，临淄水，故又曰临淄，在青州。今山东青州府临淄县。自太公望十二传，十世。至釐公禄父入春秋。宋，子姓，公爵，微子启之所封也，都商汤之虚，曰商丘，今河南归德府附郭县名。在豫州东境。自启十三传，十世。至穆公和入春秋。陈，妫姓，侯爵，舜之后裔，胡公满之所封也，都宛丘，今河南陈州府淮宁县。在豫州东南。自满十一传，九世。至桓公鲍入春秋。秦，嬴姓，始子爵，后进伯爵。伯益后裔非子之所封，本附庸国也。甘肃秦州清水县。三传至秦仲，为周宣王大夫。秦仲之孙襄公，以兵送平王东迁，有功，始由子爵附庸进伯爵，列于诸侯，始居平阳，今陕西凤翔府郿县。都雍，今凤翔府凤翔县。在雍州。子文公入春秋。楚，芈姓，子爵，其先熊绎即鬻绎子事成王、康王，封荆蛮，都丹阳，今湖北宜昌府归州东南七里有丹阳聚。迁枝江，今县属荆州府，当周时亦曰丹阳。十三传，九世。至熊仪即若敖。入春秋。其后，文王熊赀迁故郢，即纪城。今荆州府江陵县北十里。平王又迁渚宫，曰新郢。今江陵城东北三里。楚自熊渠以来，已僭王号，在春秋前。至春秋时，地益大，荆州之外，兼有扬州之西境、豫州之南境。其后，吴亦称王，以其去中国远，天子方伯不能讨也。

第二节　齐桓、宋襄之霸

郑桓公为周司徒，死于犬戎之难，其子武公卫平王东迁洛邑。郑在西都畿内，近戎不可居，亦遂迁于郐。郐本黄帝后，周初所封国也，至是为郑所灭而都之，更名其地曰新郑。武公与子庄公皆为平王卿士。平王欲分政于虢，虢，今陕州直隶州。庄公怨王。王崩，適孙桓王林立，竟夺郑伯政以与虢公忌父。郑伯不朝，王以蔡、卫、陈三国之师伐郑，败绩。郑人射王中肩，由是王威益不振。桓王崩，子庄王立。庄王崩，子僖王立。僖王元年春，齐侯小白会诸侯于北杏，今山东泰安府东阿县北。以平宋乱；柯之会，柯，今山东兖州府阳穀县。返鲁侵地。诸侯始信齐。后与单伯会宋公、卫侯、郑伯于鄄，今山东曹州府濮州。而霸业始成。当是时，赤狄潞子国。居冀州内部，今山西潞安府。白狄别种居其东北，今直隶真定府及定州。山戎诸部又居其东北，今直隶永平府、承德府之间。而江淮之间未脱蛮夷之俗。江汉之间，自楚武王崛兴，至其子文王灭息，姬姓侯爵之国，今河南光州息县。

灭邓，曼姓侯爵之国，今河南南阳府邓州。灭申，注见前章。汉水之阳，豫州南境，折而属楚。成王受之，令尹子文为政，有贤声，国益强大，寖逼中国。周惠王时，山戎攻燕，时山戎由今遵化州入边，燕在今蓟州，与之邻。燕人苦之。狄屡攻邢，侯爵，周公之胤，今顺德府邢台县。又伐卫，灭之。卫人出庐于曹，卫邑，今河南卫辉府滑县。邢人亦溃。桓公北伐山戎，命燕伯纳贡于周，又遣师逐狄，迁邢于夷仪。今山东东昌府城西南有邢城，疑即夷仪。桓公为之具器用，又城楚丘，即颛顼之虚，所谓帝丘也。而封卫焉。史称邢迁如归，卫国忘亡，言其能恤邻也。遂率宋公、鲁侯、陈侯、卫侯、郑伯、许男、姜姓国，今河南许州。曹伯伐楚。楚成王使问师故，管仲责以包茅不入王室。楚使屈完如师，与诸侯盟于召陵。楚邑，今许州郾城县。时周惠后宠王子带，将废太子郑而立之，桓公帅诸侯会王太子于首止，宋地，在今河南归德府睢州东南。太子之位遂固。惠王崩，太子立，是为襄王。元年，宰周公孔及诸侯会齐侯于葵丘。亦宋地，在今归德府考城县东。王使周公赐齐侯胙，为齐侯老，加以优礼，命无下拜。齐侯辞不敢当，下，拜；登，受。遂盟诸侯，束牲载书，而不歃血，申以五命。先后衣裳之会，此为最盛。然论者论是会也，桓公微有侈心，震而矜之，畔者九国焉。既而子带召伊、洛之戎伐周，桓公使管仲平戎于王，征诸侯之师戍周，以避戎难。

　　管仲名夷吾，颍上人也，始事齐公子纠。无知之乱，齐公子小白先入国，是为桓公。鲁纳子纠，不克，及杀子纠，囚管仲以谢齐。仲之友鲍叔牙，荐仲于桓公。公尊用之，号为仲父。仲既受任当国，先修齐国内政，使士、农、工、商异其居处；五家为轨，十轨为里，四里为连，十连为乡，以寄军令；设轻重鱼盐之利，以赡贫穷，禄贤能，齐人皆说。为政期月，国内富强，而诸侯不惊。自是而后，桓公九合诸侯，衣裳之会六，兵车之会三。一匡天下，管仲之谋也。管仲以为周室虽衰，王号未替，挟天子以令诸侯，可以得志，故始终以尊周室攘夷狄为名，事详《左氏春秋传》。然仲之学本近道家而兼刑名，故其言曰：仓廪实而知礼节，衣食足而知荣辱，上服度则六亲固。礼、义、廉、耻，国之四维。四维不张，国乃灭亡。下令如流水之原，令顺民心。故论卑而易行。俗之所欲，因而予之；俗之所否，因而去之。其为政也，善因祸而为福，转败而为功。桓公实怒少姬，南袭蔡，管仲因而伐楚，责包茅不入贡于周室。桓公实北伐山戎，管仲因而令燕修召公之政。柯之会，桓公欲背曹沫之约，管仲因而信之，诸侯由是归齐。故曰：知与之为取，国之宝也。太史公曰：管仲，世所谓贤臣，然孔子小之。岂以为周道衰微，桓公既贤，而不勉之至王，乃称霸哉？语曰：将顺其美，匡救其恶，故上下能相亲也。岂管仲之谓乎？

周惠王九年，_{即齐桓十四年。}陈厉公之子桓，字敬仲，自陈奔齐。桓公欲以为卿，而辞，使为工正。其后九世孙田和，当周安王十六年，竟代齐，列为诸侯。

五霸，桓公为盛。然桓公才仅中人，可与为善，亦可与为恶。管仲死，竖貂、易牙、开方为政。公故好内，内嬖有如夫人者六人，皆有公子。公属子昭于宋襄公，以为世子。五公子皆求立。公卒，乱作。易牙与竖貂杀群吏，而立公子无亏。世子奔宋。桓公尸在床，六十七日不敛，虫出于户外。宋襄公以曹伯、卫人、邾人_{邾，子爵，附庸，今山东兖州府邹县地。}伐齐。齐人杀无亏。宋师败齐，立孝公昭而还，宋于是乎以义声闻于诸侯。

初，襄公为世子，请于桓公，立庶兄目夷。_{字子鱼。}桓公命之，目夷辞。襄公立，以目夷为仁，授之政，于是宋治。周襄王十三年，襄公合诸侯于盂。_{宋地，今归德府睢县。}楚成王来会，执襄公以伐宋，已而释之。明年，宋、楚战于泓。_{水在今归德府柘城县西。}目夷请及楚人半济击之，公不可。济而未成列，又以告，公曰：未可。遂为楚所败。国人咎公。公曰：君子不推人危，不攻人厄。世笑以为宋襄之仁。而公羊氏大之，以为合于文王公战之理也。《穀梁》以为"信而不道"。案：楚人多诈，兵不厌诈。宋襄守之以信，知经而不知权也。以是为襄公罪，可无辞矣。然宋地平阿无隘，四战之国，可以战不可以守，则又地限之也。一姓不再兴，岂通论哉？

京师大学堂中国通史讲义

王舟瑶讲述

论读史法

史之种类，《四库总目》分为十五，曰正史，曰编年，曰纪事本末，曰别史，曰杂史，曰诏令奏议，曰传记，曰史钞，曰载记，曰时令，曰地理，曰职官，曰政书，曰目录，曰史评。惟正史、编年具史之全体，余皆史之一类，别史中亦有具正史体者。足备参考耳。故读史宜以正史及《通鉴》为最要。

正史之中，惟《史记》有特别之识，八书、十表网罗制度，包括古今，固为绝作。余如《孔子世家》、七子传、《孟荀传》《儒林传》，可考见一时学派。而《游侠》《刺客》《货殖》诸传，亦有深意存其中，自成一家之言，非后世官修之史所能及。此外，则班书、范书、陈志尚有史裁。《明史》去今未远，本朝制度大都因袭，亦宜参考。学者于此五史，均宜先习。

史以志为最要，表次之，纪传又次之。盖一代之制度、典章、刑法、疆域，俱存于志。郑樵述江淹之言曰：修史之难，无出于志。故读史宜先读志。诸史中无志者，可取近人所补之书读之。如刘文淇《楚汉诸侯疆域志》、洪亮吉《三国疆域志》《东晋疆域志》《十六国疆域志》、钱仪吉《补晋兵志》、郝懿行《补宋书刑法志》《食货志》、洪齮孙《补梁疆域志》、汪士铎《南北史补志》之类。

诸史之志，除史公八书外，皆断代为书。杜氏《通典》综各志而成之，实为巨作。马氏继之，益加详赡。郑氏《通志》尤有卓识，其二十略精华所萃，子长后一人而已。故学者于"三通"均宜究心。《通志》专读二十略。若"续三通""皇朝三通"同出一时，类多复见，节读可也。

涑水《通鉴》采杂史至三百二十种，成书历十九年，使一千三百六十二年之事，若网在纲。学者欲明历朝大势，非读此不可。近之言新史者，或谓其足备君上之浏览，非为国民而作。不知《通鉴》皆责难于君，无一铺张之语，非专尊君而塞民也。《通鉴》以前，可读刘恕《外纪》、金履祥《前编》,其后可读李焘《长编》、毕沅《续编》。

编年之书,一事起讫,隔越数卷,贯串为难。袁枢创为《通鉴纪事本末》,实便学者。于是陈邦瞻之于《宋史》《元史》,谷应泰之于《明史》,皆踵为之,足备稽检。今之西史大都纪事本末体也。

读史贵有识,不可以成败论人。程子曰:某每读史到一半,便掩卷思量,料其成败,然后却看,有不合处,又更精思其间,多有幸而成,不幸而败。今人见成者便以为是,败者便以为非,不知成者煞有不是处,败者煞有是底。此最足增长学识,学者所宜知也。

读史宜设身处地,遇到时事艰难处,当掩卷深思。若使我处当日,如何设施,如此方有益于身心,足以增长才力。朱子曰:病中信手抽得《通鉴》一两卷看,正值难处置处,不觉骨寒毛耸,心胆堕地,向来只作文字看过,却全不自觉,真是枉读古人书。案:朱子惟设身处地看,所以不觉骨寒毛耸。今人读史毫不动者,只作文字看也。虽读尽全史,何裨于用?

今之言新史者,动谓中国无史学,二十四史者,二十四姓之家谱而已。其言虽过,却有原因。盖西人之史于国政、民风、社会、宗教、学术、教育、财政、工艺,最所究心,所以推世界之进状,壮国民之志气。中国之史重君而轻民,陈古而略今。正闰是争,无关事实,纪传累卷,有似志铭,鲜特别之精神,碍人群之进化,所以贻新学之诮,来后生之讥。学者宜自具理想,以特识读旧史,庶不为古人所愚乎!

中国旧史病在于繁,不适时用。日人新编较为简要,且多新识,如桑原骘藏之《东洋史要》、田中萃一郎之《东邦近世史》、市村瓒次郎、泷川龟太郎之《支那史》、那珂通世之《支那通史》、河野通之、石村贞一之《最近支那史》、田口卯吉之《支那开化小史》、白河次郎、国府种德之《支那文明史》,皆足备览。惟以外国人而编中国史,则又病于太略,且多舛误。有志者能自为一书则善矣。普通学书室所编《新历史》亦病太略。

正史所载外国传,大都得诸传闻,非所亲历,故以今日东西诸史较之,疆域、政教、风俗、事实,舛误时出。昔耶律光曰:中国之事,我悉知之;我国之事,尔不知也。此言深中我国之旧病。故各国历史,极宜究心。就译本言,如《四裔编年表》《欧洲史略》《罗马志略》《希腊志略》《俄史辑译》《大英国志》《法国志略》《联邦志略》《米利坚志》《英法俄德四国志略》《泰西新史揽要》《西洋史要》《泰西史教科书》《欧罗巴通史》《埃及近世史》《法史揽要》《日本维新三十年史》《十九世纪外交史》等，皆不可不一读。

第一编　学术史

学术为政治、风俗、教育之原素。历史上种种之现象,无一不根荄于是。述学术史第一。

第一章　三皇五帝

第一节　伏羲

我国为五洲文明之祖国，学术理想胚胎最早。上古帝王名号、年代，诸书所纪，错出不齐。故迁书断自五帝，而不及三皇。然《周官》：外史掌三皇五帝之书。而庖牺画卦，明见《系辞》，为"三易"之权舆，实文字之肇祖。故言学术不得不溯源于庖牺。其建历度，则天学祖也。《周髀算经》：庖牺氏立周天历度。注云：建章蔀法也。《玉海》九引马绍《通历》：太昊始有甲历五运。造律法，则律学祖也。《续汉书·律历志》：宓羲作《易》，纪阴阳之初，以为律法。结网罟，《系辞传》。为木兵，李筌《太白阴经》。则制造学祖也。而且中国学术以五常、五伦为本，以礼乐为用。《乾凿度》称伏羲八卦以建，五气以立，五常以行。又曰：伏羲象法乾坤，以正君臣、父子、夫妇之义。谯周《古史考》称其制嫁娶，以俪皮之礼，《补三皇本纪索隐》引。作琴瑟以为乐。《曲礼疏》引。是中国之学术，无一不导源于庖牺也。

第二节　神农

伏羲氏没，神农氏作，斫木为耜，揉木为耒，耒耜之利，以教天下。日中为市，致天下之民，聚天下之货，交易而退，各得其所。《系辞传》。则农学、商学于是兴矣。尝百草之味，察水井之甘，令民知所避就；《淮南·修务训》。宣药疗疾，著《本草》。《御览》七百二十一引《帝王世纪》。则医学于是兴矣。《帝王世纪》：太昊画八卦，以类万物之情，六府、六气、五藏、五行、阴阳、四时、水火升降，得以有象，百病之理，得以有类，乃制九针。似医学亦始于庖牺。不知此乃推原之论，其时并无。医药实创自神农。

第三节　黄帝

神农氏没,黄帝氏作。其史苍颉见鸟兽蹄迒之迹,初造书契。其始依类象形谓之文,形声相益谓之字。《说文序》。按:《系辞》言上古结绳而治,后世圣人易之以书契,未确指何人。孔安国《书序》言伏羲造书契。此晋梅赜伪托,不足据。夫文字,学术所由记也。其时史官有沮诵、苍颉,《广韵》引《世本》。则史学亦于此始矣。正名百物,《礼记·祭法》。则名学之祖也。使羲和占日,常仪占月,臾区占星气,〔伶〕伦造律吕,大桡作甲子,隶首作算数,容成综此六术而著《调历》。《史记·历书索隐》引《系本》及《律历志》。按:《系本》即《世本》也。垂衣裳,作舟楫,为弧矢。《系辞传》。造指南车,崔豹《古今注》。制陈法,演握奇图。《太白阴经》。布九州,置十二图。《御览》一百五十七引《太一〔式〕占》《周公城名录》。则一切天文学、历律学、算学、兵学、舆地学、制造学,皆由是始兴矣。故后世道家、阴阳家、小说家、兵家、数术家、方伎家,无一不托始于黄帝。班书《艺文志》载其书有二十余种,虽多后人依托,要之当时固已有此学也。《汉志》道家有《黄帝四经》四篇,《黄帝铭》六篇,《黄帝君臣》十篇,《杂黄帝》五十八篇,《力牧》二十二篇(力牧,黄帝相)。阴阳家有《黄帝泰素》二十篇。小说家有《黄帝说》四十篇。兵阴阳家有《黄帝》十六篇,图三卷,《胡封》五篇,《风后》十三篇,图二卷,《力牧》十五篇,《鬼容区》三篇,图一卷(四人皆黄帝相)。数术家天文有《黄帝杂子气》三十三篇;历谱有《黄帝五家历》三十三卷;五行有《黄帝阴阳》二十五卷,《黄帝诸子论阴阳》二十五卷,《风后孤虚》二十卷;杂占有《黄帝长柳占梦》十一卷。方伎家医经有《黄帝内经》十八卷,《外经》三十七卷;经方有《泰始黄帝扁鹊俞拊方》二十三卷,(应劭曰:黄帝时医也)《神农黄帝食禁》七卷;房中有《黄帝三王养阳方》二十卷;神仙有《黄帝杂子步引》十二卷,《黄帝岐伯按摩》十卷,《黄帝杂子芝菌》十八卷,《黄帝杂子十九家方》二十二卷。盖黄帝以前,未有舟车,山川隔绝,自为部落。其民不相往来,智识无从互换,且其时仅有黄河沿岸地,其余皆异族杂居。帝披山通道,以征不顺,东至海,南至江,西至空桐,北逐荤粥,《五帝纪》。渐次开通,文明遽进。一时诸臣若风后本作蚩尤,今从刘恕《外纪》改。明于天道,大常察乎地利,奢龙辩乎东方,祝融辩乎南方,大封辩乎西方,后土辩乎北方,《管子·五行》篇。以及天老、力牧、太山稽,《列子》。常先、大鸿,《五帝纪》。皆有专门之学、特别之技,故学术思想一时焕发,遂洗草昧之风矣。

第四节 尧舜

然孔子述《书》，断自唐、虞。《中庸》亦言仲尼祖述尧、舜。史公谓百家言黄帝，其文不雅驯，荐绅先生难言之。盖上古之学至尧、舜而始精。尧之学始明德而亲九族，由九族而百姓而万国。舜尤以孝闻。孟子谓尧舜之道，孝弟而已。此为儒家之正宗，孔圣所由出。其"危微"之训，"执中"之传，尤为精粹。虽"危微"数语见于晚出古文，然"执中"一言明见《论语》。"危微"之说亦载《荀子》，纵未必真出《禹谟》，实古圣相传之微言。此中国学术之特别，而伦理道德所以为他洲不及也。至尧命羲和，钦若昊天，历象日月星辰，以授民时，置闰法，以定四时，成岁。舜在璇玑玉衡，以齐七政，则历学、天学亦由是精。其时契敷五教，夔教胄子，《尧典》。按：《伪古文》割"慎徽"以下入《舜典》，非是。建上庠、下庠之制，《王制》。则教育学立。而《南风》之歌，《尸子》。《卿云》之倡，《尚书大传》。文章亦由是彬彬矣。盖中国之学术根荄于伏羲，孚甲于黄帝，至唐、虞而精华焕露矣。

第二章　三代

第一节　夏

　　三代学术原出唐、虞，修身伦理，大本相同。孟子所谓"学则三代共之，皆所以明人伦也"。然文明之程度，思想之通塞，则不一律。洪水之灾，天下一变。禹随山刊木，任土作贡，东渐于海，西被流沙，朔南暨，声教讫于四海。帝国主义由是成立。有数种学问皆发达于是时，至今犹传者。一曰史学。周外史所掌三皇五帝之书，楚倚相所读之三坟、五典、八索、九丘，今皆散佚不传，惟《尚书》所载《虞夏书》实成于夏史之手，自《尧典》至《胤征》二十篇，马、郑、王肃及《别录》皆题《虞夏书》。《伪古文》改题《尧典》至《益稷》为《虞书》。孔疏谓《尧典》虽唐事，本虞史所录，故谓之《虞书》。今按：马、郑本连"慎徽"以下至"陟方乃死"为一篇，已记舜崩事，则成于夏史官可知。为后世史学所自出。一曰夏时。夏正建寅，得人统。《五行大义》引《感精符》。孔子曰：行夏之时。《论语》。又曰：吾得夏时焉。《礼运》。史公谓孔子正夏时，学者传《夏小正》。《禹纪》。考其书今见《大戴记》，而《周书》之《时训》《月令》，《吕览》"十二纪"之首，小戴之《月令》，皆渊源于是。自汉太初以来，皆用夏正，其制作之精可知也。一曰地理之学。《禹贡》一篇，导水导山，源流派落，起讫秩然。赵婴谓禹治水，望山川之形，定高下之势，为因勾股之数。《周髀算经注》。使大章步东西，竖亥步南北，《吴越春秋》。伯益记异物。《论衡·别通》篇。虽山海一经间有为周、秦人所附益，然其原实出于禹、益，为地理学之书，非专志怪者。今西人所著地理学书，必及人种、矿产、动植物，实与此经体合也。一曰五行之学。出于《洪范》，虽箕子所述，实传自大禹。其学虽近于术数，然刘向、许商为之传。《汉书》有刘向《五行传记》十一卷，许商《五行传记》。班书列诸志，汉儒竞传之，遂自成家，固亦占学中之一派也。一曰图画之学。左氏谓夏之盛也，远方图物，贡金九牧，铸鼎象物。杜注谓图画山川奇异之物，著之于鼎。宣三年《传》。朱子谓《山海经》记异物飞走之类，多云东向，或曰东首，疑本图画而述。王应麟《王会补传》引。是图画之学实始于夏。其九鼎及岣嵝碑，则又金石之学所自始矣。盖禹乘四载，遍九州，经验既广，智识互换，故文明程度为之骤高。其后太康失国，羲和废职，帝相被弑，孔甲好事鬼神，至桀遂亡其国。

第二节　商

汤伐夏救民，代有令辟，若太甲，若太戊，若祖乙，若盘庚，若武丁。孟子所谓"贤能之君六七作"。其先后贤臣，如周公所述，汤时有伊尹，太甲时有保衡，太戊时有伊陟、臣扈、巫咸，祖乙时有巫贤，武丁时有甘盘。《书·君奭》。其见于《书序》者，汤时又有汝鸠、汝方、疑至、谊伯、仲伯、仲虺、咎单，武丁时有傅说、祖己，故一时儒学最盛。观汤铭盘之言，太甲顾諟之训，楚庄所述仲虺之诰，见《荀子·尧问》篇、《吕览·恃君〔览〕》篇。按：见《伪古文》者不述。《缁衣》所引兑命之文，皆粹然道德之言，儒学纯一之时代也。《虞夏书》凡二十篇，而《商书》乃至四十篇，《尧典疏》引郑康成《书赞》。"三颂"之中，商居其一，则文学亦灿然矣。惟殷人教以敬，其失也鬼，《说苑·修文》篇、《白虎通·三正》篇。此西儒伯伦知理所谓神权时代，犹有碍于文明者也。

第三节　周初

殷人尚质，救质之失莫如文，故周以文胜。其始后稷以农立国，公刘、亶父世修其业，亦质家学也，故文明未见发达。至文王系《易》，周公制礼乐，著《周官》，而光华一焕。《周易》为哲学之书，非专为卜筮作也。《官礼》则国家学、政治学也。析言之，则诸学科略备于《周官》。冯相氏、保章氏之所掌，则天学也。大司徒掌土地之图，以周知九州地域、广轮之数，辨其山林川泽丘陵坟衍原隰之名物，则地学也。其以土圭法测土深，正日景，以求地中，则地学必明测量也。师氏以三德教国子，大司乐掌成均之法，则教育学也。而宫中则有女史，则女学亦于是始矣。保氏之九数，则算学也。象胥之所掌，译学也。矿人之所掌，矿学也。《考工》一篇为制造之学，其所谓"金有六齐，六分其金而锡居其一"，则冶金之学也。大司徒辨十有二壤之物，而知其种，以教稼穑树艺，以及遂人、遂师、遂大夫、稻人、司稼之所掌，皆农学也。草人所掌土化之法，则以化学培植物之法也。大司徒以土宜之法，辨十有二土之名物，以毓草木，以及委人、山虞、林衡、场人之所掌，皆植物学也。冢宰以九职任万民，其四曰薮牧，养蕃鸟兽，与兽医之所掌，则动物学也。冢宰以九赋敛万民，以及小宰、大府、内府、外府、职内、职岁、职币、载师、闾师之所掌，皆理财学也。以商贾阜通货贿，以及司市、质人、廛人、贾师之所掌，皆商学也。朝士"凡民同货财者"注引郑司农云：谓合钱共贾者。案此即西国公司之权舆也。夏官司马诸职，皆兵学。秋官司寇诸职，皆法学也。《春官》一篇多半掌祭祀之官。而夏官方相氏，秋官之䂕蔟氏、庭氏，所掌尤怪诞，盖尚未离神权政体也。古者官师不分，政教合一，专门之学皆出世守之官，故诸家学术备见《周官》。而班志《艺文》，亦谓诸子之学各出一官也。周初文明已达极点，故孔子曰：周监于二代，郁郁乎文哉！吾从周。

第四节　墨家

墨子当七十子后，《史记·孟荀列传索隐》。其学远宗禹。庄子言墨子称道禹自操橐耜而鸠杂天下之川，腓无胈，胫无毛，沐雨栉风，置万国。禹大圣也，而形劳天下如此。使后世之墨者，多以裘褐为衣，以跂蹻为服，日夜不休，以自苦为极，曰：不能如此，非禹之道也，不足谓墨。《天下》篇。其弟子甚盛，各为派别。韩非言墨子之死也，墨离为三：有相里氏之墨，有相夫氏之墨，有邓陵氏之墨。《显学》篇。庄子言相里勤之弟子五侯之徒，南方之墨者苦获、己齿、邓陵氏之属，俱诵《墨经》，而倍谲不同，相谓别墨。《天下》篇。盖战国时，杨、墨与儒几成鼎足之势，故孟子谓杨、墨之道不息，孔子之道不著。

墨子之学与西人之学最近，其尚同，则平权之说也；其非攻，则弭兵之说也；其兼爱，则爱汝邻如己之说也；其《天志》篇言日月星辰为天所磨，春夏秋冬为天所制，当有以报天，则天主之说也；其《备梯》《备突》《备穴》诸篇，则机器之说也；《经上下》篇、《经说上下》篇，皆名学也。其《经上》云：端，体之无序而最前者也。陈氏澧曰："端"即西算所谓点也。"体之无序"即所谓线也。"序"如在东西之序，犹两旁也。《几何》云线有长无广，即此所谓"无序"，谓无两旁也。《几何》云线之界是点，即所谓"最前"也。有间，中也。《几何》云直线相遇作角，为直线角，在直线界中之形，为直线形，皆此所谓"有间"也。线与界夹之也，故《经说》云有间谓夹之也，间，夹也。中，同长也。圜，一中同长也。《几何》云圜之中处谓圜心，一圜惟一心，无二心，圜界至中心，作直线俱等，即此所谓"一中同长"也。同，长以舌即"正"字。相尽也。《几何》云有两直线，一长一短，求于长线减去短线之度。其法以两线同辏圜心，以短线为界作圜，与〔长〕线相交，即与短线等，此即所谓"以正相尽"也。云"以正"者，圜线与两直线相交，成十字也。平，同高也。《几何》云两平行线内有两平行方形，有两三角形，若底等则形等，即此所谓"平，同高"也。厚，有所大也。《几何》云面者止有长有广，盖面无厚薄。言厚必先有面之长、广，故云"有所大也"。则几何学也。《经下》云：临鉴而立，景到，即影倒。多而若少，说在寡区。刘氏岳云云此言凹面回光镜也。依光学理，置一物于凹镜中心以外，即于凹镜中心与聚光点之间，成物颠倒形，但较实形稍小。若以物置于凹镜中心与聚光点之间，即在中心以外，亦成物颠倒形，但较实形稍大。此云"多而若少"，是人立于凹镜中心以外也。孙氏贻让曰"寡区"当作"空区"，谓镜中洼如空穴。《说》云：足敝"蔽"之借字。下光，故成形于上；首敝上光，故成景于下。刘云：此即西法所谓射光角与回光角相等，由交点射景入壁，故令景倒也。《经》云：鉴位，即"立"字。景一小而易，一大而舌，说在中之外内。《说》云：鉴中之内，鉴者近中，则所鉴大，景亦大；远中，则所鉴小，景亦小，而必正。起于中，缘正而长其直也。孙云：此谓突镜边容下而中高处，其面正平，故有内外界。"中之内"谓平面之内。景必正起于中心，缘其正而外射为长直线也。中之外，鉴者近中，则所鉴大，景亦大；远中，则所鉴小，景亦小。而必〔易〕，合于中而长其直也。孙云：此谓突镜平面之外与边分界处，其景近大远小，与平面同。惟面既不平，则光线邪射，其景即易，易即邪也。则光学也。《经下》云：均之绝否，说在所均。《说》云：均，发均县，轻重而发绝，不均也。均，其绝也莫绝。则重学也。《经上》云：同、重、体、合、类。异、二、体、不合、不类。化，征合也。则化学也。《经上下》篇皆旁行，句读亦西文法也。《淮南》言墨子服役者百八十人，皆可使赴火蹈刃，死不还踵。《泰族训》。《吕览》言墨者钜子孟胜死阳城君之难，弟子死之者百八十三人。《上德》篇。亦泰西尚武尚侠之风也。

第五节　名家

《祭法》言黄帝正名百物。《周官》宗伯以九仪之命，正邦国之位，辨其名物。《左氏传》曰：古者名位不同，节文异数，故班志以名家出于礼官。其自为一家者则始于邓析，而尹文、惠施、公孙龙、毛公继之，其学遂盛。邓析、尹文之书意在综核名实，至惠施、公孙龙之徒则流为谲辞巧辩。故庄子言：惠施多方，其书五车，其道舛驳，其言也不中。又云：桓团、公孙龙辩者之徒，能胜人之口，不能服人之心，辩者之囿也。《天下》篇。

名家兼入于诸家，如邓析言天于人无厚，父于子无厚，兄于弟无厚，势者君之舆，威者君之策，则其旨同于申、韩；言令烦则民诈，政扰则民不定，心欲安静，虑欲深远，则其旨同于黄、老。尹文之书大旨陈治道，欲自处于虚静，而万事万物则一一综核其实，故其言出入于黄、老、申、韩之间。《四库提要》。《墨子·经上下》篇皆名家言，其坚白异同之辨，与公孙龙书及庄子所述惠施之言相类，则名家又出入于墨家也。

第六节　法家

法家祖管子。管子之学原《周官》，实国家学，非刑法学。至商鞅、申、韩，而确成为法家。史公谓申、韩之学本于黄、老，故以老、庄、申、韩合传。其实商君亦老学。老子言古之善为道者，非以明民，将以愚之。商君言民不贵学，不学则愚，愚则无外交，国安不殆。《垦令》篇。又斥礼乐、《诗》《书》、孝悌、仁义为虱，《靳令》篇。韩非言商君教秦孝公燔诗书而行法令。《和氏》篇。程子谓秦之愚黔首，其术盖出于老子。《二程遗书》。盖老子之学以无为为体，以权谋为用。其曰：将欲废之，必固兴之，将欲夺之，必固予之，最为阴险。至商鞅、申、韩学之，益流惨刻。后世重专制而塞民智，其祸起于法家，而实老学有以导之也。

班志所列战国时法家，除商君、申、韩外，有李悝、处子、慎到三家。史公称慎到学黄、老之术。《孟荀列传》。庄子谓慎到弃知去己，而缘不得已，泠汰于物，以为道理。《天下》篇。班志载其书曰十二篇，今所存一卷，仅五篇。其大旨在于清净，欲立法以治，法所不行，齐之以刑。故道德之穷，必流刑名，而老学与法学相终始也。

第七节　阴阳家

阴阳家原出于羲和之官。班志。春秋时，周有内史过、内史叔兴，鲁有梓慎，郑有裨灶，晋有史赵，宋有子韦，皆通其术，然不过阴阳占验之学。至战国邹衍，而理想一变。班志载《邹子》四十九篇、《邹子终始》五十六篇，今其书皆不传。惟史公称衍深观阴阳消息，而论怪迂之变，《终始》《大圣》之篇十余万言。其语宏大不经，必先验小物，推而大之，至于无垠。先序今以上至黄帝，学者所共术，大与世盛衰，因载其禨祥度制，推而远之，至天地未生，窈冥不可考而原也。先列中国名山大川，通谷禽兽，水土所殖，物类所珍，因而推之，及海外人之所不能睹。称引天地剖判以来，五德转移，治各有宜，而符应若兹。以为儒者所谓中国者，于天下乃八十一分居其一耳。中国名为赤县神洲。赤县神洲内有九州，禹之序九州是也，不得谓州数。中国外如赤县神洲者九，乃所谓九州也。于是有裨海环之，如此者九，乃有大瀛海环其外，天地之际焉。其术皆此类也。然要其归，必止乎仁义节俭，君臣上下六亲之施始也滥耳。《孟荀列传》。陈兰甫谓邹衍所推，盖与后世邵氏《皇极经世》之书相似。其所谓大九州，与近时外国所绘地图相似。衍冥心悬想而能知此，亦奇矣哉！《东塾读书记》。又有驺奭，亦颇采邹衍之术以纪文。《孟荀列传》。班志载其书十二篇，又有《公梼生终始》十四篇，传驺奭《始终》书，今皆不传。

第八节　从横家

从横家原出于行人之官，班志。至苏、张自成为一家。史公谓二人皆师鬼谷先生。《隋志》有《鬼谷子》三卷。乐壹言苏秦欲神秘其道，故假名鬼谷，《史记·苏秦传索隐》引。是《鬼谷子》即苏秦著也。《汉志》无《鬼谷子》，至《隋志》始著录。胡应麟《笔丛》以为东汉人本苏、张之书，荟萃为此。然《说苑》有引鬼谷子语，则刘向时已有其书。其学绝无哲理，专以捭阖飞箝揣摩为事。其曰：欲闻其声反默，欲张反敛，欲高下，欲取反与，《反应》篇。即老子"将欲歙之，必固张之；将欲夺之，必固与之"之术也。盖从横家专得老学权谋一派耳。战国时，其学颇盛。史公谓苏秦之弟苏代、苏厉，皆学游说诸侯以显名。《苏秦传》。又谓三晋多权变之士，言从衡强秦者，大抵皆三晋之人。《张仪传》。《汉志》从横家有《苏子》三十一篇、《张子》十篇，又有《庞煖》二篇，今其书皆不传。而苏、张之说散见于《国策》，犹可以考见大略也。

第九节　农家

农家原出于农稷之官，《汉志》。而远托于神农。《汉志》有《神农》二十篇，注云：诸子疾时怠于农业，道耕农事，托之神农。小颜引刘向《别录》云：疑李悝及商君所说。又《野老》十七篇，注云：六国时在齐、楚间。又杂占家有《神农教田相土耕种》十四卷，盖亦后人所依托，今其书皆不传。惟《管子》《淮南子》《汉·食货志》间引神农之教，《唐开元占经》引之较备，尚可考见耳。

农家之说起于周末，而其原亦出于老学。盖老学宗旨在无为、愚民。许行之徒主无为一派，故言贤者与民并耕而食。班志所谓"及鄙者为之，以为无事圣主，欲使君臣并耕，悖上下之序"是也。而其流即为西人平等主义。商鞅之徒主愚民一派，故曰：民不贵学问，又不贱农。民不贵学则愚，愚则无外交。无外交则国勉农而不偷。《垦令》篇。盖商鞅得老子权变之术，专欲愚民富国，欲民愚国富，莫善尚农，故其书有《垦令》篇、《农战》篇。《吕氏春秋》有《上农》《任地》《辨土》《审时》《四时》篇。马骕以为盖古农家野老之言，而吕子述之。《绎史》。其《上农》篇云：民农则易用，易用则边境安，主位尊。民农则产复，产复则重徙，重徙则死其处，而无二虑。又云：民舍本而事末则好智，智则多诈，多诈则巧法令。以是为非，以非为是。皆与商鞅之旨合，即老子所谓"民之难治，以其智多"及"使民重死而不远徙"之意也。

第十节　兵家

兵家原出于司马之官，_{班志}。而远托于黄帝。武王时，太公善用兵，其学已发达。然班志列《太公书》于道家，注云：或有近世所增加。则其书不专言兵，且未必真出太公。至后世所传《六韬》，则尤为伪托。盖兵学至孙、吴、司马穰苴而始精。史公谓读《司马兵法》，闳廓深远，虽三代征伐未能竟其义。_{《穰苴传》}。盖《司马法》论军礼，_{班志列礼家}。孙、吴之书则论兵谋，故孙、吴尤为后世所重，为兵家之祖。周末尚武，人竞谭兵，如孙膑、公孙鞅、范蠡、文种、伍员、李子、庞煖、王孙、尉缭、魏无忌、兒良之徒，皆箸书名家，见于班志。而《神农兵法》及《黄帝》《封胡》《风后》《力牧》《鬼容区》诸书，大抵亦六国时人依托为多。盖兵学莫盛于是时也。

第十一节　医家

医家原出于黄帝、岐伯，而《本草》远祖神农。《周礼》医官区三等，有食医、疾医、疡医。食医主食物卫生学，疾医为内科，疡医为外科。春秋时名医辈出，而扁鹊为尤精，能尽见五藏症结，_{《史记·扁鹊传》}。则精全体学也。能镵血脉副肌肤，_{《鹖冠子》}。剖胸探心，_{《列子·汤问》篇}。则精剖解学也。此外如医缓、_{左氏成十年《传》}。医和、_{昭二年《传》}。文挚_{《列子·仲尼》篇、《吕览·仲冬纪》}。之徒，各自名家。而《内经·素问》，论者谓战国时人所依托，则是时医学之精可知也。

第十二节　杂家

班志谓杂家出于议官，兼儒、墨，合名、法，其所列如《伍子胥》《子晚子》《尉缭子》本兵家也。尸子为商君之师，法家也，以其书兼有他家言，故列之于杂家。盖晚周之世，南北交通，智识互换，言论自由，不主故辙。如吴起、孙武，曾子弟子也，而流为兵家；禽滑釐，子夏弟子也，而流为墨家；庄周，田子方弟子也，而流为道家；邓析，名家也，而出入法家；庞煖，兵家也，而兼善纵横；苦获、己齿、邓陵之属，皆墨家，而旁及名家；慎到、申不害、韩非之徒，本老学而流为法家。其最先者，如《管子》一书，兼有儒家言、道家言、法家言、名家言、兵家言、农家言，故刘略入诸法家，班志移诸道家，《隋志》又改入法家，叶水心谓非一人之笔，亦非一人之书。盖不待《吕览》出而已成为杂家也。故学术之淆乱莫盛于衰周，而理想之发达亦莫盛于衰周也。

第十三节　文家

春秋至战国，不第学术最为发达，而文学亦为极盛。《左传》《国策》，史家之先河也，亦文家之钜子。以及儒家之孟、荀，道家之老、庄、列，墨家之墨子，名家之尹文、公孙龙，法家之商、韩，兵家之孙、吴，从横家之苏、张，苏、张书佚，散见《国策》。杂家之《吕览》，其文莫不有独到者。其无专书而散见《国策》《史记》者，如黄歇，有《上秦昭王书》。范雎，有《上秦昭王书》。乐毅，有《报燕惠王书》。鲁仲连有《遗燕将书》。之徒，其文皆极一时之盛。若屈平之《离骚》，尤为独有千古。史公称《国风》好色而不淫，《小雅》怨诽而不乱。若《离骚》者，可谓兼有之矣。《屈原传》。其后宋玉、唐勒、景差之徒继之，而辞赋遂为楚人专美矣。

第三章 秦汉

第一节 秦

七国之世，言论自由，百家竞起，至秦一天下而大加束缚。李斯奏古者天下散乱，莫之能一，是以诸侯并作，语皆道古以害今，人善其私学，以非上之所建立。今皇帝并有天下，别黑白而定一尊，请史官非秦纪者烧之。非博士官所职，天下敢有藏《诗》《书》、百家语者，悉诣守、尉杂烧之。有敢偶语《诗》《书》者弃市，以古非今者族。所不去者医药、卜筮、种树之书，若欲学法令，以吏为师。制曰：可。《史记·始皇本纪》。盖李斯鉴周末诸子之异论，欲复古者官师合一之制，而祸及《诗》《书》。章实斋曰：以吏为师，三代之旧法也。秦人之悖于古者，禁《诗》《书》而仅以法律为师耳。《文史通义·史释》篇。孙颐谷疑秦所焚，仅民间所藏，而博士所职之《诗》《书》仍在。《读书丛录》。不知李斯明言非秦纪者皆烧之，又言欲学法令，以吏为师，则博士之所掌不过秦之图籍，其所学不过秦之法令耳，故言论思想之沮塞莫盛于是时也。

焚书之祸，成于李斯，而实肇于商鞅。韩非言商君教孝公燔《诗》《书》而行法令。《和氏》篇。而《秦本纪》及《商君传》皆不载此事。盖鞅虽有是议，而孝公未之行，至李斯乃教始皇实行其权力。盖李斯虽荀卿弟子，见秦重刑名，遂贱儒而尚法，观其对二世书，叠引商、申、韩之说，又云：灭仁义之涂，困烈士之行，塞聪揜明，然后可谓明韩、申之术而修商君之法。《史记·李斯传》。黄老之学流为刑名，至李斯乃达极点，而秦亡矣。故欲愚民者，实自处于至愚也。

秦虽禁学，而颇有功于学界者，曰文字。许叔重言七国言语异声，文字异形,秦始皇初兼天下,丞相李斯乃奏同之,罢其不与秦文合者。斯作《仓颉》篇,中车府令赵高作《爰历》篇,大史令胡母敬作《博学》篇,皆取史籀大篆,或颇省改。是时官狱职务繁,初有隶书,以趣约易。《说文序》。盖文字与人群进化作比例,文字易则识字者多而进化易;文字难则识字者少而进化难。中国文字主形不主声,六书中虽有谐声一门,而古篆多象形,至史籀大篆尤为繁重,如《说文》草部所载,自芥以下五十三文,大篆俱从舛,其余所称大篆作某,其笔画必繁。秦省为小篆,又约为隶书,由繁趋简,实有益于进化,不得以其破坏古籀而咎之也。

第二节　西汉

史公言秦之季世,焚《诗》《书》,坑术士,六艺从此缺焉。陈涉之王也,鲁诸儒持孔子礼器往归,于是孔甲为涉博士,卒与涉俱死。及高帝诛项籍,举兵围鲁,鲁中诸儒尚讲习礼乐,弦歌之音不绝。岂非圣人遗化,好礼乐之国哉?故汉兴诸儒始得修其经艺,讲习大射乡饮之礼。叔孙通作汉礼仪,因为太常,诸生弟子共定者,咸为选官,于是慨然兴学。然尚有干戈,平定四海,未遑庠序之事也。孝惠、吕后时,公卿皆武力功臣。孝文时颇征用,然文帝本好刑名之士。及孝景不任儒者,而窦太后又好黄老之术,故诸博士具官待问,未有进者。及窦太后崩,武安侯田蚡为丞相,斥黄老、刑名、百家之言,延文学儒者数百人,而公孙弘以《春秋》,白衣为三公,封平津侯。天下学士靡然向风矣。《史记·儒林传》。案:史公此文叙汉初学术,至为详审,盖高祖以马上得天下,不事《诗》《书》,见儒生辄加嫚侮,即位后,虽征鲁诸生,命叔孙通起朝仪,适鲁礼孔子。孝惠时,又除挟书之令,儒学稍振,然黄老、刑名之学,互相叠胜,儒学犹未一统也。其治黄老者,有曹参、陈平、《史记》世家。乐巨公、田叔、《田叔传》。盖公、《曹相国世家》。黄子、司马谈、《史记·自序》。王生、《张释之传》。汲黯、郑当时、直不疑、俱见本传。刘安之徒。高诱注《淮南子》,云其旨近老子。史言窦太后好黄老术,帝及太子不得不读黄帝、老子,尊其术,《外戚世家》。则其时老学之盛可知也。其治刑名者,有张欧、《史记》本传。张恢、晁错、宋孟、刘礼、《晁错传》。驺田生、韩安国《韩安国传》。之徒。而酷吏如侯封、郅都、宁成之属，亦刑名学也。实则汉初与儒学竞立者，不第有黄老、刑名。如朱家、田仲、王公、剧孟、郭解之徒，皆以侠称，则墨学之支流也。郦食其、陆贾、娄敬之徒，皆以辩称，蒯通善为长短说，论战国之权变，为书八十一首，《史记·田儋传》。则从横之余习也。盖汉初去战国近，诸家学说犹未尽泯，各挟一术以竞争。至武帝罢黜百家，表率六经，《汉书·武帝纪》。而儒学始统一矣。

武帝罢黜百家，表率六经，最有功于儒学。然其议实发于董仲舒，佐其成者，则田蚡也。仲舒《对贤良策》云：《春秋》大一统者，天地之常经，古今之通谊。今师异道，人异论，百家殊方，上无以持一统；法制数变，下不知所守。臣愚以为诸不在六艺之科孔子之术者，皆绝其道，勿使并进。《汉书》本传。是统一儒学之议，实自董仲舒创之也。史称窦婴、田蚡俱好儒术，推毂赵绾为御史大夫，王臧为郎中令，迎鲁申公，绾、臧二人皆申公弟子。欲设明堂以兴太平。窦太后好黄老言，而此四人务隆推儒术，贬道家言，太后滋不说。建元二年，罢逐赵绾、王臧，而免窦婴、田蚡。六年，太后崩，蚡为丞相，《魏其武安侯列传》。绌黄老、刑名、百家之言，延文学儒者数百人。《儒林传》。是统一儒学之功，实蚡成之也。自建元五年，置五经博士，至元朔五年，复从丞相公孙弘请，为博士置弟子员，学者益广。《汉书·武帝纪》。故史公谓自此以来，公卿大夫士吏彬彬多文学之士矣。《史记·儒林传》。班孟坚曰：自武帝立五经博士，开弟子员，设科射策，劝以官禄，讫于元始，百有余年，传业者寖盛，枝叶蕃滋，一经说至百余万言，大师众至千余人，盖禄利之路然也。《汉书·儒林传》赞。

黜百家而定一尊，近于秦之专制。不知秦之制令人弃《诗》《书》而从其法令，仲舒之议令人尊六艺而从孔子。六艺之学、孔子之道括诸子之所长，得人心所同然，实大同之学，非专制之学。惜汉世诸儒名为尊经，而实为禄利所驱，所以不免孟坚之讥，而非仲舒之本意也。

第三节　东汉

范蔚宗曰：昔王莽、更始之际，天下散乱，礼乐分崩，典文残落。及光武中兴，爱好经术，先访儒雅。范升、陈元、郑兴、杜林、卫宏、刘昆、桓荣之徒，继踵而集。于是立五经博士，各以家法教授，凡十四博士。建武五年，修起太学。中元初年，初建三雍。明帝即位，亲行其礼。帝正坐自讲，诸儒执经问难于前，冠带缙绅之人，圜桥门而观听者，盖亿万计。其后复为功臣子孙、四姓末属别立校舍，搜选高能，以受其业。自期门羽林之士，悉令通《孝经》章句。匈奴亦遣子入学。济济洋洋，盛于永平矣！建初中，大会诸儒于白虎观，考详同异。肃宗亲临称制，命史臣著为《通义》，又诏高才生受《古文尚书》《毛诗》《榖梁》《左氏春秋》，虽不立学官，然皆擢高第为讲郎，给事近署。孝和亦数幸东观，览阅书林。及邓后称制，学者颇懈。樊准、徐防并陈敦学之宜，又言儒职多非其人，于是诏公卿妙简其选，三署郎能通经术者，皆得察举。自安帝览政，薄于艺文，博士倚席不讲，朋徒相视怠散，学舍颓敝，鞠为园蔬。顺帝感翟酺之言，乃更修黉宇，试明经下第补弟子，增甲乙科员各十人，除郡国耆儒补郎、舍人。本初元年，梁太后诏大将军下至六百石，悉遣子就学，每岁辄于乡射月一飨会之，以此为常。至是游学增盛，至三万余生。然章句渐疏，多以浮华相尚，儒者之风盖衰矣。党人既诛，高名善士多坐流废，后遂至忿争，更相言告，亦有私行金货，定兰台漆书经字，以合其私文。熹平四年，灵帝诏诸儒正定五经，刊于石碑，为古文、篆、隶三体书法，以相参检，树之学门，使天下咸取则焉。《后汉书·儒林传》序。案：范氏此文叙东汉儒术之兴替，颇为详审。盖东京儒术实驾西京。武帝虽表章六经，而好用严刑，又惑方士，未脱黄老、刑名之习。至光武修太学，征处士，明帝临雍讲学，肃宗虎观谈经，而儒术益醇，经师辈出。且西汉授经，必诣博士，私家授受，其传不广。东汉则耆儒高彦开门授徒，多者至万六千人，少亦不下千数百人。西汉人尚专经，每守陜义，东汉则渐好宏通。郑兴父子、贾逵、马融、郑康成之徒，俱贯串群经，不为墨守。西汉传经，或由利禄。东汉则人尚名节，任安、孙期、景鸾、颖容、郑康成之徒，俱屡却征辟，不就公车，是以朝局虽颓，流风不替。范蔚宗曰：自桓、灵之间，君道秕僻，中智以下，靡不审其崩离，而权强之臣息其窥盗之谋，章怀注谓阎忠劝皇甫嵩令推亡汉而自立，嵩不从其言。豪杰之夫屈于鄙生之议，注谓董卓欲大起兵，郑泰止之，卓从其言。迹衰敝之所由致，而能多历年所者，斯岂非学之效乎？《儒林传》论。

第四章　汉学别派

第一节　诸经立学先后

班书《儒林传》：汉兴，言《易》自淄川田生；言《书》自济南伏生；言《诗》，于鲁则申培公，于齐则辕固生，于赵则董仲舒。案：此皆汉经师之初祖也。又云：武帝立五经博士。《书》惟有欧阳，《礼》后，《易》杨，《春秋》公羊而已。至孝宣世，复立《大小夏侯尚书》《大小戴礼》、施、孟、梁丘《易》《穀梁春秋》。至元帝世，复立《京氏易》。平帝时，又立《左氏春秋》《毛诗》《逸礼》《古文尚书》。案：此西汉诸经立学之先后也。范书《儒林传》：光武立五经博士，各以家法教授。《易》有施、孟、梁丘、京氏，《尚书》欧阳、大小夏侯，《诗》齐、鲁、韩，《礼》大小戴，《春秋》严、颜，凡十四博士。肃宗又诏高才生，受《古文尚书》《毛诗》《穀梁》《左氏春秋》，虽不立学官，然皆擢高第为讲郎，给事近署。案：此东汉诸经立学未立学之别也。汉时诸经有今古文之别。《易》施、孟、梁丘、京氏，《书》欧阳、大小夏侯，《诗》齐、鲁、韩，《礼》大小戴，《春秋》公羊、穀梁，皆今文家，立学官。《易》费氏，《书》孔氏，《诗》毛氏，《礼》《周官》，《春秋》左氏，皆古文家。平帝虽立《左氏春秋》《逸礼》《古文尚书》，然不久即废。至东汉贾、马、郑诸儒及魏王肃，俱好古文，由是古文盛而今文反微矣。

第二节　《易》家

汉时《易》家略分四派：一施、孟、梁丘三家，二京氏，三费氏，四高氏。

（一）施、孟、梁丘派。其学原出田何。何为商瞿五传弟子。汉兴，说《易》者皆本何。何授丁宽，宽授田王孙，王孙授施雠、孟喜、梁丘贺。由是《易》有施、孟、梁丘之学。班氏称丁宽作《易说》三万言，训故举大谊而已，今《小章句》也。《儒林传》。陈氏澧曰：此班氏之特笔也。汉时《易》家有阴阳灾变之说，丁宽《易》则无之，惟训故举大谊而已。自商瞿至宽六传，而其说不过如此，此先师家法也。宽再传，乃分为施、孟、梁丘三家。《东塾读书记》。

（二）京氏派。京房之学出于焦延寿。延寿尝从孟喜问《易》。喜死，房以为延寿《易》即孟氏学，翟牧、白生皆曰非也。成帝时，刘向校书，考《易》说，以为诸家皆祖田何，惟京氏为异党，焦延寿独得隐士之传，托之孟氏。《儒林传》。案：孟氏之学原有二派：一为章句之学，一为灾异之学。《儒林传》云：喜从田王孙受《易》，好自称誉，得《易》家候阴阳灾变书，诈言师田生，且死时枕喜膝，独传喜。同门梁丘贺疏通证明之，曰：田生死于施雠手，时喜归东海，安得此事？案：此是孟氏之学本有阴阳灾变一派，所传卦气六日七分之学是也。《艺文志》有《章句》施、孟、梁丘各二篇，此乃受之田王孙者，与施、梁丘同也。又有《孟氏京房》十一篇、《灾异孟氏京房》六十六篇，此即以所得阴阳灾变书托之田生者。梁丘氏证以为非也。《隋志》载京氏书凡十种，今惟存《易传》三卷，凡世应、游魂、归魄、纳甲之说，皆出于此。此《易》家之外道，非经之本旨也。

（三）费氏派。费直之学未知所出。《儒林传》称其长于卦筮，亡章句，徒以《彖》《象》《系辞》《文言》十篇，解说上下经。陈氏澧曰：此千古治《易》之准也。孔子作十篇，为经注之祖。费氏以十篇解说上下篇经，乃义疏之祖。凡据十篇以解经者，皆得费氏家法。其自为说者，皆非费氏家法也。说《易》者当以此为断。《东塾读书记》。刘向以中《古文易经》校施、孟、梁丘经，或脱去"无咎""悔亡"，惟费氏经与古文同。《艺文志》。故后汉马、郑诸儒俱好费氏《易》。

（四）高氏派。高相与费直同时，亦亡章句，专说阴阳灾异，自言出于丁将军。《儒林传》。今案：丁氏《易说》惟训故举大谊，而高氏专说阴阳灾异，其非丁氏学明矣。此与孟喜以所得阴阳灾变书，托之田生者，同出一辙也。

以上四派，施、孟、梁丘、京氏俱列学官。费、高二家惟传之民间。《艺文志》。至后汉陈元、郑众皆传费氏《易》，其后马融为之传，授郑玄，玄作《易》注，荀慈明又作《易传》，范书《儒林传》。魏王肃、王弼并为之注。自是费氏大兴，高氏遂衰。梁丘、施氏、高氏亡于西晋。孟、京有书无师。梁陈时，郑玄、王弼二注列于国学。齐代惟传郑义。至隋，王注盛行，郑氏寖微。《隋志》。唐孔颖达撰《正义》，以王注为本，至南宋而郑《易》遂亡。王应麟所辑仅一卷而已。惟唐李鼎祚《集解》，采汉魏《易》说颇夥。国朝张惠言采虞氏一家之说，为《虞氏义》，而孟《易》复传于世矣。

第三节 《尚书》家

汉时《尚书》有二派：一今文派，一古文派。

（甲）今文派。原出伏生。伏生故为秦博士。孝文时求能治《尚书》者，天下无有，闻伏生能治，欲召之。时伏生年九十余，老不能行，乃诏太常掌故朝错往受之。秦时焚书，伏生壁藏之。后兵起流亡，汉定，伏生求其书，亡数十篇，独得二十九篇，以教于齐鲁之间。伏生教张生及欧阳生，《史记·儒林传》。其后有欧阳派、大小夏侯派。

（一）欧阳派。伏生授欧阳生，欧阳生授兒宽，宽授欧阳生子，世世相传，至曾孙高，为博士，《汉·儒林传》。作《尚书章句》，为欧阳氏学。《释文叙录》。

（二）大夏侯派。伏生授张生，张生授夏侯都尉，都尉传族子始昌，始昌传族子胜。《汉书·儒林传》。胜尝受诏撰《尚书说》，《汉书》本传。有《章句》二十九卷，《艺文志》。号为大夏侯氏学。《释文叙录》。

（三）小夏侯派。夏侯胜传从兄子建。建别为《章句》，为小夏侯氏学。《儒林传》。

以上三派，皆原出于伏生，然微有不同。《汉志》《尚书》家言《大小夏侯经》二十九卷，《欧阳经》三十一卷，是卷数不同。盖大小夏侯所传二十九卷是伏生之旧。欧阳三十一卷，王氏鸣盛以为分《太誓》为三篇是也。《汉书·两夏侯传》言胜从始昌受《尚书》及《洪范五行传》，说灾异，后事兒宽门人简卿，又从欧阳氏，所问非一师。建师事胜及欧阳高，左右采获，又从五经诸儒问，与《尚书》相出入者，牵引以次章句，具文饰说。胜非建以为章句小儒，破碎大道。建亦非胜为学疏略，难以应敌云云。是大、小夏侯亦自不同。此三家家法之略异也。西汉时，并立博士。东汉时，欧阳之传尤盛，至晋永嘉之乱，而三家之《书》遂亡。

（乙）古文派。原出孔安国。鲁恭王坏孔子宅，得《古文尚书》，安国得其书，以考二十九篇，得多十六篇，献之，遭巫蛊事，未列学官。《汉·艺文志》。安国授都尉朝，而司马迁亦从安国问故。迁书所载《尧典》《禹贡》《洪范》《微子》《金縢》诸篇，多古文说。《汉·儒林传》。平帝时，立博士。《艺文志》。东汉虽未立学，然尹敏、卫宏、盖豫、周防、孙期、丁鸿、杨伦之徒，并传其学，而孔僖尤世传之，皆见范书《儒林传》。传又云：杜林传《古文尚书》，贾逵为之训，马融作传，郑玄作注，由是《古文尚书》遂显于世。《隋志》疑马、郑所传惟二十九篇，又杂以今文，非孔氏旧本。案：马融《书传序》云：逸十六篇，绝无师说。《尧典疏》引。惟无师说，故马、郑仅注二十九篇，与今文篇同也。朱氏《经义考》又疑卫、贾、马、郑所注，皆杜氏漆书，非壁中古文。案：郑君《书赞》云：我师棘下生子安国亦好此学，后汉卫、贾、马二三君子之业，则雅才好学既宣之矣。《尧典疏》引。是郑明言渊源于安国。班氏《儒林传》称安国授都尉朝，朝授庸生，生授胡常，常授徐敖，敖授涂恽。范书《贾逵传》称逵父徽受《古文尚书》于涂恽。逵传父业，则逵尤安国嫡传甚明。而朱氏之说非也。东晋时《伪孔传》出，与郑注并行。至唐专行《伪孔》，而郑注遂废。宋吴棫、朱子以来，渐疑孔传。至国朝阎若璩、惠栋诸家之书出，益证明其伪。王鸣盛采辑郑注，为《尚书后案》，而郑学复行于世矣。

第四节 《诗》家

汉时《诗》家分四派：一《鲁诗》，二《齐诗》，三《韩诗》，四《毛诗》。

（一）《鲁诗》。出鲁申培公。《史记·儒林传》。申公之学受诸浮丘伯。《汉书·儒林传》。而伯乃荀卿弟子。刘向《荀子序》。荀子为子夏五传弟子，《释文叙录》。则原出子夏也。楚元王交少与申公俱受《诗》于浮丘伯。元王好《诗》，诸子皆读《诗》。申公始为《诗》传，号《鲁诗》，《汉书·楚元王传》。

后居家教授，弟子自远方至者千《史记》作"百"。余人，为博士者十余人，大夫、郎、掌故者以百数。《汉书·儒林传》。盖三家之学，鲁最先出，故其传亦最盛。《汉志》有《鲁故》二十五卷、《鲁说》二十八卷，皆申公所传也。《史记·儒林传》言申公独以《诗》经为训以教，无传疑，疑者则阙不传。《汉书》脱上"疑"字。小颜谓口说其指，不为解说之传。案：《楚元王传》言申公始为《诗》传，则作传明矣。

（二）《齐诗》。出齐辕固生，景帝时为博士，《史记·儒林传》。作《诗》传，号《齐诗》。《释文叙录》。齐之言《诗》皆本固。诸齐人以《诗》显贵，皆其弟子。《史记·儒林传》。而夏侯始昌最明。始昌授后仓。《汉书·儒林传》。《汉志》有《齐后氏故》十卷、《后氏传》二十七卷，皆仓所述也。仓授翼奉。奉上封事，称述"六情""五际"，《汉书》本传。与《诗纬·推度灾》《纪历枢》之说合，盖《齐诗》家法也。

（三）《韩诗》。出于燕韩婴。《汉书·儒林传》。推诗人之意，作《内外传》数万言，其说颇与齐、鲁殊，然其归一也。淮南贲生受之。燕赵间言《诗》者由韩生。《史记·儒林传》。《汉志》有《韩故》三十六卷、《内传》四卷、《外传》六卷、《说》四十一卷，皆韩生所传也。今惟存《外传》十卷。

（四）《毛诗》。出于毛公，自谓子夏所传。《汉·艺文志》。徐整云：子夏授高行子，高行子授薛仓子，薛仓子授帛妙子，帛妙子授河间人大毛公。毛公为《诗故训传》，授赵人小毛公。小毛公为河间王博士，以不在汉朝，故不列于学。《释文叙录》。陆机云：孔子删《诗》授卜商。商为之序，授曾申，申授李克，克授孟仲子，孟仲子授根牟子，根牟子授荀卿，荀卿授鲁国毛亨。亨作《诂训传》，授赵国毛苌。时人谓亨为大毛公，苌为小毛公。《毛诗草木虫鱼疏》。《汉志》有《毛诗故训传》三十卷，今存。

以上四家，班孟坚论鲁申公为《诗》训故，而齐辕固、燕韩生皆为之传。或取《春秋》，采杂说，咸非本义。与不得已，鲁最为近之。《艺文志》。至东汉郑众、贾逵皆传《毛诗》，马融作传，郑康成作笺，范书《儒林传》。申明毛义难三家，于是三家遂废。《释文叙录》。至魏代《齐诗》已亡。《鲁诗》亡于西晋。《韩诗》虽存，无传之者。惟《毛诗郑笺》立学官。《隋志》。然郑君初从张恭祖学《韩诗》，范书本传。其笺毛，间杂《鲁诗》，并参己意，不尽同毛义。陈奂《毛诗传疏序》。于是魏王肃更述毛非郑。王基则驳王申郑。晋孙毓为《诗》评，评毛、郑、王三家异同，而隐朋于王。陈统复难孙申郑，《释文叙录》。祖分左右，垂数百年。至唐孔颖达因郑笺为《正义》，乃论归一定。《四库提要》。自宋朱子从郑樵之说攻《小序》，翕是朱传行而毛、郑又微。至国朝诸儒表章毛、郑，其学又盛。三家诗自宋王应麟辑有《诗考》，逮国朝诸儒益事搜采，亦稍传于世矣。

第五节 《礼》家

汉时《礼》家略分三派：传《礼经》十七篇者为一派，传《礼记》者为一派，传《周官经》者为一派。

（一）《礼经》十七篇。传自鲁高堂生，《汉·艺文志》。即今之《仪礼》也。《释文叙录》。史公称《礼》自孔子时，其经不具，至秦焚书，散亡益多，独有《士礼》，高堂生能言之。瑕丘、萧奋以《礼》为淮阳太守，《儒林传》。授东海孟卿。孟卿授同郡后仓。仓说《礼》数万言，号曰《后氏曲台记》，或疑《曲台记》即今之《礼记》，此说非是。《汉志》有《记》百三十一篇，注云七十子后学者所记也。按：此即《礼记》。又有《曲台后仓》九篇，如淳曰：行射礼于曲台，后仓为记，曰《曲台记》。按：此当是说《仪礼》中之射礼，非即今之《礼记》。授梁戴德、戴圣、沛庆普。德号大戴，圣号小戴，由是《礼》有大戴、小戴、庆氏之学，《汉书·儒林传》。并立学官。又有《古经》出于鲁淹中及孔氏，与十七原作"七十"，今从刘敞说改正。篇文相似，多三十九篇，《艺文志》。后仓传十七篇，以付书馆，名为《逸礼》。《释文叙录》。汉末，郑康成本传《小戴礼》，后以古经校之，取其义长者为郑氏学。范书《儒林传》。盖高堂生所传十七篇是今文，鲁淹中所得是古文。郑君作注，参用二本，其从今文者，则今文在经，古文附注，如《士冠礼》"闑西"注云：古文"闑"为"槷"是也。其从古文者，则古文在经，今文附注，如"孝友时格"注云：今文"格"为"假"是也。自晋以来，立郑注于学，唐公彦为之疏，今存。

（二）《礼记》。传自二戴。汉初，河间献王得仲尼弟子及后学者所记一百三十篇献之，时无传之者。至刘向校经籍，因第而叙之，又得《明堂阴阳记》三十三篇、《孔子三朝记》七篇、《王史〔氏〕记》二十一篇、《乐记》二十三篇，凡五种，合二百十四篇。戴德删其烦重为八十五篇，谓之《大戴记》。《隋志》。戴圣又删大戴书为四十九篇，谓之《小戴记》。《释文叙录》引陈邵《周礼论序》。按：《隋志》谓小戴删为四十六篇，后马融足《月令》《明堂位》《乐记》三篇为四十九篇。按：桥仁在成帝时所著《礼记章句》即有四十九篇，见范书《桥玄传》。

小戴礼有郑君注，自晋以来立于学，唐孔颖达为之疏。今存《大戴记》有卢辩注，自唐以来仅存三十九篇，未立学。

（三）《周官经》。得自河间献王。《汉书·景十三王传》。献王开献书之路，有李氏上《周官》五篇，失《事官》一篇，购以千金不得，取《考工记》补之。王莽时，刘歆为国师，始立《周官经》为《周礼》。缑氏杜子春受业于歆，以教门徒，郑兴父子等多师之。兴父子及贾逵并作《解诂》。《释文叙录》。唐贾公彦为之疏。今存《周官》一经，自汉成帝时，诸儒即排之，其后疑之者甚多。今按其学与西政西学每多符合。泰西之所以开民智致富强之法者，书已发其端。其思想之发达，制作之精详，断非俗儒所能及。故刘子骏、郑康成称为周公致太平之迹。朱子称为广大精微。惟其中颇有后人所附益者。程伯子曰：《周礼》不全是周公之礼法，亦有后世随时添入者。张横渠曰：《周礼》是的当之书，如盟谊之类必非周公之意，乃末世增入者。《四库提要》曰：此如后世律令条格，率数十年一修，修则必有所附益，年远无征，统以为周公之旧耳。使果作伪，何阙《冬官》一篇，至以千金购之不得哉！且作伪者必剽取旧文，借真者以实其赝，如《古文尚书》是也。刘歆宗《左传》，而《左传》所云《礼经》皆不见于《周礼》。且《聘礼》宾行饔饩之物，禾米刍薪之数，笾豆簠簋之实，铏壶鼎瓮之列，与《掌客》之文不同。《大射礼》天子诸侯侯数侯制，与《司射》之文不同。《礼记·杂记》载子男执圭，与《典瑞》之文不同。《礼器》天子诸侯席数，与《司几筵》之文不同。歆果赝作，何难牵就其文，与经传相合，而必留此异同，以待后人之攻击哉！案：此皆持平塙当之言也。

第六节　《春秋》家

汉时《春秋》家分三派：一曰公羊之学，二曰穀梁之学，三曰左氏之学。

（一）公羊之学。始于齐人公羊高，源出子夏。郑康成云当六国之亡。吴兢、戴宏皆云子夏弟子。案：未必亲受业于子夏，而源当出子夏。高传其子平，平传其子地，地传其子敢，敢传其子寿。至汉景帝时，寿乃与弟子齐人胡母子都著于竹帛。徐彦《疏》引戴宏序。胡母生治《公羊春秋》，为博士，与董仲舒同业。仲舒称其德。年老归教于齐，齐之言《春秋》者宗事之。《汉书·儒林传》。史公称汉兴五世，唯仲舒名为明《春秋》，弟子以百数。《史记·儒林传》。仲舒授嬴公，嬴公授眭孟，孟授严彭祖、颜安乐，二人各颛门教授，由是《公羊》有严、颜之学。《汉书·儒林传》。胡母生、严、颜之书，今皆不传。董氏书惟存《繁露》八十二篇。后汉公羊之学甚盛，而何邵公最为名家。其所著《解诂》，自称依胡母生条例，唐徐彦为之疏，今存。

（二）穀梁之学。始于鲁人穀梁赤，《风俗通》。案：《论衡》作名寘。《七略》作名俶。颜注《汉书》作名喜。亦源出子夏。《风俗》云子夏门人。桓谭《新论》云后左氏百余年。郑康成云近孔子。糜信云与秦孝公同时。近钟文烝谓受业于子夏之门人。此说似得之。赤传孙卿，孙卿传鲁申公，杨《疏》。申公传瑕丘江公，武帝时为博士，使与董仲舒议，江公呐于口。而丞相公孙弘本为公羊学，比辑其议，卒用董生。上因尊《公羊》，诏太子受之，由是《公羊》大兴。卫太子既通《公羊》，复私问《穀梁》而善之，其后寖微。江公授荣广，广授蔡千秋。宣帝即位，闻卫太子好《穀梁》，召千秋与公羊家并说，上善《穀梁》。甘露元年，召名儒大议殿中，平《公》《穀》同异。萧望之等多从《穀梁》，由是穀梁之学大盛。《汉书·儒林传》。

（三）左氏之学。始于鲁丘明。史公称孔子西观周室，论史记旧闻，而次《春秋》。七十子之徒口受其传指。左丘明惧弟子人人异端，各安其意，失其真，故因孔子史记具论其语，成《左氏春秋》。《十二诸侯年表》。丘明七传而至汉张苍，《左传正义》引刘向《别录》。苍口授贾谊。《释文叙录》。谊为《左氏训故》，数传而至刘歆、贾护。由是〔言〕《左氏》者本之刘、贾。《汉书·儒林传》。歆传贾徽，徽传其子逵。逵作《解诂》，又条奏《左氏》大义长于二传者三十事。范书本传。自是以来，延笃、彭汪、许淑、服虔、孔嘉之徒并注《左氏》。康成又针《左氏膏肓》，发《公羊墨守》，起《穀梁废疾》，繇是《左氏》大兴。服注晋时曾立博士，至唐专用杜注，《释文叙录》。而服氏寖微，其后遂佚，近李贻德有辑本。

以上三家，公羊之学最盛，穀梁次之，左氏至汉季而始行。三家之学，各分门户。江、董竞于前，江公主《穀梁》。仲舒主《公羊》。荣、眭辩于后；荣广主《穀梁》。眭孟主《公羊》。武、宣则先后异立，武帝立《公羊》。宣帝立《穀梁》。向、歆则父子殊科；刘向主《穀梁》。刘歆主《左氏》。以上见班书。范升、陈元辩难十上，范升难《左氏》。陈元申《左氏》。任城、北海各持一偏。何休箸《左氏膏肓》《公羊墨守》《穀梁废疾》。郑君作针《膏肓》，发《墨守》，起《废疾》。以上见范书。其攻《左》者，如汉博士谓《左氏》不传《春秋》。班书《刘歆传》。范升谓《左氏》不祖孔子，而出丘明，师徒相传，又无其人。范书本传。其尊《左》者，如刘歆谓丘明好恶与圣人同。班书本传。班固谓丘明恐诸弟子失真，论本事而作传，及末世口说流行，故有《公》《穀》《邹》《夹》之传。《艺文志》。贾逵谓《左氏》义深于君父，《公羊》多任于权变。范书本传。郑康成谓《左氏》善于礼，《公羊》善于谶，《穀梁》善于经。《六艺论》。自汉以来，讫无定论。窃谓《左氏》本诸国史，详于记事；《公》《穀》受诸口说，多得微言。史公谓《春秋》文成数万，其指数千。《自序》。又谓七十子之徒口受其传指，为有所刺讥褒讳挹损之解，不可以书见也。《十二诸侯年表》序。其所谓指及微言也，微言不可见，诸书故口说相传，而《公羊》所得独多。盖夫子悯周道既衰，明王不作，损益百王之法，作《春秋》以为后王之制，第载之空言不如见之行事，鲁史具存，因借其事以寓褒贬，故托王于鲁。又生当周末，见文胜之弊，欲变之以殷质，故公羊家有"黜周王鲁"之说。非真以周为可黜，以鲁为新王也。《公羊》大旨不过如斯。汉世诸儒争欲自兴其学，附会谶说，以动时君，谓《春秋》立新王之法，专为汉制作。光武好言图谶，博士因端献瑞，妄言西狩获麟是庶姓刘季之瑞，圣人应符为汉制作，如何邵公亦以演孔图之说解获麟。此孔檃轩所谓皆绝不见本传，重自诬其师，以召二家之纠摘也。

三家之外，又有邹、夹二家，未知所出。《汉志》有《邹氏传》十一卷、《夹氏传》十一卷。《王吉传》称吉能为《邹氏春秋》。然此外绝无闻，则汉时其学未盛也。班孟坚谓邹氏无师，夹氏有录无书。《隋志》谓亡于王莽之乱。《宋史·艺文志》有《春秋夹氏》三十卷，盖后人伪托，今亦不传。

第七节 《论语》家

汉时传《论语》者分三派：一《齐论》，二《鲁论》，三《古论》。

（一）《齐论》。出于齐人，凡二十二篇，多《问王》《知道》二篇。班志。案：晁公武谓详其名，必论内圣外王之道。王伯厚疑《问王》为《问玉》之误，以《逸论语》见于《说文》《初学记》《文选注》《太平御览》多铨玉之语。其二十篇中，章句亦颇多于《鲁论》。王卿、何氏《集解序》。王吉、宋畸、贡禹、五鹿充宗、庸生并传之，惟王阳名家。班志。

（二）《鲁论》。出于鲁人，即今所行篇次是也。《释文叙录》。龚奋、夏侯胜、韦贤、贤子韦玄成、夏侯建、萧望之、张禹并传之，皆名家。胜、禹并有《说》二十一篇。王吉传其子骏，骏亦有《说》二十篇。班志。今并佚。

（三）《古论》。出自孔壁中，凡二十一篇，有两《子张》篇，孔安国得之。班志。案：班志不言安国注《古论》。何晏《集解序》、王肃《家语后序》言安国有《古论语训解》，伪托不足据。后汉马融为《训说》，《集解序》。今佚。

以上三家，篇第、章句各不同，诸儒传者各专一家。至张禹本受《鲁论》，兼讲齐说，善者从之，号曰《张侯论》，为世所贵。后汉包咸、周氏并为章句。郑康成就《鲁论》篇章，考之《齐》《古》，为之注。《集解序》。汉文时，置《论语》博士，后罢。赵岐《孟子题辞》。至魏何晏为《集解》，梁陈时与郑注并立国学。自唐以来，何注盛而郑注遂微，其后遂佚。

第八节 《孝经》家

汉时传《孝经》者凡二派：一今文派，二古文派。

（一）《今文孝经》。出于颜氏。初，秦焚书，河间人颜芝藏之，及汉尊学，芝子贞出之，《释文叙录》。凡十八章。长孙氏、江翁、后仓、翼奉、张禹传之，各自名家，均有《说》一篇。班志。今佚。

（二）《古文孝经》。出于孔壁，孔安国得其书。班志。昭帝时，鲁国三老献之。许冲《上说文表》。刘向称其字皆古文。《庶人》章分为二，《曾子敢问》章分为三，又多一章，案：《闺门》章。凡二十二章。班志注引。建武时，卫宏曾校之。许慎尝学《孝经古文说》，然皆口传，至慎子冲曾撰具一篇，上之。《上说文表》。马融亦为之传，《释文叙录》。今佚。

以上二家，章数、字数皆不同。汉文时置《孝经》博士，盖用今文也，后罢。东晋时，立郑注博士，相传以为出康成。又有孔安国《古文传》，梁代与郑氏并立，其后安国《传》亡。隋王劭访得之，送与刘炫，后与郑氏并立。陆澄以郑注非出康成。《隋志》以孔《传》为刘炫伪托。盖郑注实成于小同，孔《传》则晋人伪托。其后得本则又出于刘炫。至唐玄宗御注出，而孔、郑二家俱微，后遂佚。近日本所得孔《传》尤为伪中之伪也。

第九节　小学家

汉时经学为极盛，而经学必原本小学。盖必先识其文字，通其训诂，而后能知其义理，犹之先通西文，然后可读西书也。故汉世小学亦为最盛。汉初书师合秦之《苍颉》《爰历》《博学》三篇，并为《苍颉》篇，断六十字为一章，凡五十五章。武帝时，司马相如作《凡将》篇。元帝时，史游作《急就》篇；成帝时，李长作《元尚》篇，皆《苍颉》中正字也。《凡将》则颇有出矣。元始中，征天下通小学者以百数，各令记字于庭中，扬雄取其有用者，作《训纂》篇，以续《苍颉》，又易《苍颉》中重复之字，凡八十九章。东汉班固又续作十三章，凡一百二章，无复字。班志。和帝永元中，贾鲂又作《滂喜》篇。于是以汉初所并《苍颉》篇为上卷，《训纂》篇为中卷，《滂喜》篇为下卷，世称为《三苍》。其为训释者，则扬雄、杜林俱有《苍颉训纂》，而林又有《苍颉故》一篇。至许叔重别为《说文解字》十四篇，始一终亥，发挥六书之指，而古人造字之意于是大明，其书为后世所重。

文字与人群进化作比例。文字繁则识字少，而进化难；文字简则识字多，而进化易。群经之字，去其重复，不过二千有奇。汉初所并之《苍颉》篇亦仅三千三百字，尚未繁也。至子云所续，则五千三百四十字。孟坚又续之，则六千一百二十字。贾鲂又续之，则七千三百八十矣。许君《说文》至九千三百五十三，又重文一千一百六十三。至《玉篇》则益繁矣。且中国文字主形不主声，识字尤难。其实，《说文》九千余字中，已多冷僻不适于用者。莫如取今日通行急用之字，仿《三苍》之例，四字为句，编为韵语；或仿《尔雅》《方言》之例，别为一书，使通其训而知其名物，则简而易识，亦有益于进化之术也。

黄　帝　辨

目东亚之人为黄种，其说发自西人。本国古来无此说也，然经传有黄帝、黎民。《史记·五帝纪》：有土德之瑞，故号黄帝。《封禅书》曰：黄帝得土德，黄龙地螾见。太史公曰：百家言黄帝，其文不雅驯，荐绅先生难言之。孔子所传《宰予问五帝德》及《帝系姓》，儒者或不传。然则黄帝土德王之说，果信乎？据《封禅书》：或曰黄帝得土德，夏得木德，殷得金德，周得火德，秦变周，水德之时。或曰者，史公盖疑之也。以五行旧说证之，土与木为相生，金与木、火与金、水与火为相刻。其所以相生相刻不同者，说者曰：自黄帝至禹禅让也，故相生；殷受夏，周受殷，秦受周，征诛也，故相刻。其言辨矣！然秦献公自以得金瑞，故作畦畤，祀白帝。而始皇时，更命河曰"德水"，以冬十月为岁首，色尚黑，度以六为名，则又自以为水德。何其进退无据耶？秦既自命水德，以相刻之理推之，汉家代之，当以土德。公孙臣之言近似矣。然高祖微时，斩白蛇，有物曰：蛇，白帝子，而杀者赤帝子。则又似秦以金德，汉以火德刻之矣。张苍以河决金堤，为汉家水德之符。夫使五德五运之说果有明征，其理宜推之中外古今而皆信。而秦、汉二代君臣前后无定论如此，则五行家之学不足以公诸天下后世明矣。五行之学既不足信，则黄帝土德之瑞一言，理亦当废。然黄帝则固有其人，见于孔子《易传》者，不可诬也。则黄帝果何号耶？西人以肤色别人种，其学有专家，殆非创自今日。彼谓我为黄种，而我四亿之人亦自认为黄帝之子孙。然则黄帝者，果何种人之帝耶？汉以来，阴阳五行家不足自存其说，学已久废。惟世之谈风水者，窃其支离之绪余以惑人而糊口，于是停棺不葬，焚毁电杆，拆坏铁路等事，间见叠出，其影响至庚子拳匪之祸而极。今学者不务推其本，拯其末，斤斤执古说以相消者，不特学界之害，亦人心世道之忧也。

黎民辨

《虞书》曰：黎民于变时雍。《伪孔传》：黎，众。又曰：黎民阻饥。《伪孔传》：众人之难在于饥。《孟子》曰：黎民不饥不寒。朱注"黎民"黑发之人。从《孔传》"黎，众"之解，则与《尔疋》合，好古之士然之矣。然朱注黑发之人，则既背《尔雅》，又背《孔传》，求之汉、唐，从无此训，则以朱子为杜撰可也。且注书之例，最病添字。

朱既以黎为黑,已知黎为黧之借字矣,横加"发"字,则犯添字之病。以《孔传》为正乎?则《诗》称群黎百姓。既曰群,又曰众,何为也?《记》称九黎。既曰九,又曰众,不词矣。将以朱注为正乎?则《书》称黎民阻饥,必尧、舜之政如匈奴、吐蕃之贵壮贱老而后可。是非然者。皤皤黄发,种种斑白,情更可怜,不应尧、舜之圣独不代谋生计也。如必谓"黎民"黑发之人,必我四亿黄帝之子孙如日耳曼种之鸢发而后可也。然则"黎民"果何解耶?曰:古无正言也。无已,则请易朱注黑发之人曰黑色之民。人种学者,我国古无专书也。有之,自欧罗巴人始。人种学者,合天演学、地质学、生理学、言语学、宗教学、社会学种种科学而成者也。欧人之考人种学曰:世界人种出于波谜罗。波谜罗与今译之巴比伦声相近,地在帖格列河、哀甫辣底河两间之下流,犹太教主摩西建国之地也。<small>自循蜚纪以下至黄帝、苍颉,其氏号皆见巴比伦神王系表。而西士傅兰雅曰《易》八卦之文及《尔雅》岁阳、岁阴之名皆巴比伦语。</small>我国旧籍相传首出之君曰盘古。而西人考我国人种,古称巴喀儿亚。巴喀与盘古声转,儿亚语词,犹称蒙古人曰蒙古利亚也。盘古之后,相传有天皇氏,被迹在西北柱州昆仑山下。昆仑在巴颜哈剌山之西,葱岭之东矣。其后有地皇氏、人皇氏。德人某氏著《东亚历史》并附图。其考我国上古事,曰黄种人自西北波谜罗来,一循江水而下,止于蜀。<small>其图以绿色别之。</small>故金氏履祥《通鉴前编》曰:蜀之为国,肇自人皇,是谓蜀山氏。而《前编》人皇氏后有钜灵氏者,出于汾脽,挥五丁开通江河,居无恒处,而迹躔于蜀,盖即蜀山氏也。有庸成氏者,居群玉之山,其山平阿无隒,四彻中绳,以物产地形言之,盖即葱岭中之大平原,西图所谓帕米尔。<small>东波谜罗。</small>而德人某氏又言:黄种人同时又一支循黄河而下,散布于黄河南北,今陕西、山西、河南、山东等地。<small>图亦以绿色别之,绿色外皆黄色。</small>考黄帝之前,有大騩氏,其迹在今新郑县之大騩山。有空桑氏,迹在今陈留县南十五里。有豨韦氏,居冀州。有祝融氏,都于今新郑县。有包牺氏,都于今陈州府。有女娲氏,都于今西华县。有阴康氏,都于今华原县。有神农氏,都于今曲阜县。以上诸氏皆在酋长之世,不知其同时各据一方欤?抑先后迭为雄长欤?然故书雅记,其迹皆近黄河南北两岸,其时皆在黄帝以前。

客种西来,地广人稀,种族之争未起也。如欧罗巴人初至美洲,主客相安。数传之后,客种西来者益多,务农广植,未免夺土民生计。土民不能堪,于是土民九黎之君蚩尤氏逐神农氏后裔榆罔,自空桑至于涿鹿。客种公孙轩辕与蚩尤战,胜而戮之。主客之争自此始,九黎之名亦自此始。按:《书伪孔传》曰:九黎之君号蚩尤。《孔子三朝记》曰:蚩尤,庶人之贪者。韦昭曰:九黎氏,蚩尤之徒也。

《国语》曰:少皞之衰,九黎乱德,民神杂糅,不可方物。盖多神教。颛顼受之,乃命南正重司天以属神,北正黎司地以属民,即《书》所谓"遏绝苗民,绝地天通"也。郑注"苗民"谓九黎之君。按:明明九黎之君而谓之民者,如今日之土司,汉官以民礼待之也。康成犹知种界。及至尧时,三苗复九黎之德,韦昭曰:三苗,九黎之后也。尧征而克之丹水之南。然则三苗即九黎之后,苗民即黎民也。曰九黎者,疑即九州土民,其肤色黧,所以别于西来之黄种也。何以言之?黄种始居波迷罗,地高无湿,故肤色黄。土族居东亚平原,地卑湿重而作苦,故面目黧黑。且所谓黎者,匪必如今阿非利加人种之作深墨色也,特以黄种视之,则谓之黎民云耳。凡主、客二种之相遇也,彼此必取一名以自别而别人。前史称成吉思汗黑鞑靼种,汪古部白鞑靼种。今之内外蒙古,成吉思汗之后也;察哈尔,汪古部之后也。其色皆黄,孰辨黑白。今欧罗巴人自谓白种,而谓非洲土族曰黑奴,谓美洲土族曰铜色人,谓南洋岛夷曰棕色人。昔日黄帝、黎民亦犹是耳。世有疑者,吾不辞杜撰之诮也。难者曰:是苗民黎民,三代以上有居官之资格否?答曰:无之也。问何故无之?答曰:三代以上,等族之制严也。故《尧典》曰:克明俊德,以亲九族。九族既睦,平章百姓。百姓昭明,协和万邦。黎民于变时雍。所谓九族者,尧之宗族,自高祖至玄孙。百姓,百官也。黄种最初西来者约百家,其后为百姓,历代以贵族自居,犹《后汉书·东夷传》云:以百家济海故名百济也。万邦,万国诸侯也,皆黄种也。内而九族百官,外而万国诸侯,既睦且和,于是以少数之客种役属多数之土族。而黎民自是变化其民神杂糅之旧俗,从西来黄种尊天敬祖之政教,而主客和矣。又按《皋陶谟》曰:在知人,在安民。禹曰:知人则哲,能官人。安民则惠,黎民怀之。《诗》曰:宜民宜人。又曰:群黎百姓。然则人也,百姓也,有居官之资格者也，贵族也，亦即西来之黄种也。民也，黎民也，苗民也，有苗也，群黎也，无居官之资格者也，土族也，亦即上古九州之黧种也。此三代以前主客等族之制也。难者曰：客种少而主族多，何以客种反成贵族？曰：客种强而主种弱，此古今中外之通例也。高加索人之侵入印度也，分四等族，若婆罗门，若刹第利，皆客种也；若毗舍耶，若首陀罗，皆主种也，至今婚姻不通焉。欧罗巴人之侵入亚美利加、阿非利加也，役土人为奴隶，草刈而禽狝之，今存者日衰矣。澳大利亚、南洋群岛皆是也。独何疑乎我上古东亚之黎民耶？虽然，我上古西来之黄种，既战胜东亚之主族黧种而迁之，迄今三四千年，已反客为主矣。我后嗣子孙不念祖宗昔日殖民创业之艰难，自暴自弃，一任他种之宰割，几何不为九黎之续耶！

第十节　结论

汉儒通经，皆以致用。如平当以《禹贡》治河。班书本传。王式以三百五篇当谏书。《儒林传》。董仲舒、眭孟、夏侯始昌、夏侯胜、京房、翼奉、刘向、谷永、李寻以灾异言政事；隽不疑论卫太子之狱；萧望之谏伐匈奴之兵；龚胜定傅晏之罪；毌将隆抑董贤之威，皆据《春秋》。均见本传。盖其时朝廷有大事，诸臣援引经义，以折衷是非。故张汤为廷尉，每决大狱，欲傅古义，乃请博士弟子治《尚书》《春秋》者，补廷尉史，亭疑奏谳。《汤传》。兒宽为廷尉掾，以古义决疑狱，奏辄报可。《宽传》。张敞为京兆尹，每朝廷大议，敞引古今，处便宜，公卿皆服。《敞传》。东汉光武少受《尚书》，讲论经理。本纪。其时功臣如邓禹习《诗》；贾复习《书》；马援受《齐诗》；耿弇治《诗》《礼》；寇恂、冯异通《左氏春秋》；祭遵、李忠、朱祐、窦融之徒无不好学。公卿则伏湛、侯霸，守令则任延、孔奋，莫非经儒。均见范书本传。自是以来，经术益盛，师儒辈出，或树勋猷，或见气节，俱能不负所学。可知经非无用之学，通经所以致用。后世言经学者，致力于章句训诂之末，形声考据之中，大义微言，置之不讲，经济气节，略无异人。世遂疑经为无用。不知此不足谓之经学，非果经之无用也。

两汉学术，经为最盛。此外有撰述流传，足以考见家法者。如马、班为史学之大宗,而史公书尤有特别之识,为学界放一光明。陆贾、张敞、贾山、孔臧、贾谊、刘德、董仲舒、兒宽、公孙弘、终军、吾丘寿王、严助、臣彭、李步昌、桓宽、刘向、扬雄、以上有书见班志。桓谭、牟融、王符、荀悦、魏朗之书,以上后汉人,有书见《隋志》。皆儒家言也。晁错、班志。崔实之书,则法家言也。崔有《政论》六卷,见《隋志》。蒯通、邹阳、主父偃、徐乐、严安、聊苍之书,则从横家言也。淮南、东方朔、班志。王充、应劭、仲长统之书,《隋志》。则杂家言也。董安国、氾胜之、蔡癸之书班志。以及崔实之《四民月令》,《隋志》。则农家言也。李左车、韩信、李广、王围、王贺之书,则兵家言也。班志。天算则西汉以张苍、唐都、洛下闳、刘歆为最,都、闳之书,班志不载。歆之《三统历》采入《历志》。东汉以张衡为最。衡之浑仪,尤以技巧胜。医学则西汉以仓公为最,班志不载其书,而治法详见《史记》本传。东汉以张机、华佗为最。二人书见《隋志》。而佗尤精解剖学。文字为学术之代表,而汉之词赋尤胜。贾谊、枚乘、司马相如、王褒、扬雄、班固、张衡,其最著者也。

第五章 三国 晋 南北朝

第一节 概论

三国时天下虽乱，而人才实盛。盖竞争之世，优胜劣败，非得人不足以立国，士亦争以才自见。然皆讲求乎战攻之策、权谋之术，故其时孙、吴之学最为发达。魏武精于兵谋，而雅好纂述。有《孙子兵法注》《太公阴谋解》《续孙子兵法》《兵书接要》《兵法接要》《兵书略要》《魏武兵法》。又贾诩有《孙子兵法钞》《吴起兵法注》。吴沈友亦有《孙子兵法》。均见《隋志》。又《魏志·王昶传》：昶著《兵书》十余篇。武侯推演兵法，作八阵图，而性长巧思，损益连弩，木牛流马，皆出新意，本传。则又通机器学也。陈思称魏武挚申、商之法术，而武侯治蜀用法亦严，则其时亦尚刑名之学。魏正始中，何晏、王弼提倡玄风，洎乎当涂，清谈益起，于是老庄之学盛。苻秦崇法，广事翻译，逮于梁武，益畅宗风，于是释氏之学盛。异学蜂起，儒术渐衰。然而郑、王二派递相传述，下迄六朝，犹存家法，则其时儒学犹未消沉也。今略述如左，可考见当时之学术焉。

第二节 三国儒学

汉末儒术最盛。三国之时，虽稍凌夷，而流风未泯。如凉茂据经以论事；国渊讲学于山岩；张臻门徒数百；管宁服膺六艺，固一时醇儒也。其传经之士，如蜀有杜琼、许慈、孟光、来敏、尹默、李𢟪；魏有王朗、王肃、孙炎、周生烈、董遇、荀辉、刘劭、王基、刘小同；吴有张纮、严畯、程秉、阚泽、唐固、虞翻、陆绩，其最著也。均见陈志本传及附传。然鱼豢谓正始中，诏议圜丘，普延学士。是时郎官及司徒领吏二万余人，而应书与议者略无几人。公卿以下四百余人，其能操笔者未有十人。《王肃传注》引《魏略》。盖正始中，清谈渐起，实学不修，方之东京，固不可以道里计矣。

第三节　晋儒学

当涂草创，深务兵谋，而主好斯文，朝多君子，修立学校，临幸辟雍。荀𫖮以制度赞维新，郑冲以儒宗登保傅，茂先以博物参朝政，子真以好礼居秩宗，虽愧明扬，亦非遐弃。惟怀愍㥘㥘，丧乱弘多，衣冠礼乐，扫地俱尽。元帝中兴，贺、荀、刁、杜诸贤，并稽古博文，始成礼度。虽尊儒劝学，亟降于纶言，东序西胶，未闻于弦诵。有晋始自中朝，迄于江左，莫不崇饰华竞，祖述虚玄，摈阙里之典经，习正始之余论，指礼法为流俗，目纵诞以清高，遂使宪章废弛，名教颓毁。五胡乘间而竞逐，二京继踵以沦胥，运极道消，可为叹息。《晋书·儒林传》序。则其时之学术可想见也。故百七十余年，其列于《儒林》者，不过十八人。若虞喜、刘兆、徐苗、杜夷、徐邈、范宣、范弘之，其最著者也。外此则杜预之于《左氏》，范宁之于《穀梁》，郭璞之于《尔雅》，亦皆专家之学也。

第四节　南北朝儒学

永嘉以后，地分南北。南朝学术远不逮北。盖江左草创，日不暇给，以迄宋、齐，或开国学，徒取文具。惟梁天监四年，诏开五馆，建立国学，置五经博士，以明山宾、陆琏、沈峻、严植之、贺玚补博士，各主一馆。又选学生，遣受业于庐江何胤，故其时儒术为颇盛。若司马筠、崔灵恩、孔佥、沈峻、孔子袪、皇侃，其最著者也。陈初未遑敦奖，天嘉以后，稍置学官，成业盖寡。间有以经学名者，亦皆梁之遗儒。本《南史·儒林传》。北自魏道武初定中原，便以经术为天下先。立太学，置五经博士，自是以后，代有增益，下迄宣武，学业益盛。燕、齐、赵、魏之间，横经著录，不可胜数。大者千余人，小者犹数百。孝昌之后，海内淆乱，四方学校所存无几。永熙中，孝武复释奠于国学，又于显阳殿诏祭酒刘廞讲《孝经》，黄门李郁说《礼记》，中书舍人卢景宣讲《夏小正》。至兴和、武定之间，儒术复盛。由齐及周，宇文受命，雅重经典，于是卢景宣修五礼之缺，长孙绍〔远〕正六乐之坏。洎乎武帝，复征沈重于南荆，待熊安生以殊礼，是以天下向慕，文教远覃。本《北史·儒林传》。是南朝之重学者，不过梁武一人，北朝诸帝大都崇尚儒术也。至其家法，江左《易》则王氏，《书》则孔氏，《左传》则杜氏；河北《易》《书》则郑氏，《左传》则服氏。惟《诗》则并主于毛公，《礼》则同尊于郑氏。夫辅嗣注《易》，杂以老、庄；安国之《书》，本出梅赜；元凯解《左》，远逊子慎。故灵恩有摘杜之编，光伯有规过之作。是南学之宗派远不如北学也，故北朝经学实盛于南。其最著者则徐遵明。遵明传郑氏《易》《书》、服氏《左传》，通贯群经，门徒甚盛。受其《易》者，则有卢景裕、崔瑾；受其《书》者，则有李周仁、张文敬、李铉、权会；受其《礼》者，则有李铉、祖俊、田元凤、冯伟、纪显敬、吕黄龙、夏怀敬。由是再传，则有郭茂、刁柔、张买奴、鲍季详、邢峙、刘昼、熊安生。三传则有孙灵晖、郭仲坚、丁恃德。其后言《易》者多出郭茂之门；通《礼》者多出安生之门，皆渊源于遵明也。而通《左氏春秋》者，如张买奴、马敬德、邢峙、张思伯、张奉礼、张彤、刘昼、鲍长〔宣〕、王元则之徒，亦皆源出于遵明也。是传授之广、渊源之正，北学实胜于南学。而前史乃谓南人简约，得其精华；北学深芜，穷其枝叶。盖北学重师法，遵守故训；南学重思想，多得新理。唐宋以来，说经者每多摆脱传注，自创新说，实南学有以启之也。

第五节　老庄之学

黄老之学，周末已行，至汉益盛。逮汉末，变"黄老"而称"老庄"。"老庄"之称始见范书《马融传》。盖西汉之重黄、老，取其清净无为，不事扰民，故文、景以之致治。魏晋之重老、庄，取其放旷为高，不事束缚，故清谈以之误国。而其风实起于正始中，何晏、王弼祖述老、庄，谓天地万物皆以无为本。无也者，开物成务，无往而不存者也。《晋书·王衍传》。裴徽尝问弼曰：圣人不言无，而老子申之，何耶？弼曰：圣人体无，无又不可以训，故言必及有。老、庄未免于有，恒训其所不足。《世说》。晏尝曰：惟深也，故能通天下之志，夏侯泰初是也；惟几也，故能成天下之务,司马子元是也;惟神也,不疾而速,不行而至,吾闻其语,未见其人。盖以神自况也。《魏志·曹真传》注引《魏略》。是时阮籍亦好老、庄,作《大人先生传》,斥世之礼法君子,如虱之处裈,《晋书·阮籍传》。与从子咸及嵇康、山涛、向秀、王戎、刘伶相友善,号"竹林七贤",皆崇尚虚无,轻蔑礼法,纵酒昏酣,遗落世事。《通鉴·魏纪》。其后王衍、乐广慕王、何之风,俱宅心事外,名重于时。天下言风流者,以王、乐为称首。《乐广传》。后进之士莫不景慕仿效,矜高浮诞,遂成风俗。《王衍传》。学者以老、庄为宗,而黜六经;谈者以虚荡为辨,而贱名检;行身者以放浊为通,而狭节信;仕进者以苟得为贵,而鄙居正;当官者以望空为高,而笑勤恪。《愍帝纪》论。故裴颜著《崇有》之篇;《颜传》。江惇为《崇检》之论。《惇传》。范宁谓王弼、何晏之罪深于桀、纣;《宁传》。卞壸斥王澄、谢鲲为悖礼伤教,中朝倾覆,实由于此;《壸传》。应詹谓元康以来,贱经尚道,永嘉之弊由此;《詹传》。王衍临没,亦自谓向若不祖尚浮虚,戮力以匡天下,犹可不至今日。《衍传》。陶弘景诗云:"平叔任散诞,夷甫坐谈空,不悟昭阳殿,化作单于宫。"作老、庄之毒人甚也。至梁武始崇尚经学,儒术稍振。然顾越善《老》《庄》。武帝尝于重云殿自讲《老子》,徐勉举越论义,越音响若钟,帝叹美之。张讥好玄言,侍哀太子于武德殿讲《老》《庄》,及入陈,又侍后主于温文殿讲《老》《庄》。《南史·儒林传》。则梁、陈时老庄之学仍盛也。注《老子》者,汉时不过河上公、毌丘望之、严遵三家,三国六朝竟至四十二家。《庄子》则汉人无注者,自晋至梁、陈竟至十五家。见《隋志》及陆氏《释文》。则其学之盛行可知也。盖魏晋以来,朴学不讲,新想渐辟,又时遭丧乱,人多怀厌世主义,而老庄之学适投其好,群起趋之,遂成风气。惟专务清谈,竟至祸国,则其流弊不浅也。

第六节 文学

魏晋六朝,文士最盛。魏武父子皆好文学,同时七子并擅雅才,固一时之隽也。然魏文慕通达而贱节守,东京节义之风为之一变。文章亦从而靡,淳厚之风、雄健之气鲜有存者。故七子之文,由散入骈之时代也。典午承魏,亦沿余波,下逮齐、梁,其风益靡。李谔龄谓简文、湘东启其淫放,徐陵、庾信分路扬镳。其意浅而繁,其文匿而彩,词尚轻险,情多哀思,格以延陵之听,盖亦亡国之音也。至如士衡《文赋》、彦和《雕龙》、仲伟之《诗品》、昭明之《文选》,固艺苑之规蓺,为文家之渊薮。然亦不过区别流派,略示匠心,究非经纬之业、有用之书也。隋初,李谔尝上书曰:魏之三祖,崇尚文词,遂成风俗。江左齐、梁,其弊弥甚。竞一韵之奇,争一字之巧。连篇累牍,不出月露之形;积案盈箱,惟是风云之状。世俗以之相高,朝廷据兹擢士。故其文日繁,其政日乱,良由弃大圣之轨模,构无用以为用也。

第六章　隋　唐　五代

第一节　隋

隋初儒学尚盛。《隋书》称高祖超擢奇隽，厚赏诸儒，自京邑达于四方，皆启黉校。齐、鲁、赵、魏，学者尤多。及莫年精华稍竭，不悦儒术，专尚刑名。仁寿间，遂废天下之学，惟存国子一所。炀帝即位，复开庠序，国子郡县之学，盛于开皇之初。征辟儒生，讲论得失于东都之下，纳言定其差次，一以闻奏。时旧儒多已彫亡，二刘拔萃出类，学通南北，所制诸经义疏，缙绅咸师宗之。既而外事四夷，戎马不息，师徒怠散，盗贼群起，礼义不足以防君子，刑罚不足以威小人，空有建学之名，而无弘道之实。其风渐坠，以至灭亡，方领矩步之徒，亦多转死沟壑。凡有经籍，自此皆湮没于煨尘矣。《儒林传》序。案：开皇初，秘书监牛弘请开献书之路。诏献书一卷，赍缣一匹，繇是篇籍稍备。三年，弘奉敕修撰《五礼》百卷。《隋书·牛弘传》。五年，诏征山东义学之士。马光、张仲让、孔笼、窦士荣、张黑奴、刘祖仁等俱至，并授太学博士，时人号为"六儒"。一时经师，如元善、辛彦之、何妥、萧该、房晖〔远〕、刘焯、刘炫之徒，并在朝列。至大业间，惟二刘独存。焯于贾、马、王、郑多所是非，《九章算术》《周髀》《七曜历书》莫不核其根本，穷其秘奥。炫自状《周礼》《礼记》《毛诗》《尚书》《公羊》《左传》《孝经》《论语》孔、郑、王、何、服、杜等注，凡十三家，并堪讲授。惟《周易》《仪礼》《穀梁》，用功差少。天文律历，穷核微妙。时在朝知名之士均言其所陈不谬。《儒林传》。盖隋时南北既一，而学术亦渐合。二刘本北学之大宗，而贯通南学，遂开初唐一派也。

二刘虽博学，然皆经师，至醇儒当推王通。杜淹所撰《世家》，称其受《书》于东海李育，学《诗》于会稽夏琠，问《礼》于河东关子明，正《乐》于北平霍汲，考《易》于族父仲华，不解衣者六年。仁寿三年，见隋文帝，奏《太平十二策》，不用而归。教授于河汾，续《诗》《书》，正《礼》《乐》，修《元经》，赞《易》道，九年而六经大就。门人自远而至，河南董常、太山姚义、京兆杜淹、赵郡李靖、南阳程元、扶风窦威、河南房玄龄、钜鹿魏征、太原温大雅、颍川陈叔达等，咸称师北面，受王佐之道，其往来受业者盖千余人。以上节录《世家》。观通之言，如云：乐天之命吾何忧？穷理尽性吾何疑？《中说·问易》篇。通变之谓道，执方之谓器。又云：通其变，天下无弊法；执其方，天下无善教。故曰：存乎其人。《周公》篇。则于体用之学，亦有所见。或以其书中所载时事与人，间与史传牴牾，疑其书乃后人伪托。又以《隋书》无传，并疑直无其人。考杨炯作《王勃集序》，称其祖父通。大业末，通讲艺于龙门。其卒也，门人谥曰文中子。炯与勃同时，序其祖父事，必不诬。故《唐书·王质》《王勃传》并载通，而温公亦采《中说》语入《通鉴》。至《隋书》所以无传之故，则阮逸《序》已辨之矣。朱子论文中子读圣贤之书，而粗识其用，于明德、新民之学亦有其志。然未尝深探其本而尽力于其实，仅想像而得其仿佛。是以一见隋文而陈十二策，既不自量其力之不足以为伊、周，又不知其君之不可以为汤、武。及不遇而归，而不胜其好名欲速之心，汲汲以箸书立言为己任。依仿六经，次第采辑，比而效之，于形似影响之间，傲然自谓足以承千圣而诏百王，而不知适自纳于吴、楚僭王之诛，是亦可悲也已。至于假卜筮、象《论语》，强引唐初文武名臣以为子弟，是乃其子福郊、福畤之所为，而非仲淹之雅意也。案：朱子以文中子为理想家，平日颇有见于圣贤之道，而其实则未至，洵为持平之论也。

第二节　唐

唐自高祖武德元年，诏立周公、孔子庙于国学。太宗锐意经籍，于秦王府开文学馆，召杜如晦等十八人为学士。及即位，又置弘文馆。贞观二年，停周公祀，以孔子为先圣，颜子为先师，征天下儒士为学官。数幸国学，令祭酒博士讲论经义，赐以束帛。生能通一经者，得署吏。广学舍,益生员,并置书、算博士。诸生员至三千二百。其玄武屯营飞骑,皆给博士授经。四方儒士云会京师。高丽、百济、新罗、高昌、吐蕃等国酋长,亦遣子弟入学。鼓箧而升讲筵者,凡八千余人。儒学之盛,近古未有。又诏颜师古考定五经,颁于天下。诏孔颖达与诸儒撰《五经正义》,令天下传习。十四年,诏前代通儒梁皇侃、褚仲都、周熊安生、沈重、陈沈文阿、周弘正、张讥、隋何妥、刘炫等子孙,并加引擢。二十一年,又诏左丘明、卜子夏、公羊高、穀梁赤、伏胜、高堂生、戴圣、毛苌、孔安国、刘向、郑众、杜子春、马融、卢植、郑玄、服虔、何休、王肃、王弼、杜元凯、范宁二十一人,既用其书,礼合褒崇,俱配享孔子庙堂。其尊重儒道如此。高宗薄于儒术,则天以权临下,因是生徒不复以经学为意。二十年间,学校顿时隳废矣。参节新旧《唐书·儒学传》序。案:唐初褒崇儒学,其制度为后世所遵用者凡三事:以孔子为先师一也,祀经师于庙庭二也,所撰《五经正义》三也。

六朝人最重三礼之学,唐初犹然。张士衡从刘轨思受《周礼》,又从熊安生、刘焯受《礼记》,皆精究大意。受其业者,惟贾公彦为最。《士衡传》。公彦撰《周礼义疏》五十卷、《仪礼义疏》四十卷。李玄植从公彦授三礼,撰《三礼音义》行于世。《公彦传》。王恭精三礼,别为义证,甚精博。盖文懿、文达皆当世大儒,每讲必遍举先儒义而畅恭所说。《孔颖达传》。王元感尝撰《礼记绳愆》,徐坚、刘知幾等深叹赏之。《元感传》。王方庆尤精三礼,学者有所咨质,必究其微,门人次为《杂礼答问》。《方庆传》。它如褚无量、韦迢、高仲舒、唐休璟、苏安恒皆精三礼,见诸本传。当时诸儒论说见于新旧书者,如王方庆、张齐贤论每月告朔之说,《旧·方庆传》《新·齐贤传》。王元感论三年之丧以二十七月,张柬之以二十五月,一本郑康成说,一本王肃说也。《旧·柬之传》《新·元感传》。史玄灿议禘祫二年五年之别,《韦缊传》。朱子奢议七庙九庙之制,《子奢传》。韦万石、沈伯仪、元万〔顷〕、范履冰等议郊丘明堂之配,《沈伯仪传》。皆各有据依,不同剿说。其据以论列时政者,如卢履冰、元行冲论父在为母服三年之非,彭景直论陵庙日祭之非,康子元驳许敬宗先燔柴而后祭之非,黎干驳归崇敬请以景帝配天地之非,唐绍、蒋钦绪、褚无量驳祝钦明皇后祭郊天之非,陈贞节论隐、章怀、懿德、节愍四太子庙四时享祭之非,皆见本传。

李淳风辨太微之神不可为天,见《萧德言传》。韦述议堂姨舅不宜服,见《韦缟传》。无不该博塙切,可为百世之准。其后元行冲奉诏,用魏征《类礼》列于经,与诸儒作疏,成五十篇,将立之学官,为张说所阻,行冲又著论辨之。大历中,尚有仲子陵、袁彝、韦彤、韦茝,以礼名其家学。此可见唐人之究心三礼,考古礼以断时政,务为有用之学,而非徒以炫博也。《廿二史札记》。

京师大学堂中国史讲义

陈黻宸讲述

读史总论

史者天下之公史,而非一人一家之私史也。史学者,凡事凡理之所从出也。一物之始,而必有其理焉。一人之交,而必有其事焉。即物穷理,因人考事,积理为因,积事为果,因果相成,而史乃出。是故史学者,乃合一切科学而自为一科者也。

科学之不讲久矣。道裂世衰,家法不备。东西名族,捣其中虚。文物古邦,觍然寡色。夫彼族之所以强且智者,亦以人各有学,学各有科。一理之存,源流毕贯;一事之具,颠末必详。而我国固非无学也,然乃古古相承,迁流失实,一切但存形式,人鲜折衷,故有学而往往不能成科。即列而为科矣,亦但有科之名而究无科之义。其穷理也,不问其始于何点,终于何极。其论事也,不问其所致何端,所推何委。《庄子》曰:一尺之棰,日取其半,万世不竭。学亦未易言矣。况以寥远广大无端崖之物,而但取之章句之末,记诵之间,然欲求其条流不紊,井然有名类之可寻,而不至于割裂失伦,有学如无学者,何可得哉?盖亦以今之学者,本无辨析科学之识解,故遂无振厉科学之能力。不佞窃谓科学不兴,我国文明必无增进之一日。而欲兴科学,必自首重史学始。章实斋氏曰:六经皆史也。古人不著书,古人未尝舍事而言理,六经皆先王之政典也。韪哉斯言!斯可谓善言史矣。虽然,余尤以为自结绳而有文字,可谓史学之进步,而不可谓史之初始。史者凡事凡理之所从出也。由一理以推万理,而至于无理可推,然而吾心中未尝无理也。由一事以穷万事,而至于无事可穷,然而吾心中未尝无事也。是故未有书契以前,自有未有书契之史。即推而求之未有人类之先,亦自有未有人类之史。即推而求之未有天地,太空冥冥,不可得而名之时,亦自有未有天地太空冥冥不可得而名之史。史不可以文章语言尽也。故善读史者，其胸中其目中必自有无限之观感，无限之觉识，萦回郁勃，蕴而未发，乃伏数百千万代中无量数古人，屈作阶下囚，高坐堂皇而莅之，剖决如流，无状不烛。而所谓书者，乃在旁书记生，借以供参览作引证耳。是故积古而后成今，笃于古而略于今，是亦不知有古者也。眩于今而盲于古，是亦不知有今者也。夫人之能知今者鲜矣。虽然，是即可于古求之。

然此必有从入之径焉。史学者，合一切科学而自为一科者也。无史学则一切科学不能成。无一切科学，则史学亦不能立。故无辨析科学之识解者，不足与言史学。无振厉科学之能力者，尤不足与兴史学。能力善总，而识解善分，故读史有分法，有总法。

古中国学者之知此罕矣。《四库总目》分史为十五种，所谓正史者、编年者、纪事本末者、别史者、杂史者、诏令奏议者、传记者、史钞者、载记者、时令者、地理者、职官者、政书者、目录者、史评者，涂别径分，袭然成帙。然其言浩繁，散而无纪，往往出于文人之撰述者多，广称博引，浮漂不归。惟司马子长氏、郑夹漈氏二家，颇能汇众流为一家，约群言而成要。余每读《史记》八书与《通志》二十略，反覆沉思，得其概略，未尝不叹今之谈史学者，辄谓中国无史之言之过当也。司马氏、郑氏盖亦深于科学者也。但以我国学术久失其传，不能如欧洲诸名辈，剖毫析微，各为之名，而示人以入门之径耳，然其大概不离于是。

夫史学必合政治学、法律学、舆地学、兵政学、术数学、农、工、商学而后成，此人所常言者也。史学又必合教育学、心理学、伦理学、物理学、社会学而后备，此人所鲜言者也。然不佞窃谓论读史之法，尤以能辨政治、社会二者为尤要。

世界之立，变态万出。约其大端，则文野之异等，通阂之殊数，皆由社会渐积而成。社会者，乃历数千百万年天然力、人为力，经无数镕冶，无数澄汰，而政治即为其代表。析而言之，则社会之成于天然者多，而出于人为者少；政治之出于天然者少，而成于人为者多。总之，非社会不足以成政治，非政治不足以奖社会。政治之衰败者，断不容于社会文明之世。社会之萎落者，即无望有政治振起之期。社会兴于下，政治达于上。有无限社会之权力，而生无限政治之举动；有无限政治之举动，而益以表明无限社会之精神。转辗相因，其果乃见。此则读史者所不能不知者也。言政治学者难矣。而所谓社会学者，则尤苍莽无垠，旷世罕遇。不惟不能言之，而且不能知之；不惟不能知之，而且不能闻之。宗旨不明，穿凿蜂起。群盲问道，茫然四顾。史学之不讲，匪自今始矣。是故罗万卷于一室，而不能胜一有司之才；通中秘之群书，而不能决一国家之事。《语》曰：诵《诗》三百，授之以政，不达；使于四方，不能专对；虽多亦奚以为？呜呼！吾见今之读史者矣，又曷贵其多也。虽然，此非读史者之罪也。是故读史而兼及法律学、教育学、心理学、伦理学、物理学、舆地学、兵政学、财政学、术数学、农、工、商学者，史家之分法也。读史而首重政治学、社会学者，史家之总法也。是固不可与不解科学者道矣。盖史一科学也，而史学者，又合一切科学而自为一科者也。

政治之原理

政治曷起乎？曰：起于一人之自治，而成于人人之公治。盖人之与人，有自然相际之情状，不能无同然相接之范围。范围既立，于是有受治之人，有施治之人，而政治乃出。我尝谓政治之于人心，为大宇间特一无二之热动力，演而弥进，达而弥上，如泉之奔，万派飞流，如火之炎，燎原莫遏。苟其间非抑之使不得伸，制之使不得发，虽极蛮野之俗，经数千百年之变迁递嬗，未有不达于文明之中心点者。何者？人各知求治，人各知自治。其受治也，各自任其自治之天。其施治也，亦但还人以自治之性。故言受治之分量，不必于施治者求之，而但于受治者断之；言施治之分量，不能于施治者决之，而当于受治者定之。何者？施即施其所受也。不问其所受之何如，而遽执所施以为言曰：此我之所治也。然究不知其能受与否。夫受之不能，施于何有？此其说不待智者而明矣。是故论政治学者，有形而下之政治学，有形而上之政治学。

其形而下者，类出于人为，而治法由是生。法者，由我以渐及于人。人而离欤，恃我法以合之。人而颇欤，执我法以平之。因无形之竞争，而成一定之统摄。宗教欤，甲兵欤，典礼欤。人之生也，有智愚强弱之别，愚不能胜智，弱不能胜强，势也。智矣强矣，小智不能胜大智，小强不能胜大强，亦势也。胜斯争，争斯乱，古人知其然也。一切以法治之，然治之而不能必其不我拒也，拒矣益不能必其不我夺也。夫至于夺焉，而政治乃不可复问。其贤者因是欲力矫乎法之私而归之于公。然其公也，犹是法耳，并欲力矫乎法之异而返之于同。然其同也，亦犹是法耳。要之，不离于形而下之政治学者近是。

其形而上者，必出于天然，而治理由是见。理者亦不能舍法而言理，而究可据理以申法。夫人言治法尚矣，然亦思治法之施之自我，与受之自人，谁主张是，谁纲维是，此必有其所以施所以受之故，而不可以强致。夫既有其施之者而何能不受，然非有其受之者而何贵于施。顺之则为君为父，为忠为孝，为慈祥，为礼义；逆之则为崩为蹶，为颠为灭，为仇敌，为祸乱。故其受也，自人任之；其施也，亦必以人权之。且权之于人矣，而又未能必我之所施，即为人之所受也。故自其性质言之，何人何我，何我何人，人不能离我而自立于异；自其位置言之，我本非人，人亦非我，我亦不能强人之尽出于同。然即异而不同，而必求其所以施所以受之故，则此中之权力情势，孰大孰小，孰轻孰重，孰广孰狭，孰固孰窳，孰胜孰绌，亦大概可见矣。人欤我欤，我即人也。但返求其所以为我者，而人之情态立见矣。施欤受欤，施即施其所受也。但细审其所以可受者，而施之权衡立决矣。此非深于治理者不能言矣。要之，不离于形而上之政治学者近是。虽然，此皆言政治学者所宜知也。形上之学微而至，形下之学备而显。形上之学根于性，发于情，而达于义；形下之学明于事，揆于分，而周于术于名于权于利。故其形而上者，即为形而下之政治学所自出。且自有形而下之政治学，而所谓形而上者，益可因流而穷其源，即委而识其端者。其说可一言而解，曰：天下何繇有政治，而其故可知矣；天下何繇有受治之人与有施治之人，而其故益可知矣。故无论其为形而上之学、形而下之学，而要为政治家所不能废者。在言政治者深思而自得之，此尤在读史者深思而自得之。

社会之原理

自辟为大宇而人类以成。其始也兽化人，其继也人胜兽，其进也人胜人。相维相系，相感相应，相抵相拒，相竞相择，历数十年数百年数千数万年之递相推嬗，递相淘汰，莫不优者胜，劣者败；又莫不多者胜，少者败。夫少数不能敌多数，此天下万世之通例公理而无可易者也。我窃观于人类进化之所以然，为推论其致者之故，未尝不叹社会之为力也大，而为理也精。社会者，政治之所从出也。社会之于政治，其数为相待，其义为相须。伟哉！西儒之论社会曰：国家之于社会，自国民之天性及感情而来，社会者莫之致而致者也。然此又必有所以致之者，其致之也，谁主之，谁使之，吾何从而知之。此则言史学者所不能不熟思而深究者矣。盖自人与人相际，而有一定之真理焉；自人与人相际，而又有无穷之公例焉。由小而极大，由微而成著，虽尧、舜、汤、武之智，不能入裸壤而侈述文章；虽有秦始皇、成吉思汗之威，不能夺人心而俾之驯服。即其中亦自有大力者负之而趋矣，然亦适因其势其时之所自然，而偶有以得之，而又几于失之。其得也，若有因，若无因。其失也，若可知，若不可知。总之，人之生也，不能不在此社会范围之中。以一人与社会抗，其不反足而奔者几希。不然，自有天地可名以来，虽一蹴而达于文明之极点可矣，而究何如矣，夫此乃天下万世之公理通例也。故言史学者，必以能辨社会学为要。

虽然，社会学亦难言矣。社会学者，达之于其大其著，而仍不遗于其微其小者也。贾子曰：古之治天下者，至纤至悉。是可与言社会之原理矣。今日有志之士，惨目时局，气愤懑不能平，往往抽思于高远之域，广阔之观，驰骋议论，欲以处置天下事。然或富于治才而未周于治理,遂至牴牾竞出,适成凿枘,舌敝耳聋,但以供无识者之一噱,则以少数之不能敌多数者,乃社会中之万万无可疑者也。善哉!《英伦文明史》曰:天下精微之理,极数千年通人学士,竭虑研思,万方未得其解者,求之日用见闻之间,而其理悉备。而我中国之学者,往往识足以洞天地无尽之奥,而不足以知民俗之原;辨足以凿浑沌七窍之灵,而不足以证闾里之事。吾观欧美各强国,于民间一切利病,有调查之册,有统计之史,知之必详,言之必悉,如星之罗,如棋之布,如数家人米盐,厘然不遗铢黍。彼其所以行于政治者,无一不于社会中求之。而我国之社会,究不知其何如矣。总之,社会学之不明,则我中国学者之深诟大耻也。以是言史,夫何敢!

且我中国之史之有关于社会者鲜矣。今试发名山之旧藏,抽金匮之秘籍,与学者童而习之,屈伸指而论其大概,亦若条流毕具,秩然可观,然不过粗识故事,无与要纲。即择之稍精,而有见于古今治乱盛衰之故矣,然于其国之治之盛,不过曰其君也明,其臣也贤;于其国之乱之衰,不过曰其君也昏,其臣也庸。于此而求实事于民间,援辄轩之故典,亦徒苦其考据无资。虽华颠钜儒,不足以识其一二。故无论人之不知有社会学也,即令知之,而亦必不能言,言之而亦必不能尽,尽之而亦必不能无憾于浩渺杳冥,泛然如乘不系之舟,莫穷其所自之,而社会学乃真不可言矣。是故力学有识之士,发愤著书,往往有得于父老之传述,稗乘之记闻,大率支离烦琐,为荐绅先生所不言,采其遗文,加之编缉,反足激发性情,入人肝腑。东西南北,类聚群分,歌泣有灵,按图可索。言史学者不能无意于社会学矣。要之,社会学者与政治相终始,而亦与史相终始者也,故其学尤可贵也。

知政治、社会之原理,于史学思过半矣。虽然,史盖有其例在。后世史家,类仿古作。刘知幾区为六类,曰《尚书》家,曰《春秋》家,曰《左传》家,曰《国语》家,曰《史记》家,曰《汉书》家。然《左传》以传《春秋》,而《史记》本纪本《左传》,世家本《国语》。《汉书》则承《史记》而作。推而论之,其流惟二:一《尚书》家,一《春秋》家。自《史记》以下,皆《春秋》之支流余裔也。袁枢《纪事本末》因事命篇,体制独异,伟然自为一家之作,然其例实出于《尚书》。窃尝谓《史记》诸作,分目繁多,区以纪、传,界以书、表,鸿沟画境,隔越相通,往往合数篇之文,而一篇之义始全,合数人之传,而一人之事始尽。远识之士,望之厘然。后生少年,能无瞠目?通史视此尚矣。然其为例,散而寡纪,论列古事,义重错综,断续相间,非芜即漏,刘子玄所谓"学者宁读本书,怠窥新录"者也。袁枢自我作故,力矫常格,文简于纪传,而事豁于编年,去取之间,秩然有序。夫司马涑水病纪传之分,而合之以编年。而《纪事本末》又病《通鉴》之合,而分之以事,史例亦颇详矣。然读其书者,或能明理乱兴衰之故,而不能知笔削断制之义。齐得楚失,宁非厚诬。上古下今,谁为远识。要之,纪传编年与纪事本末二者,理各有当,义取旁通,博采兼收,史裁乃出。而必欲于二者择其一焉,则宜以纪事本末为准,此固读史者所易得而从事者也。

虽然,此史例也,史不能以例尽也。刘子玄曰:才、学、识三者,得一不易,而兼三尤难,故千古多文人而少良史。然则无史才,无史识,无史学,必不足与言史矣。而章实斋为之说曰:孟子之论《春秋》曰:其事则齐桓、晋文,其文则史,其义则孔子窃取之。盖史之所贵者义也,而所具者事也,所凭者文也。非识无以断其义,非才无以善其文,非学无以传其事,三者固各有所近矣,然其中有似是而非者。记诵以为学,辞采以为文,击断以为义,非良史之才、学、识也。夫刘氏以为有学无识,如愚估操金,不能贸化。推此说以证刘氏之指,不过欲于记诵之间,知所抉择以成文理耳。章子之见卓矣。刘氏之所谓才、学、识者,固未足以尽史才、史学、史识矣。夫必才、学、识三者具而后成史。而所谓才、学、识者,又不仅如刘氏所称,史亦不易言矣。而我谓史之所以为史,又不徒以其才也,而必以其质也;不徒以其识也,而必以其德也;不徒以其学也,而必以其情也。

何谓史质?史不可以质言也。虽然,凡物之生,必先有其质焉,达之则为点,引之则为力,衍之则为名,核之则为数,而要必自质始。史亦天地间一物之数也。谓史无物,无物无史。史必有始,知必有物。谓史何物,即始即物。谓史何始,即物即始。作一切观,自我心生。因心生物,因物生心。自此以往,万涂竞萌。人欤我欤,父欤君欤,子欤臣欤,圣贤欤,愚夫妇欤,治欤乱欤,我之所见欤,我之所闻欤,我之所不见,我之所不闻，我之所思想而得之欤，此固极宇内大唯心家、大唯物家所不能悉数而知者也，而况其凡欤！虽然，吾尝证之生物学家言曰：生人远当在百万年，近亦当在二十万年。此白种通儒所考诸地质而得其说者也。吾又考古史记，旁及东西各图籍，其史之晚出无论已，埃及、印度与我中国，进化独早。印度史之可考者，自古吠陀始，吠陀去今不过四千年。埃及史惟马奈索所记最古，其言曰：埃及统一之第一王朝，在纪元前五千年。当时所建金字塔，至今犹存。我中国循蜚、禅通、因提、疏仡诸纪，学者无可征信。《史记》首称黄帝，黄帝至今不过五千年。总之，吾人历史智识，虽远计不能出万年以上。我不知所谓二十万年者，其史何如，所谓百万年者，其史又何如。要之，皆非无质可寻者也。我党观于物理之学，亿貌千形，极其数虽巧历不能知，而终不外于化分、化合二义，则以其质之所存故耳。不独物理之学，吾又观于白种之于生理也，曰剖解学，曰具体学；于政治也，曰比例学，曰统计学；于一切科学也，曰分析学，曰综合学；于一切质学也，曰演绎学，曰归纳学。剖解也，比例也，分析也，演绎也，此其质之善于分者也。具体也，统计也，综合也，归纳也，此其质之善于合者也。夫史之质亦贵其能合能分耳。析一事为万事，析一理为万理，而分之量尽矣。综万理为一理，综万事为一事，而合之量尽矣。抑我又不解世之为史者，不复求其所自然，而务雕琢曼辞，耀于文章以竞胜，浑沌穿凿，失彼天真。史欤史欤！是直灭其质耳，贼其质耳。质之不存，史于何有是？故文人学士之著作，不若妇人女子之所述为尤真。明堂太室之留传，不若野史之所详为可贵。《语》曰：文胜质则史。呜呼！是我夫子所太息伤心而道之者矣。夫史乃至以文胜哉，是诚我夫子所伤心太息而道之者矣。庄子曰：名者实之宾也。我且为之说曰：文者质之宾也。是故东西邻之凡言学者，必首问其学之性质若何，其学之种类若何。种类者，因性质而分者也，此亦读史者荦荦一大问题也。

何为史德？史德之言，始于章子《文史通义》，古人未之闻也。其言曰：史德者何？著书者之心术也。秽史者所以自秽，谤书者所以自谤，素行为人所轻，文辞何足取重。魏收之矫诬，沈约之阴恶，读其书者先不信其人，其患未至于甚也。所患夫心术者，谓其有君子之心而所养未底于粹也。又曰：程子尝谓有《关雎》《麟趾》之意，而后可以行《周官》之法度。吾则谓通六义比兴之旨，而后可以讲春王正月之书。盖言心术贵于养也。史迁百三十篇，《报任安书》所谓"究天地之际，通古今之变，成一家之言"。《自序》以谓绍名世，正《易传》，本《诗》《书》《礼》《乐》之际，其本旨也。所云发愤著书，不过叙述穷愁，而假以为辞耳。后人泥于发愤之说，遂谓百三十篇皆为怨诽所激发，王允亦斥其言为谤书。夫以一身坎坷，怨诽及于君父，且欲以是邀千古之名，此乃愚不安分，名教中之罪人。朱子尝言《离骚》不甚怨君，后人附会有过。吾则以为史迁未敢谤主，读者之心自不平。夫《骚》与《史》千古之至文也。其文之所以至者，皆抗怀于三代之英，而经纬乎天人之际，所遇皆穷，固不能无感慨。而不学无识者流，且指为诽君，为谤主，心术何由得正乎？大哉章子之言史德矣！夫未有史德不具而可称为良史者也。《太史公自序》亦曰：为人君父而不通于《春秋》之义者，必蒙首恶之名；为人臣子而不通于《春秋》之义者，必陷篡弑之诛，死罪之名。其实皆以为善，为之不知其义，被之空言而不敢辞。是故史者，道德之权舆也。我辈生古人后，束发读书，目营营然，抗千载，亘四海，自命果居何等。舜何予何，有为若是，岂必斧钺华衮之业。宣圣之后无人，名山一家之言，子长遂为绝学。史亦尽人能言矣，而或株守故籍，引据必精，丹铅在手，昕夕忘倦，为淮雨别风之刊订，摭"曰若稽古"之名辞，一部旧藏，徒成骨董，于世何济？于物何功？异乎我党，非所敢闻。又或饰我新作，采彼雅词，斐然动人，风驰云涌，考文则词精而色泽，寻理则事浅而意芜。此扬子云所论鏧锐致饰之才也。求古良直，于义曷征。又况语伤鄙俗，辞多滓秽，许以为直，谬妄无伦。采及秘辛，持为谈助，犯名教所必诛，为儒林所不齿。文人无行，令人发指。抑或崇论闳议，灿然满目，铺张盛治，大雅雍容，人尽羲、黄，德皆三、五，《长杨》《羽猎》，何地无才。然而朝廷所载，每千万言而未终，下及细民，乃一二语之不录。轩轾在我，是何肺肠。欲求实录，又安取焉。即或藻鉴人伦，务存直道，高士之传，独行之篇，表章无遗，有闻必录，私德之称，庶几无惭，以言公德，有志未逮。夫此皆未明夫史德之说者也。夫有德者必有言，史之为言大矣！毁誉之准，是非之宗，善恶之归，荣辱之衡，德之于史重矣。史乎史乎！世有以良史自命者乎？吾愿挟章子所谓史德者以证之。

何谓史情？情者吾人所万不得已于天下之故者也。夫人之智识材力，无不自感情中来。若悲若喜，若乐若苦，若怨若慕，若泣若诉，若有心若无心，斯何物欤，与生俱起。耳之所通，目之所接，意之所触，神之所存，呼吸之顷，冷暖自知，万象竞萌，归于方寸。是故一介之夫，漠不问斯世事，持一卷书，反覆引诵，往往有触于内，怅然不能自已。读未终篇，至于泣下沾衣，汗流浃背者，不必老师宿儒而后然也。况以热中救世之徒，平素之蓄积者久，于潜心研究之余，亦何怪其万念俱集，耿耿难忘，歌哭无聊，如狂如病。当夫写胸中之不平，恍置身于千载，果何今而何昔，晤古人于一堂。于斯时也，并不知手足之为我有，为之舞之，为之蹈之者，其情之所感，吾不知其何如矣。又况入田间与农夫野老游，咨采风俗，纤悉不遗，口讲指画，穷形尽状，庶几于其中得失之故，兴替之由，或仿佛而遇之。因而求诸通儒之所录，古书之所称，累牍连篇，刺刺难尽，往往闻所未闻，得之于文字记载之外者，其情之所感，吾又不知其何如矣。若夫小说家言，揣摩世故，语简意该，无微不至，古今变态，洞若观火，亦足令读者神悦，闻者颜开。是故博通有识之士，读书忘疲，寝食俱废，悄然若不能自休。每于提卷沉吟之下，临风眺望，驰骛六合，识造化之无尽藏，人情之不可测，为之大声疾呼，目空壹是，转而内顾，嗒然无言，不觉其泪之涔涔然与声而俱堕矣。此果谁致之而谁为之？况复文人直笔，犯世忌讳，为怨家仇人所窃中，以致一字之狱，株连及于生徒，身后无文，遗书付之灰烬。造物真忌才哉！而当其负气慷慨，歌骂自如，情溢于辞，前仆后继，俨然若不知有诛戮夷灭之可畏者，此又谁致之而谁为之？夫人之用情，岂必有激于中而始然哉？然以我之所见较我之所未见，我之所闻较我之所未闻，孰切孰泛，孰详孰忽，孰浅孰深，孰甘孰苦，其用情盖亦大不同矣。史者乃以广我之见闻而迫出其无限之感情者也。故自有史可传以来，而举数千万年帝者王者、君者相者、士者非士者、穷而无告者、奴者役者隶者与作史之人，群相遇于情之中。而读史之人，又适与古数千万年帝者王者、君者相者、士者非士者、穷而无告者、奴者役者隶者，群相遇于情之中，抑岂独然欤？读史之人与作史之人，又将举数千万亿年飞者走者、介者鳞者、蠕者蠕者、蠢然不知何物者，群相遇于情之中，则非感情之独厚者，又不足与言史矣。

虽然，此尤有其时焉。史者又与时俱变者也。夫古今道异，王霸统殊，因时而施，乖越互见。《礼》曰：时为大。语曰：知古而不知今，谓之陆沉。夫不问其时之隆替何如，文昧何如，而徒执数千篇古人手订之书，影附尘趋，据为定本，则《春秋》笔削反类朝报断烂之余；周诰、商盘无非佶屈聱牙之语。承讹袭谬，聚貉一丘。浩浩千春，曾无先觉。夫自其史之性质言之，则虽十年而百年而千万年而亿万年，但令人类犹存，物质未尽，苟知其意，注脚在我，前不见古，后无来者，怅然独往，异轨同奔。自其史之种类言之，同一人也，而后先互异；同一家也，而父子殊趋。抑且一日之内，或朝设而暮更；一事之常，或此违而彼顺。是故唐虞之赓歌，未能遽得之三王之世。十五国之讽刺，不能上而与雅、颂同登。斯亦适因其时而异耳。自周以降，迁流益甚，因时隐讳，含识同悲。古人不能无俯仰迁就之情，读古人书者即不能无委曲推求之术。是故周公以天子宰相之贵，加以叔父之亲，而能抗世子之法于伯禽，不能辨流言之诬于孺子。伯夷生武王之时，能免于左右之兵，而不能止其伐商之举。孔、孟皆圣人，而孟子之言不复如孔子之言。马、班皆良史，而班固之言不复如司马迁之言。一曹植之身耳，读《亲亲》《自试》之表，能达于明帝之侧，而必非曹丕所能容矣。一魏徵之身耳，负强项骨鲠之名，能用于贞观之朝，而必非建成所能受矣。而古人之作史者，又复变易其辞，与俗通变，曲笔阿世，贤者不免。吾观于兰台著史，圣公蒙其恶名。承祚作志，诸葛因以隐善。而陈氏生于西晋，习氏生于东晋，《三国志》以帝统予曹，而《汉晋春秋》则夺之。司马生于北宋，朱子生于南宋，《资治通鉴》以正朔归魏，而《纲目》则正之。时之于史大矣哉！得其时则传则显则宝于后世；失其时则亡则轶则藏之名山，则投之水火。故崔浩以直笔见诛，而魏史之所传者，必非实录可知矣。赵渊、车敬之作，以不讳恶被焚，而秦史之所载者，必多溢美可知矣。文人苦心，昊天谁诉？其知其罪，于我何加？抑我于此益慨然于古今生才无数，荒江之滨，空山之内，必有抱奇特立之士，直抒胸臆，浩然无俦，独以陈义过高，遭时忌讳，而又无一二好事者为之缀辑，任其化为冷风，扬为飞灰，身没文晦，终其世无一书之可传。亦必有怀抱不平，遗世独立，穷无所遇，折而从俗,涸迹于田夫氓隶之间,文采不彰,遂令载笔者不知其名,考古者不知其事。时乎时乎!夫史者固与时俱变者也。孟子曰:诵其诗,读其书,不知其人,可乎?是以论其世也。史乎史乎!不知其时,是乌足以言史。

知此斯可与言史矣。知此并可与言一切科学矣。屠君寄、杨君模中史讲义,自开辟始迄于春秋,义显事晰,达哉其言之矣!不佞承乏斯席,愧未问津,勉贡所知,以当一得。夫讲义云尔,以云史学,非我所敢居也。虽然,史亦尽人所能言也。继二君后,自《春秋》始。

孔子作《春秋》

孔子居下位，不得志，悼道之不行，民之失所，假天子之权，因鲁史之旧，作《春秋》以当一王之法，垂空文以救世。孟子曰：《春秋》，天子之事也。公羊家言曰：孔子志在《春秋》，行在《孝经》。此二学者，圣人之极致，治世之要务也。又曰：《春秋》本据乱而作，其中多非常异义可怪之论。榖梁家言曰：父子之恩阙，则《小弁》之刺作；君臣之礼废，则《桑扈》之讽兴；夫妇之道绝，则《谷风》之篇奏；骨肉之亲离，则《角弓》之怨彰；君子之路塞，则《白驹》之诗赋。孔子观沧海之横流，乃喟然而叹曰：文王既没，文不在兹乎！言文王之道丧，兴之者在己。于是就太师而正雅、颂，因鲁史而修《春秋》，列《黍离》于国风，齐王德于邦君。左传家言曰：《春秋》为例之情有五：一曰微而显，文见于此而起义在彼；二曰志而晦，约言示制，推以知例；三曰婉而成章，曲从义训，以示大顺；四曰尽而不污，直书其事，具文见意；五曰惩恶而劝善，求名而亡，欲盖而彰。呜呼！《春秋》，古今之大文也。吾尝读范氏《春秋榖梁传序》曰：一字之褒，宠逾华衮之赠；片言之贬，辱过市朝之挞。德之所助，虽贱必申；义之所抑，虽贵必屈。故附势匿非者无所逃其罪，潜德独运者无所隐其名。有是哉！子之为是作也。夫当周幽、平以降，贵族专横，民穷于下，饿莩载道，干戈不息，黎黔何罪，谁实为之。《春秋》文成数万，其指数千，而于民事独详，是故大雨不雨雨雹雨雪之类必书，惧天时之不顺而民蒙其患也。悉尝郊祀之属不时则书，过时则书，惧其为民累也。役民则书，故隐公城中丘，桓公城祝丘，皆书以示贬，讥其不修德于民而恃城以为保也。凡战必书。孟子曰：春秋无义战。彼善于此，则有之矣。夫自王纲解纽，人思自利，强陵弱胁，嚣然不复知有哀氓之可悯，民生之无慄。一言之衅,兴戎数万,征师转饷,疲乏道路,泽靡下究,情不上通,呼天罔闻,终于沟壑。而况两军之间,死生呼吸,血溅肉飞,横尸千里,父哭其子,兄痛其弟,惨目万状,言之矍然。况复因之以祲诊,加之以旱蝗,农工废业,嗷嗷无依,暴吏征求,有加无已,鞭笞督责,人不乐生。一役之兴,元气奄然,井闾犹故,烟火断绝。为人父母,能不省忧。夫战之为祸大矣!此我孔子所悲伤悼痛嗒然不能下笔者矣。抑我闻之,孔子作《春秋》而乱臣贼子惧。《春秋》者,所以诛天下之凡为臣不忠、为子不孝者也。孔子人臣,无南面之贵,无斧钺之威、华衮之权,洙泗浙浙,萧然一室者,亦贱而在下,不能自用自专者之流耳。然且援旧典,申新例,夺人所予,诛人所赏,憎人所爱,伸人所屈。孔子,人臣也,欲以禁天下之乱而已则蹈之。或曰:此以其言为褒贬者也,史臣之事也。然而司马迁世典天官,为太史公。班固为兰台令史。彼盖受之天子,职掌纪言,执笔门下,垂为典训,斯亦无足怪也。孔子官不隶于柱下,名不登于史籍,私门撰述,虽非王者所诛,名山发愤,宁免出位之诮。孔子,人臣也,欲以禁天下之乱而已则蹈之。况孔子又非徒以其言为褒贬者也。《史记》述子言曰:我欲载之空言,不如见之于行事之深切著明也。然则孔子固非徒以其言为褒贬者也。是故《春秋》最重弑君。而《左氏》为之例曰:称君,君无道;称臣,臣之罪。陈佗,陈君也,而以陈佗书。《公羊》为之说曰:绝之,贱也。《穀梁》为之说曰:匹夫行,故匹夫称之。卫晋,石碏之所立也,而以众立书,是直以立君之权,假之众矣。孔子非人臣欤,何为而作此?抑又闻之司马氏曰:余闻董生曰:周道衰微,孔子为鲁司寇,诸侯害之,大夫壅之。孔子知言之不用,道之不行也,是非二百四十年之中,以为天下仪表,贬天子,退诸侯,讨大夫,以达王事而已矣。孔子非人臣欤,何为而作此?夫直道在民,三代不远,言者无罪,何嫌何疑,此亦万世史家之通例矣。然孔子不惧干非分之诛,犯世忌讳,岸然以其学为后世倡。设令挟周天子之律,举司败执简牍以莅之,吾恐子不能不为齐太史之续,而为公师彧、崔浩之先驱矣。范宁故通经之士,然其言曰:《左氏》以鬻拳兵谏为爱君,文公纳币为用礼。《穀梁》以卫辄拒父为尊祖,不纳子纠为内恶。《公羊》以祭仲废君为行权,妾母称夫人为合正。以兵谏为爱君,是人主可得而胁也。以纳币为用礼,是居丧可得而婚也。以拒父为尊祖,是为子可得而叛也。以不纳子纠为内恶,是仇雠可得而容也。以废君为行权,是神器可得而窥也。以妾母为夫人,是嫡庶可得而齐也。若是者,伤教害义,不可强通。夫宁固有疑于《春秋》之义矣,而况其余乎!罪我者其惟《春秋》乎!岂不然哉?岂不然哉?原《春秋》之作,言人人殊。杜预以为感麟而作,作起获麟,文止于所起。或曰:鲁哀公十一年,自卫反鲁,十二年,作《春秋》。或曰:获麟之后,得端门之命,乃作《春秋》,至九月而绝笔。而司马子长氏曰:孔子厄陈、蔡,作《春秋》。要之,《春秋》必非无为而作也。世无孔子而言《春秋》岂易哉!其例曰三科,曰九旨,曰五始,曰七等,曰六辅,曰二类,曰七缺。

三科九旨者,何氏以为新周故宋,以《春秋》当新王,此一科三旨也;所见异辞,所闻异辞,所传异辞,此二科六旨也;内其国而外诸夏,内诸夏而外夷狄,此三科九旨也。宋氏注《春秋说》曰:三科者,一曰张三世,二曰存三统,三曰异外内。九旨者,一曰时,二曰月,三曰日,四曰王,五曰天王,六曰天子,七曰讥,八曰贬,九曰绝。元年、春、王、正月、公即位,谓之五始。州、国、氏、人、名、字、子,谓之七等。公辅天子,卿辅公,大夫辅卿,士辅大夫,京师辅君,诸夏辅京师,谓之六辅。人事与灾异,谓之二类。惠公妃匹不正,隐、桓之祸生,为夫之道缺。文姜淫而害夫,为妇之道缺。大夫无罪而致戮,为君之道缺。臣而害上,为臣之道缺。晋侯杀其世子申生,宋公杀其世子痤,为父之道缺。楚世子商臣弑其君髡,蔡世子般弑其君固,为子之道缺。桓八年正月己卯,烝,十四年八月乙亥,尝,僖三十一年夏四月,四卜郊不从,乃免牲,犹三望,郊祀不修,周公之礼缺。谓之七缺。

大概文以义成,旨从辞晦,虽游、夏之徒不能赞一辞。孔子以口说授之弟子,弟子退而异言,于是有左氏之学、公羊氏之学、穀梁氏之学、邹氏之学、夹氏之学。

论曰:我尝读《春秋》,我窃怪孔子以圣人之德,为垂教万世之书,必令开卷了然,读者易晓,而竟大不然。夫使《春秋》以后,无左氏、公羊、穀梁三家为之传,则几于句读不知,文义难尽。诋之者指为断烂,附之者入于谶纬,此亦非后儒之过也。虽然,我闻为公羊言者曰:孔子黜周王鲁，危行言孙，以避当世之患，故微其文，隐其义。司马迁曰：孔子西观周室，论史记旧闻，次《春秋》。七十子之徒口授其旨，有刺讥褒讳之文，不可以书见也。班固《艺文志》曰：《春秋》所贬损大人当世君臣，有威权势力，其事实皆形于传，是以隐其书而不宣，所以免时难也。我读至此，未尝不睊睊然悲，为之泪下曰：呜呼！孔子而亦为此哉！孔子而亦为此哉！然使孔子径行其志，不复委曲通变，以求其书之传，则《春秋》之废久矣。抑使公羊、穀梁、左氏之书早出，吾知《春秋》之废亦必然无足疑者。士生乱世，而欲托著书以自表见，难矣哉！难矣哉！悲夫！

孔子之门

周衰政敝，强诸侯恶六籍之害己，大率削而去之。燔书之祸，非秦始皇始。孔子论次《诗》《书》，修起《礼》《乐》，仍鲁史而作《春秋》，因爻象而著《易传》，以授门弟子。世言六经皆孔子所作，谬矣。章氏实斋曰：六经皆先王之政典也。古人未尝舍政而言教，故孔氏之门，伟然皆有用之才。孔子年三十，弟子始进，其后乃益众，自远方来著籍者三千人。自颜渊以下七十有二人，称于时。《史记》曰：六艺身通，七十有二人，皆异能之士也。当是时，天下以强力相攻取，政由列侯，下民无所控诉。学者日以寻逐，不复求古先王经法精意，务巧言饰说，以求亲媚于有力者之身。颜渊以王佐自命。子尝与颜子论为邦曰：行夏之时，乘殷之辂，服周之冕，放郑声，远佞人。又曰：用之则行，舍之则藏，惟我与尔有是夫！仲弓有南面才。孔子曰：雍也可使南面。荀子曰：总方略，齐言行，壹统类，而群天下之英杰，而告之以太古，教之以至顺，奥窔之间，簟席之上，敛然圣王之文章具焉，佛然平世之俗起焉。无置锥之地，而王公不能争名，在一大夫之位，则一君不能独畜，一国不能独容，成名况乎诸侯，莫不愿以为臣，是圣人之不得势者也，仲尼、仲弓是也。仲弓一为季氏宰，而颜渊终其身不仕，然亦尝驰说于诸侯之廷，与其君抗礼。闻之《孔子家语》曰：鲁定公问颜回曰：子亦闻东野毕之善御乎？对曰：善则善矣，虽然，其马将必佚。定公色不悦。颜回退，后三日，东野毕之马佚。公闻之，越席而起，促马召颜子曰：吾子奚以知之？颜子对曰：以政知之。昔者帝舜巧于使民，造父巧于使马，舜不穷其民力，造父不穷其马力，是以舜无佚民，造父无佚马。今东野毕之马力尽矣，然犹乃求马不止，臣以此知其佚也。

论曰：颜子可谓有心于民矣，托东野毕以行其谏也。使鲁定公因颜子之言，翻然思民力之不可穷，鲁其庶有瘳乎？不务出此，而以先几之哲称颜子，岂足尽颜子哉？后世之使其民者，大率皆东野毕之类耳，然而切切然望民之不佚，难矣！

孔子不得志于鲁，以其说干七十二君，率与诸弟子偕。当是时，子路、公孙龙以勇称，子贡以辨著，澹台子羽以侠闻。而孔子尝曰：德行：颜渊、闵子骞、冉伯牛、仲弓。言语：宰我、子贡。政事：冉有、季路。文学：子游、子夏。然如曾参大孝，有若似子，宓贱善治，原宪乐贫，皆不得与于诸子之列。而《史记》载宰我与田常作乱，以夷其族，孔子耻之。或曰：非宰我也。

论曰：我读《史记索隐》曰：《左氏传》无宰我与田常作乱之文，有阚止者字子我，因争宠为常所杀，字与宰我相涉，或因误而云然。此其说非也。宰我者，古纵横家者流也。吾意宰我知田常将弑其君，欲以说正之，而死于常。宰我之死与子路同，盖亦古烈士有志之所为也。然则孔子曷为耻之？孔子盖耻其术之不工，不保其君而并杀其身，于宰我亦可无憾，然以视子贡之乱齐存鲁，而卒得行其说者，其功效亦大不同矣。

子路者与颜子并称。孔子曰：自吾有回，门人益亲，自我得由，恶言不入于耳。又曰：千乘之国，可使治其赋也。由也果，于从政乎何有？片言可以折狱者，其由也欤！子路治蒲三年，孔子过之，入其境，曰：善哉由也！恭敬以信矣。入其邑，曰：善哉由也！忠信以宽矣。至其庭，曰：善哉由也！明察以断矣。子贡执辔而问曰：夫子未见由之政，而三称其善，其善可得闻欤？孔子曰：吾见其政矣，入其境，田畴易，草莱辟，沟洫治，此其恭敬以信，故其民尽力也。入其邑，墙屋完固，树木甚茂，此其忠信以宽，故其民不偷也。至其庭，庭甚清闲，诸下用命，此其明察以断，故政不扰也。宓子贱为单父宰。子谓之曰：子治单父，众悦，子何施而得之？对曰：不齐之治也，父恤其子，其子恤诸孤，而哀丧纪。子曰：小节也，小民附之矣，犹未足也。曰：不齐所父事者三人，所兄事者五人，所友事者十一人。子曰：中节也，中人附矣，犹未足也。曰：民有贤于不齐者五人，不齐事之而禀度焉，皆教不齐所以治人之道。孔子叹曰：其大者乃于此乎有矣，惜乎不齐之所以治者小也。

孔子兄子有孔篾者,与宓子贱皆仕。孔子往过孔篾而问之曰:自女之仕,何得何亡?对曰:未有所得,而所亡者三:王事如龙,学焉得习,是学不得明也;俸禄少,饘粥不及亲戚,是骨肉益疏也;公事急,不得吊死问疾,是朋友之道阙也。孔子不悦,往过子贱,问如孔篾。对曰:自来仕,无所亡,有所得者三:始诵之,今得而行之,是学益明也;俸禄所供,被及亲戚,是骨肉益亲也;虽有公事而兼以吊死问疾,是朋友益笃也。孔子喟然叹曰:君子哉若人!子贱为宰,三年。孔子使巫马期往观政。曰:入单父界,见渔者得鱼辄舍之,期问焉。渔者曰:鱼之大者,名为鱄,吾大夫爱之,其小者名为鲵,吾大夫欲长之,是以得二者辄舍之。宓子之德,至使民暗行若有严刑于旁,敢问宓子何行得是?孔子曰:吾尝与之言曰:诚于此者刑于彼。宓子行此术于单父也。

　　论曰:宓子盖以古道德家学治其民者也。我闻老子曰:我有三宝,持而保之。一曰慈,二曰俭,三曰不为天下先。子贱欤,其诸行此术于单父者欤?然其效大可睹矣。岂与夫后世卑论察察之徒,引绳墨,惨礉而少恩者同日而并论哉!宓子固以古道德家学治其民者也。

　　子贡者,亦古纵横家者流也。子贡事孔子一年,自谓过孔子;二年,自谓与孔子同;三年,乃自知不及。王充为之论曰:以子贡知孔子,三年乃定。世儒无子贡之才,见圣人,不从之学,任仓卒之视,无三年之接,自谓知圣,误矣。司马氏《货殖传》曰:子贡既学于仲尼,退而仕于卫,废著鬻财于曹、鲁之间,七十子之徒,赐最为饶益。原宪不厌糟糠,匿于穷巷。子贡结驷连骑,束帛之币,以聘享诸侯,所至,国君无不分庭与之抗礼。夫使孔子名布扬于天下者,子贡之力也。

　　论曰:我闻之传曰:孔子既卒,原宪亡在草泽中。子贡相卫,结驷连骑,排藜藿,入穷阎,过谢原宪。宪摄敝衣冠见子贡。子贡耻之,曰:夫子岂病乎?原宪曰:无财者谓之贫,学道而不行者谓之病。若宪,贫也,非病也。子贡终身耻其言之过。鄙矣哉子贡欤!以子贡之智,加以原宪之贤,事夫子久,相居处有年矣,子贡岂不知宪之为人,而乃以宪为病欤?然我观孔子当日于弟子言行,相纠正不遗余力。子贡以货殖名,此商贾之事也。然孔子称之曰:亿则屡中。太史公曰:无岩处奇士之行而长贫贱,好语仁义,亦足羞也。此岂子贡所谓病者欤?虽然,若原宪者,殆无愧于古岩处奇士之行者矣。

孔子居卫,闻齐田常欲作乱于齐,而惮齐大夫,欲移其兵以伐鲁。孔子谓门弟子曰:夫鲁,坟墓所处,父母之国,国危矣,二三子何莫出?子路、子张、子石请往。子止之,而使子贡说田常曰:我闻之,忧在内者攻强国,忧在外者攻弱国。今君破鲁以广齐,战胜以骄主,破国以尊臣,而君之功不与焉,君之立于齐危矣。伐鲁不如伐吴。伐吴不胜,民人外死,大臣内空,是君上无强臣之敌,下无民人之过,孤主制齐,惟君也。田常曰:吾兵业已加鲁矣。子贡曰:臣请往使吴,令吴王救鲁以伐齐,君因以兵迎之。子贡至吴,吴王虑越叛,不果从。子贡曰:臣请见越王,令越出兵以从王。遂往越,谓勾践曰:吾说吴王救鲁伐齐,其志欲之而畏越,曰:待我伐越乃可。此破越必矣。且夫有报人之志而令人疑之,拙也;有报人之志而使人知之,殆也;事未发而先闻,危也。三者举事之大患。勾践大然之。子贡因说王以兵从吴伐齐。子贡一出,乱齐,破吴,霸越而存鲁。或曰:是不足信,此苏秦、张仪辈倾危之士之所为也,子贡必不出是。虽然,我闻之班氏曰:纵横家者流,盖出于行人之官。子贡一出而使鲁不被兵,社稷赖以安定,其功伟矣!此古行人专对之选也。然乃以破吴乱齐,蔽罪于子贡之言。夫使子贡不出,齐其能不乱欤?吴其能不破欤?而鲁则已亡矣。存鲁者,子贡之功也,齐之乱,吴之破,非子贡之咎也。孔子曰:赐也达,于从政乎何有?冉有者,由、赐之亚也。子曰:求也艺,于从政乎何有?又曰:千室之邑,可使治其赋也。齐国书伐鲁,季康子使冉有率左师御之,樊迟为右。师不逾沟。樊迟曰:非不能也,不信子,请三刻而逾之。如之,众从之。师入齐,军遁。冉有用戈,故能入焉。孔子闻之曰:义也。既战,季孙谓冉有曰:子之于战,学之乎?性达之乎?对曰:学之。季孙曰:从事仲尼,焉乎学?冉有曰:即学之孔子也。夫孔子者,大圣无不赅,求也适闻其战法,犹未之详也。原宪、闵子骞者,颜子之流也,身隐居不仕,为当时高士。然《鲁论》载原思为之宰,与之粟九百,辞。或曰:孔子家宰。然原思固辞粟,非辞宰也。宪尝问耻于孔子。子曰:邦有道毂;邦无道毂,耻也。考古注,"邦有道毂"句断,"邦无道"以下六字连读。言邦有道当食禄,无道而食其禄,是耻辱也。义甚明。夫使宪耻有道之世,必将以不食禄为耻矣。

闵子骞尝辞费宰。然我读《孔子家语》，载闵子骞为费宰，问政于孔子。闵子骞固已为费宰矣。岂因其道之不行，既仕而复辞欤？要之，孔子以天下为己任。七十子皆非无心于民者也，且其才皆足以治天下。孔子尝厄于陈、蔡之间，使子贡至楚。楚昭王兴师迎孔子，欲以书社地七百里封孔子。楚令尹子西曰：王之使使诸侯有如子贡者乎？王之辅相有如颜渊者乎？王之将卒有如子路者乎？王之官尹有如宰我者乎？且楚之祖封于周，号为子男五十里。今孔子述三、五之法，明周、召之业，王若用之，则楚安得世世堂堂方数千里乎？夫文王在丰，武王在镐，百里之君卒王天下。今孔子得据土壤，贤弟子为佐，非楚之福也。昭王乃止。

论曰：孔子公其天下于天下者也，何私于一楚哉？楚君臣有私其楚之心，宜其不用我孔子欤。晏婴之沮尼谿，犹是心耳。婴之言曰：孔子盛容饰，繁登降之礼，趋拜之节，累世不能殚其学，穷年不能究其礼。君欲用之以移齐俗，非所以先细民也。婴故为墨氏之学，然我谓其言乃伪耳。晏婴私一齐，子西私一楚，夫私之于人甚矣哉！知其为圣而不能用，况不知乎！虽然，子西亦可谓知我孔子与七十二子者矣。孔子尝北游于农山。子路、子贡、颜渊侍侧。孔子曰：二三子各言尔志，吾将择焉。子路进曰：由愿得白羽若月，赤羽若日，钟鼓之音，上震于天，旍旗缤纷，下蟠于地。由当一队而敌之，必也攘地千里，搴旗执馘，惟由能之，使二者从我焉。夫子曰：勇哉！子贡进曰：赐愿使齐、楚合战于瀁漭之野，两垒相望，尘埃相接，挺刃交兵。赐著缟衣白冠，陈说其间，推论利害，释二国之患，唯赐能之，使二子者从我焉。夫子曰：辨哉！颜回退而不对。孔子曰：汝独无愿乎？颜渊曰：文武之事，则二子既言之矣。孔子曰：虽然，尔言之。对曰：薰、莸不同器而藏，尧、桀不共国而治，以其类异也。回愿得明王圣主辅相之，敷其五教，道其礼乐，使民城郭不修，沟洫不越，铸剑戟为农器，放牛马于野薮，室家无离旷之思，千里无战斗之患，则由无所施其勇，而赐无所施其辨矣。夫子凛然曰：美哉德也！不伤财，不害民，不繁辞，颜氏之子有矣。子游传《礼运》于孔子，所学与颜子同。呜呼！如颜渊、子游者，三皇五帝之佐也，三代且不足言，况其他乎！

以是推之，七十子固皆有志于天下者也。且孔子不必遽贤于弟子。我闻之《尸子》曰：仲尼志意不立，子路侍；仪服不修，公西华侍；礼不习，子贡侍；辞不辨，宰我侍；亡忽古今，颜回侍；节小物，冉伯牛侍。曰：吾以夫六子自厉也。又闻之，子夏问于孔子曰：颜回之为人奚若？子曰：回之信贤于我。曰：子贡之为人奚若？子曰：赐之敏贤于我。曰：子路之为人奚若？子曰：由之勇贤于我。曰：子张之为人奚若？子曰：师之庄贤于我。

论曰：孔子真圣人哉！乃集众人之贤以为贤也。子曰：如有周公之才之美，使骄且吝，其余不足观也已。我于孔子亦云。孔子处衰乱之世，行其教于天下，犯时忌讳，周流以至于老死，而诸侯不能杀，大夫不加诛，大率门弟子之力居多。子畏于匡，颜渊后。子曰：我以汝为死矣。夫以三千之徒，人人有死其师之心，此固季孙、阳虎之暴所不敢加，晋、楚大国之威所不敢胁者矣。是故匡人简子以甲士围子，子路怒，奋戟将与之战。公叔氏以蒲叛，而止孔子，公良孺以私车五乘，拔剑与之斗，甚疾，蒲人惧，乃盟而出之。抑我又闻之韩非子曰：自孔子之死也，有漆雕氏之儒。漆雕之议，不色挠，不目逃，行曲则违于臧获，行直则怒于诸侯，世主以为廉而礼之。

论曰：夫漆雕氏之行，孟贲、北宫黝之流也。大哉！孟子之言勇曰：北宫黝似子夏，孟施舍似曾子。子夏、曾子皆以勇著，岂独子路然哉？或曰：漆雕开以未能信辞仕，盖及门纯笃自守之士也，而其勇如此。我闻孔子弟子又有漆雕哆、漆雕徒父其人者。韩非所称，即为开与否？未可知。总之，不离于古之大勇者近是。

孔子同时有兀者王骀，从之游者，与孔子相若。常季问曰：王骀，兀者也，从之游者，与夫子中分鲁，立不教，坐不议，虚而往，实而归，固有不言之教，无形而心成者耶？是何人也？子曰：夫子，圣人也。我将以为师，奚假鲁国，我将引天下而与从之。有少正卯者，为鲁丈夫，亦以其学授弟子。孔子之门，三实三虚，惟颜渊不去。孔子为司寇，摄行相事，诛少正卯，尸于朝三日。子贡曰：少正卯，鲁之闻人也，奚诛为？孔子曰：天下有大恶者五，一曰心逆而险，二曰行僻而坚，三曰言伪而辨，四曰记丑而博，五曰顺非而泽，少正卯皆有之。

论曰：此古王制之律令也。或谓卯与孔子争教，孔子诛之，是大不然。夫孔子相鲁，主变法以致治，故麛裘兴谤，大不理于舆人之口。彼少正卯者，安知非博古不知通变之儒，缘饰经术，据先人法典，与子争论，使子不得行其志，独惜卯之说不少传，轶书无可引据，而遽议子以争教诛卯，岂笃论欤？孟子恶杨、墨，至诋为禽兽，然其论治天下曰：善战者服上刑，连诸侯者次之，辟草莱任土地者次之。而杨、墨独不与焉。其论杨、墨，则曰：逃墨必归于杨，逃杨必归于儒，归，斯受之而已矣。曾谓孔子而遽诛少正卯乎！呜呼！此可知卯之所以为卯矣。孔子既不得志于天下，门弟子无贵显者，因垂六经以教授于鲁，曰：君子疾没世而名不称焉，吾道不行矣，我何以自见于后世哉？

论曰：悲矣夫子也！子将用其术于天下之民者也。子曰：吾非斯人之徒与而谁与？夫自王纲废坠，朝廷视其民，若不甚爱惜，元元怨咨，迫于涂炭，虐政憔悴，呼号莫救，滔滔天下，谁与易之。夫使七十子者，有一人得行其志，举夫子之道措而置之于时，此夫子日夜焦唇干舌所冀得一当无憾者也，而乃以没世之名为念哉！

且夫子之于民亦切矣。我读《家语》曰：孔子为鲁大司寇，有父子讼者，子赦之。季孙闻之不悦，曰：司寇欺余。曩告余曰：国家必先以孝，余今戮一不孝以教民孝，不亦可乎？而又赦之，何哉？冉有以告孔子。孔子喟然叹曰：呜呼！上失其道而杀其下，非理也。不教以孝而听其狱，是杀不辜也。三军大败，不可斩也。狱行不治，不可刑也。何也？上教之不行，罪不在民故也。又闻之曾子谓士师阳肤曰：上失其道，民散久矣，如得其情，则哀矜而勿喜。曾子盖以孔子之言告肤也。我不知孔子平日惨旦痛心于斯民之故，必有目不忍见，耳不忍闻，口不忍述，萦回郁积于胸中者，欲出而争之，又不得其权而争之。其与门弟子言者，又安见其遽能详也。况详而见之于书者，亦仅存什一于千万之遗，又安见其遽能尽也。抑我又不解孔子为鲁司寇，至行相事，位亦不可谓不隆矣，权亦不可谓不重矣。且能诛人者必能官人，孔子力能诛少正卯，而不举其门弟子，引而与之同升。当时如子路、冉有辈，皆已为季氏所举，独原宪为孔子宰，则或因孔子而仕者也。呜呼！此亦可见春秋之世，贵族专擅，虽有圣人之才，亦粥粥无所施之。子产得子皮之助，而得行其政于郑。孔子失季孙之援，而不得伸其志于鲁。至使七十子者，皆郁郁不得遇，至老困其身，一无所设施而后已。可悲也矣！孔子年七十三，以鲁哀公十六年四月己丑卒。弟子皆服三年心丧，丧毕诀而去，惟子贡庐于冢上，凡六年然后归。

颜回，鲁人，字子渊。闵损，鲁人，字子骞。冉耕，鲁人，字伯牛。仲由，卞人，字子路。言偃，吴人，字子游。卜商，卫人，字子夏。颛孙师，陈人，字子张。曾参，南武城人，字子舆。澹台灭明，武城人，字子羽。高柴，齐人，字子羔。宓不齐，鲁人，字子贱。樊须，鲁人，字子迟。有若，鲁人，字子有。公西赤，鲁人，字子华。原宪，宋人，字子思。公冶长，鲁人，字子长。南宫韬，鲁人，字子容。公晳哀，鲁人，字季次。曾点，曾参父，字子晳。颜繇，颜回父，字季〔路〕。商瞿，鲁人，字子木。漆雕开，蔡人，字子若。公良孺，陈人，字子正。秦商，鲁人，字不慈。颜刻，字子骄。司马耕，宋人，字子牛。巫马期，陈人，字子期。梁鳣，齐人，字叔鱼。琴牢，卫人，字子张。冉儒，鲁人，字子鱼。颜辛，陈人，字子柳。伯虔，字子折。公孙龙，卫人，字子石。曹恤，字子循。陈亢，陈人，字子禽。叔仲会，鲁人，字子期。秦祖，秦人，字子南。奚葴，卫人，字子偕。公祖兹，鲁人，字子之。廉洁，卫人，字子曹。公西舆，字子上。宰父黑，字子索。公西葴，字子尚。穰驷赤，秦人，字子徒。冉季，鲁人，字子产。薛邦，字子从。石处，齐人，字里之。县亶，字子象。左郢，字子行。狄黑，卫人，字哲。商泽，字子季。任不齐，楚人，字子选。荣祈，字子祺。颜哙，鲁人，字子声。原桃，字子藉。公肩定，鲁人，字子仲。秦非，鲁人，字子之。漆雕徒父，字子文。燕级，鲁人，字子思。公夏守，鲁人，字子乘。勾井疆，卫人，字子疆。步叔乘，齐人，字子车。石子蜀，成纪人，字子明。邽选，鲁人，字子饮。施子常，字子恒。申党，鲁人，字子周。乐欣，鲁人，字子声。颜之仆，鲁人，字子叔。孔弗，鲁人，字子蔑。漆雕哆，鲁人，字子敛。县成，鲁人，字子横。颜何，字冉。颜相，鲁人，字襄。

自颜渊以下七十有七人，姓氏见于传记，其余事轶无可考。然如丘明受经，林放问礼，《家语》《史记》不列之弟子，岂书缺有间欤？抑非欤？孔子曰：自行束脩以上，我未尝无诲焉。盛矣哉！

孔子卒后，商瞿传《易》，漆雕开传《书》，曾子传《孝经》，子游传《礼》，子夏传《诗》与《春秋》。子夏、曾子门人最盛。子思、田子方、段干木、吴起、禽滑釐之属，皆受业于子夏、曾子之伦，为诸侯王师。迄后孟子、荀卿以儒术鸣于时，天下宗之。孟子为曾子三传弟子，荀卿为子夏五传弟子。

论曰：吾闻陈涉起兵，鲁诸儒持孔氏之礼器，往归陈王。于是孔甲为涉博士，卒与涉俱死。司马迁为之说曰：陈涉起匹夫，驱瓦合适戍，旬月以王楚，其事至微浅，然而缙绅先生之徒负孔子礼器往，委质为臣者，何也？以秦焚其业，积怨而发愤于陈王也。高皇帝诛项籍，举兵围鲁，鲁诸生愿为项羽死节，讲习礼乐，弦歌之音不绝。司马迁曰：此所谓治礼乐之国，圣人之遗化也。夫羽亦涉之徒耳，而诸生守孔子法，至于死不复变。夫当秦并六国之初，始皇帝自谓天下已定，子孙万世晏然席帝王之业，于是焚灭《诗》《书》，坑杀学士，以为民庶几从我无叛志欤。然而陈涉一呼，项羽继起，而咸阳之火乃适为六经复仇矣。此鲁诸生所愿报之以死而不辞者也。呜呼！孔子之泽远矣。

孔子弟子之轶闻

古之人，古之人，我其敢薄古人欤？虽然，我其敢谀古人欤？太史公曰：学者多称七十子之徒，誉者或过其实，毁者或损其真。我不知所谓誉者何如，所谓毁者何如，所谓其实其真者又何如。《鲁论》《家语》诸书载弟子行事，略矣，要其言皆足信。虽然，其轶者我又不足以知之矣。今举其颇可征者次于篇，以俟后之君子要删焉。

《列子·仲尼》篇曰：仲尼闲居，子贡入侍，而有忧色。子贡不敢问，出告颜回，援琴而歌。孔子闻之，果召回入。问曰：若奚独乐？回曰：夫子奚独忧？孔子曰：先言尔志。曰：吾昔闻之夫子曰：乐天知命，故不忧。孔子愀然有间曰：有是言哉？汝徒知乐天知命之无忧，未知乐天知命有忧之大也。曩吾修《诗》《书》，正礼乐，将以治天下，遗来世，非但修一身，治鲁国而已。而鲁之君臣日失其序，仁义益衰，情性益薄。此道不行一国与当年，其如天下与来世矣？吾始知《诗》《书》礼乐无救于治乱，而未知所以革之之方，此乐天知命者之所忧。虽然，吾得之矣。夫乐而知者，非古人之所谓乐知也。无乐无知是真乐真知。故无所不乐，无所不知，无所不忧，无所不为。《诗》《书》礼乐，何弃之有？革之何为？颜回北面拜首曰：回亦得之矣。出告子贡。子贡茫然自失，归家淫思，七日不寝不食，以至骨立。颜回重往喻之，乃反子门，弦歌诵《诗》，终身不辍。《庄子·至乐》篇曰：颜渊东之齐，孔子有忧色。子贡下席而问曰：敢问回东之齐，夫子有忧色，何耶？孔子曰：善哉汝问！昔者管子有言曰：褚小者不可以怀大，绠短者不可以汲深。吾恐回与齐侯言尧、舜、黄帝之道，而重以燧人、神农之言。

论曰：异哉！尧、舜、黄帝之道，燧人、神农之言，乃古人所以治天下之大术也。而子以为不可言欤？非也。子固知齐侯之不足与言矣。虽然，齐侯果不足与言，回奚之齐为？回果不知齐侯不足与言，止回之行可也，子奚忧为？虽然，褚小不可怀大，绠短不可汲深，此古君子忧患之言也。《庄子·天地》篇曰：子贡南游于楚，反于晋，过汉阴，见一丈人方将为圃畦，凿隧而入井，抱瓮而出灌，搰搰然用力甚多而见功寡。子贡曰：有械于此，一日浸百畦，用力甚寡而见功多，夫子不欲乎？为圃者卬而视之曰：奈何？曰：凿木为机，后重前轻，挈水若抽，数如泆汤，其名为槔。为圃者忿然作色而笑曰：吾闻之吾师，有机械者必有机事，有机事者必有机心。机心存于胸中，则纯白不备；纯白不备，则神生不定；神生不定者，道之所不载也。吾非不知，羞而不为也。子贡瞒然惭，俯而不对。有间，为圃者曰：子奚为者耶？曰：孔丘之徒也。为圃者曰：子非夫博学以拟圣，于于以盖众，独弦哀歌以卖名声于天下者乎？汝方将忘汝神气，堕汝形骸，而庶几乎！而身不能治，而何暇治天下乎！子往矣，无乏吾事。子贡卑陬失色，顼顼然不自得，行三十里而后愈，反于鲁，以告孔子。孔子曰：彼假修浑沌氏之术者也。浑沌氏之术，予与汝何足以识之哉！《庄子·大宗师》篇曰：子桑户、孟子反、子琴张三人相与友，曰：孰能相与于无相与，相为于无相为？孰能登天游雾，挠挑无极；相忘以生，无所终穷？三人相视而笑，莫逆于心，遂相与友。莫然有间，而子桑户死，未葬。孔子闻之，使子贡往待事焉。或编曲，或鼓琴，相和而歌曰：嗟来桑户乎！嗟来桑户乎！而已反其真，而我犹为人猗！子贡趋而进曰：敢问临尸而歌，礼乎？二人相视而笑曰：是恶知礼意！子贡反，以告孔子，曰：彼何人者耶？孔子曰：彼游方之外者也，而我游方之内者也。

　　论曰：此数子者，殆亦有激而为之者耶。汉阴丈人乃假修浑沌氏之术，浑沌氏之术，其能行于后世欤？虽然，若汉阴丈人与子桑户、孟子反、子琴张者，亦古之所谓道德家者流矣。孟子曰：琴张，孔子所谓狂也。孔子曰：吾党之小子狂简，斐然成章，不知所以裁之。张其终受裁于夫子欤？而已反其真，而我犹为人猗。斯人也，其言甚痛。吾读之，不觉其泪之涔涔然交下矣。尸子曰：闵子骞肥。子贡曰：何肥也？子骞曰：始吾出见美车马则欲之，入闻先王之言则又欲之，两心相战，故瘠也。今先王之言胜,故肥。韩非子曰:宓子贱治单父。有若见之曰:子何臞也?宓子曰:君不知贱不肖,使治单父,官事急,心忧之,故臞也。有若曰:昔者舜鼓五弦,歌《南风》之诗而天下治。今以单父之细也,治之而忧,治天下将奈何乎?故有术而御之,身坐于庙堂之上,有处女子之色,无害于治;无术而御之,身虽瘠臞,犹未有益。

　　论曰:观此,则子贱之治单父,皆奉有若之教以往者也。有若殆亦门弟子中之为道德家言者欤。有若似夫子,然欤?不然欤?

　　孔子既殁,七十子之徒散游诸侯。大者为卿相师傅,小者友教士大夫,或隐而不见。故子张居陈,澹台子羽居楚,子夏居西河,子贡终于齐。书籍阙然,其行谊不少概见,然亦时时见于他说。我观庄、列诸子所称述,或荒诞不足征,然诸子生周秦之际,挟聪明才识之长,肆力于所见所闻,网罗故实,出议论相驰骋,学术不同,往往入主出奴,好增益以巧附其说,要其事有可采者。夫学者奉一先生之书,循循然株而守之,尊其言勿敢越,而于他书一无所裁取,略闻异说,辄群起而大诟之,此元明以下诸儒之通病也。七十子之见于《鲁论》《家语》者稍备矣。余所征据,或亦大雅所不嗤欤!

孔子弟子之派别

呜呼！趋舍不同，虽先生不能得之于弟子，况其余乎！我闻之郑夹漈氏曰：百川异趋，必归于海，然后九州无浸淫之患。万国殊途，必通诸夏，然后八荒无壅滞之忧。自书契以来，立言者虽多，惟仲尼以天纵之圣，故总《诗》《书》《礼》《乐》而会于一手，然后能同天下之文，贯五帝三王而通为一家，然后能极天下之变。郑氏以为自孔子以后，而天下道术斯一矣。虽然，岂易言哉！我观于曾子之诋子张曰：堂堂乎张也，难与并为仁矣。子游之讥子夏曰：子夏之门人小子，当洒扫应对进退则可矣，抑末也。本之则无，如之何？讥子张曰：吾友张也，为难能也，然而未仁。子张之告子夏门人曰：异乎我所闻，君子尊贤而容众，嘉善而矜不能。《史记·仲尼弟子列传》载：公伯寮，字子周。公伯寮亦七十子之流也，然寮尝诉子路于季孙。子服景伯以告夫子，请诛之。夫以诸弟子之贤能，得孔子之圣而师事之，经数十年之久，历陈、蔡、宋、匡诸患难，相追从无旦夕间，日闻夫子论说，相与膺而服之，然犹龂龂不绝，牴牾间出，一堂之轨，胡越异奔，而其他则又何说。韩退之曰：门弟子学焉而各得其性之所近，是以源远而末益分。岂不然哉？岂不然哉？抑我尤不解庄子学于田子方，子夏之再传弟子也，然庄子于曾子无怨辞，往往以曾子与夏桀、盗跖并称。其言曰：下有桀、跖，上有曾子，而儒、墨毕起，于是乎喜怒相疑，愚智相欺，善否相非，诞信相讥，而天下衰矣。又曰：吾焉知曾子之不为桀、跖嚆矢也。又曰：属其性于仁义者，虽通如曾子，非吾臧也。杨朱数称段干生之说，则亦子夏门人之所教也，然其视孔氏之学若仇雠，攻击不遗余力。或曰：是不足怪。然如孟子、荀卿，皆以儒术名于时，而荀氏之言曰：略法先王而不知其统，然犹材剧志大，闻见杂博。案往旧造说，谓之五行，甚僻违而无类，幽隐而无说，闭约而无解。案饰其辞而祗敬之，曰：此真先君子之言也。子思唱之，孟轲和之，世俗之沟犹瞀儒，嚾嚾然不知其非也，遂受而传之，以为仲尼、子游为兹厚于后世。是则子思、孟轲之罪也。呜呼！荀子而亦为此言耶！抑又闻荀子之言曰：弟佗其冠，衶禫其辞，禹行而舜趋，是子张氏之贱儒也。正其衣冠，齐其颜色，嗛然而终日不言，是子夏氏之贱儒也。偷儒惮事，无廉耻而嗜饮食，必曰君子固不用力，是子游氏之贱儒也。荀子与孟子论性则善恶互殊，论法则后先异用。荀子之诋孟，宜也。若子张、子游、子夏三子者，则固荀所表章颇力者也。而荀氏之学又出于子夏，然其言若此。夫荀子或亦穷其流弊所极，一切欲返之真实可行，不苟为虚辞饰说，以自附于古人之途，然其异同亦大可睹矣。是故以荀卿之门而有李斯，以孔鲋之门而有叔孙通，大率叛其师说，习面谀以取亲贵。南行者至于郢，北面而不见冥山，而不知去之已远矣，岂不悲哉！虽然，此亦学术竞争之一大关键也。班固《艺文志》曰：昔仲尼没而微言绝，七十子丧而大义乖，故《春秋》分为五，《诗》分为四，《易》有数家之传。战国纵横，真伪分争，诸子之言纷然淆乱，至秦患之，乃燔灭文章，以愚黔首。

论曰：呜呼！秦之罪可胜诛哉！夫趋舍不同，虽先生不能得之于弟子，况其余乎！不二世而亡天下，亦秦自为之。于天下何与焉？呜呼！秦之罪可胜诛哉！或曰：孔子行在《春秋》。《春秋》者，所谓深切著明，见之于行事者也，传之未久，而有公羊、穀梁、左氏三家之学。三家各奉其师说，宪章附益，往往龃龉而不相合，学者当奚从欤？曰：公羊者，非我所敢从也，亦姑存其说云尔。夫古者君民上下之间，情意相孚，若家人父子，一切无所禁制。至东周之时，禁网稍严，有志之士往往托于著书以行其说，夫子之《春秋》犹是耳。公羊受子夏口说之传，而其立于学官也，在秦灭汉兴之后。汉去古未远，学者习于闻见，议论无所讳忌，而朝廷之上亦鉴于嬴秦之失，知灭学燔书适以速其亡而益其祸，六经之义无可终绝。儒士幸生不讳之朝，上下以嗜古相矜尚，征引古义，刺刺不休。公羊得董仲舒、何休诸人为之引伸其说，传之千余载，历唐、宋、元、明以迄我朝开国，列之"十三经"之内，煌煌巨制，日月昭垂。

束发受书,群然诵习,上以是教,下以是学,传诸不朽。非圣者诛,我何敢议公羊哉!我何敢议公羊哉!然如黜周王鲁,受命新王诸说,隐义曲包,微渺难晓,求之不当,或反为无君者所借口。夫士人不察时变而好伸古训,岂足为通儒哉!呜呼!读书亦难矣。是故公羊者,非我所敢从也,亦姑存其说云尔。

老墨之学

《史记》曰：老子者，楚苦县厉乡〔曲〕仁里人也，姓李氏，名耳，字伯阳，谥曰聃，周守藏室之吏也。

呜呼！自周公之制废，上失其政而下始以教行。我闻之章氏学诚曰：孔子生于东周，有德无位，惧先圣王法积道备，至于成周，无以续继者，而至于沦失也，于是取周公之典礼，所以体天人之撰而存治化之极者，独与其徒申而明之，此六艺之所以虽失官守而犹赖有师教也。虽然，以政教者其教易，以教教者其教难。我观于东周之世，贵族牵于所闻见，一切纵所欲为，习恣睢暴戾之行，以加于其下之民。民格于时制不得达，上下相悬绝若人天。其达而在上者，皆贵宦子弟。匹夫虽贤圣，不得尺寸之柄，无凭借以兴教化。夫自唐虞三代以来，辟草昧以进文明，绵历千余载，竭数十圣人之力，所以鼓舞而砥砺之者，大率以瀹民识、达民德为亟亟。而治乱相寻，中更变故，陵迟以迄于春秋，犹赖孔子、老子、墨子三人，以学术为天下先，屹然不惜犯当世之忌，著书之盛者数十万言，少者亦数千言，功良伟矣！然而，孔子，鲁之大夫也；老子，周之大夫也；墨子，宋之大夫也。向使三子者生于贱族，无力致贵显之地，而古圣人之书大率藏于秘府，为官司所掌，民老死不得读，其不为不识字之农夫者几希矣。然且传其著述于后世，而令后儒之读其书者，为之景仰，想见其为人，至低徊不能去。呜呼！盛矣，斯亦三子之遇也。夫以三子之才之美，而犹不能无借于当官之力，因缘世变，委曲以达其所见，则夫空山之中，荒林之内，豪杰有志之士付其迹于烟消尘灭，有其德而无其书，有其书而无传书之人。我唱之而谁和欤？我语之而谁闻欤？白日黯黯，古冢累累，四顾无徒，嗒然若丧。生千载之下，而欲识其姓氏于千万什百之遗，盖亦几几乎不可得矣。呜呼！三子之遇何幸也。自三子以后，而其风始一变矣。吾谓政教之遂分，此亦我中国文明进步之一大变局也。是故老、墨者，亦我孔子之流亚也。

或曰：老子，孔子之敌也。老子之学以自隐无名为务，故其言曰：五色令人目盲，五音令人耳聋，五味令人口爽，驰骋畋猎令人发狂，难得之货令人行妨。是以为腹不为目，故去彼取此。大道废，有仁义；智慧出，有大伪；六亲不和，有孝慈；国昏乱，有忠臣。又曰：绝圣去智，民利百倍；绝仁去义，民复孝慈；绝巧弃利，盗贼无有。又曰：天下之至柔，驰骋天下之至坚，无有入无间，吾是知无为之有益。呜呼！使挟老子之术以用世，人类之灭久矣。起大草木、大鸟兽，而猿猴，而似人非人，而全人，而家族，而部落，而封建，而一统，而环球交通。古今相禅，日在天演世界中，大者数十百变，小者且亿千万变。其变愈多，其程愈进；其变愈速，其界愈平。呜呼！进化哉！使挟老子之术以用世，人类之灭久矣。是故杨朱氏之徒窃其术以纵耳目口鼻之私，恣情忘性，熙熙然任欢乐以俟死。慎到、田骈之徒窃其术以弃知去己，而缘不得已，泠汰于物以为道理。申不害、韩非之徒窃其术以核是非，施名实，往而不返，规规然一切以法致之，至钩铍析乱，令人不得循其真。抑岂独然哉！汉初重黄老，而以文景之贤不能复古三代之治。西晋尚老庄，而席中原文物之地，不能守以沦于夷狄。老子之祸亦烈矣，此其尤大彰明较著者也。是故老子者，孔子之敌也。虽然，我读《老子》，我不觉戚戚然悲，喟然废书而起曰：呜呼！诵古人书，不务会文切理，求其精意所在，断断于一字一句之间，好附会以饰其说，古今无完书矣。夫老子值文胜法敝之余，感造物之不平，念哀黎之无告，慨然出所学以示人曰：我有三宝，持而宝之。一曰慈，二曰俭，三曰不为天下先。又曰：欲上民必以言下之，欲先民必以身后之。又曰：民不畏死，奈何以死惧之！我尤味其"民不畏死，奈何以死惧之"之言，以为此仁人君子蔼然爱民者之所太息而道也。抑我观于列国竞争，力强者胜，干戈满地，奔命不息，役使数万，百不一归，地角天涯，家人相望，哀哀赤子，何辜至斯！而老子为之言曰：抗兵相加，哀者胜矣。痛哉斯言！夫天下之可哀者未有如兵之甚者也，而古之用兵者亦有不以哀出者也。而其后竟何如哉！而其后竟何如哉！老子者欲扶弱以抑强，故其用不能不出于柔，而其所以用柔之方，又不能不济之以忍，曰：将欲歙之，必固张之；将欲弱之，必固强之；将欲废之，必固兴之；将欲夺之，必固与之。此在许者为之，或大变其慈祥恺恻之心，而故作深藏若虚之状，阴行其沉鸷险狠之术，而无复谦冲下人之诚。而老子者则固始终持此一哀之念而不失者也。我读韩非子〔《解老》〕《喻老》二篇，大概以后世法学家言响附尘趋于老氏之书，而老子之流乃弊矣。我且为老子解曰：老子者，盖亦万不能已于天下生民之故，而后有此作也。不然，我闻之《史记》曰：老子见周之衰，乃遂去。至关，关令尹喜曰：子将隐矣，强为我作书。于是老子乃著书，言道德之意五千言。夫隐而著书，老子之不愿隐可知。著书而隐，老子之不得已于其书可知。夫老子以无为自然为宗者也，奚胶胶焉有事于书。为书者，乃将以大有为于世者也。无为欤？自然欤？何其言之与行背欤？昔孔子问礼于老聃，退而谓门弟子曰：吾乃今于是乎见龙。龙，合而成体，散而成章，乘乎云气而养乎阴阳，吾乃今于是乎见龙。又闻鲁有叔山无趾者，见孔子，退而语老子曰：孔子之于至人，其未耶？彼何宾宾以学子为？呜呼！老子何行而得我夫子若此？吾意老子盖亦古之闳览博物君子也。班固《艺文志》曰：道家者流，盖出于史官，历记成败存亡祸福古今之道，然后知秉要执本，清虚以自守，卑弱以自持，此君人南面之术也。老子者，或亦痛末流之就衰，礼意之失实，因一切返之无何有之地。此殆有激而言之者欤？抑非欤？要其书具在，在善读者深思而自得之。我又闻有老莱子者，谓孔子曰：汝去汝躬矜与汝容知，斯为君子矣。其学大类老子。《史记》曰：老莱子亦楚人也，著书十五篇，言道德之用，与孔子同时。或曰即老子。总之，六艺无可征信，故阙而不传于世。

《史记》曰：墨翟并孔子时，或曰在其后。墨子弟子甚众，各为派别。秦汉人往往并称孔、墨。墨学至汉时犹盛，而其学大昌于战国之世。韩非子曰：自孔子之死也，有子张之儒，有子思之儒，有颜氏之儒，〔有孟氏之儒，〕有漆雕氏之儒，有仲良氏之儒，有孙氏之儒，有乐正氏之儒。自墨氏之死也，有相里氏之墨，有相夫氏之墨，有邓陵氏之墨。故孔、墨之后，儒分为八，墨分为三。取舍相反不同，而皆自谓真孔、墨。

夫墨子者，乃真与孔子为敌者也。孔子曰博施济众，尧、舜犹病，而墨曰兼爱。孔子曰君子群而不党，而墨曰尚同。孔子曰定贵贱尊卑之分，明上下长幼之别，而墨曰尚贤。孔子正乐而墨非乐。孔子尊命而墨非命。孔子厚葬而墨薄葬。孟子曰：墨子兼爱，是无父也。杨、墨之道不息，孔子之道不著。荀子曰：不知一天下、建国家之权称，上功用、大俭约而僈差等，曾不足以容辨异、县君臣，然而其持之有故，其言之成理，是墨翟、宋钘也。墨子者，乃真与孔子为敌者也。抑我又闻之，郑人缓也呻吟裘氏之地，只三年而缓为儒，河润千里，泽及三族，使其弟翟墨。儒、墨相与辩，其父助翟，十年而缓自杀。忍哉翟也！翟能兼爱而翟不能爱其兄乎？悍哉翟之仇儒也！翟兄为儒，而翟竟令自杀乎？虽然，墨仇儒，于儒何伤？墨仇儒，于儒何伤？儒、墨者，皆有过人之才识，救世之苦心，皆切切然欲有以出而为之，为之又必欲造其极而后已。夫造其极矣，而复欲强其所不乐，为一切苟同之说，此必不可得之事也。儒、墨之不同，固然，亦何足怪。抑我读《墨子·非儒》篇曰：其亲死，列尸柂，登屋窥井，挑鼠穴，探涤器，而求其人焉。以为实在，则戆愚甚矣。如其亡也，必求焉，伪亦大矣。又曰：儒强执有命以议曰：寿夭贫富，安危治乱，固有天命，不可损益。穷达赏罚，幸否有极，人之知力，不能为焉。群吏信之，则怠于分职；庶人信之，则怠于从事。呜呼！此殆荀子所谓持之有故，言之成理者欤！然是说也，虽起文王、周公数圣人于地下，而令孔子为士师，七十子侍坐其傍，执公状以锻炼之，吾知墨子不能无辞，而必不能遽坐以非圣无法之诛矣。且儒、墨不惟其人，而惟其学。以宰我之智，而议短丧。以曾子之贤，而其居卫也，缊袍无表，颜色肿哙，手足胼胝，三日不举火，十年不制衣，是以儒而兼墨者也。墨子守宋，为宋拒强楚，捍国家之难，存其君，使宋之社稷无患，是儒者所谓竭忠以事君者也。鲁君谓墨子曰：吾恐齐之攻我也，可救乎？墨子曰：可。昔者三代之圣王禹、汤、文、武，百里之诸侯也，说忠行义以取天下；三代之暴王桀、纣、幽、厉，以仇怨行暴失天下。是儒家之恒说通理也，是墨子又以墨而兼儒者也。总之，儒、墨皆有救天下之心，而墨之救天下尤亟。孟子曰：墨子兼爱，摩顶放踵利天下，为之。呜呼！夫人孰不喜逸而恶劳，亲亲而远疏。墨子非人情欤？人与我孰亲？而曰人亲。家人与路人孰亲？而曰路人亲。此非丧心病狂之尤者，不足与于斯矣。墨子抑非人类欤？虽然，人欤我欤？彼欤此欤？谓我非人，人于何往？谓人非我，我自何来？我本无我，何复有人？纵观一切，皆有我在。人外无我，即我即人。我外无人，何人何我？乾我父欤，坤我母欤，民我胞欤，物我与欤。众人皆饥，我何独饱？众人皆寒，我何独暖？众人皆苦，我何独甘？众人皆愚，我何独智？而穷饥我，而劳困我，而隶役我，而鞭箠我，而刀锯我，而脔割我，而绝灭我，我皆不惧，我皆不怨。使我心苦，毋宁形苦；使我心死，毋宁身死。呜呼！天下之忧患大矣！大者并小，众者暴寡，强者陵弱，智者欺愚。自古无数百年无大乱，无数十年无小乱。积骨满山，断骸遍道，吊荒墟而问故事，悲风惨惨，鬼哭无声，浩然四望，虽泪尽而继之以血，而于民无救矣。兼爱耶，尚同耶，尚贤耶，非攻耶，节用耶，后世有行此术者，我为之执鞭所忻慕焉。若夫非乐之说，节葬之义，非我所敢知矣，非我所敢知矣。或曰：墨子者，古格致学之正宗也。读其书者类能言之，姑不录，录其所以治天下之道。

论曰：太史公《论六家之要旨》曰：《易大传》：天下一致而百虑，同归而殊途。夫阴阳、儒、墨、名、法、道德，此务为治者也，直所从言之异路，有省有不省耳。然则老、墨之于儒可知矣。善哉！《庄子·天下》篇曰：以本为精，以物为粗，以有积为不足，澹然独与神明居，古之道术有在于是者。关尹、老聃闻其风而悦之，建之以常无有，主之以太一，以濡弱谦下为表，以空虚不毁万物为实。关尹曰：在己无居，形物自著。其动若水，其静若镜，其应若响，芴乎若亡，寂乎若清，同焉者和，得焉者失。未尝先人而常随人。老聃曰：知其雄，守其雌，为天下谿；知其荣，守其辱，为天下谷。人皆取先，己独取后，曰受天下之垢；人皆取实，我独取虚，无藏也故有余，岿然而有余。其行身也，徐而不费，无为也而笑巧；人皆求福，己独曲全，苟免于咎，以深为根，以约为纪，曰坚则毁矣，锐则挫矣。常宽容于物，不削于人，可谓至极。关尹、老聃乎！古之博大真人哉！不侈于后世，不靡于万物，不晖于数度，以绳墨自矫，而备世之急，古之道术有在于是者。墨翟、禽滑釐闻其风而悦之。黄帝有《咸池》，尧有《大章》，舜有《大韶》，禹有《大夏》，汤有《大濩》，文王有辟雍之乐，武王、周公作《武》。古之丧礼，贵贱有仪，上下有等，天子棺椁七重，诸侯五重，大夫三重，士再重。今墨子独生不歌，死不服，桐棺三寸而无椁，以为法式。以此教人，恐不爱人；以此自行，固不爱己。未败墨之道，虽然，歌而非歌，哭而非哭，乐而非乐，是果类乎？其生也勤，其死也薄，其道大觳，使人忧，使人悲，其行难为也。恐其不可以为圣人之道，反天下之心，天下不堪。墨子虽独能任，奈天下何！离于天下，其去王也远矣！墨子称道曰：昔者禹之湮洪水，决江河而通四夷九州也，名山三百，支川三千，小者无数。禹亲自操橐耜，而九杂天下之川，腓无胈，胫无毛，沐甚雨，栉疾风，置万国。禹大圣也，而形劳天下也如此。使后世之墨者，多以裘褐为衣，以跂蹻为服，日夜不休，以自苦为极，曰：不能如此，非禹之道也，不足谓墨。相里勤之弟子五侯之徒，南方之墨者苦获、己齿、邓陵子之属，俱诵《墨经》，而倍谲不同，相谓别墨，以坚白同异之辨相訾，以觭偶不仵之辞相应，以巨子为圣人，皆愿为之尸，冀得为其后世，至今不绝。墨翟、禽滑釐之意则是，其行则非也。将使后世之墨者必自苦，以腓无胈、胫无毛相进而已矣。乱之上也，治之下也。虽然，墨子真天下之好也，将求之不得也，虽枯槁不舍也。才士也夫！

中国历史教科书
（原名《本朝史讲义》）

汪荣宝编纂

绪论

本朝史者,中国史之一部,即全史中之最近世史也。中国之建邦远在五千年以前,有世界最长之历史。又其文化为古来东洋诸国之冠,其疆域奄有东方亚细亚之什九,其兴衰隆替足以牵动亚细亚列国之大势。故中国史之范围,实占东洋史全体之太半,而隐与西洋史为对待。书契以来至于今日,历史之著述,自官定史鉴及私家志乘,汗牛充栋,毕世不能举其业。然纪传之属详于状个人,而疏于谈群治;编年之作便于检日月,而难于寻始终。要之,事实散漫,略无系统,可以为史料,不可以为历史。历史之要义,在于钩稽人类之陈迹,以发见其进化之次第,务令首尾相贯,因果毕呈。晚近历史之得渐成为科学者,其道由此。夫人类之进化,既必有其累代一贯之关系,则历史亦不能于彼此之间划然有所分割。然或因一事变起,而有足使当时大势面目一新者,史家为便编述计,特据此类事变以为标准,而区分时代焉。顾历史时代之区分,常因史家观察之不同,而有互异之离合。日本文学士桑原骘藏尝据中国本部之大势,参考旁近各族之盛衰,而以太古至秦一统之间为上古期;自秦一统至唐之亡,凡千余年间为中古期;自五代至本朝之兴七百年间为近古期;自本朝之初至于今日三百年间为近世期;其义具详所著《东洋史要》。今姑用其说,大别国史为四部,即(第一)太古至战国之终为上古史;(第二)秦至唐为中古史;(第三)五代至明为近古史;(第四)本朝创业以来为近世史。

学者欲知今日中国变迁之由来及世界列国对我之大势,则研究近世史为尤要焉。迩来东西史家常有倒叙之法,即由近世之事实,次第上溯,以至太古。此虽史篇之变体,然其用意欲使学者先今而后古,详近而略远,以养成其应变致用之知识,其诸大雅所不讥也。今略师其意,特取本朝史(即全书第四部)为讲述之始事。又略以三百年来事势之大要,分本朝史为三大时期如左。

(一)开创时期 谓自本朝创业之始迄三藩、台湾之平定是也。此期自太祖征讨尼堪外兰以来,次第荡平塞外诸部,又破明兵,拔辽、沈,兵威所至,无不率服。天聪、崇德之间,下朝鲜,臣蒙古。迄顺治朝,遂入关定鼎,奄有诸夏。然当时明室诸王尚或倔强东南,保其片土,而其遗臣宿将亦有阴图恢复,称兵海外者,至康熙初不绝。及康熙二十年,吴世璠、郑经同时殒命,然后三藩悉平,台湾在握,海内统于一尊,而国家不拔之基成矣。

(二)全盛时期 谓自康熙中世迄乾隆末年,凡百余年间是也。此期之武功,则西藏、青海、准噶尔、回疆次第平定,境土增拓,超越前代。其外交,则《尼布楚条约》使俄罗斯尽撤黑龙江畔之堡寨,而以外兴安岭以南之地归诸中国。其文治,则康、乾两朝再举鸿博科,广刊巨籍,影响及于全国学界,文学考订,斐然称盛。要之,此期之历史不特为本朝史之全盛时代,亦中国全史中有数之境遇也。

(三)忧患时期 谓自嘉庆初年迄于今日百余年间是也。于本期,内则教匪、苗族相继煽乱,而洪秀全以花县匹夫蹂躏中国本部之太半,更历三朝,用兵十余年,仅乃克之。外则欧人东渐之势力日以扩张,自鸦片战争以来,数与外人构兵,而每战必败,每败必丧失权利无算。至于晚近,而所谓港湾租借、矿山开采、铁道敷设之协约,相逼而来。西力之东侵,遂如洪水猛兽,一发而不可制。《易》称:《易》之兴也,其有忧患乎?《传》曰:多难所以兴邦。意者异日中兴之机,殆在此欤!

第一编　开创时期

第一章　本朝建国以前满洲之史略

肃慎、挹娄、扶余及沃沮　占亚细亚大陆"中央高原"之东部,而与俄领西伯利亚及朝鲜北部壤地相接者,为今满洲,实维本朝创业之地。满洲之有建国,盖在中国唐虞时。是时通古斯族有肃慎氏者,始通中国,当帝舜二十五年,来献弓矢。成周之初,数入朝贡。其国界南至长白山,北抵黑龙江,东滨日本海,约当今吉林、黑龙江及西伯利亚之沿海州等境。及后汉时,亦称挹娄。魏晋之际,使命间至,史家记录,常两名互称。而其西南,别为扶余,有今开原以北千余里地。东南别为诸沃沮,有北沃沮、南沃沮及东沃沮诸部。沃沮者,盖即窝集,满洲语森林之义也。

靺鞨七部　北魏之世,中国分裂,而肃慎故土亦离为七部。在松花江沿岸者,曰粟末部,与高丽接。粟末者,以粟末水得称,即松花江之古名也。在粟末北者,曰伯咄部。伯咄东北,曰安车骨部。其正东,曰拂捏部。拂捏东,曰号室部。其在黑龙江下流沿岸,当安车骨西北者,曰黑水部。在长白山附近,当粟末东南者,曰白山部。总谓之勿吉。而隋唐以来,称为靺鞨,则南北方言译对之异也。

渤海　靺鞨七部,黑水、粟末为强。周武后天授元年,西历六九〇年。有大祚荣者,为粟末部长,国势骤盛。唐睿宗封为渤海郡王,自后改国号曰渤海,事在玄宗开元元年。七一三年。大氏自祚荣以来,世有英主。祚荣子武艺及从玄孙仁秀皆以贤明在位,势益张。其属地东莅日本海,西接契丹，南连新罗，北羁黑水以下诸靺鞨部，有五京、十五府、六十二州。官府制度，灿然大备，隐为东方雄国。仁秀之后，四传至諲譔，国势浸不振。当是时，通古斯族别部契丹，自南北朝以来，既据有内蒙古东部一带地。及唐昭宗天祐四年，九〇七年。有耶律阿保机者统治契丹，乘渤海之衰，数与构兵。至后唐明宗天成元年，九二六年。遂拔其国都忽汗城(今吉林宁古塔附近)，徙其名帐千余户于燕，渤海以亡。

女真 当渤海之衰，而黑水靺鞨又次第恢复其旧土，号曰女真。及契丹灭渤海，女真西南部之在混同江(即松花江)附近者，隶契丹籍，谓之熟女真。其东北部之散在黑龙江至长白山之间者，不隶契丹籍，谓之生女真。生女真别部有定居阿勒楚喀河侧者，曰完颜。宋仁宗宝元时，一〇三八年顷。乌古乃为完颜部长，役属邻近诸部，势力渐振，辽(契丹国号)以为生女真节度使。乌古乃死，其后嗣皆务辟境土，寖以盛强。自乌古乃五传，至其孙阿骨打，以宋徽宗政和三年——一三年。为女真主。翌年，遂叛辽独立。是时耶律氏世衰，阿骨打乘之，数破辽兵，征服混同江附近诸部。政和五年，———五年。建国号曰金，称皇帝，是为金太祖。金之先世，或言来自新罗，盖亦通古斯族之一种。本名珠里真，后误为女真，亦曰虑真，意即肃慎之转音也。金称帝凡百二十年，至宋理宗端平元年，一二三四年。为中国蒙古联军所攻，国亡。元既混一区宇，分设万户府，镇戍其地。而其遗族尚散居混同江南北，各仍旧俗，从事射猎，设官牧民，随俗为治。明初疆圉，东尽于开原、铁岭、辽、沈、海、盖。其东北之境为政府实权所不及。永乐初，仿唐羁縻州之制，分建卫所，仅具空名。而女真旧部皆各戴君长，割据一隅，不相服属。本朝之先，即女真别部之一也。

满洲名称之起原 满洲之名称，义出佛教，本印度语。以清文考之，二字本皆平读，音近曼珠。本朝创业之初，西藏每岁献丹书，皆称曼珠师利大皇帝。曼珠师利者，即曼殊室利，为释迦牟尼师毗卢遮那之本师。翻译名义，曰："曼珠，华言妙吉祥也。"当时建号之义，实取诸此。今汉字作满洲，盖因洲字义近地名，假借用之，遂相沿耳。实则部族而非地名，无可疑也。

第二章　创业之始及塞外各部之征服

发祥之由来　当辽金末造，女真别族有名布库里雍顺者，始建国于长白山东南鄂谟辉亦作俄谟惠。之野，居鄂多理亦作俄朵里。城。相传布库里雍顺为天女吞朱果所生，生而能言，体貌奇异。及长，天女锡之姓曰爱新觉罗，名之曰布库里雍顺。时鄂谟辉有三姓争为雄长，日构兵相仇杀。适一人取水河步，见一男子，藉柳枝野蒿，端坐其上，察其貌非常，归以语众。众皆趋问。答曰："我天女所生以定汝等之乱者"，且告以姓名。众以为神，迎至家。三姓者议推为主，遂妻以女，奉为贝勒，居长白山东鄂多理城。鄂多理城者，在瑚尔哈河源勒福善河西岸，去宁古塔西南三百余里，近金上京地。其后数世，不善抚其众，国人叛之，戕其宗。有幼子名范察者，遁荒野，得免。数传至肇祖，生有智略，慨然有恢复之志。计诱先世仇人之后四十余人，至呼兰哈达山下，诛其半以雪祖仇，释其半以为用，遂定居赫图阿拉，今兴京是也。肇祖四世孙为兴祖。兴祖有子六。景祖居第四，承先业，居赫图阿拉地。其余五子各筑城环赫图阿拉而居，近者距五六里，远者二十里，并称宁古塔贝勒。景祖多才智，率诸贝勒征灭邻近部落之雄杰者，拓地渐广。景祖第四子为显祖。显祖长子为太祖高皇帝，开创之业，由是成焉。恭读乾隆四十二年高宗上谕："史称金之先出靺鞨部，古肃慎地。我朝肇兴时，旧称满珠，所属曰珠申，后改称满珠，而汉字相沿，误为满洲。其实即古肃慎，为珠申之转音。"又云："我朝得姓曰爱新觉罗氏，国语谓金曰爱新，可为金源同派之证。盖我朝在大金时，未尝非完颜氏之服属，犹之完颜氏在今日，皆为我朝之臣仆。"是可知本朝之先，出于靺鞨之后裔，而与渤海、金源同族也。

当时满洲之形势　太祖高皇帝以嘉靖三十八年—五五九年。生,伟躯大耳,声如洪钟,长有武略,英雄盖世,国人号曰聪睿贝勒。当时女真部落大别为四:(一)满洲部。曰苏克素护河,曰浑河,曰完颜,曰栋鄂,曰哲陈。(二)长白山部。曰讷殷,曰珠舍哩,曰鸭渌江。二部皆明建州卫地,在辽沈之东。(三)东海部,亦谓之渥集亦作窝集。部。曰瓦尔喀,曰库尔哈,"库"亦作"虎"。是为明野人卫地,东际日本海,跨有今吉林及西伯利沿海州境。(四)扈伦部。曰叶赫,曰哈达,曰辉发,曰乌拉,是为明海西卫地,当满洲诸部之北。海西卫亦谓之南关、北关,南关哈达,北关叶赫,逼处开原、铁岭,为朔边障蔽。此诸国皆城郭土著,以射猎为业,已变行国而为居国,各据一方,弱肉强食。而扈伦四部最为雄长,与中国相结,明亦利用之以为外援焉。

尼堪外兰及满洲五部之征服　万历十一年,一五八三年。太祖年二十五,始起兵攻尼堪外兰,为景、显二祖复仇。尼堪外兰者,故显祖部人,居苏克素护部之图伦城(吉林城西南五百六十里),阴结明宁远伯李成梁,合军攻古埒城(吉林城西南五百五十里,属苏克素护部)。城主阿太章京者,故建州卫都指挥王杲之子,其妻又景祖长子礼敦巴图鲁之女,而太祖之从姊也。景祖闻警,恐女孙被陷,偕显祖往救,引兵入城。城据山依险,守御甚坚。尼堪外兰觉其难下,绐城中人使杀其主出降,已而尽屠之,并害二祖。太祖闻之大怒,诘明边吏。明遣使谢过,归二祖丧,与敕三十道,马三十匹,封龙虎将军,复给建州卫都督敕书。太祖又请明使执送尼堪外兰,使者不许。太祖饮恨,日夜以复仇为念。及是年五月,乃亲率遗甲十三副,攻图伦城。尼堪外兰谍知之,遁保嘉班城(今承德县东一百十里嘉班山之东)。八月,太祖追之嘉班。尼堪外兰奔至抚顺所,欲入明边,边兵击逐之,不得入,乃携其子及近属兄弟,逃于鄂勒珲(今齐齐哈尔城西南三十余里),筑城居之。时诸部中隔,追兵不得越境至。太祖乃次第攻服近部,为进兵之计。自万历十二年—五八四年。至十四年,—五八六年。太祖累征栋鄂、浑河、苏克素护、哲陈诸部,克其要塞。遂以十四年七月,进攻鄂勒珲。尼堪外兰逃至明边。太祖遣使者斋萨等四十人往请,边吏执尼堪外兰,付斋萨杀之而归。明自是约岁输银八百两、蟒缎十五匹,并开抚顺、清河、宽甸、瑷阳四关,通互市。十五年，一五八七年。太祖复亲征哲陈部，斩其部长。十六年，一五八八年。又克完颜部。于是满洲环境五部皆服，遂北向将与海西诸国争雄矣。

九国联军之败 时海西卫四部，叶赫最强，为塞外诸国盟主。会太祖既统一满洲，又以万历十七年一五八九年。收鸭渌江部，尽有其众，疆域日廓。叶赫贝勒纳林布禄闻之，恐不利于己，乃遣使本朝，以均势之说相要挟，谓"扈伦、满洲言语相通，势同一国，今所有国土，尔多我寡，盍割地与我。"太祖不应。叶赫乃纠合诸国同盟来攻。万历二十一年一五九三年。九月，扈伦四部叶赫、哈达、辉发、乌拉，蒙古三部科尔沁、锡伯、卦勒察，长白山二部珠舍哩、讷殷，九国联军入寇，众凡三万，阵浑河北岸。太祖引军至札喀城（今兴京城西北六十里有札喀山），谕将士曰："乌合之众，其心不一，殪其前锋，必反走，走而乘之，必大克。"遂移军古呼山，据险而阵，发百骑挑战。叶赫西城贝勒布寨、科尔沁贝勒明安先众突进。布寨坠马被杀，明安陷淖易马遁，联军遂溃。太祖乘胜逐北，斩级四千，俘乌拉贝勒之弟布占泰，军威大震。是年，遂灭珠舍哩、讷殷二部。于是叶赫知兵力不敌，遣使修好。布寨子布扬古约以女弟归太祖。纳林布禄弟金台石约以女妻太祖次子代善。是岁万历二十五年一五九七年。也。

扈伦四部之灭亡 叶赫既与本朝和，欲以远交近攻之策，统一扈伦，恢张国势，会哈达内乱，叶赫遂乘间侵之。哈达贝勒孟格布禄乞援于明，不应，请入捍边，亦不许，于是遣质子至本朝告急。二十七年，一五九九年。太祖遣兵往援。纳林布禄闻之，投书哈达，诱其贝勒曰："汝执满洲援，将尽歼其军，则吾妻汝以女。"孟格布禄惑其言。会事泄，太祖亲往征之，生擒孟格布禄，尽服哈达属城。二十九年，一六〇一年。明遣使诘灭邻之故，乃复其子武尔古岱归国。已而叶赫兵数侵哈达，太祖诘明，明不问。哈达岁饥，乞籴于开原，亦不与。哈达复来请降，于是明失其南关。而是时辉发贝勒亦以所部多叛归叶赫故，遣子来质，欲以树援。寻又为叶赫所惑，索归其质子，以质于叶赫，且筑重城为拒守计。万历三十五年，一六〇七年。太祖亲征辉发，灭之。先是，乌拉贝勒之弟布占泰以九国联军之败被擒，既而太祖释之，使归主其国，且妻之以宗女。及是年,瓦尔喀部费优城(珲春城北二十里)长以五百户来归,太祖遣兵迎之。布占泰引兵要诸途,战败请和。四十年,一六一二年。复背约侵渥集部属之库尔喀路,且谋夺贝勒代善所聘叶赫女。太祖大怒,率兵问罪,沿乌拉河而行,克其临河五城,尽焚其庐舍粮聚,布占泰穷蹙谢过。太祖凯旋,经伊玛呼山(吉林城西南五百余里),留兵千人戍焉。已而布占泰背约,谋遣质子于叶赫,复欲娶代善所聘女,于是战端再开。四十一年,一六一三年。大军征乌拉,至伏尔哈城(吉林城北五十里)。布占泰以兵三万逆战于城下,乌拉兵大败。太祖乘胜拔其城,布占泰收败卒欲入不得,遁之叶赫,乌拉亦亡。太祖乃遣使谕叶赫贝勒,使执送布占泰。叶赫不与,且使使告于明曰:"扈伦四国,满洲已灭其三,今复侵我,行必及明。"明使游击马时楩、周大岐率练习火器者千人,守卫叶赫。叶赫贝勒布扬古既得明援,竟以金台石之女许字代善者,改适蒙古,事在万历四十四年,太祖天命元年也。一六一六年。翌三年,一六一八年。太祖既以"七大恨"誓师伐明,降抚顺,克清河,遂以天命四年一六一九年。留兵六千,守札喀关备明,而自将大军深入叶赫,克二十余寨。叶赫告急于明,于是明有四路之师。太祖覆其军二十万(语在后章)。是秋,克开原、铁岭,刜叶赫背,遂进逼其东西城。时贝勒金台石居东城,布扬古居西城。东城先溃,金台石登台固守,纵火焚屋宇,旋被执,不屈而死。布扬古以西城降,明守兵千人死焉。于是明复失其北关,海西卫四国尽亡。

东海诸部之降附 满洲、长白山、扈伦诸部既先后降服,同时复以兵力及怀柔政略平定东海。东海诸部在吉林宁古塔以东,东南滨日本海。其中瓦尔喀者在今乌苏里江上流,至绥芬河以西,滨海一带,皆其部落,与朝鲜咸镜道相邻。太祖尝遣长子褚英征服其安楚拉库路屯寨二十余。万历二十六年即一五九八年。其后十年,瓦尔喀部费优(珲春城北二十里)城长以五百户越乌拉境来降,寻又攻克其绥芬、雅兰等境。先是,瓦尔喀部众颇有流寓朝鲜者。万历三十七年,一六〇九年。本朝为之请于明,明为谕朝鲜,察还千余户。及太宗天聪元年,一六二七年。大举伐朝鲜,瓦尔喀部人之在其国者二百余户皆来归。天聪九年,一六三五年。复命武巴海取道宁古塔往征之,平阿库里、尼满等部。明年,复分兵四路，各携向导，造海舠，次第收其滨海岛丁。自是瓦尔喀大部皆服。库尔哈者占虎尔哈河(即瑚尔哈河)下流地，约当瓦尔喀部西北。万历三十九年，一六一一年。尝命额亦都俘其札库塔(今珲春城西一百二十里有札库塔城址)人，并降其附近五百户。天命三年，一六一八年。虎尔哈部长纳哈达率百户来归，飨礼备至，部众感服，乞留者甚众，且转招其族属。寻复遣师收其丁壮。至崇德八年，一六四三年。又遣阿尔津等征服其部众之散居黑龙江下流地者，于是虎尔哈亦平。外此东海小部若诺罗路(在乌雅里江西侧支流诺罗河附近)，若赫哲(黑龙江下流两岸)，若萨哈连路(锡赫特山脉东北麓滨鞑靼海峡)，若鄂伦春(黑龙江下流西岸)，皆以次降附。而兵威所及，直抵海中库页岛(即日本所谓桦太岛，今属西伯利沿海州，名萨哈连)。于是自黑龙江口以南，图们江口以北，滨海部落及其附近大小群岛，尽入于本朝之版图焉。

黑龙江部之降附　是时黑龙江上流北岸至外兴安岭之麓，复有索伦部。当太祖朝，大兵尝一渡黑龙江下流，然未尝至索伦。及天聪九年，一六三五年。索伦部长有入贡者。太宗闻其俗善骑射，乃命副都统霸奇兰率兵渡江收其壮丁。其后叛服无常，至崇德五年，一六四〇年。复遣穆什哈等征之，俘获甚多。翌年，一六四一年。又调蒙古兵征其叛众，索伦悉平。自是辽金以来，同文同种散处中国东北境之部落，始有所统一。而根本既固，乃得并力壹志，从事于中原矣。

开国兵政及法制之概略　先是，太祖削平诸国，创定兵制。每三百人设一牛录额真(今佐领)，五牛录设一甲喇额真(今参领)，五甲喇设一固山额真(今都统)，每固山额真左右设两梅勒额真(今副都统)。初设有四旗，旗以纯色为别，曰黄曰红曰蓝曰白。其后增设四旗，幅之黄、白、蓝者缘以红，幅之红者缘以白，共为八旗。其行军之法，地广则八旗并列，地狭则八旗合一路而行，军士禁喧嚣，行伍禁搀越。凡交战，被坚甲、执长矛大刀者为前锋，被轻甲、善射者从后冲击，俾精兵立马他处，相机接应。每一牛录挈云梯二，出甲二十，以备攻城。凡军士自出兵日至班师，各随牛录勿离，如离本纛，执而诘问之。甲喇、牛录等官不以所颁法令申诫军众者，各罚马一匹。若谕之不听，敢违军令者，论死。凡攻城，不得一二人争先竞进。若一二人轻进负伤者，赏不及，虽战死不为功。列阵既定,然后先登者,则录其功。有一二人先登陷城,即驰告本旗大臣,俟一军毕登,然后鸣螺,众军则听螺声而并进焉。其内政,则万历十五年—五八七年。始定国政,禁悖乱,戢盗贼,法制稍稍立。寻置理政听讼大臣五人,札尔固齐(蒙古语"理事官"也)十人,佐理国事。凡听断之事,先经札尔固齐十人审问,然后言于五大臣。五大臣再加审问,然后言于诸贝勒。众议既定,犹恐有冤抑,乃令讼者跪上前,再详问之,明核是非。故吏不敢欺,民隐上达,国内大治。

第三章　辽东之战争

太祖伐明之原因　万历四十四年，一六一六年。太祖始建元天命，定国号曰满洲。时海西四国已平其三，独叶赫恃明援不下。太祖乃定议先挫明兵，次及叶赫。先是，万历三十六年，一六〇八年。太祖会明辽东副将及抚顺所备御，订两国臣民各守边境之约，敢有窃逾者，毋论满、汉人，见之杀无赦，遂建碑于沿边诸地。及叶赫告急，明以其为北关要地，不利其亡，既遣炮兵为之守卫，又驻军开原以备不测。太祖乃投书抚顺所游击李永芳，诉叶赫渝盟之罪，请其严守中立，以不得要领而还。寻明巡抚都御史郭光复遣辽阳材官萧伯芝，伪称都督，盛具仪仗入境，扬言天使俨临，责郊迎礼。太祖迎之道左，供张甚盛。伯芝诘比年绝贡之故，太祖从容权词答之，厚赠遣归。将别，太祖笑谓之曰："汝是辽阳无赖萧子玉（伯芝字），安得假称都督，责我郊迎？我非不能杀汝，顾不忍贻大国羞耳。"嗣是益知明易与。而明边民每岁越境盗采参、矿及森林果蔬之属。天命元年，太祖遣大臣扈尔汉，执杀越边窃盗者五十余人。广宁巡抚李维翰遣使诘问，坚请执杀人者抵罪。太祖不得已，取所俘叶赫兵十人，至抚顺关杀之，嫌隙愈深。太祖乃广储蓄，利器械，尽收诸部精锐，休养二年。及天命三年，一六一八年。乃决议伐明，以"七大恨"誓师，其意如左。

（一）明边吏轻用尼堪外兰之谋，无故启衅，害及景、显二祖。

（二）明不守盟约，逞兵越界，卫助叶赫。

（三）明边民每岁逾境行窃，依约当杀，而明又以擅杀为词，胁取十人，抵罪边境。

（四）明越境以兵助叶赫，致其许字满洲之女，改适蒙古。

（五）满洲人民于柴河、三岔、抚安等路（按：明时以三岔河北地与三卫驻牧，诸路皆约，当今铁岭县东南境）耕田艺谷，明不容刈获，遣兵驱逐。

（六）叶赫渝盟召衅，而明乃偏信其言，遣使诟詈，肆行陵侮。

（七）哈达助叶赫二次来侵，既被征服，明又胁复其国。

抚顺及清河之役 于是发步骑兵二万，分两路以进，令左翼四旗兵取东州（承德县东南一百十里）及玛哈丹（兴京城西南二百十里）二堡。而太祖自率右翼四旗兵及八旗护军，乘夜雨新霁，驰抵抚顺，降游击李永芳，寻毁其城而还。广宁总兵张承胤等闻警，率兵一万来追。太祖回军相拒。会大风，西向扬尘扑敌营。太祖顺风纵击，敌兵不支。自张承胤以下，副将颇廷相、参将蒲世芳、游击梁汝贵皆战死。于是广宁巡抚李维翰遣使议和，并欲索还俘获，太祖拒之。是秋，围清河城，副将邹储贤悉众固守。攻城兵树云梯冒矢石而上，守兵遂溃，储贤及兵万人歼焉。明边大震。

明四路之师 翌年，一六一九年。太祖既征叶赫，振旅而还。明辽东经略杨镐集兵沈阳，分四路来攻，每路兵六万。定议山海关总兵杜松等由浑河出抚顺关（抚顺所迤东二十里），是为左翼中路军。辽东总兵李如柏等由清河出鸦鹘关（当在今凤皇城西北境），是为右翼中路军。开原总兵马林等由开原合叶赫兵二万出三岔口，是为左翼北路军。辽阳总兵刘𬘩等会朝鲜兵二万出宽甸口（凤皇城东北二百九十里），是为右翼南路军。约合趋兴京。时明御史王象恒力言敌无衅可乘，出塞非策。而大学士方从哲、兵部尚书黄嘉善日发红旗趣进兵，以二月二十一日出师。太祖敛兵城中，戒严以待。三月朔，各路侦卒皆以敌兵告。太祖议以南北二路，山险道远，敌不能即至，当先败其中路军。而杜松素勇敢轻敌，先期出抚顺关，策马绝浑河而南，军多溺死，以三万余众屯萨尔浒山（兴京城西一百二十里），而自引兵二万，围铁背山上之界藩城。时太祖方发夫役运石筑界藩，以骑兵四百卫之。及是城役万五千及卫兵等，据吉林厓（铁背山迤南）以拒。太祖命诸贝勒以二旗兵万五千人援界藩，而亲率六旗兵四万五千攻萨尔浒大营。

两军既遇，日中交战，忽晦冥，咫尺不相见。明兵列炬以战，太祖纵兵,从暗击明,万矢悉中。而明兵从明击暗,弹丸皆中柳林,六旗兵无一伤者。时杜松方督军仰攻吉林厓,守厓骑兵率役夫自山驰下冲击,而援界藩之二旗兵适至,夹攻明兵。杜松中矢阵殁,士卒死者无算,转尸蔽浑河而下,于是左翼中路军先败。马林率北路军阵富勒哈山(铁岭县东南百里)东北尚间厓之麓,环营浚濠,外列火器,内驻骑兵。而别军之为应援者,一军据斐芬山,开原道潘宗颜督之;一军屯斡珲鄂谟,游击龚念遂督之。各距尚间厓数里,皆列大车,持坚盾。太祖督诸贝勒移军北进,与龚念遂军遇,大败其众,念遂死之,乃进薄尚间厓。马林军内外相合,自西突至。太祖所部仓卒应战,后先不相待,纵马驰骤,人自为战。明军力尽,死伤相属,厓下河水为之赤。马林引残卒走开原,而潘宗颜军尚固守斐芬山。太祖乘胜突入,摧其坚盾,一军尽覆。叶赫兵于中途闻败报遁还,于是北路军亦败。是时刘绖军已自南路深入,沿途焚栅寨,破防军,杀驻防官额尔讷额赫,近逼兴京。太祖闻警,急遣大臣扈尔汉、贝勒阿敏,先后引兵往御。诸贝勒络绎驰归侦探,而太祖自督大军继进。绖军部勒严整,行止有法,炮车火器甚练。太祖患之,使降卒持杜松令箭往,诡言松军已薄敌城,促之速进。绖以道狭,乃分军为四,而自率所部精锐为前军先入,至阿布达里冈,将登山列阵。而四贝勒(当时太宗之称)已引右翼兵先登,据高下击。大贝勒代善又引左翼兵出山西,冒杜松军旗帜,被其衣甲,绐入敌营。前军遂溃。绖欲退整后军,而仓卒无所措,力战以死,后军相继歼焉。诸贝勒既破绖军,乃乘胜而南,迎击康应乾所部步兵及朝鲜兵。会大风骤发,敌军火器皆反击,以是不支。应乾遁走,朝鲜都元帅姜功烈以其余卒降,于是南路军又败。杨镐闻三路兵相继覆没,急檄召李如柏等还军,如柏率右翼中路军归。是役也,明倾中国之力,尽征宿将猛士及朝鲜、叶赫精锐,分道深入,号称四十余万。而太祖以四五万众,并力破其一路,五日之间,败其全军,所获以巨万计。明与本朝之兴亡,实肇于此。

开原、铁岭之役 马林既遁保开原,旋于是年六月为大军所攻。林出守兵大半分阵四门外,而自督余众,登陴固拒。攻城兵乘虚掩上,陴兵四溃。自马林以下,内外守兵皆战死。逾月,太祖遂进薄铁岭。城外各堡兵闻警,驰入守御,力竭城溃,游击喻成名等殉之。自开、铁既下,而叶赫以势孤援绝,不能复支,以是年八月国亡。于是全辽岌岌,明廷震动。论者皆以杨镐轻于一掷,亏损国威,交口议其得失。黄道周《博物典汇》尝引当时史家之说论其事曰:"建州(按:谓本朝)弹丸地,向资清(清河)、抚(抚顺)之籴,曾无广屯厚储,清、抚既下不为守,知非有远志。我征兵渐集,宜葺残垒,时以轻骑扰彼耕牧,计可坐制。乃锐语出塞,早漏师期,深入重险,弃辎重以资之,敌势始张。原海西密迩开、铁,为我属国,与建州及西部(按:谓喀尔喀、察哈尔、喀喇沁等部)牙错,势能离其合。近岁拯北关以藩辽,称制胜上策。而竟翦焉胥覆,为开、铁续。谁职厉阶,一蹶不振耶!"以上据《开国方略》录入。此以明季边事之败坏,为四路之师之结果,虽未必为探本之言,然其论当时形势,固有足供吾人之参考者也。

熊廷弼之才略 杨镐既败,熊廷弼代为辽东经略,专以固守不浪战为目的。时新败之后,军民四散,数百里无人迹。廷弼兼程冒雪,巡视扼塞,招流亡,缮守具,得兵十八万,分布沿边要地,令小警自御,大警互援,持法严厉,部伍整肃,更选精锐为游徼兵,乘间迭出,以俟机会。然廷弼性刚,不能容物。会熹宗新立,朝臣忌廷弼者交章劾其不战。廷弼乞罢,政府以袁应泰代之。应泰长于吏事,然非将材也。时蒙古诸部大饥,多入塞乞食。应泰谓不急收之,且为敌有,乃招降数万,处诸辽、沈二城。议者多言收降太滥,恐中杂间谍,祸且不测,请徙诸他地,应泰不听。而降人与民杂居,潜行淫掠,居民苦之,多有通款本朝者。

沈阳之役 天命六年—六二一年。三月,太祖进攻沈阳,距城七里而军。初,欧洲葡萄牙兵之至北京者,见边患方亟,自请助战,以数寡,不足用,乃尽献其精锐巨炮,以备战守。至是明总兵贺世贤、尤世功等分守沈阳,环城掘濠堑数重,绕以墙栅,列巨炮其上,守具甚坚。世贤勇而无略,太祖遣侦骑挑战,阳败诱之。世贤逐北,途遇伏兵,乃退归城下,而濠梁为城中间谍所断,欲入不得,身中十四矢。世功引兵救之,相继战死。城遂溃。而明兵之屯戍浑河以南者,闻警赴援。游击周敦吉、都司秦邦屏、总兵陈策等督四川兵渡河,阵其北。副将童仲揆(董仲贵)等统浙兵阵河南。太祖遣右翼四旗袭击川兵,屡却复前,卒歼其众,遂渡河围浙营数匝。营中火器交发,杀伤甚多,俄而火药尽,仲揆等犹挥刃奋战,各杀十余人乃死。是役,明以万余人敌数倍之众,虽力屈而覆,实为辽东用兵以来第一血战。

辽阳之役 沈阳已拔,太祖集诸贝勒、大臣议曰:"今敌兵大败,宜乘势长驱,以取辽阳。"遂悉众而南。时辽阳为辽东首府,经略在焉。应泰闻警,乃决太子河,引水注濠,环以火器,而自督诸将出战。太祖遣左翼四旗及护军精锐夹击之,又令军士囊土运石,塞城东水源。诸军渡濠奋登,据其一隅。官民惊扰,有乘夜缒城而逃者。而城内守兵犹列炬拒战,达旦不息。应泰督战城楼,见事不可为,从容佩剑、印自缢死。巡按御史张铨被执,或劝之降,且以高爵相许。铨曰:"吾受朝廷深恩,若降顺苟活,是遗臭后世也。汝国虽欲生我,在我惟知一死而已。"卒不屈自缢。其余官吏将士殉节者尚十余人。而居民皆启扉迎降,夹道俯伏呼万岁。于是辽河以东,堡塞营驿及海、盖、金、复诸卫大小七十余城俱下。太祖会贝勒、诸臣议曰:"辽阳之地为明与朝鲜、蒙古接壤要区,宜即居之。"遂定议迁都。

第四章　辽西之战争

熊廷弼之"三方布置策"　明廷闻辽、沈继失，乃尽谪诸臣前劾廷弼者，复诏起廷弼于家，而擢王化贞为广宁巡抚。时广宁屡卒仅千，化贞招集散亡，得万余人，激厉士民，联络蒙古，人心稍定，乃建议分兵屯戍辽河西岸及诸要害。迨廷弼入朝，请于广宁厚集步骑，制敌全力；而于天津、登、莱各治舟师，分扰辽东半岛沿岸；增设登莱巡抚如天津制。而经略驻山海关，居中节制，名曰"三方布置策"。今括其大意，列表如左。

山海关……经略……节制三方 ｛(一) 广宁……巡抚……统率陆军
　　　　　　　　　　　　　 (二) 天津……巡抚 ｝统率海军
　　　　　　　　　　　　　 (三) 登、莱……巡抚

经抚不和问题　廷弼既任经略视事，以化贞分兵屯戍之议为不可行，疏言："兵分则力弱，若一营不支，则诸营俱溃。故当悉聚大兵，固守广宁。而辽河上但当遣兵游徼，示敌不测而已。"化贞以所议不行，心憾廷弼，而经抚不和之事起。先是，辽阳之失也，都司毛文龙引逃民渡海至皮岛(今海洋岛)，编岛民为兵，分布哨船，与登州相犄角。会镇江堡(凤凰城东南百二十里)军人有潜通文龙者，文龙引兵袭杀镇江守将，报捷化贞。时廷弼方疏请遣使朝鲜，令连营鸭渌江上，助我声势，以实行三方布置之主义。而化贞遽以镇江奇捷入告。化贞为人刚愎，不习兵事，既与廷弼反对，则日夜思得幸胜，以相陵驾，妄意李永芳在敌中，可为内应，蒙古助兵可得四十万。一切士马甲仗、糗粮营垒，俱置不问，而欲以安坐取全胜。兵部尚书张鹤鸣笃信其言，所请无不允。廷弼以部臣有意掣肘，颇不能平，由是与鹤鸣交恶。及化贞捷奏入，举朝大喜，议令诸镇海陆并进，相机规复，而趣廷弼出关，节制其间。廷弼贻书京师，言："兵力未集，文龙发之太早，乱三方并进之谋，误属国连络之算，目为奇功，乃奇祸耳。"举朝皆不直之，阴党化贞者益多。自八月至于十一月，化贞凡五出师，辄以无功引还。廷弼乞敕化贞慎重举止。化贞上言："愿得六万兵一举荡平。"是时大学士叶向高，化贞座主也，颇右之。廷议令化贞毋受廷弼节制。于是朝臣自阁部逮言官，皆助化贞。其表同情于廷弼者，数人而已。熹宗令群臣议两人去留。议未决，而太祖已督兵渡河围西平堡(广宁县境，东距辽河二十里)，守将罗一贯以城溃战没。时天启二年正月，而天命七年—一六二二年。也。

广宁之降 于是化贞用游击孙得功谋，尽发广宁兵界之，使偕祖大寿会别军往援。至平阳桥堡(广宁城东南一百二十里)，甫交战，得功先奔，别军亦溃，祖大寿走觉华岛(今菊花岛，在辽东湾西侧)。太祖方顿军沙岭(广宁东南一百五十里)，不进，而得功阴为内应，扬言敌已薄城。居人惊溃。化贞不知所为，踉跄西走，至大凌河，遇廷弼哭。廷弼哂曰："六万众一举荡平，竟何如？"乃以所部五千人授之，使为殿，尽焚积聚，护难民先后入关。得功以广宁迎降。太祖整军入，而化贞已走二日矣，遂进克义州。其余城堡望风降者凡四十余。乃留诸贝勒守广宁，而尽迁辽西降人于河东。北京政府逮化贞，兼罢廷弼听勘。狱具，二人并论死。

孙承宗、袁崇焕之布置 先是邵武知县袁崇焕以边才被举，破格擢兵部主事。及广宁师溃，王在晋继廷弼筹边，议守守山海关。崇焕即单骑出关，遍阅形势，还言："予我军马钱谷，我一人足守此。"廷议壮之，进擢佥事，使监军关外。崇焕至，则经理军事，安置游民，夜行荆棘猛兽间。诸将称其勇。既而在晋议于关外八里铺筑重关，置兵四万守之。崇焕以为非策，议当守宁远。政府不能决。大学士孙承宗请身往定之，竟是崇焕议，归言在晋不足任，乞自往督师。承宗才不下廷弼，而器度过之。比之任，乃使崇焕筑宁远城，守关外地二百余里。又修复城堡数十，练兵十余万，造甲仗无算，开屯田五千顷。而崇焕亦忠勤称职，誓与宁远共存亡。由是远近归赴，竟成巨镇。至天命十年，—一六二五年。承宗复命诸将分戍锦州、大小凌河、松山、杏山诸要害，扩地复二百里，几恢复辽河以西旧地。

宁远之役 太祖自征服辽阳后，命于城东五里营新城，备宫阙之制，建为东京。既而知沈阳形势尤要，复下迁都之议。谕言沈阳形胜地，若有事明边，则西渡辽河，路直且近，北伐蒙古，则二三日可入其境；南征朝鲜，则可由清河路以进。于是就建新都，于天命十年—一六二五年。三月迁焉，是为盛京。比岁既有事建筑，复值承宗在边，无懈可击。而毛文龙又数遣部将侵扰鸭渌江沿岸及长白山左右，以相牵制。故终承宗督师之日，明边未尝被兵。承宗功既高，内为阉党所忌，日夜相排挤，竟于是年十月去之，而代以高第。第素恇怯，以关外为不可守，乃尽撤要害诸城守具及将士入关，委粟十余万石，死亡载道，并欲撤宁远、前屯（前屯卫城在宁远城西南百三十里）二城。袁崇焕方为宁前道，誓死不去。太祖察形势既变，以天命十一年—一六二六年。大举渡辽，抵宁远，绕出城西南，横截山海关通路而军。崇焕偕大将满桂等刺血誓师，坚壁清野以俟，诘城中间谍，又檄关上守将"宁远将士有逃至者悉斩"。人心始定。翌日，大军进攻，戴盾穴城，矢石雨下不退。崇焕令闽兵发西洋巨炮，一发伤数百人，再攻再却，围遂解。太祖二十五岁用兵以来，战无不胜，攻无不克，独于宁远一城，卒不能下，不怿者累日。时明关外军饷皆以海运积觉华岛。太祖乃遣兵袭之，悉焚其舟车、粮草而还，经略高第、总兵杨麒拥兵不救。明廷闻之，削第、麒职，以王之臣、赵率教代之，而擢崇焕巡抚宁远。是年八月，太祖高皇帝崩。太宗文皇帝嗣位，以明年为天聪元年。

和议之相左 宁远围解，崇焕意渐骄，疏请移满桂于他镇，而王之臣持不可，以是有隙。朝廷虑其偾事，乃移之臣督关内，而以关外专任崇焕。自锦州、大小凌河诸城守具既撤，宁远无外障。崇焕数欲乘间修复，以备持久，及闻本朝遭大丧，因欲借外交政策为缓兵之计，且欲利用宗教势力，为和议之介绍。于是遣使偕剌麻僧一人致吊，微示修好之意，因以觇虚实。是时太宗方将用兵朝鲜，亦欲借和议羁縻中国，得专力南下。自是使命往复，各主张己国之权利，互相要求，以为议和之条件。今据当时两国外交文书，条其大要如左。

（甲）本朝所要求者

（一）偿金及岁币。明廷当以金十万两、银百万两、段百万匹、布千万匹,为修好之礼。既和之后,明每岁当纳金一万两、银十万两、段十万匹、布三十万匹。而本朝亦愿以东珠、貂皮、人参若干相报。

(二)分定国界。山海关以内归明,辽河以东归本朝,凡辽西地方所有城堡,明人不得加以修葺。

(三)修正国书格式。凡两国通问书式,明皇帝不得与天并列,而明诸臣亦不得与本朝尊号并列,各当递降一格。

(乙)崇焕所要求者

(一)辽东之还付。本朝当将已经占领之辽东地方及所俘获之官民男妇等,酌议还付。

(二)朝鲜之撤兵。本朝当撤回征伐朝鲜之兵,并约以后不再用兵该国。

宁、锦之攻守 时明已召王之臣还朝,罢经略不设,以关内外尽属崇焕。及和议闻,朝旨以为非计,数相戒谕。崇焕虽持之甚坚,而两国意见相左,不得要领,乃汲汲修诸城守备。而本朝南下之师,所至大捷,朝鲜举国乞降,以天聪元年四月凯旋。自是形势又一变,和议遂破。五月,乃大举攻辽西。时大凌河城工未毕,总兵赵率教守锦州,大军围之不克,乃移薄宁远,军城北。崇焕令诸将背城据濠,列车营火器以拒。大军佯退诱之,明兵坚垒不动。于是攻城既不下,野战又不克,复回攻锦州,濠广不得进,士卒死伤甚多,乃毁大、小凌河二城而还,时称宁锦大捷。而魏忠贤乃使其党论崇焕不救锦州为暮气。崇焕罢归,以王之臣代之,复议撤锦州,专守宁远。

毛文龙之伏诛 未几,熹宗崩,忠贤伏诛。廷臣争请召崇焕。明年,崇焕复起视师,上言:"恢复之策,守为正著,战为奇著,和为旁著,法在渐不在骤,在实不在虚。"且言:"愿假便宜,计五年全辽可复。"当是时,毛文龙以总兵设镇皮岛,自天命以来,数侵扰辽东,为本朝患。然短于将略,战辄不利,岁縻饷无算,前后章奏,多虚张失实,又桀骜自用,部下健卒不下二万余。崇焕恐其跋扈难制,甫受事,即欲诛之。天聪三年六月,乃伏甲,邀文龙校射,比其至,遽命去冠带,就縶缚,数以斩罪十二,遂诛文龙。明廷方倚崇焕,得报亦不之罪。文龙既死,岛弁失主帅,心渐携,益不可用,其后遂有叛去者,而崇焕亦卒以是见疑于朝廷。

太宗之反间计　时太宗以辽西有备，憎崇焕殊甚，乃议取道蒙古，捌直隶之背。是年冬，遂连合喀喇沁等部，使为向导，由喜峰口毁边墙入，围遵化。巡抚王元雅以下，凭城拒守，城破皆死之。赵率教闻变入援，亦战殁。思宗命蓟辽总督刘策控石门，防大军西轶，而大军已趋蓟州，遂越三河，略顺义，进薄京师，与总兵满桂相拒于德胜门外。城上发炮助战，误伤桂军，桂亦负伤，入城休战。大军移屯南苑。会崇焕自山海关兼程入援，督诸路勤王军，营广渠门外。太宗用反间计，谓与崇焕有密约，令所获宦官知之，阴纵使去。时都人既遭兵，怨谤纷起，谓崇焕纵敌。而朝士亦以其前主和议，诬其引敌胁和，将为城下之盟。思宗前闻崇焕擅杀大将，疑其有异志，及是谤言日至，即召崇焕入城，下之狱。

畿辅各路之防战　崇焕既罢，明廷特设文、武两经略，以尚书梁廷栋及满桂为之，屯西直、安定二门，而命大学士孙承宗移镇山海关。已而太宗分兵下固安、良乡，复回军至芦沟桥，破副总兵申甫车营，进次永定门。满桂督诸军迎战，以众寡不敌，战死。京师大震。时诸将争请攻城，太宗笑曰："取之若反掌耳，但其疆圉尚强，非旦夕可溃者，得之易，守之难，不若简兵练旅，以待天命。"乃移军越通州而东。是时庶吉士刘之纶以知兵名，制木为西洋大小炮及新式战车，皆轻捷便用，遂超擢侍郎，率所募敢死士，屯遵化城外。天聪四年—一六三〇年。正月，大军既拔永平，以三万骑回击之纶。之纶发炮，颇有所击伤，再发则炮裂军乱。之纶誓死不退，军复奋斗，亘十二小时，全军尽没。之纶身被两矢，亦死。大军遂拔迁安、滦州，皆留兵守之。寻分兵向山海关，副将官惟贤力战，乃还攻抚宁、昌黎，皆坚守不下。复遗书议和，取道冷口关而归。当是时，总兵马世龙统诸路援师二十万，蹑大军后，而孙承宗督祖大寿等守山海关，东西相应援，乘大军之归，以五月规复滦州。贝勒阿敏方拥重兵屯永平，见明军势盛，先后召迁安及遵化守将，弃城偕遁。明军追击之，袭杀甚众，于是关内四城皆复。

长山之役　五年，一六三一年。太宗以明军制胜之道在利用火器，思有以抵制之，乃招徕明工匠，制造红夷大炮，而令降将演习之。至八月，遂用以攻大凌河。时承宗既恢复关内，更理关外旧疆，议并力先筑大凌河城。而巡抚丘禾嘉不用命，同时兼筑他城。大凌工筑甫半，而大军骤至，围之数周。禾嘉自宁远驰入锦州，与总兵吴襄、宋伟等合军，逾小凌河赴援。太宗分军迎战，见其列阵严整，引还伺之。明兵夜趋大凌河，阵长山口（在锦州府城东南，峰峦连亘，四山错列，因名），距城十五里。太宗督兵二万进击，宋伟等坚阵不动，乃率两翼骑兵突阵，营中火器震天，右翼兵冒弹丸先进，伟奋力督战不退。而别军之屯吴襄营东者，亦发大炮、火箭攻之。时黑云起，风从西来，襄纵火相逼。忽大雨反风，襄以营毁先走。宋伟督战至晡，以力尽引退，为伏兵所截，失士卒无算。于是祖大寿坚守大凌河不出。至十月，城中援尽粮绝，杀人马以食，商民三万仅存三分之一。太宗令声炮扬尘，诡为援兵诱之，大寿出城，败还。既而锦州援兵四万果至，城中闻炮，疑不敢出夹击。大寿不得已，竟以城降，言妻子在锦州，请往为内应。太宗纵之还，而毁大凌河城，班师。

长山之败，廷臣追咎筑城非计，交章论禾嘉，兼及承宗。承宗引疾归，禾嘉亦罢。明自用兵以来，督师者如熊廷弼、袁崇焕、孙承宗辈，皆以盖世之才，能称其职。而诸将委身许国，效死不屈者，亦前后相望。顾奄竖宵小，阴相排挤，文墨议论之徒从而挠之，故边事日坏，而战无幸胜也。方廷弼初罢，尝言：“朝堂议论，全不知兵，敌稍缓则哄然促战，及军败，始愀然不敢复言。比臣收拾甫定，而愀然者又复哄然责战矣。”及崇焕再出，亦言：“以臣之力，制全辽有余，调众口不足。一出国门，便成万里，忌能妒功，夫岂无人。即不以权力掣臣肘，亦能以意见乱臣谋。”而承宗之言尤为痛切，其奏议有曰：“迩年兵多不练，饷多不核，以将用兵，而以文官招练；以将临阵，而以文官指发，以武略备边，而日增置文官于幕；以边任经抚，而日问战守于朝，此极弊也。”既而廷弼冤死，传首九边。崇焕以谗间，竟罹极刑。至是且并承宗去之。当时北京政府及言路之腐败，可知已矣。

旅顺及沿岸诸岛之降服　是时本朝疆域虽西跨辽河，奄有辽东半岛，然旅顺及沿岸群岛尚为明诸将所守。毛文龙既诛，其部将孔有德、耿仲明等走入登州。当大凌河之告急也，登莱巡抚孙元化遣有德等赴援。中道粮绝，士卒鼓噪，劫有德反。有德乃还据登州，寻为官军所困，偕仲明等突围航海至旅顺。总兵黄龙邀击之，擒斩数人，有德、仲明走降本朝。天聪七年，一六三三年。乃导诸贝勒、大臣，督步骑万余攻击旅顺。龙数战皆败，竟以械尽自杀。广鹿岛（光禄岛）副将尚可喜故与龙相犄角，及旅顺不守，亦降。自是诸岛虽有残卒，不能成军，明廷亦不复置帅，以登莱总兵遥领之而已。及大军再克朝鲜，皮岛势益孤，有德等夹攻之，守岛总兵沈世奎战死。皮岛亦平。

腹地之深入 先是，内蒙古诸部既次第附本朝，独察哈尔岁受明赂百余万，数侵掠他部，为本朝敌。太宗累岁用兵辽西，而宁、锦诸城守御甚严，旦夕不能下，遂以天聪六年，一六三二年。移军征察哈尔部。部长林丹汗悉众西遁。自是大军得自由出入长城诸口，往来直隶、山西间，势力及于黄河沿岸。及天聪九年，一六三五年。贝勒多尔衮等收察哈尔部落，得元人所遗之中国传国玺，乃以明年为崇德元年，改国号曰大清。群臣恭上尊号曰宽温仁圣皇帝。独朝鲜不乐推戴，且有违言。太宗将亲征之，而又恐明兵之议其后。乃以是秋命郡王阿济格等分道入边，会于延庆州，连下畿内州县。凡克十二城，五十六战皆捷，俘人畜十有八万。明督师兵部尚书张凤翼、宣大总督梁廷栋皆按兵不敢战，日服大黄药求死。大军从容出冷口凯旋，于是专力逼朝鲜。朝鲜王始决意绝明，受本朝册封，时崇德二年—一六三七年。也。三年—一六三八年。八月，乃命睿亲王多尔衮等率左翼军，贝勒岳托等率右翼军，分道伐明。于是右翼军入墙子岭，左翼军入青山口，至通州合军。是时明廷议论，兵部尚书杨嗣昌、总监中官高起潜主和，督师卢象升主战，相持不下。会大军分三路深入，一由涞水趋易州，一由新城攻雄县，一由定兴攻安肃。象升闻之，从涿州进据保定，遣诸将分道出御，大战于庆都，犹未败衄，而一时列城多望风失守。象升又为嗣昌所扼，兵单饷缺，将士苦饥，自知必死，晨出帐四面拜曰："吾与将士同受国恩，患不得死，不患不得生。"众皆感泣，旋进至钜鹿。起潜拥重兵相去五十里，不救。象升督残卒五千，血战两日，炮尽矢穷，犹手格数十人乃死。大军游弋畿辅，破城四十有八。四年—一六三九年。正月，遂自东昌渡运河，直趋济南。时山东众兵皆屯德州，济南无备。德王由枢以城溃被执。二月，大军还至天津，值运河水涨，辎重绵亘难渡。而明诸将相顾束手，无敢袭击者。数日，大军始毕渡北还。德王至盛京，太宗即命其上书北京请和，仍不报。方多尔衮等之入边也,太宗亦亲攻关外诸城以牵制之。是年正月,乃督降将孔有德、耿仲明、尚可喜等,各携大炮围攻松山。副将金国凤死守不下。有德等复请穴地攻之,竟以无功解围,遂分兵往略锦州、宁远,扰其耕获。

松山及锦州之降 自天聪三年以来,大军连年入塞,而所破州县皆不能守,则以山海关重兵阻隔东西通路之故。太宗知山海关不下,不能争中原,而宁、锦诸城不破,不能得山海关。故于崇德五年,一六四〇年。既命亲王、大臣更番出师,分扰松、杏、宁、锦间,而相持旷岁,未有成功。及明年,当郑亲王济尔哈朗更番往代之期,乃申谕军士,期以必克。先是,祖大寿归自大凌河,复背约,督兵任锦州城守,而用蒙古兵分守外城。及大军进攻,蒙古兵惧而约降,与内兵格斗,外城遂溃。于是蓟辽总督洪承畴、辽东巡抚丘民仰率曹变蛟、王廷臣、吴三桂以下总兵八员,军十三万,集宁远。大寿遣卒自锦州逸出传语:"以车营逼敌,毋轻战。"承畴等方持重未发,而朝议以师老财匮,遣职方郎中张若麒就行营计议。若麒至,则密请降旨趣战。承畴乃屯辎重塔山(锦州城西南六十里)、杏山间,而以兵六万先进。诸军继之,阵松山城北之乳峰,距锦州五六里。太宗得报,亲统大军赴援,环松山而军,且遣别军夺其塔山之积聚。明军粮竭,士无斗志。三桂等六总兵先后引退,将越杏山走宁远,而伏兵沿途邀击,军士蹈海死者不可胜计。变蛟、廷臣亦敛兵入松山,与承畴、民仰困守。至明年一六四一年。二月,松山被围已半年,城中食尽。副将夏成德密遣质子出城约降。大军如期攻之,城遂拔,承畴被擒,民仰、变蛟、廷臣皆死之。时锦州粮亦尽,人相食。祖大寿战守计穷,又闻松山已失,遂以城降。杏山、塔山亦下。于是关外重镇,自宁远以外,无有存焉者矣。承畴被俘至盛京,太宗遣汉军范文程觇之,承畴初谩骂,既而数数拂拭衣尘。文程归报曰:"承畴不死矣,一衣犹爱惜若此,况其身耶!"后竟降。时败报达北京,或传承畴已死,思宗惊悼甚,设坛都城,赐祭十六次,且将亲奠,已而闻其降,乃止。

和议不成之故 明自万历时,岁征辽饷六百六十万。崇祯中,复加剿饷二百八十万,练饷七百二十万,竭天下兵饷大半,以事关东。于是民不堪命,群起为盗,或百万,或数十万,所在暴动,称为流寇。北京舆论于流寇或有主抚者,而于本朝则始终不肯言和。袁崇焕既以议和罹间死。及大军追逐察哈尔汗道经山西时,大同巡抚沈荣榮亦以私缔和约被逮。太宗虽数遗玺书请罢兵,而皆为有司所格,不得上达。及是兵部尚书陈新甲以国力困敝为言,思宗亦知不敌,密以和议委之。新甲乃遣使持书至盛京议款,得本朝答书而还。其事甚秘,外廷不得闻。已而语泄,言路哗然,新甲竟以此得罪,和议遂绝。而降人仕本朝者,如祖可法辈亦以为和成则中国得阴修战备,而八旗劲旅反习逸忘劳,非计之得者。时三桂犹拒守宁远,边防未撤。可法因献攻心扼吭之策,谓入塞绝运河粮道,则北京立困,先取山海关,则关外诸城唾手可得。是年十月,太宗复遣两翼军毁长城而入,遂自蓟州分道南下。畿南山东列城不守者,凡八十有八。大军直抵兖州。八年—一六四三年。二月,自山东还至近畿,车驼亘三百余里。时勤王兵皆集通州,督师大学士周延儒敛迹不战,而日腾章报捷。及大军至怀柔县境,蓟辽总督赵光抃始会诸军邀战于县北之螺山,旋亦溃走。是时关内外千里之间,有总督四、巡抚六、总兵八,又有监督太监握重兵相牵制,故事权不一,战守无所施。而流寇且复长驱犯阙,促明之亡。是年八月,太宗文皇帝崩。世祖章皇帝以冲龄嗣位。值吴三桂乞师讨贼,启关迎降,而后两朝未竟之志伸,奄有九有之业始矣。

官制之改革 太宗之世,非独从事外征也,又颇留意于内治。其进步之显著者,即官制之改革是也。先是,太祖创制八旗,每旗设总管大臣(固山额真)一、佐管大臣(梅勒额真)各二。又设理政大臣五、札尔固齐十,往往即以总管或佐管等兼之,不皆分授。及天命十一年,太宗即位,乃集诸贝勒定议,每旗仍各设总管大臣各一,是为八大臣。凡议国政,与诸贝勒偕坐共议之,出师行猎,各领本旗兵行,一切事务,皆听稽察。其佐管大臣,每旗各二。此十六大臣赞理本旗事务,不令出征。又每旗各设调遣大臣二。此十六大臣出兵驻防,以时调遣,所属词讼,仍令审理。天聪五年,始仿明制设六部,每部以一贝勒主之(今管部),各有承政(今尚书)、参政(今侍郎)、启心郎(翻译员)等官,以满洲、蒙古、汉人兼授。崇德元年,设都察院。三年,设理藩院,专治蒙古诸部事。两院官制并与六部同,是为八衙门。政府之组织,渐以完备。

文学、教育之概况 太宗又留意文学,乐闻古今得失。初,满洲未有文字,凡文移记载必译成蒙古文读之。太祖时,始命儒臣额尔德尼、噶盖等,假蒙古字制十二字头,编写国语,颁行通用,满文之传布自此始。天聪三年,太宗乃命儒臣达海等翻译汉籍,记注政事,设文馆以董理之。又欲振兴文教,于诸儒中考取其文艺明通者优奖之,凡得士二百人。其后连年与中国用兵,益知文学教育之必要。天聪五年,谕:"自征明以来,所向必克,彼明屡战屡败,势同枯朽。而我常有惧心者,以彼虽不长于骑射,而战阵时晓习法律故也。"及大凌河之役,又谕:"今年明筑大凌河城,我兵困之,经四越月,人皆相食,犹以死守。虽援兵尽败,凌河已降,而锦州、松山、杏山犹不忍委弃。此由读书明理,为国尽忠故也。"于是令贝勒、大臣子弟,八岁以上十五岁以下,俱就学读书。天聪十年,更定文馆为内三院:(一)国史院,主编纂历史,拟撰表章。(二)秘书院,主拟撰外交文书及敕谕之属。(三)弘文院,主注释古今政事得失,进讲御前。每院各设大学士一人。盖当时以与中国战争之故,交通繁数,故政教文物亦颇蒙其影响云。

第五章　朝鲜及内蒙古之臣附

天聪以前本朝与朝鲜之交涉　朝鲜自太祖李成桂建国洪武二十五年即一三九二年。以来，世受中国册封，隐为我保护国。及万历二十年，当朝鲜宣祖李昖时，日本丰臣秀吉擅国，遣加藤清正、小西行长等，引兵伐之，陷其京城。宣祖奔义州。既而明军出援，与日本军相持，事亘七年始定。朝鲜仅得保其社稷，故深德中国。及本朝天命初，杨镐举四路之师，约攻兴京，时朝鲜光海君晖在位，亦遣其将姜功烈等，引兵二万，会南路军深入，战败，功烈以残众五千降。太祖归其部将十余，遗书光海君，令自审去就，光海君不报。其后大军征瓦尔喀部，朝鲜兵复出境拒战。及太祖崩，亦不遣使吊问。会朝鲜叛人有韩润、郑梅者，亡命入本朝，请为向导，攻其祖国。于是太宗决议征朝鲜。时天聪元年，而朝鲜仁祖倧即位之三年也。

平山之和约　正月，大贝勒阿敏等率师渡鸭渌江，进克义州。时皮岛总兵毛文龙屯守铁山（义州南），阿敏等分兵击之，文龙遁还岛中。于是进攻定州及郭山城，歼其军民，遂渡清川江，克安州，进师平壤，城中官民悉遁。大军既渡大同江，驻中和，乃遣使致书，数以七罪，令遣大臣引咎请和，期留军五日待之。及二月，进克黄州，举国震恐。仁祖已自京城携妻、子遁江华岛，都人悉溃。大军长驱南下至瑞兴，遇朝鲜谢罪大使，挟之入见。使者具述国王转徙、城中贫匮状，乞休兵定议。大军乃进驻平山，而遣副将刘兴祚等航至江华岛议和。仁祖遣其弟觉，偕兴祚诣平山，献布帛皮币各若干。自是往返协议，以三月和成，约为兄弟之国。当朝鲜之求和也，诸贝勒皆以为大兵不可久出，且俘获已多，于愿良足，宜即许其请。而阿敏向闻朝鲜国都城郭宫室之壮丽，不欲旋师。于是贝勒济尔哈朗及岳托等密背阿敏,先与朝鲜盟,事成乃告之。阿敏谓己不预盟,仍纵兵四掠。会太宗驰使申戒,乃分兵三千戍义州,振旅而还。是秋,复允朝鲜之请,撤义州戍兵,定议春秋输岁币,互市鸭渌江畔。

朝鲜之败盟 毛文龙既诛,诸岛无主。天聪五年,太宗将乘虚征诸岛,征舟师于朝鲜。仁祖谢曰:"明国犹吾父也,助人攻吾父之国可乎?"自是渐不奉约束。及孔有德等以舟师自登州来降,复遣使征粮,亦不与,反加筑京畿、黄海、平安三道诸城。又欲坐本朝使臣于朝鲜大臣之下,形势日恶。先是,两国玺书往复,相称曰贵国,各自称曰敝国,曰不谷,盖犹用邻国通聘之礼。及大军平察哈尔,得传国玺,内外诸王、贝勒议上尊号。太宗以朝鲜兄弟之国,当与共议,乃遣使谙之。朝鲜诸臣争言不可,且以兵劫使臣。使臣夺门驰还。仁祖传谕边臣戒严,阴备决绝。已而本朝改元,朝鲜使臣入贺不拜。赐书令送质子,复不报。时本朝已臣蒙古,破明军,无内顾忧。遂以崇德元年十一月,定亲征之议,驰檄朝鲜上下,讨其败盟之罪。

亲征之役 十二月,蒙古诸部各以兵来会。乃留郑亲王济尔哈朗居守,复分兵屯辽河及海口,以备明兵之援袭。部署略定,遂命睿亲王多尔衮等,统左翼自宽甸入长山口,命豫亲王多铎,统先锋径捣其国都,而太宗自督大军续发。时临津江以晴暖未冰,及车驾至,江冰骤坚,六师毕济。豫亲王前队马塔福等以三百骑潜袭京城,败其精兵数千。仁祖急遣使迎劳,徙妻、子江华,而自率亲兵渡汉江,保南汉山。马塔福整军入京城,而豫亲王亦自平壤踵至,乃合军渡江围南汉山。凡三破其外援,再败其守兵。明年正月,太宗亲率大军,驻京城南二十里汉江北岸。仁祖数上书自陈穷蹙,乞降德音。太宗降旨切责,令出城亲觐,并缚献主张败盟之人。先是,仁祖遣使告急于明,且檄国中诸道勤王,欲固守以待外援。时明方苦流寇,不暇问藩属。登莱总兵陈洪范以舟师出海,阻风不得渡。而国中东南诸道援兵相继奔溃,西北援兵逗留不前。大军四出略地,势如摧枯。及是,仁祖得太宗手诏,犹豫未决。会左翼军亦所向无敌,自昌城越宁边来会。太宗即令睿亲王督造小舟,进击江华岛,败其鸟枪兵千余,遂入岛城,获王妃、王子及宗室大臣家口,皆幽诸别室。太宗复以书谕仁祖,言江华岛已克,室家无恙,可速遵前旨出城来见。仁祖不得已,乃一一如命,俯伏请罪,且献明室所给敕印,以二子为质,约"岁时贡献表贺,一如明制。有征伐则调兵扈从,并量献犒师之物。毋擅筑城垣,毋擅收逃人。"约成,乃还其君臣家属于王京,敛兵而归。自是至光绪二十年中日战争以前,朝鲜为本朝属国,历二百余年不变。

明中叶以后蒙古之大势 自朝鲜服,而后辽东沿海无牵制之忧。自内蒙古平,而后长城以北无道梗之患。二者皆于本朝及明室之兴废,有重要之关系。明中叶以来,蒙古部落大别为三。自瀚海以北,今外蒙古一带地,为漠北蒙古,亦谓之喀尔喀。喀尔喀东南,今内蒙古极东隅,为科尔沁。称尔沁西南,今内蒙古及直隶、山西边外地,为漠南蒙古。漠南蒙古,部落不一,而以察哈尔(副汉儿)为大宗。终明之世,喀尔喀为瀚海所隔,与中国交涉甚稀。其余诸部则或联结扈伦,东抗本朝;或出没塞上,南侵中国本部。此兴彼仆,转徙无常。及本朝既荡平邻近诸国,奄有辽河流域,乃首臣科尔沁,继平察哈尔。于是内蒙古东西部落尽隶图籍,世为外藩。今略述诸部源流及其归附之次第如下。

科尔沁之起源及其降附 明初,蒙古境内分鞑靼、瓦剌二部,东西对峙。永乐时,鞑靼大臣有阿鲁台者,裔出成吉斯汗弟哈萨尔,拥众擅国,权力出可汗之上。既而为瓦剌部所杀,其部众窜居嫩江流域,建科尔沁部。疆域北界黑龙江,南抵盛京边墙。其后部族繁衍,有分居各地者,若札赉特,若杜尔伯特,若郭尔罗斯,皆其支裔也。科尔沁既雄视东方,逼处辽沈,不利本朝之兴,遂以万历二十一年与叶赫、哈达等九部合军攻兴京,为太祖所败。其后太祖征乌拉部,复破其来援之众。自是科尔沁不敢侮本朝,数遣使修好。是时察哈尔林丹汗士马强盛,横行漠南,破喀喇沁,灭土默特,东西驰逐,所至掠夺。诸部不堪其虐,其北走者渡瀚海依喀尔喀,其东走者则依科尔沁。林丹汗既怒科尔沁之与本朝通,又恶其为漠南诸部逋逃薮,于是悉众攻之。其酋奥巴不能敌,遂率其昆弟附本朝,事在天命九年。及崇德改元,科尔沁率漠南诸部合词上尊号,礼成册功,诏设札萨克(旗长)五人,赐亲王、郡王、镇国公等爵。自后本朝有大征伐,科尔沁未尝不以兵从,世为帝室懿亲,休戚相共。

至今科尔沁诸王岁俸,居内蒙古二十四部之上。

漠南蒙古之起源及察哈尔之灭亡 蒙古之有漠南、漠北之分也,自元顺帝七世孙达延(大元)可汗成化六年至嘉靖二十二年,即一四七〇年至一五四三年。时始。先是,顺帝既北归,其子孙仍抚有蒙古旧部,居喀喇和林(今西库伦附近),寻称鞑靼可汗。然世有内乱,篡弑相寻,部众离散,所在割据。及达延立,复统一之。以地广难治,乃举瀚海以南之领土,分封诸子图鲁、巴尔苏、阿尔楚、鄂尔齐,而独留其季子格埒森札赉尔居漠北。达延年八十乃卒,长子图鲁已先死,孙博迪(卜赤)嗣为可汗,专辖漠南蒙古东半。以其近长城故,称为察哈尔。察哈尔者,近接之义也。而图鲁之后又别为浩齐特、苏尼特、乌珠穆沁、敖汉、奈曼诸部。巴尔苏之后别为鄂尔多斯、土默特二部。阿尔楚之后为札噜特,巴林二部。鄂尔齐之后为克什克腾部。而察哈尔独为诸部长。自博迪四传至林丹,称胡土克图可汗(虎墩兔)。当天命四年,林丹汗致书太祖,自称"统领四十万众蒙古国主巴图鲁成吉斯汗",而称太祖曰"水滨三万众满洲国主",语多骄慢。会土默特部有宗族继承之争,旷岁无主,盗贼并起。林丹汗乘机略夺其土地,势益张,冯陵诸部。于是敖汉、奈曼、札噜特、喀喇沁等先后遣使至本朝通款,乞发兵救护。而明方困守辽西,欲利用察哈尔抵制本朝,乃岁赂以巨币,使侵辽东。天聪初,太宗数遣师袭其边境,俘获无算,以辽西事急,未暇犁其庭。然林丹汗竟以部众解体,威棱日衰。至六年四月,太宗乃率大军会漠南诸部之归附者,亲征察哈尔。时辽河涨溢,大军昼夜冒潦,出其不意,逾内兴安岭千三百里,至其庭。林丹汗谋拒战,而所部皆不为用,乃徙其人畜十余万,自归化城渡黄河西奔,沿途离散其什七八。大军至归化城,收其部落数万而还。八年,林丹汗病痘,死于青海附近。其子额哲复以翌年为多尔衮西征师所迫,欲依鄂尔多斯。而鄂尔多斯攘其部众千户来献,于是额哲率余众,奉传国玺降。太宗以额哲为元室嫡裔,封为亲王。内蒙古大部悉平。额哲再传至布尔尼,以康熙十四年谋叛,为大军所诛。乃收其故地隶诸内务府及太仆寺,徙其部众于宣化、大同边外而辖以都统等官,号曰内属游牧部,不得与他蒙古比。

第六章 本朝之定鼎及明室之偏安

吴三桂之乞师 世祖章皇帝,太宗第九子也。崇德八年八月,太宗崩。礼亲王代善会诸王、贝勒以下,定议奉世祖缵承大统,而以郑亲王济尔哈朗、睿亲王多尔衮摄理国政。先是,大军已拔锦州,得辽西大部。明总兵吴三桂率兵民五十万驻防于宁远。是年九月,郑亲王复发炮兵,越宁远,攻克中后所、前屯卫、中前所诸城,山海关守御益危。明年顺治改元,即崇祯十七年甲申也。一六四四年。三月初,明以流寇内逼,廷议尽撤关外城守,而召三桂统边兵入卫。三桂悉众而西,行至丰润,闻李自成已陷京师,帝、后殉国,乃犹豫不进,还次滦州。自成执其父襄,令作书招之,三桂许降。已而闻其爱妾陈沅为寇军所掠,则大愤,遽易缟素,称先帝恩德,以复仇讨贼之旨,公布军中,遂疾归山海关,部署军事。自成发兵追之,越滦州而东。三桂回军击破其众。自成乃亲将部众十余万,东攻山海关,而遣别军出抚宁东北境长城,绕至关外夹击之。三桂大惧,奉书本朝乞降,请合军而西。

流寇之败走 时摄政睿亲王方以大将军督师,略地关外,比得三桂书,乃偕洪承畴等疾驰至沙河,距关仅十里,而通路已为寇军攻关外者所梗。三桂发大炮辟路,而自率轻骑突出,谒摄政王,即军中易服设誓,固请入关讨贼。承畴以为寇众东出,京师空虚,议请大军毋遽入关,而西北绕入居庸,袭据京师,俟其回援,可一战擒之。而三桂以关门祸急,坚持不可。时流寇当百战之后,慓悍无匹。摄政王虑不可轻敌,乃命三桂军为先驱尝贼,而自蓄精锐以待。自成悉众列阵关内,横及海岸。三桂引军先进,战酣,会风发尘起,两军不相辨,大军乘势突出,冲贼中坚,所向辟易。俄尘开,贼见甲而编发者,惊曰:"满洲兵也。"则皆溃走。自成奔永平。摄政王即下令使关内外兵民薙发,进三桂爵为平西王,而使率步骑二万前驱追贼。自成自永平遣使诣三桂军议和,以三桂不答,乃入京师屠其家,焚宫殿,载辎重西遁。摄政王以五月朔入都,改葬崇祯帝、后,令臣民服丧三日。京师东北诸府皆降。

福王之立 方流寇之北犯也,明福王由崧(思宗之从兄)、潞王常淓(思宗之从父)俱以避难至淮安。及思宗殉国,太子陷贼中,南京诸大臣议立君。福王于伦序当立,而以淫昏闻。潞王贤明可任大事,而世系较疏,于是立亲立贤之问题起。兵部侍郎吕大器以下主立贤,凤阳总督马士英利福王庸暗,结党主立亲。两党互争,各取决于兵部尚书史可法。可法心善立贤议,而立亲党以握兵柄故,颇占优势。可法不得已,卒定议迎立福王。士英遂以拥戴功入阁,而出可法于江北督师。于是廷议分江北为四镇,以刘泽清辖淮海,驻淮北,经理山东一路;高杰辖徐泗,驻泗水,经理开归一路;刘良佐辖凤寿,驻临淮,经理陈杞一路;黄得功辖滁和,驻庐州,经理光固一路。而诸将争欲驻扬州,各纵兵相仇杀。可法务以公诚之意,调停其间,移杰镇瓜洲,而置得功于仪征。四镇虽稍稍受命,然卒不相协。而南京政府党争亦日剧。自可法出,士英辈益无所惮,务进私人,图报复。凡崇祯朝阉党名挂逆案者,皆阴结士英希复出。士英乃排群议,奏起逆案巨魁阮大铖。于是正人如张慎言、吕大器、姜曰广、刘宗周等,先后引去。一时政府无善类,贿赂公行,秕政交作,江左偏安之局不俟识者而知其不能久矣。

李自成之窜死 摄政王既定京师,奏捷盛京,颁示朝鲜、蒙古。时京东、京北诸府虽降,而保定、大名、真定间溃贼群起。自成自山西入陕,山东诸州县闻之,亦争杀其伪官,据城自保。乃以六月遣肃亲王豪格往定山东、河南,遣都统叶臣等往定山西,各分扼要地,俟秋高进军,徐图灭贼。至九月,世祖定迁都之议。车驾以十月朔至自盛京,祭告天地社稷,奉太祖太宗主入太庙。用大学士范文程言,尽除明季弊政,令文臣衣冠暂从明制。近畿略定,因议先剿陕贼,次规江南。乃以英亲王阿济格为靖远大将军,偕吴三桂、尚可喜等由大同边外会诸蒙古兵,赴榆林、延安,出陕西之背。又以豫亲王多铎为定国大将军,率孔有德等由河南夹攻潼关,期于西安相会。是冬,畿南、山西、山东诸省先后平定。豫王以十二月渡孟津,收沿河堡寨,进至陕州。自成遣其将刘宗敏(夺三桂妾陈沅者)据潼关拒守。顺治二年—一六四五年。正月,大军抵关,自成逆战不利。而英王及三桂西北之师已自保德州编筏渡河,入绥德,连下延安、鄜州,逼西安之背。自成前后受敌,弃关还西安,焚宫室,东南自蓝田出武关,走湖广。比大军克潼关,入西安,则自成已走五日矣。朝廷以陕西底定,乃命豫王移师征江南,而以追剿流寇事专任英王及三桂。时寇众尚三十余万,扬言欲取南京。大军水陆追蹑,凡七破其众于长江流域间。闰六月,自成南走延宁、蒲圻,至通城,率二十余骑掠食山中,为村民所困,自缢死。或言自成陷泥淖中,村民聚击之,锄碎其首,至糜烂不可辨云。自成既死,其残众二十万悉降于明湖广总督何腾蛟。

史可法之尽瘁 南朝危局既如上文所述,而史可法独提兵往来江淮间,身当南北之冲,联络诸镇,力图兴复。先是,摄政王闻福王自立,即移书可法,责以大义,谓:"《春秋》之法,有贼不讨,则新君不得书即位。"且讽以形势,谓:"以中华全力受制潢池,而欲以江左一隅,兼支大国,胜负之数,无待蓍龟。"可法报书,亦历引汉(光武、昭烈)、晋(元帝)、唐(肃宗)、宋(高宗)中兴故事,以解自立之嫌,且谓:"贵国驱乱除逆,兵以义动,若规此幅员,为德不卒,则以义始而以利终,将为贼人所窃笑。"(两书具载《通鉴辑览》)既而大军已定山东,乃分兵取海州、宿迁,连下江北州县。会可法方进师清江浦,遣官屯田开封,为经略中原计。及大军至,可法驰疏告急,而马士英乃谈笑以为诳己。诸将亦拥兵观望,无敢任冲要者。当是时,明诸镇之师,惟左良玉及高杰所部最强。良玉与何腾蛟等镇守湖广,而高杰为可法忠义所感动,颇奉约束,因进次徐州,沿河(当时黄河自开封东南流经徐州、淮安等境入海,与今河道不同)筑垣,专力备御。且遣使通好于睢州总兵许定国,联络河南。定国旋纳款本朝,送二子渡河为质。杰微闻其计,亲往觇之,为定国所杀,部兵大乱,屠睢旁近二百里殆尽。可法闻变流涕曰:"中原不可为矣。"遂驰至徐州,招抚其众十余万,移诸扬州。而豫王南征之师以顺治二年三月自陕西分道而东,会于归德。所过州县皆望风迎降。遂进薄泗州,乘夜渡淮。可法方将移军援泗,会左良玉以马士英裁其军饷故,传檄远近,以"清君侧"为名,列舟自汉口而下。南京戒严,诏趣可法入援。比可法渡江至燕子矶,则良玉已病死九江,其部众为黄得功勤王军所败,乃复奉命折回。而大兵已破盱眙,警报日至。可法檄各镇兵会援扬州,无一至者。独总兵刘肇基自桃源县西白洋镇趋赴。大兵越六合进攻,去扬州二十里而营。肇基请背城一战,可法谓野战不如凭城,乃分陴拒守,亘七昼夜。城卒破,可法被执,大呼曰:"吾史督师也。"遂见杀。肇基率所部巷战,力尽亦死,时四月二十五日也。大兵留十日,乃南行。可法为人廉信,与下均劳苦。其督师也,行不张盖,食不兼味,寝不解衣,日夜以报仇雪耻为念。每缮疏,循环讽诵,声泪俱下,闻者无不感泣。而权奸内哄,悍将外争,凡所经画,百不一就。卒至兵顿饷竭,志决身歼。时人比诸文天祥云。

江南之平定 扬州已溃,明侍郎杨文骢、总兵郑鸿逵合兵守京口,与豫王军隔江相持。会夜雾,大军编巨筏,列灯火其上,放之中流,为疑兵,而别以数百骑舣小舟潜渡,袭据北固山(镇江府城北)。守兵惊溃,文骢奔苏州,鸿逵拥众入闽。福王闻警,率宦官宫妾西幸芜湖。士英、大铖亦先后走杭州。其余文武勋戚相率迎降。豫王长驱入城,而分兵追袭福王。时黄得功屯守芜湖,誓死翼卫,竟中流矢阵殁。明总兵田雄拥福王出降,江南略定。乃分大军之半属贝勒博洛,进攻浙江,沿途徇所过州县。马士英自杭州迎战不利,渡钱塘江东遁。潞王常淓以杭州降。会英王追剿流寇之师,亦所至有功,收左良玉部将金声桓众十余万于九江。于是长江流域,西自湖北,东至海,南及浙西,大都降服。豫王奏改南京为江宁府,至七月,班师。乃以贝勒勒克德浑为平南大将军,以大学士洪承畴总督军务,镇抚南方,并驻江宁。

鲁、唐二藩之割据及江南民兵之骚动 南京政府以五月颠覆,至六月而鲁王以海(明太祖十四世孙)称监国于绍兴,据有浙东,以张国维、熊汝霖等督师钱塘江上,画江而守。至闰六月,而郑鸿逵复拥唐王聿键(太祖九世孙)称帝于福州,据有福建及其西南诸省。郑芝龙兄弟辅之,握兵食权,而黄道周为大学士,议战守,恃仙霞岭为国防。于是浙、闽对立,而江西士大夫自杨廷麟以下,设忠诚社于赣州,号召才智,远近毁家入社者几三万人。同时江南列城民兵四起,嘉定则侯峒曾、黄淳耀,江阴则陈明遇、阎应元,松江则沈犹龙,徽州则温璜,绩溪则金声,各集众自保,效死不去。其余吴江、昆山、崇明、宜兴等响应者复十余城,或通表唐王,受其封拜,或近受监国鲁王节制。浙、闽恃以阻大军之南下。然民兵皆起仓猝,未更训练,饷械又不足,率旬日即败,诸主谋者皆先后死。独吴易之守吴江,阎应元之守江阴,稍稍持久。是时大军分两部,一屯江宁,洪承畴督之;一屯杭州,贝勒博洛督之。承畴遣张天禄等引军攻徽、宁,而博洛自杭州进薄吴江,尽断诸港通路,乘大雨歼吴易军(吴易得脱,至明年始见杀)。因移围江阴,列炮环攻,以八月二十一日破之。众犹巷战,士女自杀者,池井皆满,明遇及应元殉焉。而金声尚扼守绩溪,布置甚密。至九月,明御史黄澍导大军出间道袭破之,执声至江宁,其门人江天一从。总督洪承畴谕降,天一朗诵思宗谕祭承畴文以愧之,与声俱死。于是江南民兵悉平。

唐藩之扩张及闽、浙之冲突 唐王好学通典故,然以郑氏擅国,不能有所为。芝龙、鸿逵屡荐其私人为要官,唐王不从,以是怀怨望。及本朝遣使招抚福建,芝龙阴结使者通款,唐王数促之出师,辄以饷绌辞。道周知芝龙不足恃,乃逾岭征兵从广信出衢州,所至号召诸将,安抚遗黎,归附者颇众。时何腾蛟总督湖广,次长沙,收抚流寇余众数十万,分为十三镇,布列湖南、北,与大军之屯武昌、荆州者相持。而杨廷麟守赣,募民兵二万、峒蛮四万,又檄调广东、云南兵数千,与南昌大军战,屡捷,兼取吉安守之,军颇振。两人并翼戴唐王,受爵命。于是唐藩领土自福建、两广、云贵以外,兼有湖南及江西、湖北之一部。乃颁诏浙东,鲁王下令将返台州,而熊汝霖出檄严拒,张国维亦驰疏唐王,言:"监国当大势溃散之日,鸠集为劳,一旦退就藩服,人无所依,闽中鞭长不及,猝然有变,唇亡齿寒,悔莫可追。"既而鲁王遣使通聘福建。唐王亦手书报之,曰:"吾无子,王为皇太侄,同心戮力,共拜孝陵。吾有天下,终致于王。浙东所用职官,尽列朝籍,无分彼此。"且发饷银十万两犒师。而马、阮复鼓鲁王部将方国安,纵兵劫闽使,尽夺其饷,且檄数唐王罪。于是闽、浙冲突,而唇齿之势离矣。

川陕之征 自李自成败窜,中国本部西北境虽已隶本朝,而四川故为张献忠所据。会朝廷方以南征为急,未暇西顾,献忠乃以成都为根据地,遣诸将分屠附近州县,以杀人多寡论功,川中无人迹。及唐王之自立于东南也，明遗臣贺珍等复起兵兴安、汉中遥附之，遂占凤翔，窥西安，全陕响应。顺治三年—一六四六年。春，诏以川陕军务任肃亲王豪格及平西王吴三桂，而以浙闽事属诸博洛，分道大举。肃王以三月至西安，与总督孟乔芳分定渭水以北诸城。五月，进军汉中，破贺珍等于鸡头关，陕西复平，乃进征四川。时献忠部将刘进忠方守保宁，闻大军至，即率众迎降，乞为向导。大军追至西充、盐亭间，与献忠遇，发矢殪之。其党孙可望、李定国、白文选等俱溃走川南，寻越重庆、綦江等城，入贵州境。大军追之至遵义，以饷匮旋师。时三年十二月也。

鲁藩之平 博洛南征之师亦以三月进次杭州。先是，张国维率诸军连战于钱塘江上，皆有功，因欲乘间复浙西。熊汝霖议募民兵，由海宁、海盐直趋芜湖，以梗运道，连络吴中水师之潜据太湖者为犄角，以困杭州。而浙东诸饷尽为方国安军所擅，民兵无食，议卒不行。至是，大兵压钱塘江，国维督诸将连营拒战。四月，大兵隔江炮坏方国安营灶，国安即拥兵数万入绍兴，挟鲁王走台州，而诸将尚严守江上。会夏旱，江水暴落，褰裳可涉。六月，大军士马数万由上流浮济，连营骇溃，张国维退守东阳。国安谋执鲁王以献。鲁王亟走得脱，航海至厦门。国维知事不可为，赴水死。金华、衢州相继下，浙东略定。

唐藩之平 方何腾蛟、杨廷麟之振势于湖南、江西也，各疏请唐王移镇其地。唐王亦知芝龙有异志，欲弃闽由赣入湘，倚腾蛟。以顺治三年二月，进次延平。时廷麟守吉安，闻唐王北行，乃南入赣谋迎谒，而以吉安之守御属诸兵部侍郎万元吉。元吉驭下严，诸将不悦，皆内携。至三月，江西降将金声桓进围吉安。守兵不战溃，城遂破。元吉退入赣，声桓乘胜进围之。廷麟、元吉坚守不出。既而博洛定浙东，闽中大震。芝龙已阴受洪承畴约款，乃诡称海寇入犯，驰赴安平，而尽撤关隘水陆防兵随之，仙霞岭二百里间，空无一人。大兵由衢州长驱越岭入。时赣州被围，不能援闽，何腾蛟遣部将迎跸，方抵韶州，而仙霞岭败报至，唐王仓卒自延平走汀州。大军既破延平，驰七昼夜追及之，遂执唐王。至福州，王不食而死。漳、泉诸郡并下，芝龙自安平奉表来降。

赣州之攻守 赣州自四月被围以来，至六月，明赣南巡抚李永茂遣广东兵五千至，战于李家山，围暂解，已而复合。元吉恃蛮兵自固，不加裁抑，而独严束云、广客军之助守者，客军解体。主事龚芬等自章水上流募水师，欲以会援，而久屯南安不下。至七月，云南、两广诸道援师毕集，诸将请战，而元吉必欲待水师。水师统领故海盗，观望不即前。会秋高水涸，舟行迟滞。大军夜袭诸川，纵火焚之，于是援军皆溃。会闻汀州破，唐王被难，合城气索，十月，遂为声桓所屠。诸将拥元吉出，元吉叹曰："为我谢赣人，使合城涂炭者我也，我何可独存？"竟自杀。廷麟亦死之，于是福建、江西次第荡平。腾蛟闻唐王死，大恸，厉兵保境如平时。而广东督抚复拥桂王由榔监国，流离转徙者且十余载，别为专篇说之。

第七章 桂王之割据

桂王之立及广州之降 明自福王南渡,而黄河流域久非其所有。自南都瓦解,而长江流域复失太半。及鲁、唐继败,而后东海沿岸亦尽入于本朝之版图。三年之间,形见势绌,于时朝野人物死亡略尽,而尚有崎岖危难之中折而不挠、穷而益奋者,湖南则何腾蛟,而两广则瞿式耜。唐藩之覆也,式耜与两广督臣丁魁楚方在肇庆,议所当立,乃共迎桂王由榔(神宗孙)于梧州。顺治三年十月,王称帝,颁诏湖南、云贵诸省,以魁楚、式耜及故尚书吕大器为大学士。腾蛟闻之,亦与云贵督师堵允锡连署劝进。先是,赣州受围,唐王遣大学士苏观生至南安募兵助战。及汀州之败,观生撤兵退入广州。会闻魁楚等置君,欲与共事,而魁楚虑其以旧相居己上,拒不与议。吕大器亦以其非进士叱辱之。观生颇不平。俄而唐王弟聿𨮁率诸遗臣,自福建浮海至广州。粤人有倡兄终弟及之议者,观生因利用之,拥聿𨮁自立,与肇庆对抗。于是二百里内两帝并树,日治兵相攻,不暇外御。大军之下漳州也,博洛遣副总兵李成栋率偏师取广东,以佟养甲督之。潮、惠两州相继下,而广州尚瞢无所闻。十二月,成栋军突至。聿𨮁方会观生等视学,仓卒不知所为,君臣皆自杀,宗室诸王死者二十余人。成栋分兵徇高、雷诸府,而自督大军进攻肇庆。桂王立未三月,宦官王坤复用事,数干涉军务,及闻广州破,乃趣王溯西江走入桂林。

桂林之坚守 顺治四年—六四七年。正月,成栋克肇庆而西,连下梧州、平乐。桂林大震。丁魁楚等皆引去。而武冈镇将刘承胤方引兵至全州,王坤请桂王弃城赴之。式耜极陈桂林形势,固谏不听,因自请留守,与城存亡。桂王许之,而自走全州。三月,成栋攻桂林。时腾蛟经略衡湘,宿将重兵悉屯湖南、北,声援不及。式耜独毅然誓众,督参将焦琏拒守,累战皆捷。会积雨城坏,而刘承胤所遣援兵复与焦琏军龃龉,大掠以去,城几破者屡矣。式耜意气自若,众无叛志,成栋不能拔。既而广东遗臣陈邦彦、张家玉、陈子壮等先后起兵高州、东莞、端州间,约合趋会城。广州危急,佟养甲檄成栋回军东救。式耜乘间遣诸将四出,尽复所失广西境内诸城,根据略固。而湖南复为大军所埽荡,自岳州至宝庆,列城风靡。刘承胤以武冈降。同时广东诸军亦悉为成栋援师所破,家玉等或走或死。时四年八月也。

湖南之平定 先是,是年春,朝廷以何腾蛟厉兵湖广,为南部劲敌,不可不以全力图之。乃命孔有德为平南大将军,偕尚可喜、耿仲明大举进讨。腾蛟所设十三镇,故皆盗贼之余,不乐受节制。及桂王之至全州也,刘承胤挟之作福威,矫诏封拜,权力远陵腾蛟上,诸镇益解体。有德等以三月出岳州。益阳守将王进才闻大军渐逼,遽还长沙,扬言乏饷,纵兵四掠。腾蛟不能守,单骑走衡州,长沙、湘阴并下。承胤闻之,胁桂王自全州移居武冈,阴有贰志。五月,有德进克衡、永,分道击诸镇,所至披靡,以八月越祁阳而西。桂王自武冈走柳州。腾蛟辗转入桂林,与式耜会诸将议画地分守,乃移镇全州,督湘粤诸将连营拒战,横亘二百余里。式耜馈饷不绝。大军引退,桂王得还桂林。明年二月,大军已定湖南全境,闻桂林内讧,全州重兵还救,乃复乘虚南进。而金声桓、李成栋之变作,江西、广东皆叛附于明。朝廷乃令可喜、仲明移军救江西,而诏孔有德班师。

金声桓、李成栋之反侧及其影响 初,金声桓之平江西,李成栋之平广东也,王、贝勒以辽沈旧臣章于天、佟养甲监之。行间之功,多出声桓、成栋。及事平,而于天任江西巡抚,养甲任广东总督,声桓、成栋仍以武员受其节制,意不能平。于天及巡按董学成尤与声桓有隙,裁抑不当。声桓密与其党副总兵王得仁谋通款桂林,事为学成所觉。两人惧祸及,先发制之,以顺治五年正月举兵袭杀学成,执于天,而迎故明大学士姜曰广以江西叛。李成栋闻之,亦以四月胁养甲以广东叛。各拥众十余万,移檄远近,通表桂王。桂王各授以爵秩,势力骤增。于时大兵屯湖南者悉分援江西,仅以少数之守兵属总兵徐勇,留镇长沙。腾蛟乘隙，复发兵攻永州，以久围力战破之，遂分军徇衡州、宝庆、常德等府，湖南大部复为所据。而蜀中故将李占春及义勇杨大展等，亦起兵分据川南、川东，附桂王，请置官吏。桂王设巡抚其地，而复以昌大器总制诸军。于是桂藩有两广、云贵、江西、湖南、四川七省之地，驻跸肇庆。同时大同镇将姜瓖反侧于山、陕，鲁王遗臣张名振出没于闽浙沿海，皆遥相应和，中原之骚乱达于极点。朝廷以军务蔓延，非二三将帅所能兼顾，乃叠命重臣，分地任事。于是都统谭泰及和洛辉自江宁赴九江，会耿、尚二王征江西、广东。郑亲王济尔哈朗、顺承郡王勒克德浑会孔有德征湖南、广西。端重郡王博洛、敬谨郡王尼堪讨姜瓖于大同。而吴三桂、李国翰分任陕、川之远征。洪承畴仍镇江宁，任沿海之经略。并顺治五六年间事也。

江西、湖南之再定 声桓之变，江西列城响应，独赣州守将不从。声桓、得仁已陷九江，欲顺流突江宁，而惧赣兵之议其后，乃回军攻之。守赣副将高进库故与声桓同隶左良玉部，宽约降期，以缓其攻。会江宁大兵于五月复克九江而南，进围南昌。声桓闻警，遽引还突围入，而得仁直趋九江，冀断大军饷道，使南昌之围不战自解。姜曰广以围急，欲引与共守，日发檄召之。得仁不得已，亦敛兵入城，坚壁不出。大军徐复旁近州县，征收赋税，安坐以待其毙。既而李成栋逾岭攻赣，谋北援，进库复用缓兵策绐之，成栋还屯岭上。至十月，南昌粮尽告急。成栋复悉众薄赣，岭行艰难，士卒饥困。赣兵突出击之，成栋退屯信丰，南昌势益孤。至六年—一六四九年。正月，遂为大军所拔。曰广、声桓、得仁并死。二月，大军援赣，进逼信丰。成栋谋应战，而军溃过半，战斗力尽失，走死城东川中。江西复定。而郑亲王及孔有德之军亦以是春进湖南。时常德、宝庆间诸镇内讧，所在焚城剽掠，莫有斗志。腾蛟自衡州亲往抚之，进次湘潭。长沙守将徐勇知湘潭无备，引兵突入，拥腾蛟去，杀之。明军气夺。自三月至八月，有德督诸将转战南下，连克衡、永，郑亲王亦席卷辰、宝，分兵定沅、靖，复有湖南全境。

两广之复定及瞿式耜之死 李成栋败死信丰后，桂王以杜永和为两广总督，驻广州，严兵守庾岭，而声桓、得仁部下溃卒亦亡入闽粤山林间，出没不测。江西大兵不敢进，还屯吉安将一载。会明镇将有纳款大军,愿为向导者,可喜遂由间道入庾关。至七年—一六五〇年。二月,进围广州,相持十阅月不下,士卒以溽暑疫死者无算。已而江西诸军复大至,可喜督战益力,卒以十一月二日破之。永和走琼州。而孔有德亦以是月六日破桂林。先是,大军再定湖南,式耜使戎政总督张同敞督诸将扼守全州。同敞兼资文武,每战辄跃马为诸将先,即战败,同敞常危坐不去,军中以是服之。顾广西地小而瘠,正赋所入,不足以供军饷。式耜虽理钱法,行盐政,募屯田,以补助之,而事多掣肘,不能尽行,战守日棘。九月,大军克全州而南,诸将皆退入桂林乞饷,列戍一空。大军益深入。至是,式耜檄诸将出战,皆不应,相率遁去,城中无一兵。独同敞自灵川至,式耜与痛饮待死,并为大军所执,两人犹隔屋赋诗相唱和,阅月余,始见杀。桂王以是年正月自肇庆奔梧州,比闻桂林破,复走南宁。明年,一六五一年。诏郑亲王班师,而以尚可喜镇守广东,孔有德镇守广西。两广州县次第毕下。

山、陕之复定 姜瓌既据大同,分兵陷忻、朔,近自山西境内,远至陕甘,遗臣宿将起兵应之者,所在皆是。太原、西安先后告警。六年正月,尼堪督兵至太原,首克忻州,而博洛复破姜瓌骑兵于大同城北,寇氛稍稍衰。同时吴三桂等亦自汉中北定延绥、榆林。于是山陕督抚声援始接,河东诸郡并下,大同孤立。至八月,城中食尽,而英亲王复督师继至,城兵斩瓌出降。山陕既定,乃诏三桂回镇汉中,进规四川。会川中义勇不相一致,而明巡抚李乾德复构之仇杀,益涣散不足用,李占春等来降。三桂乘间收成都、重庆、叙州地。是时,本朝已定江西、湖南、两广,桂王穷投土司境,旦夕奏凯,而孙可望、李定国之事复作。

孙可望、李定国之乱 先是,张献忠之败也,其党孙可望、李定国、刘文秀等自川南拥众入云贵,推可望为长,袭夺明镇将兵权,据有其地。已而定国与可望交恶,可望乃纳款桂藩,求封号,欲借以服众。顺治六七年间,屡使求封,迄不获命。至是,大军四迫,桂王不得已,封可望为秦王,趣之出兵。可望乃遣兵三千,扈桂王居安隆,使文秀等分出叙州、重庆以攻成都,使定国等由武冈出全州以犯桂林。九年—一六五二年。三月,文秀连陷叙州、重庆,三桂战败,敛兵入保宁,旋回汉中。而李定国之军亦陷沅、靖、武冈,乘胜袭桂林,有德不能守,死焉。梧州、柳州继陷,乃分兵还攻辰州,杀总兵徐勇,寻屯守武冈。于是四川、广西、湖南军务,同时告急。

孙、李之冲突及孙可望之降 定国已连陷湘粤诸郡,兵力寖强,不复禀可望约束。可望愤甚,阴欲除之,然以其将兵在外,未敢轻发。而尚可喜乘定国之在湖南,遽发舟师自西江而下,尽复梧州、桂林。定国弃武冈,还据柳州,威望骤减,惧可望之袭其后,益思拓地自固,乃将兵东犯,据有平乐、高、廉诸府。至十二年——一六五五年。春,复为尚可喜所破,走保南宁。而刘文秀亦以是年谋犯岳州,大败于常德,自贵阳还云南。于是定国、文秀两军皆衰,湘、粤告平。而可望独雄视贵阳,益跋扈不可制,擅杀从臣宗室,自设内阁六部,立太庙,制朝仪。桂王自安隆闻之,大惧,密敕封定国晋王、文秀安南王,与相抵制,而召定国兵入卫。可望微闻之,以十三年——一六五六年。春,发兵袭定国于南宁,且遣使谋劫迁桂王,置诸肘腋之下。事未发,而定国已自田州抵安隆,奉桂王入云南,与文秀联合。可望大怒,以十四年——一六五七年。秋大举攻桂王,与定国、文秀同盟军夹三岔河而阵。诸将皆不直可望,阵而不战。定国悉锐攻其中坚,诸军皆解甲大呼欢迎之。可望反走,率十余人至湖南乞降。时十四年十月也。

贵州之征 方可望之未降也,朝廷令经略洪承畴移镇长沙,守湖南。川督李国英驻保宁,守川北。尚可喜等分驻肇、广,守两粤。而姑以川东南及云贵诸省为桂藩君臣苟安之地,不复穷追。及承畴受可望降,尽得敌中内讧状,请乘机大举。朝旨是之,军略复一变,视线集于贵州。于是一军自湖南出其东,承畴及宗室罗托督之。一军自汉中、四川出其北,三桂等督之。一军自广西出其南,都统卓布泰等督之。三道之师并以十五年——一六五八年。春,向目的地进发。而李定国既兼并贵州,属马进忠守之,自返云南,坦然以为无患。朝官有进谏者,谓:"今内患虽除,外忧方大,而我酣歌漏舟之中,熟寝爇薪之上,能旦夕安耶?"定国诉之桂王,方欲罪言者以取快,而三道败书并至。即承畴等以二月会师常德,四月,出沅、靖、镇远抵贵阳,广西之师旋历南丹、那地、独山诸州来会,而三桂亦克重庆入遵义。会信郡王铎尼复奉命为安远大将军,总统三道,以九月抵贵州之平越府。遂大会诸道将帅,议令承畴、罗托留贵阳理饷,而自督诸军三路入滇。

云南、贵州之平定 定国闻贵阳已失,乃苍黄遣诸将分道迎敌,而亲扼北盘江之铁锁桥,以断黔滇间之大道。寻诸将各败走不相顾,定国亦撤寨西遁,大军毕会于普安。桂王奔永昌。十六年—一六五九年。正月,大军遂由普安入云南省城。二月朔,铎尼复令诸军西进至大理府境。定国发兵扈桂王走腾越,而自伏精兵于怒江西岸之高黎贡山。高黎贡山者,雪山山脉之一支,与怒江相平行,自永昌府城入腾越所必由之道也。定国度大军累胜,当越岭穷追,乃缘径设伏,约俟大军深入后,首尾环攻,必获全胜。大军既渡怒江而西,道不逢一敌,谓定国窜远,稍稍纵兵入。适明臣卢桂生来泄其计,大军且退且战,仅亡都统以下十余人,丧精卒数千,而伏兵亦死伤略尽。定国退归腾越,闻桂王已西行入缅甸界,亦弃城他去。于是四川、贵州、云南一律荡平。朝廷颁诏宣示中外,而以镇守云南之事,任诸吴三桂。铎尼等先后班师。

缅甸与桂藩之关系 缅甸在明时,故为云南诸土司之一,领地约当伊腊瓦底(Irrarwaddy)河上中流沿岸。其北别为孟养宣慰司,其东别为孟密宣抚司及木邦宣慰司。木邦东为孟艮土府。嘉靖中,缅酋莽瑞体数侵诸部,朝廷不能讨,自是贡使渐绝。及桂王之困于云南也,群臣或请北走四川,或议南入交阯,而黔国公沐天波独谓缅甸粮糗可资,主张西幸。桂王遂以顺治十六年正月,自腾越出铁壁关,进次蛮莫(Bhams)。会莽瑞体曾孙本他格利(Pentaglē)王缅,闻桂王至,乃具舟迎王,浮伊腊瓦底河南行,居诸赭砫(Jagaing),与缅都亚瓦(Ava)隔川相对。是时云贵诸将,刘文秀已前死,而李定国及白文选等亦以战败相失,诸从行者皆文吏,无威重,颇为缅人所轻。已而文选入木邦,定国据孟艮,皆治兵,谋假道迎跸,缅人不允。顺治十七年,文选乃移书孟艮,求与定国同盟攻缅。定国悉众而西,两军共至锡箔河上,邀击缅兵,大破之。因议乘胜以舟师薄阿瓦,遣人于上流造船,为缅人所烧,而暑疫复作,乃移军摆古(Pegu),以避瘴疠。未几,文选兵溃走锡箔,定国亦引还孟艮。

吴三桂之阴谋 云贵既平,朝廷以桂藩无足为患,议撤兵节饷,不欲复问缅事。而三桂包藏祸心,欲假手本朝兵力,尽蓟明宗,以绝遗民恢复之妄想。而后营窟滇南，徐养兵马，以俟本朝之隙。遂于顺治十七年—一六六〇年。四月，上疏极陈边患，恐吓朝廷，谓："定国、文选窥我边防，兵到则退藏，兵撤则进扰，此其患在门户；土司反覆，惟利是趋，一被扇惑，遍地蜂起，此其患在肘腋；降人革面，尚未革心，永历（桂王年号）在缅，岂无系念，万一入关，若辈生心，此其患在腠理。"因请及时进兵，早收全局。朝廷不虞其有他志，乃命内大臣爱星阿为定西将军，赴滇会剿。明年—一六六一年。八月，大兵十万自腾越出边，严檄缅人，令献桂王自效。时缅人数受定国、文选军之蹂躏，皆不悦其王之纳明遗族，王弟巴哇喇达姆摩（Mahâ Pavara Dhamma Râja）遂弑王自立。然以定国兵尚强，未敢肆虐，而三桂檄适至。缅人因发兵围行在，从官无少长贵贱，皆杀之。凡杀宗室诸王以下四十余人，其自缢死者尚不在此数。独留桂王及后妃二十余人，以待三桂之至。明室之悲运，至是极矣。

桂藩之末路 大军以是年十一月，自木邦进次锡箔。白文选度兵力不敌，已先遁。三桂乃分兵追之，而自督大军抵阿瓦，索桂王益急。缅人为自卫计，即劫王并其家族，渡河送诸军前。三桂凯旋云南，而文选亦为追兵所执，以其余众降。惟定国尚在景线。先是，桂王自蛮莫舟行，从官犹千余人，其以无舟不能从者，率崎岖散入他国。方是时，缅甸虽役属东北诸土司，而暹罗、古剌、景迈诸国与为世仇。古剌者，盖今喀伦，当缅甸东南。而景迈者，又元明以来所谓八百息妇国者也。其居景迈者曰大八百，居景线者曰小八百，皆思乘间倾缅甸。定国既以阿瓦之役不能得志，因欲利用诸国，联兵攻之。会桂藩遗臣马九功在古剌，江国泰在暹罗。暹罗王室妻国泰以女，数与定国通殷勤。而九功亦为古剌募兵得三千人，致书定国，愿奉约束。谋定将发，而三桂已拥桂王北去，两国之师，并失望而退。定国竟以愤懑病死猛猎。桂王居云南数月，三桂严兵守之。而八旗将士有阴谋推戴者，三桂大惊，立出桂王于市绞杀之，并杀其太子。时太子年十二，临难大呼曰："我朝何负于汝？我父子何仇于汝？乃至此耶！"时康熙元年四月也。

航海以后之鲁王 自鲁王航海以后，郑成功渡台湾以前，此十余年间闽浙沿海之军事，适与桂藩之局相始终，故复类记之。鲁王之自台州入海也，石浦守将张名振以舟师从，欲于东海沿岸列岛中求一地利可用者,以为根据,徐图进取。而是时舟山为黄斌卿所据,厦门又为郑成功领地,皆不乐受鲁藩命。名振不得已,奉王走南澳。浙中遗臣,自钱肃乐、张肯堂、阮骏以下,渡海奔赴者复十余人。顺治四五年间,数遣兵攻福建,连下建宁、邵武、兴化、福宁三府一州地,军势颇盛。然未几又为大军所迫,诸守者皆力战以死。至六年九月,鲁王既尽失闽地,复欲图浙东,以舟山扼钱塘江门户,不可不争。于是张名振、阮骏合军攻之,斩黄斌卿,鲁王乃得入。温、台、宁、绍间遗民闻之,乘防兵之赴闽也,争起兵自保,依山为险,列寨以数百计,而上虞张煌言之军为之魁,海陆内外相援系。大军颇为所疲弊。当时浙闽总督陈锦奏报,言:"海寇登岸,则山寇为之接应;山寇被剿,则入海以避兵锋,交通闽、粤,窥伺苏、松,久为东南之患。"所谓海寇者,指张名振;所谓山寇者,指张煌言辈也。名振恃舟山之险,谓大军必不能至,乃以八年秋留兵六千,属张肯堂等居守,而自与鲁王大举薄吴淞。会陈锦以全力埽荡山寨,尽破其众,乘大雾渡海。阮骏以舟师逆战,全军尽覆。肯堂等犹坚守十余日,乃死。名振闻变,急回军赴援,而城已破,乃与张煌言共奉鲁王赴厦门依成功。久之,名振病殁,以军事付煌言。于是鲁藩之势衰,而郑成功独强。

郑成功之沿海侵略 郑成功者,芝龙之子,而其母故日本肥前人田川氏之女也。唐王之立于郑氏也,成功以年少材武得幸,赐国姓,世谓之"国姓爷"。芝龙既降,成功慨然去儒服,航巨舰,走厦门,出没闽海,与张名振舟山之师相犄角。朝廷数以芝龙书招之,竟不能致。成功虽自以唐藩遗臣故,故终不乐奉鲁监国,而与二张交甚睦。名振卒,煌言以其余众属之,任浙海之向导。成功既连年侵扰福州、兴化间,遂以十三年转略温、台。桂王闻之,自云南遣使航海封为延平郡王、招讨大将军,便宜封拜。成功益治兵谋大举,戈船之士十七万,以五万习水战,以五万习骑射,五万习步击,以万人来往策应,万人被铁甲,绘以朱碧彪文,当前锋,金火不能入,纵横海上。会飓发,碎巨舰数十,漂流士卒数千,乃还守厦门。已而闻大兵三道入贵州,度江南无备,乘机复出。十六年五月,由崇明入江。时沿江要害皆置重兵,设大炮,横铁索,阻守甚严。成功以十七舟径进,蔽江而上,六月,遂破瓜洲,犯镇江。于是江宁、苏常诸道援师毕集,以二十二日战于杨篷山,成功兵上陆者二千。

诸会援者皆一时宿将，提督管效忠尤以善战闻，所部凡四千人，他镇兵不在此数。而是日激战之终局，援兵存者仅什之一耳。镇江不守，成功留五日，引兵而西。其部将甘辉请北取扬州，断山东之师，南据京口，绝两浙之漕，严扼咽喉，号令各郡，南畿可不战自困。成功不听。七月，抵江宁，谒孝陵。而煌言别率所部，由芜湖进取徽宁诸路，安徽列城望风纳款者，凡四府三州二十四县。东南大震。世祖幸南苑，集六师，议亲征。而崇明总兵梁化凤以七月二十四日出成功不意，大破之于仪凤门外，擒杀甘辉。成功遂以余舰扬帆疾归，煌言军亦为贵州凯旋兵所败，走航钱塘江出海。成功经营海外十余载，进取之志卒不能达，乃退据台湾，越年竟死。同时鲁王亦薨于台。煌言被执，以不屈见杀（并康熙元年）。由是沿海防务，稍稍息肩，而成功竟以台湾之战，使"国姓爷"之名（Koksing，Koxiga）显于欧洲云。

第八章 三藩之乱

康熙初年之大势 顺治十八年—一六六一年。正月,世祖章皇帝崩,春秋二十有四。皇三子嗣位,是为圣祖仁皇帝,以索尼、苏克萨哈、遏必隆、鳌拜为辅政大臣,改明年—一六六二年。为康熙元年。是时明宗室诸王偏安割据者已荡灭无遗,其遗臣之奔走号召,以规复为志者,独台湾郑氏而已。海内郡县皆已统一,而开创诸将犹分镇封土,握兵马财政之权,隐如敌国。及康熙六年—一六六七年。七月,圣祖亲政,渐欲完成中央集权之制,知藩镇强大非国家之利,阴为之备。而诸藩亦内不自安,诡请解兵纳土,以探廷旨。于是撤藩之论起,而吴三桂、尚之信、耿精忠之变作。

三藩之起源及其势力 先是,世祖定鼎,东南骚乱,故命大学士洪承畴经略五省,而以定南王孔有德徇广西、平南王尚可喜、靖南王耿仲明徇广东,平西王吴三桂徇四川及云南。耿仲明以顺治六年七月道死于江西吉安府,而孔有德亦以九年李定国之乱,自裁于桂林。有德无子,爵除,而仲明子继茂袭封。及南方略定,承畴偕宗室罗托、信郡王铎尼,引禁旅还京师,而诸王各率所部绿旗兵,留镇一方。于是三桂王云南,可喜、继茂王广东,寻徙继茂王福建。继茂卒,子精忠嗣。是为三藩并建之始。三藩中三桂功最高,兵最强。方其入滇之始,军书旁午,朝廷假以便宜。云贵督抚咸受节制,用人不受吏、兵二部之掣肘,用财不受户部之稽核。其所除授,号曰西选,西选之官遍天下。据桂王五华山旧宫为藩府,置藩庄七百顷,通使达赖剌麻,广市西番、蒙古名马,重敛土司金币,开矿榷盐,厚自封殖。乃择诸将子弟及四方宾客颖敏者,教以战术,水陆冲要,遍置私人。子应熊尚公主,居京师,朝政巨细无所不悉。以是根蒂益固，异志益坚。而尚可喜老病，以兵事属其子之信。之信以酗虐横于粤，耿精忠以税敛暴于闽，皆挟边防为名，岁耗巨帑。统计三藩运饷，岁需二千余万，一切仰诸江南，几糜天下财赋之半。

撤藩之议 康熙十二年—一六七三年。三月，尚可喜既受制于其子之信，虑不得自全，乃用其客金光计，疏请归老辽东，留子镇粤，冀见上得自陈。是时圣祖亲政已数载，春秋日富，习知中外利害与前代方镇得失，数思有以变置，而审慎未发。至是，部议谓可喜归辽，而之信仍拥众留粤，父子分离不便，因请尽徙全藩。三桂及耿精忠闻之，亦于是年七月疏请安插，以相尝试。时廷臣议者，或言三桂镇守云南以来，地方平定，未有乱萌。今若将王迁移，则不得不遣兵代戍，如是更调往复，重滋苦累，应请勿徙。而户部尚书米思翰独力主撤藩议，刑部尚书明珠和之。帝以三桂蓄谋已久，不早除之，且为巨患，况其势已成，撤亦反，不撤亦反，不若先发制之。于是徙藩之议竟决。

吴三桂之发难 三桂自以功高，朝廷终不夺其分土，当优诏慰留，既而移镇山海关外之命至，全藩震动，反谋益急。然以滇蜀阻隘难进，非举兵之地，欲行至中原而后发。因谬为恭顺，阴事部勒。而抚臣朱国治驱之急，词色峻厉。三桂不能堪，遽于十一月二十一日袭杀抚臣，移檄远近，自称天下都招讨兵马大元帅，以明年为周王元年，蓄发易衣冠。贵州巡抚曹申吉、提督李本深、云南提督张国柱，皆起应之。云贵督臣甘文焜闻变，自贵阳趋镇远，战败自杀。变报达京师，举朝震动。大学士索额图请诛撤藩论者以谢之，帝不许。惟驰诏止闽、粤两藩勿撤，公布三桂罪状，削其官爵，下其子应熊及家属于狱。命前锋统领硕岱驰守荆州、常德，阻其东犯湖广之师。命西安将军瓦尔喀进屯四川，以绝自滇入蜀之通路。而续发大军继其后，以顺承郡王勒尔锦及都统赫业督之。皆十二年十二月及十三年正月事也。

湖南之陷落及其应援 三桂既据有云贵，乃遣部将王屏藩犯四川，遣马宝等自贵州出湖南，以十二年岁除陷沅州。明年正月，张国柱等引兵继进。湖南巡抚卢震弃长沙奔窜。官军之屯湖北者，皆畏葸不敢前。于是常德、长沙、岳、澧、衡四府一州，先后陷落。同时四川巡抚罗森、广西将军孙延龄、襄阳总兵杨来嘉，各以其守土叛应之。耿精忠闻之，亦以三月举叛旗,陷全闽。数月之间,六省尽失,中原动摇,当官者无守志。惟尚可喜镇广东,按兵守臣节。三桂闻湖南已定,乃亲赴常、澧间督战,而使其将吴应麒严守岳州,扼洞庭峡口,以当江北官军。官军云集荆州,莫敢渡江。然三桂以子、孙并质京师,冀免其诛,又年老持重,不欲轻去云贵根据,故当发难之日,尝以疏付撤藩使者折尔肯还奏,有所陈请。及既得湖南,又下令诸将,毋得北进,冀朝廷裂土议和,画江为国。而圣祖深知三桂狙诈,不欲苟且息兵,遂以四月赐三桂子应熊及其长孙世霖死。旋命贝勒尚善为安远靖寇大将军,助顺承郡王进图岳州。三桂乃分兵,一由长沙出江西,一由四川窥陕西。其出江者,分扰袁州、吉安境,与耿精忠之军合,陷三十余城。而陕西提督王辅臣又以是年十二月,举兵宁羌,遥附三桂。于是东西响应,寇氛益张。

陕甘骚动与长沙攻守　先是,朝廷以四川助乱,陕西摇动,当严为警备,乃使大学士莫洛率绿营步兵驰往经略,使贝子董额率满骑继进。而三桂将王屏藩骁勇善战,与西安将军瓦尔喀相持于川北,数出偏师,绝粮运,断栈道。官军饷缺,有哗溃者。辅臣阴生异志,以索饷为名,鼓众攻杀莫洛于宁羌。董额逡巡不敢击,尽留诸军困守西安。辅臣自据平凉,而使其党分陷各郡。三桂闻之,赂辅臣犒师银二十万,又令王屏藩等出汉中相援应,甘肃尽陷。董额与辅臣相持一年不下。至十五年,朝廷乃以大学士图海为定远大将军,任西征事,节制董额以下诸军。时三桂方欲乘辅臣之变,取道川陕,入犯京师。乃留兵七万守岳、澧诸水口,以拒荆州之军;又留兵七万守长沙、醴陵、萍乡,以当安亲王岳乐江西之师;使杨来嘉等进掠郧阳,而自赴松滋调度,欲以通西北之寇。及图海至,督诸将一战,大败辅臣等于平凉城北,辅臣遂以是年六月乞降。王屏藩等遁还汉中,陕甘略平。而岳乐复乘三桂西上,定江西边郡,由萍乡、醴陵进攻长沙,湖南震动。三桂既不得志于西北,又闻长沙急,乃由松滋回军,尽调诸将会援。荆州军乘之,稍稍南进,扼江湖之险,长沙垂克,而未几松滋舰队自上游来援,荆州军遽借口溽暑引还。三桂又遣其将高大节东陷吉安,以断岳乐之后路,攻守之势复变。

耿精忠之叛服　耿精忠之叛也,以都统马九玉、总兵曾养性、白显忠三人为其爪牙,分三路出寇。即养性出东路,据浙之温、台;显忠出西路,据江西之广信、建昌、饶州;九玉出中路,据浙之金、衢。又约台湾郑经与潮州总兵刘进忠,内外夹击广东,声援甚盛。十三年六月,以康亲王杰书为奉命大将军,贝子博喇塔为宁海将军,赴浙进讨,旷岁无功。朝廷数遣敕使招抚,悉见拒不受。会精忠与郑经有隙,经夺其漳、泉、汀、邵诸府。杰书等乘其内乱,遂以十五年九月进攻九玉于衢州,破其众数万。同时白显忠亦为安亲王岳乐所困,穷蹙乞降。精忠既覆两路之师,又内迫于郑氏,闽地几失其半,惶惧不知所为,乃遣其子显祚,诣大军献总统印,自请随官军剿海寇赎罪。曾养性闻之,亦以温州降。郑经遂以翌年为闽师所迫,弃漳、泉诸府,退守厦门。浙、闽告平。

尚之信之叛 方十四年,精忠与郑经同盟侵掠广东沿海,同时吴三桂亦遣故广西提督马雄进兵肇庆,夹攻可喜。可喜自三桂举兵以来,始终与之反对,尝执其使者,奏其诱降之书,又虑之信不可恃,疏请以次子之孝袭封。朝廷深倚赖之,进封亲王。至是可喜东西受敌,又内制于之信,力不支,因自陈衰病将不起,乞江西官军往援。诏以将军觉罗舒恕及副都统莽依图赴之。军至而之信已变,受三桂招讨大将军号,改帜易服,严兵守可喜府,移檄诸郡。是时尚之孝军惠州,两广总督金光祖及舒恕军高州,莽依图军肇庆,精锐不下二三万,足以合力制之信。而光祖阴受三桂密札,牵制诸军,使不得进。之信势大振,江西援师引还。光祖遂与抚臣佟养钜并降于三桂。三桂封之信辅德亲王,趣之出师,恃为后劲。可喜竟以忧愤卒。

广西之战局 孙延龄以十三年春据桂林附三桂。未几,提督马雄亦以柳州应之。三桂封延龄临江王,以雄为东路总督。延龄故与雄有怨,虽共事而畏其逼己,猜忌日深。延龄妻孔四贞,故定南王有德女也,日夜以朝廷恩德为言,劝之返正,延龄意动。马雄讦诸三桂,谓延龄有异志,当急图之。三桂乃使其从孙世琮引兵赴广西。世琮遂以十五年十二月入桂林,擒杀延龄。先是,庆阳知府傅弘烈当三桂未叛时,尝劾奏其不法状,坐妄言流徙苍梧。及三桂反,广西响应,弘烈阳受三桂职,而阴募义勇,图恢复,寻集兵五千人,移檄讨贼,自请任广西军事。诏授弘烈广西巡抚、抚蛮灭寇将军,增募义勇,便宜行事。会尚之信返正,官军集韶州,得分兵赴援。弘烈领所部兵万余,累克浔、梧诸郡。援军乘之,进围平乐,与世琮相持。

江西、广东之复定 高大节既陷吉安,使其党韩大任守之,而自率所部乘间出战,以少击众,官军当之者辄挫。大节寻与大任不相能,屡为所谗,发愤竟死。大任不敢出战,吉安遂为官军所围。十六年—一六七七年。四月,大任溃围出,寻降。时耿精忠、郑经先后或降或走,闽地全定。而尚之信亦苦三桂征饷,颇萌悔志,阴通款于江西官军。诏以莽依图为镇南将军,自赣州入广东受之信降,而又令都统赖塔领漳、汀守兵赴潮州应之。于是江西、福建之师同时入粤。之信遂以十六年六月率军民迎降军前。

三桂之末路 三桂既失陕西、福建、广东三大援,又失江西,其领地自云贵而外,独有四川、湖南及广西之一部而已。又自军兴以来,东西调发,财用渐竭,川、湖赋税不足以供军需,情现势绌,恐诸将解体,欲伪示威重维人心。乃以十七年—一六七八年。三月,建号即位,以衡州当兵冲,自长沙徙都之,改为定天府,置百官,封诸将。是时诸道官军专力湖南,安亲王岳乐复浏阳、平江,将军穆占以陕西、荆州精兵,进拔永兴等县;简亲王喇布遂自南昌进屯茶陵。于是湖南东南边境诸州县,自平江至蓝山,悉为官军所得。而永兴为衡州门户,相距仅百余里,三桂所必争。乃遣马宝等悉锐环攻,昼夜不息,至八月,城垂陷,而三桂暴卒。诸将解围赴衡州,聚谋迎其孙世璠于云南立之。初,十四年陕甘之变,四方骚乱。圣祖欲亲征,驻跸荆州,就近调度。而廷臣以为京师根本重地,车驾远出,恐有讹言奸宄窃发,固请毋行。及三桂僭号,圣祖慨诸军旷日持久,复下亲征之令。廷臣又以贼势日蹙,无劳远出为请。帝未决,会三桂死,乃止。

三路入滇 世璠既立,不敢留衡州,退居贵阳,恃川、湖、广西为屏蔽。然自三桂殁,部下失措,无能定战守之策者。官军势益振。于是湖南则安亲王,广西则傅弘烈、莽依图、赖塔,四川则平凉提督王进宝、陕西提督赵良栋,皆累战累捷。十八年—一六七九年。正月,吴应麒自岳州走常德,寻复弃城遁。长沙、衡州相继下。同时弘烈等亦克桂林,走世琮。而王屏藩守汉中,以饷运不继,又为王进宝所迫,退守保宁,翌年—一六八〇年。正月,遂自杀。良栋亦以是月克成都。三省略定。是年三月,诏安亲王率所部大军之半凯旋，而以贝子彰泰代之。三道之师合趋云贵，即彰泰以平定湖南之师自沅州出其东，赖塔以闽粤之师自南宁出其南，而良栋以川师出其北。十月，湖南官军由平越趋贵阳，世璠偕诸将走云南。官军乘胜西进，翌二十年—六八一年。正月，与赖塔军会于曲靖。二月，抵云南。世璠据五华山宫城，誓死守御，累月不下。至九月，良栋已尽逐川南诸寇，进与湘粤之军合围，攻益力，以十月克之。世璠自杀，马宝等为俘，寻磔于市。云贵悉平，班师。于是康熙十二三年以来蔓延十省之大乱，全归镇定。而台湾郑氏之独立，亦遂不旋踵而覆矣。

尚之信之伏诛 尚之信既降，复怀两端。官军征湖南时，趣之出援不赴，比永兴危急，又坐视不救。三桂死，始听调遣，从征广西，驻军宣武。会其弟之孝谋袭藩位，令藩下人张士选赴京告之信心怀怨望，放言讪上。都统王国栋者，故之信私人，至是亦助之孝，发其罪状。十九年三月，诏侍郎宜昌阿等驰往按问。之信闻命，自武宣还广州，上疏抗辩。诏令至京对簿。而藩下总兵李天植怒国栋逸构，诱杀之。事闻，天植坐谋反伏诛，之信遂以是年八月赐死，之孝并坐褫职。

耿精忠之伏诛 耿精忠之降也，以请剿海贼立功赎罪为词。康亲王杰书奏复其爵及所属官职如旧。朝廷乃以耿昭忠（精忠弟）为镇平将军，驻守福州，而使精忠率所部从征。旋收复兴化、泉州、漳州，逐郑锦入台湾，移师征潮州。会尚之信以广州反正，潮州之刘进忠亦降，精忠遂驻守其地。十六年四月，康亲王议令将军赖塔守潮，而撤精忠还福州。圣祖虑其疑惧生变，诏勿撤。十一月，藩下参领徐鸿弼等遣人赴部首精忠归顺后，尚蓄逆谋，列罪状五款。同时，昭忠亦以鸿弼首词具疏入告。圣祖留疏不发。十七年春，召昭忠还京，仍命精忠还驻福州，而密谕康亲王令之自请入觐。十九年八月，精忠入朝，以藩兵授所属都统马九玉辖之。圣祖乃以前此留中诸疏下法司勘问，部议黜爵磔死。然圣祖以九玉尚握兵柄，不欲遽发，命系精忠，待鸿弼等至京对簿。明年十月，大兵平云南，九玉亦解任归旗。于是台官交章言三桂宜戮尸，精忠及其党应按律议磔。而大学士明珠亦极言精忠罪在不赦。乃诏析三桂骸骨，颁示海内，而磔死精忠于市。

封建藩镇之全废 三藩既平，朝廷尽籍藩产入官，充军饷，撤藩兵回京师。而于福州、广州、荆州等处,各设八旗兵驻防。自是不复以兵权、土地世予臣下。凡亲贵功臣毕留京师。宗室自亲王以下至奉恩将军,爵凡九等,有俸,有庄田。功臣自一等公以下至恩骑尉,爵凡二十六等。虽世袭有差,实际上无几微之权势。由是前代封建之弊绝。其任全国之守备者,则各省有提督、总兵等官,以统绿旗;各要地有将军、都统等官,以统驻防八旗。然皆掌兵柄而不擅财赋,且与文臣互牵制焉。由是前代藩镇之弊亦绝。中央集权之制,至是渐完密矣。

第九章　台湾之收服

郑氏占领以前台湾之历史　台湾自郑氏占领以前,为马来种生番所据,未尝受中国之统治。隋大业中,虎贲将陈稜尝一至彭湖,东向望洋而返。《宋史》谓彭湖东有毘舍那国,即其地也。元置巡司于彭湖,明初废之。天启二年,一六二二年。和兰人既据南洋诸岛为贸易地,欲求商港于中国,乃以十七艘之舰队谋犯澳门。时澳门已为蒲萄牙人极东贸易之要地。当兰人来侵,中国兵与蒲人协力拒之。兰人不得志,退入彭湖(西名 Pescadores,蒲语"渔夫"之义也),筑城居焉。寻又为明军所逐,土人复起攻之,乃以天启四年—一六二四年。退据台湾(西名 Formosa,亦出蒲语,译言"美丽")。自是以来,兰人次第开拓,先筑安平城(Fort Zealaudia),旋筑赤嵌城(Fort Provintia),又逐西班牙人于岛外。台湾全土归其掌握,乃改革行政,宏布宗教,授土人以兰语,成绩颇著。而是时中国大陆兵乱渐起,避难来住者日以繁衍。于是中、兰两国之移民,势力相敌。而郑成功终以战胜之结果,据有其地。

郑成功与和兰之战争　顺治十七年,成功自江南败归,使其子经留守厦门,而自以舰队向台湾。是时兰人哥依德(Coyet)为台湾知事,怒岛人与成功相通,下令捕治,中国移民皆不服。会知事所属会计员负债巨万,恐发觉无以偿,乃走报成功,请为向导。成功览其地图,叹曰:"此亦海外之扶余也。"十八年六月,成功以兵二万五千自安平附近上陆,断安平与赤嵌之交通。赤嵌城先下。兰人守安平,而告急于巴达维亚(Patavia)。巴达维亚总督遣兵舰七艘、兵七百人赴援。会中国边吏致书哥依德,求合兵先逐成功余众之扰大陆沿海者,然后攻其本营。兰人乃分兵舰五艘应之。成功乘机悉锐还攻。于是安平陷重围者已九月,兵士死者千六百余人，哥依德知不能敌，遂以城降。自天启四年兰人占领台湾以来，至是凡三十七年，尽失其所有权。

郑氏台湾之经营 成功既占领台湾，内则组织政府，兴农业，修兵备，定法制，建学校，用处士陈永华为谋主，筑馆舍以居明宗室遗臣之渡海来归者，以赤嵌城为承天府，污莱日辟。外则置兵守金门、厦门两岛，与相犄角，又通使斐律宾群岛，求聘问于西班牙总督，欲以得海上之应援。朝廷知成功终不可致，顺治十八年，诛其父芝龙，并诛郑氏子弟在京者，而诏徙福建沿海三十里内之居民于内地，禁渔舟商船出海，将以坚壁清野之法困之。于是沿海商民荡析流离，又失海上鱼盐之利，颇相疾苦。张煌言因遗书成功，趣之内渡，谓："弃此十数万生灵不收，安用争夷岛，且苟安一隅，恐将来金、厦亦不可守。"而成功以台湾初定，虑兰人来袭，未暇争霸大陆。翌康熙元年，成功卒，春秋三十有九。长子经自厦门入台嗣立。是年，监国鲁王亦卒于台。二年，桂王亦被难。而经犹奉其永历之号，负固海外。

福建之侵扰 其后三藩事起，耿精忠据福建，乞援于郑氏，许以漳、泉二府酬之。台人大喜，亟渡海而西，与耿氏合攻广东。既而精忠背约，经请漳、泉不得，于是反兵自取之。福建故属郑氏势力，其旧部多有存者。海澄总兵赵得胜与其属刘国轩、广东潮州总兵刘进忠，皆叛附经。经乘势取汀州、邵武等府。会精忠反正，与康亲王杰书合军攻郑氏，遂以十六年收复漳、泉以下诸府。经退守厦门，旋复遣将出没沿海。十八年，经将刘国轩等分道入犯，以六月下海澄，分围漳、泉。杰书驻军福州不敢救。而巡抚吴兴祚与将军赖塔出安溪间道，解泉州之围。总督姚启圣、提督杨捷夺漳州险要。国轩还据海澄，守一年不下。时三桂死，官军复岳州，湖南水师无所用，诏水师提督万正色督战舰二百，由海赴闽，与启圣、兴祚等会军攻之。遂以十九年三月克海澄。郑经及国轩弃金、厦二岛，归台湾。

招抚之议 方郑经之初立也，朝廷遣疆吏贻书招之，经请如琉球、朝鲜例，不登岸，不薙发易衣冠，议遂中辍。至是，赖塔复与经书曰："自海上用兵以来，朝廷屡下招抚之令，而议终不成，皆由封疆诸臣执泥剃发登岸，彼此龃龉。台湾本非中国版籍，足下父子自辟荆榛，且眷怀胜国,未尝如吴三桂之僭妄。本朝亦何惜海外一弹丸地,不听田横壮士,逍遥其间乎？今三藩殄灭,中外一家,豪杰识时,必不复思嘘已灰之焰,毒疮痍之民。若能保境息兵,则从此不必登岸,不必薙发,不必易衣冠,称臣入贡可也,不称臣不入贡亦可也。以台湾为箕子之朝鲜,为徐福之日本,与世无患,与人无争,而沿海生灵,永息涂炭。惟足下图之。"经报书请如约,惟欲留海澄为互市公所。而姚启圣持不可,议复寝。启圣督闽,务欲灭郑氏,收台湾为功,数遣刺客谋暗杀,事皆无效。而经竟以康熙二十年正月卒,于是王位继承之争起,郑氏遂败。

郑氏之内乱 先是,经连年用兵在外,用陈永华言,以长子克𡒉监国。克𡒉长而才,然乳婢出也。方成功在时,已有构之者,谓𡒉孽贱,不当为世孙辱国。及𡒉监国,礼贤恤下,谨法令,物望颇归之。而群小惮其明察,益不利其立。至是经卒,侍卫冯锡范首以计罢永华兵柄。永华忧死,克𡒉失助。时成功妻董夫人尚在,复入间言,遂袭杀克𡒉,而立经次子克塽为延平郡王。塽幼弱不能莅事,事皆决于锡范,人心益失。启圣闻其内乱,又知水师提督施琅习海道,可用,请乘机出师。而内阁学士李光地亦以是为请,征台之议始决。

郑克塽之降 二十二年六月,施琅以战舰三百、水师二万,自福建出发,乃定先下彭湖、次攻台湾之策。时刘国轩在彭湖,沿岸筑垒,环二十余里,间垒设炮,又列战舰据诸港,守御甚严。琅督诸军鏖战七昼夜(自十六日至二十二日),焚敌舰百九十余艘。国轩力不能支,乘小艇渡台。官军遂据彭湖。七月,台人遣使议降。施琅、姚启圣以闻。八月,敕至,琅遂率众渡台受降。于是国轩及冯锡范等拥克塽出受诏,缴上成功所受明延平郡王印,籍土地户口府库军实以献,时二十二年八月十八日也。自顺治十八年成功逐兰人据全台后,其独立之局凡二十三年。诏封琅靖海侯。克塽入都,隶汉军,封海澄公,克塽死而爵除,其子孙至今尚存云。

施琅之建议 台湾既平,廷议以其孤悬海外,易薮贼,欲弃之,专守彭湖。施琅以为"中国东南形势在海而不在陆。陆之为患有形,海之薮奸莫测。台湾虽一岛,实腹地数省之屏蔽,弃之则不归番,不归贼,而必归于和兰。彼恃其戈船火器,又据形胜膏沃为巢穴,是藉寇兵而资盗粮也。且彭湖不毛之地，不及台湾什一，无台湾，则彭湖亦不能守。"由是设一府三县，置吏治之，隶福建布政使。然其地僻远，又受治日浅，奸宄时时窃发。其乱事之较著者，则康熙六十年—一七二二年。朱一贵之乱及乾隆五十一年—一七八六年。林爽文之乱是也。今撮其颠末，附诸本篇。

朱一贵之乱　康熙末，台湾知府王珍税敛苛虐，滥捕结会及私伐山木者二百余人，处以死刑。凤山县民黄殿等利一贵朱氏，称为明裔，奉之作乱。以五月六日陷府城，总兵欧阳凯战殁，凡七日而全台尽陷。一贵自称中兴王，号永和。六月，水师提督施世骠及南澳镇总兵蓝廷珍，先后自厦门渡海，会于彭湖。时台中闽人、粤人互相雄长，各地乡兵义勇争起拒贼。廷珍等乘之，自彭湖进克安平镇，旋以是月二十二日恢复府治。一贵等伏诛。廷珍因建议，诸罗（嘉义）以北，地险兵单，难以控制，宜割为二县。乾隆中，朝廷用其言，始分诸罗北境为彰化县，又北增淡水厅，即后日之台北府，为故台湾巡抚所驻者也。

林爽文之乱　林爽文者，彰化巨族，以豪富雄一方，聚众结秘密社，号曰天地会，横行数十年，吏不敢问。乾隆五十一年，总兵柴大纪谋发兵捕之，而先焚无辜村聚以相怵。爽文因众怒，举兵反。十一月二十七日，陷彰化，寻又陷诸罗。翌五十二年—一七八七年。正月，大纪累战破贼，遂复诸罗。诸罗为府城北障，贼众十余万复来攻之，志在必得。大纪善战，与城民固守，亘半载不下。诏改诸罗为嘉义县。是年冬，总督福康安及将军海兰察奉命赴援，遂以十一月解嘉义之围，以十二月擒杀爽文以下数十人。台湾复定。而大纪为福康安所构，竟罹重辟。盖自明季至国初，台湾易主者凡三，而后始为本朝之领土。又自姚启圣建议征台以来，用兵者凡三，而后始奏底定之功，收生聚之效。固以见国家之得之者，若此其不易也。

第十章　中西国际之由来

古代中西之交通　当明与本朝代兴之际，中国历史上渐开一振古未有之变局，即西洋诸国人之渡来是也。前此千余年间，欧、亚两大陆未尝无一二交通之事实。西人至中国者，唐贞观中，则有景教僧阿罗本。元初，则有威尼斯巨商尼哥罗博罗（Nicolo Polo）父子。而马哥博罗（Marco Polo）留仕元室，淹居吾土者，前后且二十余年，其所著旅行记，一时颇动欧人之耳目。然此不过艰苦卓绝之旅行家，旷代一至，于国际上无几何之关系，未得谓为近世东西交通之起源也。东西交通之就绪，实在印度航路发见以后。而发见此航路者，为葡萄牙政府之力，故交通中国者亦以葡萄牙人为最先。由是而和兰人继之，英吉利人又继之，而西班牙人亦借马尼剌（Manila）为两国之媒介，间接以行其贸易。今欲讲明中西国际之由来，则当就此等国民次第东来之历史略述之。

印度航路之发现　欧洲中古之时，威尼斯及热内亚诸商之往来印度者，其航行之路有二：一则取道埃及而出红海，一则由黑海取道美索不达迷亚而出波斯湾是也。自东罗马帝国灭亡以来，黑海地方之通路为土耳其人所扼。欧人之从事印度贸易者，不得不更辟他涂以通之。是时航海之术、物理之学日益精核。乘时有为之士争以捷足先至垄断市利为其目的。于是哥伦布以地圆之理游说西班牙政府，资其舟楫财用，以求诸大西洋。而葡萄牙政府亦以累代奖厉航海之故，使非洲西南海岸次第发现。其臣华士哥德噶马（Vasco da Gama）卒以弘治十一年一四九八年。通过非洲之南端，以达印度马拉巴尔海岸（Malabar Coast）之古里（Calicut）。是为欧亚海路交通之始，实东西交通史上至要之事实也。

  葡人通中国之始 自噶马发现印度海岸以后，葡王以马弩利第一东略之志益锐。弘治、正德间，遂县卧亚（Goa），略马剌加（Malacca），设印度总督，以掌贸易拓殖之务，置僧正以综理东洋布教之事，势力及于苏门答腊（Sumatra）、爪哇（Java）诸岛。自马剌加占领后五年，葡人剌匪尔伯斯德罗（Rafael Perestrello）遂附帆船入中国，是为欧洲船舶内渡之始。时正德十一年—一五一六年。也。其翌年，印度总督亚伯勒基（Albuquerque）复遣使臣比勒斯，求与明廷缔约，遣卧亚市长匪地难德安剌德（Ferdinand Andrade）测量中国港湾。两人之至广东也，地方官颇欢迎之，使碇泊上川岛（Shangchan or St. John's Island）。又明年，匪地难德弟西蒙（Simon Andrade）者踵至，有暴行，大为吏民所恶。先是，武宗闻比勒斯之至，使留广东待命，及西蒙事作，遂遣吏鞫之，坐以间谍，下诸狱。正德十六年，—一五二一年。遂下令放逐葡人于境外，未几令弛，葡人来者益多。嘉靖中，广东附近有葡人居留地三，即上川、电白（西史作 Lambacao）及澳门（Macao）是也。十余年间，电白贸易为诸港之冠。葡商寄居者常达五六百人。及澳门兴盛，遂驾电白而上之。

  澳门互市之起源 当时广东而外，沿海诸省为葡商所出入者，则宁波、泉州等地是也。居宁波之葡商，或结党四出，诱掠妇孺。居民大愤，争起复仇，以嘉靖二十四年—一五四五年。屠教徒万有二千，焚葡船三十七艘，而泉州之葡人亦以二十八年—一五四九年。为吏民所逐。于是澳门独为葡人极东贸易之要港。澳门互市之起源，盖在嘉靖十四年。一五三五年。是时，都指挥黄庆者得葡人巨贿，为请于上官，始以濠境（即澳门）为通商之地，年科地租二万金。其后三十二年，—一五五三年。葡船有遭风涛之害者，以贡品被水为辞，请于海道副使汪柏，乞地暴之，自是展境益广。至万历元年，—一五七三年。中国政府始于澳门附近筑境壁为区画，置守吏焉。而西史或言嘉靖时，澳门故为海寇所据，地方官假欧人之力讨灭之，故以其地割与欧人为酬功之具云。

  西班牙人之渡来 方葡萄牙人开辟印度航路，垄断东洋贸易之全权，同时西班牙政府亦次第发见亚美利加大陆，取墨西哥为殖民地，壹意西进，以求达其世界回航之目的。正德十四年，—一五一九年。当西班牙加罗第一之时，其臣墨加蜡（Magalhaes），亦作麦折伦（Magellan）者，始率舰队，自大西洋出亚美利加南端，进达太平洋，凡航行三十三月之久，而至马来群岛之息布（Cepu）。是为欧洲至东亚西南航路开通之始。墨加蜡旋为土著所杀，其徒众以嘉靖元年—一五二二年。越印度洋而归。于是加罗第一以太子非利布之名，名所至群岛曰斐律宾。终加罗之世，西班牙舰队至斐律宾者三，然仅得出入其地而已，未暇占领也。及嘉靖三十五年，—一五五六年。非利布立（是为非利布第二），益经营四方，逞其远略。其将勒迦斯比（Legaspi）遂以嘉靖四十四年—一五六五年。占据斐律宾，定马尼剌为列岛之都会。是时，中国商人往来南洋者获利甚巨。沿海慓悍之民或以武力恣其暴取。及西班牙人至，斐律宾海陆间遂为两国民之战场。

李马奔之斐律宾战争 明室叔季时代，中国国民有以匹夫之势力与欧洲雄国为敌者，后则郑成功之与和兰，而前则李马奔之与西班牙是也。李马奔者，泉州人，故海贼渠魁，数出没远近，从事劫夺。会海上有帆船来自马尼剌者，为马奔所掠，马奔即以捕虏为向导，率帆船武装者六十二艘，水陆兵各二千，妇女千有五百，进征斐律宾。万历二年冬，一五七四年十一月二十九日。舰队达马尼剌湾。马奔使部将日本人庄公（Sioco）将兵六百先入。时暴风起，舟多覆者，溺杀几二百人。庄公以残兵薄马尼剌城外，进殪西班牙副将，西兵走保桑的亚哥（Santiago）。会援军一队至，庄公以为大军也，稍稍引退。西兵乘势追击，血战亘数时，庄公收败卒，退合李马奔之本营。时勒迦斯比已死，其孙温萨尔塞特方经略吕宋北部，及中国兵迫马尼剌，急还谋防御之策。西十二月三日，两军战备已就。马奔集部将，下进击之令。庄公引兵千五百人登岸，纵火市街，围其堡垒，而舰队自港外发炮助攻，庄公遂以所部入城。西军殊死战，庄公阵殁。马奔复发兵五百继之，终无功而退。于是马奔收余众，航吕宋岛西岸，数日，至亚格诺（Agno）河口，降服土人，得河上四里地，筑城居焉。萨尔塞特闻之，复大举来薄。马奔知不敌，乃留兵城中，牵制敌军，而乘间出海遁。其留者走匿深山间，至今斐律宾有伊哥罗德支那人种（Igorrots-Chinese）者，其苗裔也。

中国与西班牙交涉之始 方马奔之据亚格诺河口也，福建总督闻其势盛，发舰队侦之。西班牙人闻中国舰队之至，欲乘机与订通商条约，乃邀使者至马尼剌，谒其知事。使者言通商事当就督臣议之，请俟舰队归国之际，简信使与俱。于是知事以僧侣马丁拉达等为使，赍书翰贡物，附闽舰内渡，求缔商约，是为西班牙遣使中国之始。时万历三年—一五七五年。也。其后万历八年，—一五八〇年。西班牙王非利布第二复遣马丁伊格奈条（Martin Ignatius）来申前请，而先后并为葡人所间，不得要领。然中国商船往来斐律宾自若，故马尼剌遂为两国之市场。先是，西班牙政府之得斐律宾也，以为墨西哥殖民地之附庸。凡斐律宾行政补助费及商品代价，悉取诸墨西哥，岁额二百五十万圆。以故墨西哥银币充溢马尼剌，复经南洋商人之手，以输诸中国。今墨银之通行内地者，由此起也。

和兰之经略南洋 正嘉以来，东洋商利殆为葡萄牙人所独擅，既如上文所述。然葡人之经营拓殖，专以暴力制胜，及拓地既广，国力不足以维系之，故不久中衰，而和兰、英吉利两国代之而起。和兰故西班牙领土，以宗教纷争之故，于万历九年—一五八一年。脱西班牙政府之羁绊，宣告独立。方葡萄牙商业盛时，其都里斯本为东洋百货所萃。和兰、英吉利诸商率就其地为稗贩之业。然自万历八年—一五八〇年。西班牙王非利布兼袭葡国王统以来，有辖治比勒尼全半岛之主权，以和兰人为其叛民故，务有以困之，遂于万历十九年—一五九一年。下令禁兰人出入里斯本。兰人既失稗贩之利，势不得不自辟商路，直接与东方诸国贸易。而是时林斯哥敦（Jan Huigen Van Linsikoten）、好德曼（Cornelius Houtman）之徒，并以游历外国，习识海程，为全国提倡。万历二十三年，—一五九五年。亚摩斯德登诸商始创"私立东印度会社"，从事探险。好德曼遂以是年回航南非，经苏门答腊至爪哇西岸，巡览而归。自是兰船东渡者不绝。至万历三十年，—一六〇二年。东印度会社得政府公许，有于殖民地置兵除吏及与所在国君主宣战媾和之权，遂自苏门答腊、爪哇、摩鹿加列岛（Moluccas）逐葡人而有之。寻以万历末年—一六一九年。建巴达维亚府于爪哇，以为诸贸易地之中心。于是西自印度之马拉巴尔海岸，东至日本之长崎，其商港相接，海上权力极盛一时。

兰人与本朝之交涉 兰人既席卷马来西亚群岛，所至排斥他国，恣其独占。而在澳门之葡人，以有中国兵援助故，得保其位置。兰人不得志于澳门,乃经营台湾,以伺利便。会本朝定鼎,与内外更始,旧教牧师有马尔底尼者,自中国入巴达维亚,盛道新政府之开通。兰人方以广东交涉之途,为葡商所遮,苦不得间。及闻牧师言,遂欲遣使北京,与政府为直接之谈判。顺治十三年,一六五六年。兰使哥页(Coyer)及开泽(Keyzer)二人,始自爪哇抵京师,觐见世祖,以互市为请。廷议许和兰商船八岁一至,船数以四艘为限,他所请皆不得行。其后台湾为郑成功所夺,福建沿海连年被其侵略。兰人数遣舰队助大军,攻金、厦,削郑氏势力,以是挟功求报酬。康熙三年,一六六四年。其使臣诃伦(Van Hoorn)复以巴达维亚总督之命,议约北京,竟略无所得而返。

英人之东渐　英人之从事东洋探险,殆与和兰人同时。惟和兰人所经营者,以马来西亚群岛为主,而英人所注意者则在印度。万历七年,一五七九年。托马斯士德芬(Thomas Stephens)者始至印度。英人得自其通信中知商况之梗概,进取之志由是生。方和兰之独立也,英女王伊利萨伯以宗教上之关系为之后援,故英西交恶。万历十六年,一五八八年。西班牙之无敌舰队为英军所歼。英人于海上之威望,坐是骤增。而是时西葡合并,葡人之东洋商利为西班牙财赋所从出,故英人欲借战胜之势,进覆其根据。会和兰暴兴,南洋贸易为其所持,其出品之行售欧洲者,价腾贵至倍蓰。英人益不平。万历二十七年,一五九九年。伦敦商人集议组织东印度会社,与兰人竞争。至翌年一六〇〇年。成立之顷,其资本金仅七万镑而已。而以累次远航之结果,得于爪哇及印度沿岸行其贸易,赢获日富。顾其在爪哇等岛地者,始终为兰人所排斥,不能得志。独于印度大陆,所在奏功,其势力远出他国之上。

中英交涉之起源　中英之互市,自崇祯十年一六三七年。虎门之役始。先是,万历二十四年,一五九六年。英女王伊利萨伯虽尝一遣使节,奉书明廷,然不能达其目的。其后英人以经略印度之故,与葡人相冲突,战争连年不绝。于是卧亚总督以屡败之余,与英人缔休战条约,许英船有出入澳门之权利。崇祯十年,英人威代尔(Weddell)者率舰队至澳门,携卧亚总督书,谒其知事。葡人拒不纳。威代尔乃思与广东大吏相交涉,而葡人复谗构其间。当英船之至虎门也,守者遽发炮击之,激战数时之后,炮台遂陷。其终局,英人以所得战利品还付中国,而中国亦允英人通商。然未几鼎革之乱起，海内骚动，故外国贸易为之中辍。至康熙三年，一六六四年。东印度会社遣商船一艘至厦门，无功而返。会郑经在台湾，颇讲外交之策。英人与订约，得以安平及厦门为出入地。而台湾新辟，物产贫乏，故安平贸易不久旋废，而厦门独盛。康熙十六年，一六七七年。英人始议于厦门建商馆。然以本朝干涉之故，事卒不成，惟其商船得以时间至而已。

基督教之传来　自基督教入中国，而宗教问题常为近世国际上纷争之要点。故其传来之次第，亦吾人所欲知也。基督教义之最先流布中国者，为乃斯德利安宗，当盛唐之世已风靡一时，所谓大秦景教者也。然乃斯德利安宗之在欧洲，尝为宗教会议所排斥，固非基督正宗。及唐会昌五年八四五年。下诏严禁，而其徒遂绝迹于中国。尔后蒙古帝国兴，东欧地方被其蹂躏。罗马教皇及列国君主思以宗教之力怀柔之，数遣教徒为议和使，试其游说。于是若望高未诺（John of Monte Corvino）者，以至元二十七年—二九〇年。得元廷许可，布教北京，建礼堂焉。罗马加特力宗之入中国自此始。然元亡而布教事业亦因之中止。及东西航路既通，欧人东渡者日众，商业所及，宗教随之。而是时加特力宗方以路得宗之抗议，失势力于欧洲。其徒有志者，因欲转入他土收其义法。而耶稣伊德社（Jesuit）传布最力。加特力宗之得蔓延于东洋诸国者，皆此社之为也。

利玛窦之布教事业　是宗之再兴于中国也，实以义大利人利玛窦（Matteo Ricci）为其初祖。中国所谓天主教者，即玛窦所倡也。先是，嘉靖三十一年，一五五二年。耶稣伊德社东洋布教长方济各沙勿略（Francis Xavier）自卧亚内渡，道死于上川岛。其后任范礼安（Valignani）乃遣玛窦及罗明坚（Michael Ruggieri）入中国，绍其遗志。玛窦等以万历八年一五八〇年。至广东，留滞肇庆，服桑门衣，习华言，以其暇说教。罗明坚寻以事归，而玛窦遂易儒服，入南京，与其徒王丰肃（Alphonsus Vagnoni）游说荐绅间，日见尊信。南京礼部侍郎沈㴶奏："陪京都会，不宜令异教处此。"疏入不报。万历二十八年，一六〇〇年。玛窦始与其友庞迪我（Didacus de Pantoja）来北京献方物及基督画象。神宗念其远来，礼遇甚厚，令得于京师内外崇建礼堂。朝官徐光启、李之藻辈并服习其说，折节与游。玛窦能属文，颇有所论述。又其布教，常斟酌中国习俗古义而调和之，故成就有足观者。光启、之藻又从之译受《乾坤体义》《几何原本》《测量法义》诸书行世。是为泰西科学输入中土之始。

明末天主教传布之概况 万历三十八年，一六一〇年。利玛窦卒，而天主教徒亦颇为朝议所攻击。万历四十四年，一六一六年。遂下令放逐，终以光启调护之力，至天启二年，一六二二年。事得解。是时，宣教师留京者，自庞迪我外，有熊三拔（Sabbathinus de Ursis）、龙华民（Nicolaus Longobardi）、阳玛诺（Emmanuel Diaz）、邓玉函（Joannes Terrenz）等，更相应和，气类甚众。而德意志人汤若望（Joannes Adam Schall von Bell）又以后至能承其业。原诸人之所以见重于当时者，盖非以其宗教，而以其学术。彼等皆明习历法，旁通百技，能为时用。李之藻尝称："其所论天文历数，有中国昔贤所未及者，不徒论其度数，又能明其所以然之理，其所制窥天窥日之器，种种精绝。"当时士大夫既以从善服义之公心，盛相推许。而朝廷亦利用之，使当司天之任，或令铸巨炮，佐军用，故其布教亦得无阻害。盖至崇祯末年，而臣民之奉教者逮数千人，其中宗室百十四人，宦官四十人，显者十四人云。

国初天主教之废兴 鼎革之交，布教事业颇为兵乱所间。而宣教师之在北方者，以归命新朝故，得保其位置。若望又以历学受世祖宠遇，掌钦天监事，尊为通玄教师。而其在南方者，则以桂藩为之护法，传习不替。当桂藩末路，王太后尝以宣教师之介绍，致书罗马法王祈福，其信仰之深，略可推见。然自司天之职为西人所主持，学者颇以废绝古法为憾。康熙四年，一六六五年。回回教徒新安人杨光先上书攻击。若望论磔，以前勋仅得不死，其徒并连坐禁锢。会圣祖亲政，诸连坐者以大赦被释。于是南怀仁（Ferdinandus Verbiest）者复疏论钦天监推算乖谬状，较验得实。怀仁遂以康熙八年一六六九年。任监副。朝廷知此辈博习可用，自治历之外，凡外交通译及测量境土之事，悉以任之。而此辈亦谨守玛窦遗法，不强使奉教者尽变中国习俗礼式。以故康熙初年，天主教盛极一时，全国信徒不下数十万人云。

第一编终

第二编　全盛时期

第十一章　东北经略及中俄交涉

俄罗斯之东侵及雅克萨城之建设　圣祖既戡定云贵,郡县台湾,中国乂安,无复兵革之事,乃壹意经略边境,以绝外患。是时中国境外,大敌有二,一则俄罗斯之于黑龙江沿岸,一则准噶尔部之于天山南北是也。准噶尔汗之征服,事具后章。今略叙俄罗斯东侵之梗概及中俄交涉之起源,以见当时外交之优胜,且以明外交与武力相为表里之实焉。当明末季,本朝方遣兵定黑龙江畔之索伦、达瑚尔等部,而俄罗斯远征军亦越外兴安岭,以达西伯利亚极东之鄂霍海岸。其疆域所届,南与外蒙古之车臣汗、土谢图汗二部为邻,蒙人与相贸易焉。时通古斯种人之入俄境者,具言外兴安岭南境,川流交会,部落繁衍,适于耕牧,且富矿产。俄人心艳其说,益锐意南下。崇德末年,一六四三年。可萨克人波雅尔古(Poyarkoff)者,始自雅库次克,历阿勒丹、精奇里诸川以达黑龙江之下流,周览其山川部落,三载而归,具以所见告诸雅库将军,谓得精兵三百,可使其地入俄国之版图。会大兵入关,有事中国,不暇注意东北。俄人因得乘间于黑龙江北岸,试其侵略。其将喀巴罗(klraboroff)遂以顺治七年—六五〇年。引兵达索伦部人所居之雅克萨地,战胜土酋。翌年,一六五一年。遂筑城雅克萨河口,名曰阿尔巴青(Albazin),旧史所谓雅克萨城者也。是时乌苏里江有部落曰阿枪,见俄军之东下也,赴满洲乞援。于是宁古塔都统募兵使章京海色助阿枪人御俄。顺治九年一六五二年。四月,海色率兵二千,逐俄兵于黑龙江岸,无功而返,而喀巴罗亦以顺治十一年—一六五四年。归国。

中俄之冲突 喀巴罗之归也,俄人斯特巴诺(Stepanof)代领其众,复以是年五月引兵下黑龙江,剽掠粮聚。都统明安达礼御之松花江口,破其军,斯特巴诺退守哈马喇河。先是,叶尼赛斯克将军巴西古以黑龙江地方辽远,非置重镇于贝加尔湖东为根据,则侵略之志终不能达,因欲于尼布楚河注入什尔喀河之处,建设要塞。顺治十年,一六五三年。其所遣远征队遂略地什尔喀河流域,于右岸筑小寨焉。俄政府闻之,命巴西古兼尼布楚将军,任黑龙江经略事。顺治十五年,一六五六年。巴西古亲赴尼布楚,部署军事,而令斯特巴诺当前敌。斯特巴诺遂以所部可萨克兵五百人,出松花江,侵入满洲,抄掠村落。宁古塔都统沙尔呼达率舰队四十七艘,载火器拒敌,激战于松花江与瑚尔哈河间,斩杀太半,斯特巴诺死焉。残兵悉遁入雅库次克,其退至尼布楚者仅十七人而已。

中俄通使之起源 当是时,俄人虽以侵略黑龙江之故,数与中国兵相冲突,然未知中国国力之若何。顺治十一二年间,尝两遣使节,赍方物,上书以请互市为名,至北京觇虚实。而中国亦方偭然自大,不识俄罗斯之为何物,视之与邻近朝贡诸国等。顺治十一年,本朝与俄皇书,有云:"尔国远处西北,从未一达中华,今尔诚心向化,遣使贡进方物,朕实嘉之,特赐礼物,即令尔使人赍去,以明朕柔远之至意,尔其钦承,永效忠顺,以世恩宠。"其词绝倨,而俄人不解汉文,无由知其所云也。先是,顺治十年,俄军占据什尔喀河流域时,土酋罕帖木儿知俄人志在攻略,乃率其部众内徙,求保护。中国有司遇之薄,罕帖木儿心弗善也,康熙六年,一六六七年。复越额尔古纳河,入俄境,居因古塔河域。会俄使复至求互市,于是圣祖以俄人连年寇边,又纳我逋逃,乃以康熙九年—一六七0年。遣使莫斯科,令交付罕帖木儿,且约束边人,禁抄掠。莫斯科人无能解我国书者,乃遣使与中国使节俱赴北京,以康熙十四年—一六七五年。至,欲与中国订界约,开贸易,交换俘虏。政府宣言,非交付罕帖木儿,则所请皆无庸置议,议卒不成。俄人益经营雅克萨,筑塞精奇里上流,以相策应,将席卷黑龙江东北数千里地。而中国亦以其近逼陪京,不可滋蔓,思有以创之。两国之决裂,遂近在旦暮间矣。

雅克萨之第一次攻击 康熙二十一年,一六八二年。圣祖始命副都统郎坦以行猎为名,渡黑龙江侦察雅克萨城形势。郎坦归言俄兵寡少不足患。圣祖乃定征俄之策,先命户部尚书伊桑阿赴宁古塔制巨舟,筑墨尔根、齐齐哈尔二城,置十驿,通饷运,以萨布素为黑龙江将军,治爱珲,又令车臣汗绝俄人贸易。二十二年,一六八三年。俄将模里尼克率可萨克兵六十余人,发自雅克萨,将移营黑龙江下流,至爱珲附近,我兵船迎击之,俘其全军,致诸齐齐哈尔。二十三年,一六八四年。我军从译官至雅克萨城谕降,戍兵不可。于是都统彭春以二十四年—一六八五年。率水陆两军北征。陆军凡万人,携巨炮二百门,自齐齐哈尔陆行。水军凡五千人,舰百艘,自松花出黑龙。两军集雅克萨城下,遣使谕城兵令引去。是时俄骁将图尔布青(Tolbusin)以四百五十人守焉,拒命不屈。六月,我军始加炮击,图尔布青虽奋勇防战,而军械窳败,又众寡悬绝,势不能支,遂退至尼布楚。是役俄军战死及生擒者殆百人,我兵毁其城而还,献俘京师。圣祖赦俄俘,编为佐领,其苗裔盖至今犹有存者。

第二次攻击 图尔布青之还尼布楚也,会俄国陆军大佐伯伊顿(Perton)复率可萨克兵百人,自莫斯科来援。图尔布青乃与合军而东,至雅克萨旧址,筑土垒为防御计。我军闻之,复以二十五年—一六八六年。七月引兵八千,载大炮四百门进攻,欲一举平其垒。俄军抵死拒战,垒坚不可拔。图尔布青中弹丸毙,伯伊顿代之守,逾年不下。时俄兵皆穴居,病湿死者甚众,我将军萨布素闻之,自爱珲遣医师至,请为治疗。伯伊顿辞不受,且馈麦以报,示军中无绝粮忧。我兵谋以长围困之。俄军不死于战,则死于病,其存者仅六十余人,城旦夕且下。而两国媾和之议成。我军遂以二十七年—一六八八年。八月解围归爱珲及墨尔根。自出师至此,前后逾二年云。

和议之开始 时俄皇彼得第一新立,受制于其姊索希亚,未有实权,又以战地距国都绝远,应援不能以时至,亟欲与中国和。会圣祖亦不乐劳师徼外,二十五年,以和兰人之介绍,致书俄皇,论曲直。于是俄皇复书,言前者中国数赠书本国,无能通解者,今已知边人构衅之罪,即遣使臣诣边定界,请先释雅克萨之围。圣祖许之。明年,一六八七年。俄全权公使费要多罗(Feodor Golovin)进次色楞格斯克,遣官至京师告至,约以是地为两国使臣会议所。二十七年五月,圣祖以内大臣索额图、佟国伟、马喇等为公使，会俄使议约，令兵部督捕理事官张鹏翼及耶苏伊德社宣教师张诚（Gerlillon）、徐日昇（Pereiva）从，扈以精骑万余，军容甚盛。使者以月朔发自京师，逾月而至喀尔喀界。会土谢图方与准噶尔构兵，道梗不得前，索额图等顿军喀尔喀境，而遣从官索罗希至色楞格斯克，具述道梗事。于是俄使更议以尼布楚为会场，且驰使北京决进止。索额图等以是中道折还。

两使之会议　二十八年，一六八九年。圣祖闻俄使将自色楞格斯克赴尼布楚，复命索额图就之。先是，索额图之奉使也，尝以其对俄意见陈诸圣祖，谓尼布楚以东，黑龙江上下流域，当令尽隶我界。逃人罕帖木儿及其族属当令还付。俄人若一一允诺，则可返其俘虏，与定疆界，通贸易，否则请毋与和。圣祖许之。临发，复谕之曰："俄人若失尼布楚，则东通之途梗，势且无能为役，汝曹初议，可先以是为界，俄人不可，则更以额尔古纳河。"及是，索额图再出，圣祖复命都统郎坦发兵一万，自爱珲水陆并进，为使臣后援。八月二日，索额图等达尼布楚，驻城外平原。尼布楚将军乌拉索闻我军大至，虑有他故，飞书拒之。索额图不应。十二日，俄使费要多罗至自色楞格斯克，见中国兵卫甚盛，气大沮。二十四日，张幕尼布楚城外为会场，两国公使及从人毕集，护兵各二百余人，露刃列帐侧。俄人复以兵五百列城南，当我陆军，又以兵五百阵尼布楚河岸，当我水军。俄使发议，欲划黑龙江为两国国境，以江南地归我，而自有其北岸。索额图不可，谓东自雅克萨，西至尼布楚、色楞格斯克，凡俄领黑龙江及后贝加尔殖民地，当尽以与我。以是议不谐。翌日，复会，索额图词少逊，请以尼布楚为分界，俄使难之，索额图坚持不屈。议复梗。

和约之成　是时我译官天主教徒张诚辈，邮驿两使间，执调停之任，往复数四。我公使始议北以格尔必齐河及外兴安岭，南以额尔古纳河为界，俄人于额尔古纳河南所筑堡寨，当移诸河北。俄使复不允。于是索额图用宣教师言，辍议，示决裂意，且招抚蒙古及通古斯人之降俄者，令为内应。八月晦，遂拔营向尼布楚城，旦夕且宣战。俄使不得已，乃允以额尔古纳及格尔必齐两河为中俄界线，平和之绪稍就。越三日，索额图作约书，致诸俄使，则北境之分界线，非外兴安岭，而为自后贝加尔至朱古特岬之一带长岭。俄使惊恚,置不答。宣教师亦以中国要求过当,终不能得俄人之承诺,宜稍就俄使意改之。索额图许诺。国界之议既成,复及逃人事。会是时罕帖木儿已与其父共至莫斯科,受希腊教洗礼,更名波威尔。索额图闻之,知终不可致,遂不复言。和约得成。

条约之大要 九月九日,两国公使各以国文约书相交换,而副之以拉丁语译文。约书文义彼此有相违者,以拉丁为准,约凡六条,所谓《尼布楚条约》者也。今撮其大意,列之如左。

(一)自黑龙江支流格尔必齐河沿外兴安岭以至于海,凡岭南诸川注入黑龙江者属中国,岭北属俄。

(二)西以额尔古纳河为界,河南属中国,河北属俄。

(三)毁雅克萨城,雅克萨居民及物用听迁往俄境。

(四)两国猎户人等,毋许擅越国界,违者送所司惩罚。

(五)两国彼此不得容留逃人。

(六)行旅有官许文票者,得贸易不禁。

约既就,乃书以满、汉、蒙古、拉丁及俄罗斯五体文字,勒碑格尔必齐河东及额尔古纳河南,为界标,中俄接壤自此始。圣祖知俄人东略之志终不能绝,不为之备,患且益大,乃于精奇里河口设屯田兵以守之。自是六十余年间,俄人之对中国专以平和为旨,数遣留学生至北京,习华言,或发商队于沿边行贸易。盖至咸丰八年,一八五八年。而两国界约迄无变更云。

第十二章　准噶尔之膺惩

厄鲁特蒙古之起源　喀尔喀以西，天山以北，本厄鲁特蒙古境也。其地故元代牧场，分驼、马、牛、羊四部，称为四卫拉特。卫拉特者，译言大部。元之衰也，其臣猛可帖木儿据有其地，自为部落，明时谓之瓦剌。瓦剌者，由卫拉特音转而讹者也。正统中，瓦剌极盛，其汗也先数入寇边，为中国巨患。也先死，而瓦剌中衰，其地复分为四部。一曰和硕特，居乌鲁木齐附近；一曰准噶尔，居伊犁；一曰杜尔伯特，居厄尔齐斯河域；一曰土尔扈特，居塔尔巴哈台（雅尔）附近；总谓之厄鲁特蒙古。本朝勃兴，科尔沁及漠南蒙古既先后臣服，而喀尔喀、厄鲁特两大部以荒远未附。会西藏有宗教之争，黄教剌麻欲借厄鲁特之力，斥逐红教徒。和硕特部长固始汗得其余三部之援，以崇祯十六年自青海入西藏，袭杀藏巴汗，据其东部喀木（前藏）地。于是和硕特以青海地方为根据，而遥握西藏兵权。是为青海蒙古之始。

准噶尔之勃兴　固始汗之据青海也，同时准噶尔部长巴图尔浑台吉亦自伊犁蚕食近部，势力渐张。康熙初，浑台吉死，子僧格嗣。其异母兄车臣、卓特巴巴图尔争属产，与僧格隙，劫杀之。时僧格同母弟噶尔丹方为剌麻，在西藏，康熙十二年，归而靖乱，戮逐诸兄，自立为准噶尔汗。噶尔丹之在西藏也，与藏中第巴（政务官）桑结相交欢。时桑结颇患和硕特部之干涉，闻噶尔丹君临准噶尔，欲借其力以挫和硕特。康熙十六年，噶尔丹以和硕特纳准噶尔叛众为名，袭破固始汗子达颜汗，而有其领地。于是厄鲁特四部既尽属噶尔丹，而天山南路喀什噶尔部又以回教党派之轧轹，有内乱。其白山党首领亚巴克为黑山党伊士摩儿所逐，奔西藏，乞援于达赖剌麻。达赖剌麻命噶尔丹助之。康熙十七年,噶尔丹引兵破黑山党,立亚巴克为喀什噶尔汗,威令震其全部。噶尔丹已统一天山南北,兼有科布多、青海等地,则又欲东并喀尔喀。乃自伊犁徙居阿尔泰山麓,使杜尔伯部众屯田,且耕且牧,以峙其食,形势日恶。

当时喀尔喀之形势　喀尔喀部者,故鞑靼大汗达延季子札赉尔封地。札赉尔孙阿巴岱始入西藏,谒达赖剌麻,得其经典以归,部众尊信之,奉以为汗,是为土谢图汗之始。土谢图部据土拉河流域,而其东西又别为两汗。西曰札萨克〔图〕,占杭爱山西麓地;东曰车臣,占克鲁伦河流域。喀尔喀西境与厄鲁特接,世不相能。漠南察哈尔之败也,喀尔喀震于本朝兵威,数遣使通好,岁献白驼一、白马八,号为"九白之贡"。顺治中,大军方定中原,未遑远略,喀尔喀贡使中绝,朝廷赐书谕之,亦弗致也。及顺治十二年,三汗始各遣子弟来请盟,诏赐盟宗人府。先是,喀尔喀为漠北雄部,及中叶,专佞剌麻,习梵呗,弛武事,又部族嗜酒,自相陵蔑,故威棱日衰,而准噶尔得坐乘其敝。

准、喀之关系　康熙二十三年,土谢图汗与札萨克图有隙,三部内讧。圣祖遣使偕西藏达赖之使和之。而噶尔丹乃使使辱土谢图汗,以激其怒。土谢图汗果执杀之。噶尔丹遂借词报复,扬言借俄罗斯兵且至。土谢图探之,无其事,守备懈。噶尔丹遣剌麻僧众游牧其地,为间谍,土谢图亦弗问也。二十七年夏,噶尔丹率劲骑三万,越杭爱山,突袭其帐,游牧剌麻从中应之。土谢图部拒战大败,悉众东走。会本朝遣俄使索额图等道出车臣汗境,土谢图汗驰使乞援,即扬言大军援已。噶尔丹闻之,亦以书至。索额图等具以情实相晓谕。噶尔丹知中国军不为喀尔喀也,志益肆,既蹂躏土谢图,又东西击逐车臣、札萨克图两汗。于是三汗部众数十万尽弃牲畜帐幕,投漠南请降。圣祖命尚书阿尔尼等发粟赡之,且假科尔沁水草地,使游牧。自是准噶尔部复并有漠北,遂南向将与中国争衡矣。

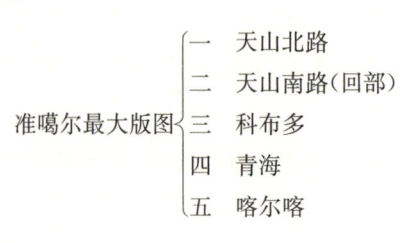

	一 天山北路
	二 天山南路(回部)
准噶尔最大版图	三 科布多
	四 青海
	五 喀尔喀

噶尔丹之入犯 土谢图汗既徙牧漠南，得中国保护，而噶尔丹必欲得而甘心，数遣使陈奏，请执而畀之。圣祖知两部构兵，曲在土谢图，然以其率众内附，势不可令失所。二十八年，遣尚书阿尔尼谕噶尔丹罢兵，返喀尔喀侵地，且约达赖剌麻亦遣使调停之。噶尔丹终以不得土谢图汗为恨，驻兵克鲁伦河流域，窥伺漠南，势且入犯。二十九年三月，圣祖命阿尔尼调内蒙古各部兵驻防边界以侦之。六月，噶尔丹引兵二万余，越呼伦池而南，进次索岳尔济山附近，掠乌珠穆沁部人畜。阿尔尼督蒙古兵袭击之于乌尔会河（盖即乌拉圭河，在乌珠穆沁左翼境内。魏源《圣武记》疑为克鲁伦河北之乌尔匝河，大误），战不利而退。噶尔丹益深入乌珠穆沁境。圣祖檄阿尔尼收集兵马，严行警备，如蒙古兵不足恃，则姑令内移，而续发大军以继之。

乌兰布通之战 七月，命裕亲王福全为抚远大将军，皇子胤禔副之，出古北口。恭亲王常宁为安北大将军，简亲王雅布等副之，出喜峰口。而使阿尔尼率所部会裕亲王军，又别调盛京、吉林及科尔沁兵助战，车驾亲幸边外以节制之。恭亲王军遇敌乌珠穆沁境，战复不利。噶尔丹乘胜渡西喇木伦河深入，至乌兰布通（今赤峰县境），去京师仅七百里。时裕亲王军屯乌兰布通三十里外，诏恭亲王引兵会之。八月朔，两军激战于乌兰布通，我军火器精利，敌用橐驼万余，缚足偃卧，蒙毡其上，以为障蔽。自午后二时开战，至日暮，敌军死伤甚众，噶尔丹乘夜遁。翌日，遣剌麻诣军前乞和，以缓追骑，而自引败卒由克什克腾部渡西喇木伦北去。越六日，我军始发轻骑追之，不及而返。事闻，诏切责诸军坐失事机。而噶尔丹中途奉书谢过，誓自此不复犯边。会圣祖以不豫回京，乃敕谕噶尔丹悉众出界，不得擅犯喀尔喀一人一畜，而诏诸王班师。

喀尔喀之安置 三十年，圣祖以准部连年寇边，职由土谢图汗启衅召侮，当有以惩之，而喀尔喀新附众数十万，亦不可无以抚绥训练之也。乃议出塞大阅，示以威严，以多伦诺尔为会场，命理藩院檄调新附诸部及科尔沁等四十九旗，豫屯会场百里外待命。五月，车驾出张家口，幸多伦诺尔，盛设兵卫，先传谕土谢图汗等，令具疏请罪，然后设帐受其朝。翌日，圣祖躬擐甲胄大阅，严申约束。乃宣恩德，赦土谢图汗罪，仍留其汗号，其所属济农（副王）、诺颜（长官）等皆去旧称，授王、贝勒以下爵有差，令与内蒙古四十九旗同列，仍听游牧近边，又于多伦诺尔附近建寺曰汇宗，以安其剌麻。喀尔喀之为中国外藩自此始。

亲征之役 噶尔丹自西喇木伦河败归，仍以科布多为根据，居伊克阿拉克湖畔，使部众从事渔业，休养数年，复思东出，奉书索土谢图汗益急，且遣使诱内蒙古诸部叛归己。科尔沁亲王以闻。三十四年，圣祖密谕科尔沁等部，令传语噶尔丹，伪许内应，诱令深入，当以一战覆之。是年九月，噶尔丹果率骑三万，据克鲁伦河上流，自秋徂冬不去，亦不犯漠南，但扬言借俄罗斯鸟枪兵六万，将大举入寇。圣祖以为此贼不灭，则中外无宁岁，当以全力制之。议令将军萨布素引满洲军会科尔沁所部出其东。抚远大将军费扬古驰赴归化城，调陕甘兵出宁夏，自翁金河出其西。而车驾自将禁旅，出独石口为中路，克期夹攻。三十五年三月，圣祖率中路军出边，亲拊士卒，相水草，逾月而渡瀚海，近逼敌境。而东西两军以道阻不至。途次复闻风说，谓俄人将助寇。大学士伊桑阿等力请回銮。圣祖怒曰："朕祭告天、祖出征，不见贼而返，何以对天下？且大军退，则贼尽锐注西路，西路军不其殆乎！"遂率兵疾趋克鲁伦河，而遣使噶尔丹，告以驾至。噶尔丹登高望见御营，大惊，宵遁。比大军至河，则北岸已无一帐。圣祖始意噶尔丹必扼河拒战，故分军攻其腹背，至是知其无能为役，乃循河穷追，三日，至托纳山，不及而返。时五月十二日也。

昭莫多之战 先是，西安将军博济、甘肃提督孙思克等督陕甘诸军，以二月发宁夏。军行艰苦，多亡失。比至翁金河，孙思克乃定减兵并粮之议，留千人屯河畔，简精锐以进。数日，始与费扬古军会。以五月十三日抵土拉河上流东岸之昭莫多（亦名东库伦），则闻噶尔丹方自克鲁伦上流折而西窜，距我军可三十里。费扬古等据形胜列阵以待，而先遣前锋迎敌，阳败以致之。两军激战，自日中至暮不决。我军出奇兵，绕出敌阵后，袭其辎重。敌始溃，噶尔丹以数十骑遁，其可敦（译言"妃"）阿弩死焉。厄鲁特降者三千人。时圣祖方驻跸克鲁伦中流南岸地，得捷奏，诏费扬古独率所部留防漠北，遣陕甘军凯旋，而亲将禁旅以六月还京师。

战后之噶尔丹 方噶尔丹之入犯漠南也,其最初根据地伊犁为僧格子策妄阿布坦所据。自阿尔泰山以西,皆非己有,又连年与中国战,精锐、牲畜亡失略尽。回部、青海皆乘机叛去。至是穷蹙无聊,窜居搭米尔河(鄂尔坤河之西支流)畔,欲取道翁金河,至哈密谋进止。时西路军留屯翁金者,以守护余粮故未撤。九月,噶尔丹使其族丹吉喇引兵掠之,复为我屯兵所败,势益窘。圣祖欲因而降之,是月,复幸归化城,驻跸鄂尔多斯,召费扬古至行在,授方略,且谕青海诸台吉及策妄阿布坦助剿。噶尔丹以部属瓦解,饥不得食,遣使行在探上意。诏责其寇边之罪,令入朝自谢,许以待喀尔喀例待之,限七十日内还报。十二月,车驾还京师。而噶尔丹卒倔强不至。

噶尔丹之末路 三十六年二月,圣祖以噶尔丹终无伏罪意,复渡黄河,幸宁夏,命内大臣马思哈及将军萨布素,会费扬古大举深入。时噶尔丹遣其子塞卜腾巴尔珠尔征粮哈密,为回人所擒献。左右亲信相率引去,或密附大军,请为向导。于是噶尔丹欲西归伊犁,则闻策妄阿布坦拥劲兵,伏阿尔泰山间,将擒献以为功。欲南投西藏,则大军绝其通路,不得出。自知众畔亲离,乃以闰三月十三日饮药自杀。其族丹吉喇以其骸骨及一女来降,策妄阿布坦要夺而献诸朝,所部尽降。时圣祖将自宁夏循贺兰山北征,得报,乃以五月回銮。朔漠悉定。自阿尔泰山以东,皆隶版图,拓喀尔喀西境千余里。土谢图等三汗复归旧牧,因增编其部属,为五十五旗云。

第十三章　西藏之平定

古代之西藏及佛教之传来　喜马拉雅山之北，昆仑山脉之南，有世界第一之高原焉，是为西藏。其地重岭四围，自古与他部相隔绝，其种人名曰唐古特族，亦谓之图伯特。当中国南北朝时，图伯特族始知牧畜，事战斗，有酋长。其风俗与今西藏绝异，贵壮贱老，重兵死，恶疾终，以累代战殁者为贵族，临阵奔北者，悬狐尾其首以辱之，以故兵力骤强。至隋唐之际，遂征服近邻，蹂躏上部缅甸，始闻于中国，所谓吐蕃者也。吐蕃故无文字，无宗教。及贞观中，其第七世王曰噶木布者，始与中国相和亲，得尚唐宗室女文成公主。公主信佛教，自中国铸释迦牟尼像迎奉之。其后印度泥泊尔国王又以女拜木萨妻噶木布。拜木萨亦笃信佛教。王受二后感化，于国中广建寺院，令臣民悉归依焉。又自印度迎僧侣入国都拉萨布教，用印度字为国文，终噶木布之世，全藏化为佛教国。其僧侣谓之剌麻。剌麻者，唐古特语无上之义也。

僧侣之权势　僧侣既受王室保护，有特权。于是信徒渐众，阶级渐高，国权为其所持，旧贵族曲意事之，其实力远出国王之上。元世祖时，吐蕃僧八思巴者以道术得元廷信仰。世祖尊之为国师，封为大宝法王，使领藏地，予以统治政、教两界之大权。法王世居后藏札什伦布附近，其后嗣称萨迦胡土克图。萨迦者，盖释迦之音转。胡土克图者，译言再世也。萨迦胡土克图为生子袭衣钵计，不禁娶妻，其服饰本印度袈裟旧式，衣冠皆赤。明初，中国政府以西藏地旷人悍，欲利用宗教之力羁縻之，其徒来朝者，礼之逾于元代。凡封法王者八，授西天佛子者二，授国师者二十有七。法王等死，其徒辄自相承袭，岁一朝贡，略与土司等。此辈既世受中国政府尊仰，颇流于佚惰，又专恃密咒，炫幻术，尽失佛教本恉。于是宗喀巴者出，以宗教改革自任，而西藏剌麻遂别创一新派焉。

黄教之起源及其势力 宗喀巴者，亦称罗布藏札克巴，本西宁卫人，以永乐十五年—一四一七年。生。初学经于札什伦布之萨迦庙，已而知西藏僧侣之腐败，乃入大雪山，修苦行。道既成，为蕃众所敬信，因别立一宗，排幻术，禁娶妻，自服黄衣黄冠以示别，谓之黄教，而名旧教剌麻曰红教。其徒皆通大乘，尚苦修，学行卓然出红教徒上。未几，遂盛行于前藏，势与法王相匹。宗喀巴以成化十五年—一四七九年。圆寂。其大弟子有二，一曰达赖剌麻，一曰班禅剌麻，并居拉萨，嗣宗喀巴法，为黄教徒宗主。宗喀巴既禁娶妻，故别创一嗣续法，谓达赖、班禅两剌麻不死，惟为呼毕尔罕，辗转出现，以济度众生。呼毕尔罕者，译言转世，或言化身也。达赖一世曰敦根珠巴，故吐蕃王室之裔，世为藏王。至是舍位出家，传宗喀巴衣钵，黄教徒始兼有西藏政治权。然达赖、班禅惟总理宗教之事，不屑问世务。于是二世根敦坚错者始置第巴等官，以摄理政事。及嘉靖二十二年，—一五四三年。达赖三世锁南坚错立，有高德，渐得蒙古诸部尊信。河套蒙古部长俺答及其从孙黄台吉等入藏迎之，至青海及漠南说教。已而俺答曾孙嗣为达赖四世，称云丹坚错，其势力益蔓延于漠北及伊犁等地。而漠北诸部以所处僻远，不得亲承达赖命，乃自奉宗喀巴第三弟子哲卜尊丹巴后身为大胡土克图，处诸库伦，以总理蒙古教务，位与班禅相亚云。

红、黄教之竞争 达赖、班禅世居拉萨，故其教盛行于前藏。而札什伦布以西，即后藏地方，自元代以来向为红教根据地，其西境之拉达克酋长藏巴汗为之护法，势力尚足与黄教相颉颃。及崇祯十年，—一六三七年。达赖五世罗卜藏坚错立，用其近亲桑结为第巴。桑结恶藏巴汗与黄教反对，乃以达赖五世之命，招致厄鲁特蒙古以逐之。于是和硕特部固始汗引兵入后藏，击藏巴汗杀之，而奉班禅剌麻统治其地，居之札什伦布。由是达赖、班禅分主两藏。而红教徒悉南遁不丹及泥泊尔境。固始汗既有功于黄教，乃割西藏东部喀木为其领土，而以其长子达延鄂齐尔汗留镇拉萨，以次子达赉巴图尔佐之。全藏实权殆归和硕特部掌握。

桑结与噶尔丹之关系 桑结既借和硕特兵力驱除异教,寻又恶和硕特之干涉藏事,阴结准噶尔汗噶尔丹,征服青海,挫其势力。于是藏事壹决于桑结。及康熙二十一年,达赖五世卒,桑结秘不发丧,一切矫命行之,威震全藏。土谢图与札萨克图之内讧也,圣祖遣使会达赖之使和之。喀部哲卜尊丹巴亦奉诏与议,与藏使并坐。时噶尔丹遣使观衅,因责喀部待达赖使无加礼,诟之,为土谢图汗所杀。是为两部构兵之由。及三汗内附,圣祖复命达赖遣使准噶尔,谕令罢兵,而桑结所遣使僧济隆反阴嗾噶尔丹使南侵。乌兰布通之役,噶尔丹几不免,而济隆代为讲款,误中国追师。圣祖固疑达赖若存,不当出此,又微闻桑结秘丧专恣状,因遣京师剌麻入藏觇之,以事无左证,不能穷也。三十三年,桑结矫达赖命入贡,因言己年迈,国事决第巴,乞锡之封爵。诏封桑结为图伯特国王,欲因以羁縻之。而桑结谓中国可欺,益嗾令噶尔丹入犯,冀雪前耻。凡噶尔丹前后蹂躏塞外诸部及扰攘中国边境事,推其祸始,盖无不出于桑结云。

中国与桑结之交涉 三十五年,圣祖已败噶尔丹,俘厄鲁特部众,具得桑结发纵指示及达赖脱缁已久,桑结矫命状。赐书切责,令执济隆以献,且召班禅刺麻来朝,词甚峻厉。明年,桑结奏言济隆得罪中国,已籍其家财,窜诸喀木,当徐致之,乞贷其诛,又班禅行期,当议定以闻。而别遣其徒尼麻唐,输诚密奏,谓达赖殁已十六年,今转生又十五年矣,当以今年十月宣告内外,乞暂为秘之。圣祖以达赖剌麻自崇德以来,即已与本朝通使,六十余年未尝有隙。又累朝颇利用其力,以绥服蒙古。而第巴者,又达赖剌麻所任理事之人,若穷治其罪,虑有他变,不如因其陈情而宥之,兼以结欢于蒙古,此神算也。乃允其所请,姑俟十月发之。时圣祖方传檄西北诸部,协擒噶尔丹。策妄阿布坦已奉诏出师,而桑结乃遣使要诸途,宣言达赖已逝,戒勿妄动。又使人谕青海诸首领,缮修器械,俱赴察罕陀罗海地方(青海西南山名)会盟,意甚叵测。而噶尔丹适以穷蹙自杀,所役属诸部皆离叛以去。由是桑结失奥援,而和硕特之势复长。

达赖六世转生之纷议 先是,鄂齐尔汗以康熙九年卒。其弟达赉巴图尔内外为桑结及准部所制,威望坠地。及三十六年噶尔丹败亡,而达赉亦卒。于是达延汗孙拉藏汗嗣立,复干涉藏事,以议立新达赖六世事,与第巴交恶。四十四年,桑结谋毒杀拉藏汗不成,欲以兵逐之。拉藏汗集众讨诛桑结,因奏废桑结所立假达赖,而立新达赖伊西坚错为六世。圣祖素恶桑结狙诈,乃册封拉藏为翊法恭顺汗,使镇藏地,而诏执假达赖献京师。然拉藏所立之伊西坚错,青海诸蒙古皆以为伪,因自奉里塘(在前藏之东,今四川雅州所属土司境)之噶尔藏坚错为真达赖,迎至青海,请赐册印,与藏中所奏互相是非。青海僧侣势力故不亚西藏。圣祖虑两部构衅,诏噶尔藏坚错暂居西宁城西南之塔尔寺,以调停之。而策妄阿布坦乃乘两部纷议之际,谋袭西藏。

策妄阿布坦之侵略主义 方噶尔丹之长准噶尔部也,欲歼其兄僧格遗族,以绝后患。故僧格子策妄阿布坦与其旧臣共遁至巴尔哈什湖畔。及噶尔丹与中国构兵,乃乘间归伊犁,通好本朝,助剿噶尔丹有功。策妄阿布坦富武略,有大志,自领准噶尔部以来,连年西出,侵略今俄领中亚细亚境,势力复强,乃谋并诸厄鲁特。时土尔扈特自明末准噶尔浑台吉强盛以来,已徙牧窝尔噶河畔。而杜尔伯特以与准部同族(并出也先之后)故,世为所役属。独和硕特分长青海、西藏地,势与相敌。策妄阿布坦欲以结婚政略并有其部众,既娶拉藏汗之姊,复赘其子丹衷于伊犁,不令归。然是时拉藏方以讨诛桑结功,得中国政府保护。策妄阿布坦欲侵扰藏地,则恐中国兵为之后援。乃以康熙五十四年三月,引兵出哈密北境,掠所属五堡,以图牵制。于是吏部尚书富宁安率大军出甘州,以八月至巴里坤(今镇西府),奏请于哈密附近募兵兴屯以防之。朝廷虑策妄阿布坦取道柴达木草地,自青海入藏。乃令侍卫阿齐图等督青海诸台吉,各选兵屯噶斯湖畔,断其通路,而又敕拉藏汗戒严以待。

准兵之入藏及中国远征军之失败 五十五年十月,策妄阿布坦果遣其臣大策零敦多布等,引兵六千,自伊犁西南行,绕大戈壁,逾和阗南境昆仑山(即昆仑山脉最西部,今西人称为俄罗斯山脉,在塔里木河南源和阗河源附近。光绪十五六年—一八八九及一八九〇年。间,俄国探险家格兰赤瓦斯奇自此入西藏,所经山路即名俄罗斯山。径高万九千尺,是即当时准兵入藏所由之道也),冒险远征,以五十六年七月始达腾格里湖北。时拉藏汗老而嗜酒,疏不设备,准兵以送丹衷夫妇归国为名,由腾格里突入。拉藏与其子苏尔札拒战于达穆河附近,相持两月,以兵寡退保拉萨。会番众有阴通准噶尔者，准兵遂以十月晦陷拉萨，杀拉藏汗，俘苏尔札，执拉藏所立达赖六世幽之。藏中大乱。先是，富宁安驻军巴里坤，数分兵袭击乌鲁木齐、吐鲁番等境。三月，诏授富宁安靖逆将军，出巴里坤，又以傅尔丹为振武将军，祁里德为协理将军，出阿尔泰山，俱令以七月前进。会富宁安军于乌鲁木齐俘获回众，具知策妄阿布坦遣兵入藏事。朝廷疑准兵或联合拉藏，侵扰青海，乃命西安将军额伦特督军西宁。又檄侍卫阿齐图等，严守噶斯，以备不测。而拉藏乞援之疏至。于是五十七年正月，诏额伦特及侍卫色楞等，督满汉兵先后自西宁出青海赴援。自五月至六月，两军以次渡木鲁乌苏河（金沙江上流），分道深入。策零敦多布分军迎战，阳败屡却，而自扼哈喇乌苏河（怒江上流）以待。额伦特等转战抵河北，饷道为准兵所截，相持月余，食尽矢竭，全军尽覆。时五十七年九月也。

两路入藏 十月，以皇十四子胤禵为抚远大将军，驻师西宁，改四川巡抚年羹尧为总督，备兵成都，期以明年分道出发。时廷臣惩于哈喇乌苏之败，俱言："藏地辽远，涂险且恶，不能遽至，宜固守边圉。"师久不进。会图伯特人以剌麻法坐久虚，又遭准部蹂躏，意颇厌乱，乃承认西宁之新达赖，为真实呼毕尔罕，乞中国兵护之入藏。圣祖以准部雄视西北，世为边患，不可使兼有藏地。又图伯特人种散处西宁及四川、云南内外，若准、藏联合，则此散处边境之番众，且群起应之，而西陲将无宁日，乃决意进兵。五十九年春，诏允禵移驻木鲁乌苏治饷，以西宁军属都统延信，出青海，又以年羹尧坐镇四川，未可轻动，令以川军属护军统领噶弼，出打箭炉，分道入藏。于是蒙古诸部亦各率部兵随西宁军扈新达赖进征。诏即军中封新达赖为弘法觉众六世达赖剌麻。延信军以四月发西宁，至八月而度当拉岭。而噶弼军自里塘、巴塘招抚番众，先以八月初越拉里而西。策零敦多布自引兵拒西宁军于楚玛拉池附近，再战再北。而川军已以八月二十三日自墨竹工入拉萨，号召大小第巴，宣示德意，诛剌麻助逆者五人，幽九十余人。僧俗震慑。策零敦多布进退受敌，由旧路北窜。延信等遂以九月八日送新封达赖入藏。西藏平定。班师，留蒙古兵二千镇之，而以拉藏旧臣康济鼐及颇罗鼐分掌两藏政权。及雍正初，乃设驻藏大臣以监之，而后西藏始确为中国属土焉。

第十四章　康熙之政要

文学之奖励　圣祖自亲政以来，内则削平大难，巩固统一之基础，外则战胜强敌，恢张帝国之威信，外交军事，所在奏功，而其文治亦斐然比于汉唐之盛。康熙初年，海内新定。明室遗臣多有存者，士大夫或以逸民自居，著书言论，常慨然有故国之思。朝廷知此辈当以恩礼罗致之。康熙十七年，诏举博学宏儒，备顾问著作之选，令在京三品以上及科道、在外督抚布按及学政，各举所知以应。于是内外诸臣疏荐送部，诏户部月给俸廪。明年三月，集诸被举者于体仁阁，试以诗赋，得士五十人，俱授为翰林院官，纂修《明史》。由是海内向化，舆论一致。及二十一年，三藩已平。圣祖以天下少安，诸臣勤职，召内阁、翰林等官宴之，特敕群臣欢忭畅饮，谈笑不禁，其沾醉者，皆使内官扶掖以行，名曰升平嘉宴，仿汉柏梁体制诗纪之。圣祖首唱："丽日和风被万方"之句，群臣以次赓和。寻又避暑瀛台，召诸臣侍游钓。一时儒臣稽古之荣，无与匹者。

理学之表章　圣祖既优礼儒臣，又欲统一天下之言论思想。二十五年，诏各省督抚学政购求遗书，汇送礼部，谕："朕披阅载籍，研究义理，凡厥指归，务期于正。诸子百家，泛滥奇诡，有乖经术。今搜访藏本善本，惟以经学史乘实有关系，修齐治平助成德化者，方为有用。其他异端稗说，概不准录。"于是宏奖理学，表章程、朱，御著《几暇余编》，其穷理尽性处，虽夙儒耆学莫能测。尝出《理学真伪论》以试词林，又刊定《性理大全》《朱子全书》等书。特命以朱子配祀十哲之列。当时如李光地、汤斌等，皆以理学耆儒跻显仕。故宋学昌明，世风醇正云。

南巡治河　圣祖又欲周知地方风俗、小民生计，且以黄河屡次冲决,久为民害,欲亲至其地,相度形势,察视堤工,故屡举南巡之典。二十三年十月,车驾幸山东,登泰山,寻自宿迁临阅黄河,令河道总督靳辅增修堤防。遂渡江幸江宁府,亲谒明太祖陵,道出故宫,慨然久之。旋自江宁还经泗水东境,幸曲阜,谒孔林,赐孔氏子孙衍圣公以下书籍、裘服有差。二十七年正月,车驾复溯运河而南,以二月幸杭州,渡钱塘,亲谒禹陵。是时中原承平,不见兵革,独黄河连年横决,下流地方,城郭田庐,时遭漂没之患。朝廷屡遣大臣督修,糜帑金数百万,然历年既久,迄无成效。圣祖念水之不治,由洪泽湖水势甚大,又加黄、运合并,故益不可制,因欲导河稍北,使不得侵入清水,复疏泄洪泽湖,以杀其势。于是三十八年二月,复奉皇太后南巡,三月,渡河,相地高下,指示方略,谕河道总督于成龙测量水土,绘图以进。车驾复至杭州而还。四月,谕户部:"朕巡历江浙,咨访民情,所过州县,察其耕获之盈虚,市廛之赢绌,视十年以前,实为不及,此由地方有司奉行不善,朝廷恩泽卒未下究。"乃命截留漕粮,宽免积欠以纾之。其后四十二年、四十四年,复再巡江浙。终康熙之世,南巡者凡五,往返供亿,悉发内帑,沿途行宫,不施采缋,每处所费不过一二万金云。

滋生人丁永不加赋之制 国初户口亦有赋役,其制率仍前代。故有编审之法,五年一举,丁增而赋随之。康熙二十四年,总计天下人丁二千三百四十一万七千四百四十有八。二十五年,以原定编审限期太宽,胥吏得以任意作弊,乃更定一年岁终汇报,每年陆续稽查缺额,于下次编审时补足。至五十年,直省人丁凡二千四百六十二万一千三百二十有四,视前数未甚加增。圣祖以承平已久,滋生日繁,而有司编审时,不将所增实数开明具报者,特恐加增钱粮故也。乃谕大学士等曰:"民之生齿日繁,朕故欲知人丁之实数,不在加增钱粮也。嗣后祇将现今钱粮册内有名丁数,弗增弗减,永为定额,以后所生人丁,免其加增钱粮,但将所增实数,另造清册具报。"寻议定以康熙五十年额定丁册为准,新增者谓之盛世滋生人丁,永不加赋。至康熙六十年,直省人口凡二千五百三十八万六千二百有九。雍正初,乃并丁银于地粮,而无业之民遂终身无纳税之义务焉。

康熙政治之精神 圣祖临御六十余年,一切起居饮食自有常度,未尝稍改,虽酷暑燕处从未免冠。北征度漠,南巡治河,虽卒役不能逾其劳。祈雨祷疾,步行天坛,并醢酱蠚盐而不御。年逾六十,犹扶病力行之。凡政事利弊,必推求其故,恶虚文,尚实际,尝自言:"昔人每云帝王当举大纲,不必兼综细务,朕心窃谓不然。一事不谨,即贻四海之忧;一时不谨,即贻千百世之患。不矜细行,终累大德,故朕每事必加详慎。即如今日留一二事未理,明日即多一二事矣,若明日再务安闲,则后日愈多壅积,万机至重,诚难稽延。故朕莅政,无论巨细,即奏章内有一字之讹,必为改定发出。盖事不敢忽,天性然也。"又云:"朕之生也,并无灵异。及其长也,亦无非常。八龄践阼,迄今五十七年,从不许人言祯符瑞应。如史册所载景星、庆云、麟凤、芝草之贺,及焚珠玉于殿前,天书降于承天,此皆虚文,朕所不取。惟日用平常,以实心行实政而已"(五十六年十一月上谕)。康熙六十余年政治之精神,实存于此。

巨籍之编纂 圣祖好学出于性成,年十七八时,读书过劳,至于咯血而不肯少休,老耄而手不释卷,临摹法帖,多至万余,写寺庙扁榜,多至千余,上自天象、地舆、历算、音乐、法律、战术,下至骑射、医药、蒙古、西域、拉丁文书字母,无所不习,且无不创立新法,别启津途。敕撰巨籍,都数十种,今举其尤著者列表如左。

书　　名	卷　　数	编纂年代
佩文韵府	一〇六	康熙一五
渊鉴类函	四五〇	同　四九
数理精蕴	五三	同　五二
历象考成	四二	同
音韵阐微	一八	同　五四
康熙字典	四二	同　五五
韵府拾遗	一一二	同
骈字类编	二四〇	同　五八
分类字锦	六四	同　六一
子史精华	一六〇	同

算术及地理之进步 当时学术之发展,其特可纪述者,则算术及地理知识之进步是也。先是,宋元以来,中国以天元一术为最高等之算法,至明而失其传。圣祖幼习算术,常于内廷教授诸大臣。时西洋代数学已有输入中土者。圣祖先得其术,译曰借根方,尝以是术授梅瑴成,谕:"西人名此为阿尔热巴拉(algebra),译言东来法也。"瑴成通其术,疑与天元相似,复取天元各书读之,乃涣然冰释,知两法名异而实同,非徒相似而已。由是天元一术遂因借根方而复明于世。又前此中国地图皆不施经纬度线,记里多误。圣祖编《皇舆全览图》,始分命使臣测量极度,极高差一度,为地距二百里,故当时舆图精密,远过前代。又于山脉河流能穷其源委,而加以系统之研究。是实当时科学思想渐次发达之一征也。

储位之废立 圣祖享国之久,为秦汉以来中国历史上所仅见,子、孙、曾孙同时及见者百五十余人。然其晚年有一极拂意之事,则储位之废立是也。圣祖诸子中,直郡王胤禔最长,然非嫡出。嫡而长者为理密亲王胤礽,故得立为皇太子。圣祖简大学士张英教之,又令儒臣为之讲明性理,凡南北巡狩未尝不令从行。然太子性贪暴,颇有爽德,其后乃至窥伺乘舆,状类狂疾。康熙四十七年七月,诏执而废之,幽禁咸安宫。自太子废,诸王觊觎储位者颇植党暗争。当太子被逮时,胤禔首奏言:"欲诛胤礽,不必出自皇父之手。"且述相者言,谓:"皇八子胤禩当大贵",欲以试上意。圣祖素知胤禩柔奸有大志,至是益疑其密布羽翼,希望非分,且疑故太子之狂惑,或有他故,乃穷治之,果得胤禔令蒙古刺麻咒咀太子,用术魇魅状。于是圣祖念储位不定,异日且为乱阶。四十八年三月,诏复立胤礽为皇太子。然胤礽乖戾如故,卒无悔志。是年十月,仍废黜禁锢。自是圣祖不复言建储事,群臣以是为请者往往得罪。六十年,圣祖谕有"朕衰老,中心愤懑,众人虚诳"之语,盖深以是为一生之憾事也。

六十一年十一月,圣祖崩,寿六十有九。皇四子雍亲王即位,是为世宗,以明年为雍正元年。

第十五章　青海及准部之叛乱

准部之乞和　康熙五十九年,大军既定西藏,拥立达赖六世,悉逐准噶尔部众。同时,将军富宁安、傅尔丹等亦分出巴里坤、阿尔泰山,窥准部东北境。会策妄阿布坦方西与俄罗斯用兵,两军激战于厄尔齐斯河上流,以故其东境守备甚疏。康熙六十一年,大军至乌鲁木齐,以伊犁地险,未遽深入,而策妄阿布坦介哲卜尊丹巴请和。朝廷遣使宣谕之,令自戢,渐撤西北之师。是时厄鲁特诸部之在近塞者,以准噶尔及和硕特为大宗。然其对中国,则准噶尔跋扈,而和硕特驯扰。故朝廷常膺惩准部,以扶植和硕特。及雍正元年,而青海复有罗卜藏丹津之叛。

罗卜藏丹津以前之青海　罗卜藏丹津者,固始汗之孙也。先是,青海地方自唐龙朔三年以来,世为吐蕃属境。至明正德四年,始为蒙古部酋所据,中国谓之海寇,时为甘肃西宁边患。明末,固始汗始自乌鲁木齐袭有其地,分部众为左右二翼,以其子十人领之。崇德二年,尝遣使本朝通贡。七年,复偕达赖剌麻奉表贡。顺治三年,朝廷赐之甲胄弓矢,俾辖诸厄鲁特。十年,封遵文行义敏慧固始汗。固始汗以顺治十三年卒。其裔分两支,一驻西藏,一分牧青海及河套。及噶尔丹勃兴,河套、青海皆为所残破,部众离散。其内徙者,或游牧贺兰山附近,是为阿拉善蒙古之祖。康熙三十七年,噶尔丹已败亡。于是固始汗第十子达什巴图尔率其族属来朝。诏封达什和硕亲王,余授贝勒、贝子、公等爵有差。由是青海始为中国外藩。朝廷常资其力以捍准部,而青海部众亦以得中国保护故,不为策妄阿布坦所并云。

丹津之叛　西藏之役,青海部兵皆从征,诸部长以功晋封王公者寖众。时达什巴图尔子罗卜藏丹津袭亲王爵,自以青海及西藏旧皆和硕特属土，而己又固始汗嫡孙，当回复先人霸业，总长诸部。会世宗新立，罗卜藏丹津欲乘机脱中国羁绊。乃于雍正元年诱诸部盟于察罕陀罗海，令各仍故号，不得复称王、贝勒、公等爵，而自号达赖浑台吉以统之。初，青海有大剌麻曰察罕诺们者，出自西藏，世居西宁之塔尔寺，为青海黄教徒宗，势力视喀尔喀之哲卜尊丹巴。丹津既诱使从己，复阴约策妄阿布坦为后援。于是青海与准部之联合成，而远近游牧、剌麻二十余万，亦同时骚动。西宁戒严。

西边之防战 丹津之叛也，其同族郡王额尔德尼及亲王察罕丹津不从。丹津欲以兵力胁之，额尔德尼等先后挈众内奔。时兵部侍郎常寿驻西宁理青海务，诏传谕丹津罢兵，不从则惩之。丹津诡言额尔德尼等谋据西藏，诸部不服，将率兵与决胜负。盖以二王梗议，欲诬以罪，因胁余众奉己，如鄂齐尔汗坐镇西藏兼制青海故事。世宗察其诈，决意讨之。十月，命川陕总督年羹尧为抚远大将军，驻西宁，以四川提督岳钟琪参赞军务。时丹津以沙拉图为根据地，遣部众分窥西宁附近堡驿，伺常寿出边，劫而幽之。羹尧分兵北扼布隆吉河（疏勒河），防其内犯，南守巴塘、里塘等地，断其入藏之路，又请敕富宁安等屯吐鲁番及噶斯湖，绝其与准部之交通。而钟琪自松潘至西宁，沿途相机剿抚。西边数千里，烽烟肃清，青海为之夺气。丹津所遣分寇西宁之众，先后败归，乃惶惧请罪。时元年十二月也。

岳钟琪之成功 二年正月，世宗知丹津穷蹙，益趣羹尧进兵。羹尧议集兵二万余，由西宁、松潘、甘州、布隆吉河四路会攻，期以四月草生时前进。而钟琪以为青海广漠，寇众尚不下十万，分攻非策，愿乘春草未生时，假精兵五千，马倍之，兼程捣其不备。廷议壮之，诏授钟琪奋威将军，专任西征事。时丹律屯柴达木河流域（约当今和硕特西左后旗境），侦骑遍塞外。二月，钟琪出师，沿途歼敌哨探，敌不及备。大军直抵其帐，敌众仓卒惊溃。丹津衣番妇衣遁，其母弟及妹并就俘，降者数万。钟琪虑丹津入藏，引军自河源西南追，而丹津则已越哈顺戈壁北投准噶尔矣。大军乃还。自出师至此，前后仅十余日，古来用兵塞外，未尝有神速如此者。诏封羹尧一等公，钟琪三等公。青海悉定，分其地赐厄鲁特之不附逆者，而于西宁设大臣以辖之。

准部之反侧 罗卜藏丹津之投准噶尔也,朝廷遣使索之,策妄阿布坦不奉诏。时西北两路大军已撤,惟戍兵分屯哈密、巴里坤、吐鲁番、布隆吉河,绝其东侵之路。雍正五年冬,策妄阿布坦死,其子噶尔丹策零立,遣使特磊来朝。世宗因赐敕谕,仍令执丹津以献。策零年少好兵,善驭士卒,诸台吉乐为之用。世宗以大军既撤,若一旦准部有变,则喀尔喀、青海、西藏必被其扰乱,甚且为国家之隐忧。七年二月,廷议讨之。大学士朱轼、都御史沈近思并以时机未至为言。都统达福亦力言策零能用其众,我以千里转饷之劳,攻彼效死之士,未见其可。惟大学士张廷玉主张用兵,与上意合。时傅尔丹方为领侍卫内大臣,以容仪修伟被荐,又年羹尧已伏诛,岳钟琪代为川陕总督,威望震诸蕃。三月,命傅尔丹为靖边大将军,屯阿尔泰山,自北路进,岳钟琪为宁远大将军,屯巴里坤,自西路进,期以明年会攻伊犁。会罗卜藏丹津与其族属谋杀策零,事觉被执。于是策零欲借以为缓师地,八年五月,复遣特磊至,谓将执丹津致诸中国,以闻师出而止,若朝廷赦其已往,当以丹津献。世宗命侍郎杭奕禄等偕特磊往谕策零以受封定界、敦族睦邻诸事,且诏两大将军来京会议,以副将军巴赛、提督纪成斌分摄两路军事。其进兵之期暂缓一年。

和通泊之大败 策零既遣使请和,复不待朝命,窥西路备弛,发兵二万,以是年冬犯巴里坤南境科舍图卡伦,纵掠驼马。于是廷议益增兵决战。九年五月,傅尔丹进驻科布多城。时策零知西路牲畜缺乏,不能进击,乃悉众北犯。六月,遣其臣大小策零敦多布,以兵三万屯科布多西博克托岭(阿尔泰山脉之一岭),而先纵间谍伪降,诡言准部连年与可萨克交战,驼马羸弱,今其前队千余屯博克托,可袭而破也。傅尔丹信之,即以兵万余往袭。六月二十日,遇敌兵二万余,转战一日,杀伤相当。翌日,前军至和通淖尔(科布多西二百里),为敌兵所围。从征索伦兵先溃,诸军继之。自副将军巴赛、查弼纳以下,先后战死及自杀者,凡十余员。傅尔丹以残兵遁,七月朔,还至科布多,所部仅二千人而已。败报闻,诏以大学士马尔赛为抚远大将军,驰赴土拉河畔,会喀尔喀诸王议蒙古防务。又谕傅尔丹相机坚守,毋轻图报复,蹈前辙。如科布多不可守,则移驻察罕廋尔,为专守喀尔喀之计。

蒙古之防务 先是，康熙朝用兵准部时，以札萨克图部之察罕淖尔（中右翼末旗境）形势蓄藏，水草宽美，便于屯戍，其地有山曰察罕廋尔，因于此筑城置兵焉。及是傅尔丹奏言察罕廋尔距科布多辽远，艰于策应。于是廷议谓察罕廋尔地近喀尔喀游牧，若大军会屯其地，战守甚便。乃诏傅尔丹移营于此，去大将军号，以顺承郡王锡保代之，而马尔赛屯归化城，为后援。时准部亦两路备兵，令诸台吉环峙乌鲁木齐，以当我西路，又屯田厄尔齐斯河源，以窥我北路。而北路邻喀尔喀，尤其所蓄意。由是准部与三音诺颜部之衅起，而超勇亲王策凌之名，亦因之大著。

三音诺颜部之起源 策凌者，故元太祖十八世孙图蒙肯之裔也。明季喀尔喀有红、黄教之争，图蒙肯尊黄教，为之护持。达赖刺麻贤之，授三音诺颜号。三音者，唐古特语谓善；诺颜者，蒙古语谓官长也。然三音诺颜部仍隶土谢图汗。策凌幼居京师，侍内廷，尚公主，寻携属归塔米尔河。自是累岁从征，习漠北山川险易，愤喀尔喀为准部蹂躏，锐自磨厉，练猛士千，隶帐下为亲兵，又以准部善驰突，而喀尔喀无纪律节制，每游猎及止营，皆以阵法部勒，万众森严如对垒，由是三音诺颜一军雄漠北。至是准部大小策零谋乘胜东犯喀尔喀，以科布多、察罕廋尔皆有备，乃取道阿尔泰山南深入。九月，小策零以精骑六千转战入三音诺颜境。策凌迎击之，激战于鄂登楚勒河，大破其众。时策凌爵郡王，以是役功晋封和硕亲王，授大札萨克，不复隶土谢图。自是三音诺颜为独立之部落，与车臣等三汗为喀尔喀四部云。

西路之防战 策零既简精锐北犯，同时又集兵乌鲁木齐，进屯奇台度冬。十年正月，遂自奇台越无克克岭（天山东北支脉，为今镇西及迪化界），犯哈密。时岳钟琪屯巴里坤，有众三万余，分防远近，以冬春积雪不宜战，号令诸将专以闭关瞭望为事。及哈密告警，乃遣总兵曹勷、副将纪成斌等往援，又檄副将军石倬云扼无克克岭要隘，截准兵归路。勷等遇敌哈密城西，奋战破之，而倬云不复邀击，纵之西窜。三月，大学士鄂尔泰劾钟琪拥兵数万，坐失机会，不能料敌于先，复不能歼贼于后。诏削钟琪大将军号，以总督衔留治军事。时钟琪力请于奇台东木垒河畔筑城屯兵，与巴里坤相犄角，自谓必效。及大兵移驻，而敌仍潜过河东,侵扰牧场。七月,诏鄂尔泰督巡陕甘经略军务,召钟琪还朝,以副将军张广泗摄大将军印,使总督查郎阿自肃州驰往代之。钟琪之在边也,战守主用车,法以千车为一营,每车以一夫推之,而护以四夫,名曰车骑营。然车营严重,非沟堑沙碛所宜。及广泗受任,因言准兵恃骑,我军制敌,必步骑兼用,又木垒地卑不足守,仍移兵回巴里坤。由是西路军事壁垒一新,成效颇著,钟琪坐削职焉。

额尔德尼昭之大捷 小策零敦多布自九年九月被创以来,还屯喀喇沙尔,至十年六月复思北出,纠众三万,进次奇兰河(厄尔齐斯河源支流)附近。时廷议以察罕廋尔大营势孤,不足以制敌,乃于拜达里克河、推河及翁金河畔,各筑城置戍,以厚蒙古之防。又马尔赛屯归化,怨望退缩,不胜大将之任,诏改授绥远将军,移守拜达里克,听北路大将军锡保节制。是年七月,小策零自奇兰越察罕廋尔大营北进,至厄得尔河(鄂叠尔河)源(当今乌里雅苏台东北境)。锡保檄策凌及将军塔尔岱等御诸本博图(乌里雅苏台东南)。准兵侦知策凌西出,袭击其帐于塔米尔河,掠其子女牲畜。策凌闻警,告急锡保,请师夹攻,而自率蒙古兵二万还救。八月五日,逐准兵至额尔德尼昭(光显寺),大破其众,所得战利品无算,敌几尽歼。而察罕廋尔援兵不至,小策零自推河窜而西。策凌急檄马尔赛于拜达里克河邀击之。时拜达里克城中屯兵万三千,诸将踊跃待发,而马尔赛以怨望故,约束诸将,闭关不出。军士登城望见敌骑过者,纷杂无复行列,一邀击可尽俘也。久之,诸将皆不复禀命,自出追之,击斩千计,而小策零已从前队过。事闻,诏赐策凌"超勇"名号,而诛马尔赛以徇。

准部第二次之请和 额尔德尼昭之捷,两军攻守之势为之一变。然锡保无进取之志,专以屯守为事,以察罕廋尔薪草不足为名,移营乌里雅苏台。世宗知锡保不足任,十一年七月,追论锡保于额尔德尼昭之役,事前既疏于防范,使准兵得越险而东,临事复缓于接应,使策凌不得收夹击之效。乃削其爵号,以平郡王福彭代为大将军,策凌副之。会西路大将军查郎阿等亦累破准兵于近边,噶尔丹策零知不可逞,微吐和意。而世宗亦以两路大兵暴露已久,又尝奉圣祖密谕,言:"准地辽远,我往则我师徒劳,彼来则彼师受困,惟当诱之使来,以便邀击。"故亦无复深入犁庭之志。及是，准部遣使乞和，乃降旨罢征，遣侍郎傅鼐及学士阿克敦报之。先量撤两路兵，北路则筑城于鄂尔坤河，留兵屯田，西路则戍哈密、巴里坤。准部欲得阿尔泰山故地，亲王策凌坚持不可，自是往复争论。至乾隆二年，始定议以阿尔泰山为界，厄鲁特游牧不得过界东，喀尔喀游牧不得过界西，是为准部第二次之乞和。计自康熙五十六年备边以来，旋罢旋调，先后糜饷七千余万，劳师十余载，至是始勉就平和之绪云。

第十六章　雍正之内治及外交

储位密建法之由来　凡世界立君政体之国，君位继承之法常为国家重要之问题。中国习惯亦以建储一事，为人君即位以后，首先当举之大典。然建储之流弊，约有数端。（一）本人恃贵骄矜，渐至失德。（二）左右群小，逢迎谄媚，引诱作非。（三）奸宄之徒窥伺诳构以摇动之。累朝皇室以此召纷乱、构危难者，往往见于历史。自本朝建国，太祖、太宗皆未尝预立太子。康熙朝，理密亲王胤礽两次册立，终以乖戾得罪。圣祖深以胤礽之失德，推本于法制之未善，遂力斥群议，断然废建储之法。至康熙六十一年十一月，仓猝之间，一言而定大计，臣民悦服。世宗即位，又深维国本不立，非所以计久长，乃折衷两者之间，特创储位密建法以善之。雍正元年八月，亲以高宗名密书加缄，集王、大臣九卿于乾清宫，晓谕其故，命取密缄置诸宫中最高处正大光明扁额之后，以备不虞。又别书密旨一道，藏诸内府，为异日勘对之资。自是以来，此制遂永为本朝家法焉。

胤禩、胤禟之罪状　方胤礽之在储位也，圣祖诸子希望非分者，或为秘密之运动以倾陷之。就中运动尤力者，为皇八子胤禩。皇长子胤禔、皇九子胤禟、皇十子胤䄉、皇十四子胤禵等为之党援，皆蓄术士，结宦官，广通声气，使为延誉。及废储命下，彼等妄意为己党阴谋所致，渐露不轨之色。既而胤禔以巫蛊事得罪幽禁，胤禩旋亦黜爵为闲散宗室。圣祖晚年常为之忧愤感伤，至于不豫。及世宗立，以胤禩矜立名誉，才望为诸王冠，而胤禟以下率庸懦无能，不过立于被动之地位而已。若胤禩改过自新，则群邪无所比昵，余党将自解散。乃封胤禩亲王，令与怡亲王胤祥同理政务，而安置胤禟于西宁，以孤其声援。然胤禩倾险日甚,造作蜚语,欲以恶名归上。胤禑在西宁,密用西洋人穆经远为谋主,以家财付之,又造新体字为密书,往来通递。世宗屡降旨宣布其罪状,彼等怨望之志益形于词色。胤禩公然对众咀咒,无人臣礼。雍正四年正月,诏大学士等撰文告祭奉先殿,屏胤禩、胤禑于宗籍之外,并令更名,寻幽禁胤禩于宗人府,改名阿其那,移胤禑回禁保定,改名塞思黑,并拘胤䄉、胤䄉。是年六月,诸王、贝勒、贝子、公、满汉文武大臣连署奏陈阿其那罪状四十款,塞思黑罪状二十八款,胤䄉罪状十四款,请正典刑。世宗犹迟回未决,惟反覆论列其罪,公布内外,而未几塞思黑、阿其那并以是年八九月间先后物故,诏宽其身后之诛。至乾隆朝,仍特旨复其原名,收入玉牒云。

曾静之案 时胤禩辈既以怨望之故,与朝廷为敌,其门客党员散布内外,往往造作流言,讥刺宫禁。世宗虑为国家之患,故广设秘密侦探以监视之,朝野细故,无不上达。又以士大夫好为议论,或依托陈言,影射时政,故治之特严。雍正初,侍郎查嗣庭以典试出题,意涉讥讪,主事陆生柟以《通鉴论》有不平之语,先后伏法。而其情节较重者,则曾静之狱是也。曾静者,湖南靖州人,以应试州城,得见吕留良评选时文,中有妄论夷夏之防及井田、封建等语,遂遣其徒张熙至留良家求其著述。时留良已死,其子毅中悉以父遗书授之。书词多愤激,静益倾信。又以张熙之介绍,与留良弟子严鸿逵等遗书往复,遂生异心。时岳钟琪督川陕,或言其裔出宋臣岳飞,与金世仇,将不利于朝廷,又或言钟琪再请陛见,诏不允行,钟琪深自危疑。会胤禩等既死,其所属门徒近侍等并发遣广西,沿途复布讹言。静闻而惑之,遂以雍正七年遣熙诡名投书钟琪,劝以举兵反。钟琪置熙密室,穷询主名,且许迎聘其师,阳与设誓。熙始言曾静名。事闻,诏侍郎杭奕禄等会同湖南抚臣逮静送京,并命浙江督臣籍留良、鸿逵家藏书,并逮鸿逵等,命内阁九卿会鞫,具得其状。廷议援大逆律科静,诏以静罪止误听,其华夷中外之论则出于吕留良之邪说,而其谤及乘舆者则由于阿其那等徒党之蜚语,有可原之情,特赦其罪,使归里,且诏地方官予以保护。又将吕留良、严鸿逵、曾静等之著书言论及累次谕旨,一一刊刻,颁布天下学官,名曰《大义觉迷录》。以吕留良师弟谤讪先帝,罪在不赦,诏廷臣行文直省学政,博采诸生舆论,使为适当之判断。会鸿逵病死,至雍正十年,始与留良并见追戮焉。

官制之增改 国初官制多因明法,通政司受内外本章,有敷奏封驳之权。内阁票拟批答,为承旨立法之府。其有军国重务,不由阁臣票发者,则由议政大臣组织之,贵族议会裁决之。世宗以通政司职权太重,扼中外庶政之要,主之者不得其人,或与政府因缘为奸。乃命内外诸臣有紧密事,改用折奏,专设奏事人员以受之,使得立达御前。自是通政司为闲曹。时西北用兵,世宗又以议政诸臣皆贵族世爵,不谙国务,而内阁在太和门外,入直者或有漏泄几务之弊。乃设军机处于隆宗门内,简阁臣及部院卿贰熟谙政体者,兼摄其职,名曰军机大臣,又选部曹及内阁侍读中书等为僚属,名曰军机章京。军机职掌在恭拟谕旨。谕旨之明发者,皆下内阁以次于部科。其有指授兵略,诰诫臣下,及查核刑政之失当者,则密封交兵部驰递,谓之廷寄。自军机处设立,而议政之弊始革,内阁之任遂轻。雍正时,犹留议政大臣之名,以为满大臣兼衔。乾隆朝,高宗始特旨废之焉。

贵族之裁制及其教育 国初八旗之制,皇帝所亲将者三:(一) 镶黄,(二) 正黄,(三) 正白,名曰上三旗。诸王所分将者五:(一) 正红,(二) 镶白,(三) 镶红,(四) 正蓝,(五) 镶蓝,名曰下五旗。下五旗户籍皆为王公僚属,其关系若奴隶之于主人。承平日久,诸王习于骄汰,御下多不法,如两广总督杨琳,故敦郡王属下,王遣近侍赴广州,据署搜索。世宗习知其弊,即位后,禁宗藩与外吏之交通,非廷见不得私谒,其王府属下,惟护卫诸官得由本王迁擢,余悉改隶有司,以所属值宿护军撤归营伍。自是诸王皆懔然奉法。时宗室八旗子弟亦以无教育故,往往挟亲贵之势,恣为威福。世宗特设学校以教育之。所以教宗室子弟者,有宗学二、觉罗学八;所以教八旗子弟者,有咸安宫、景山官学各一,八旗官学八,皆简大臣综其事,以进士若举人为之教习。八旗文学教育之发展,实始于此。

朋党之禁 明季政治之腐败,所以致亡国之祸者不一,要其尤甚者,则朋党之纷争是也。鼎革之后,世祖、圣祖鉴于前代之弊,皆以是为厉禁。世宗以为欲除朋党之源,当令舆论之所是非与朝廷之所赏罚相为一致。《御制朋党论》以正宋臣欧阳修"君子有朋"之说,颁示满汉诸臣,大要谓:"天尊地卑,而君臣之分定。为人臣者,义当惟知有君,则其情固结而不可解,而能与君同好恶,夫是之谓一德一心而上下交。"又科道诸臣对于朝廷之举动,有发言之权。明季大臣往往要结言官,反对朝旨,议论嚣然。而六科给事中以自为一曹,无所隶属故,益得纵情自肆。世宗知言路之纷争,实为群臣朋党之代表,故于言官之陈白,特为注意,又命六科给事中改隶都察院以抑之。由是言路党争之弊绝,而台臣之风气亦视前代为蕴藉矣。

奴隶阶级之削除 中国社会阶级之制革除甚早,历史上无贵族平民之争。然奴隶之阶级至国初犹有存者。当时山西有乐籍,世执贱业,不与平民为伍。或言其先世以明建文鼎革之际,不附燕兵,遂为成祖所贬,世世不得自拔云。世宗居藩邸时,留意民事。及雍正元年,诏山西各属禁革乐籍,令改业为良。又浙江绍兴府有惰民,其业与乐籍无异,并令削除。至五年,以江南徽州府有伴当,宁国府有世仆,本地呼为细民,且有两姓丁户村庄相等,而此姓为彼姓执役,有如奴隶,究其主奴之关系何自而起,则茫然无考,诏开除为良民。八年,以苏州府常熟昭文之丐户与惰民无异,令削除丐籍。其余江西、浙江、福建所属山县内有棚民,世以冶铁、造纸为业。广东滨海有蜑户,以船为家,不得陆居。至是亦先后视编氓之例,列入保甲云。

明后之封 自明室唐、桂诸王次第灭亡以来,民间不轨之徒往往伪称朱氏,依托明后,为骚动之口实。康熙中,京师奸民杨起隆称朱三太子,纠众谋乱(十二年)。昆明人李天极以铅模明桂王之宝,潜掠州县(四十五年)。而台湾朱一贵之乱,亦以明裔为号。圣祖尝以明太祖功德为汉、唐、宋诸君所未及,其后嗣亦未有荒淫暴虐如前代亡国之君者,欲访其支派一人,量授官职,以奉明祀,旨未发而崩。世宗绍遗志,诏大学士会同廷臣访求明后,予以职衔,俾之承袭。廷臣寻以汉军知府朱之琏等六人引见。雍正二年十二月,诏封之琏一等侯,命以春秋致祭明陵。乾隆十四年,又锡号曰延恩,令其子孙得世袭焉。

《尼布楚条约》以后之中俄交涉 雍正朝内政之梗概,既类述如右。其外交上之事件,则与俄罗斯之关系是也。自《尼布楚条约》缔结以后,东北边境之纷议渐定。然未几喀尔喀三汗内附,中国北境与俄领西伯利亚之交涉益繁。俄人故于喀尔喀土谢图部有贸易之关系。至是，喀尔喀之主权为中国所操，于是中俄互市之问题起。康熙五十八年，一七一九年。俄帝彼得第一遣正使义斯麻伊儿（Ismailoff）及副使兰给（De Lange）赍国书来京师，请改订商约。俄使初于觐见礼节有所纷议，而政府以他日华使至俄当从俄俗为词，卒屈服之。然觐见礼成，而政府于俄使所请置之不答。义斯麻伊儿察中国无议约意，徒手而归，使兰给留京，委以改正商约事。是为俄公使驻华之始。兰给虽数以议约为言，而终不能达其目的。

《恰克图条约》之缔结　世宗立，未几而俄帝彼得亦崩（雍正三年—一七二五年）。女帝加他邻第一即位，复以雍正五年遣使臣拉克青斯奇，来申前请，且欲会议蒙古与西伯利亚之疆界。诏以郡王策凌、内大臣四格、侍郎图理琛为议约使，以后贝加尔州之布拉河地方为两国公使议场。于是两使各遣勘查委员，审定边境，以是年八月约成，所谓《恰克图条约》(亦名《布拉条约》)者也。今举其要领如左。

（一）两国边吏当互查彼此逃人（但逃亡在和约缔结以前者勿论），捕送本国。

（二）以恰克图为两国通商之地，自额尔古纳河岸至齐克达奇兰，以楚库河为界。自此以西，以博木沙奈岭为界。各立界标志之。

（三）以乌特河地方为两国中立地，彼此不得侵占。

（四）俄国商人得三年一至北京贸易（但员数以二百人为限，留京不得过八十日，往来当由官定之路径，不得迂道他往，违者没收货物）。

（五）京师俄罗斯馆，听嗣后俄人来京者居住。俄公使欲于京师建会堂，中国当予以补助，听俄国教徒居住。教徒得依本国例规，于堂内读经礼拜。

（六）递送公文者，来往当由恰克图。

（七）两国边界各置头目，秉公办理一切。

当时外交界之状况　右条约以雍正六年得两国政府之批准。自是两国文书往复，均不以皇帝之名，中国则以理藩院，俄国则以萨那特衙门。彼此贸易及国交之端绪，渐次繁密。据俄史所载，则谓雍正九年中国政府尝遣使节至俄都者再。前者以准噶尔之叛乱，戒俄人严守中立；

后者则以俄女帝安那宜万新立（雍正八年），往贺即位。中国诸史中未有记其事者，意者当时准部之对于中国，动以俄兵援己为名，政府因欲借外交政策，俄俄人不为准部后援，则通使之频繁，抑不足怪也。

第十七章 准部之荡平

乾隆初年中国与准部之形势 雍正十三年八月,世宗崩,寿五十有八岁。皇太子即位,是为高宗纯皇帝,以明年为乾隆元年。时值康雍两朝宽严相济之后,中原驯伏,已数十年。国库羡余,存三千余万,仓庾实积,可供二十余年之用。又北收喀尔喀,西收青海,西南收西藏,拓地周四万余里。独准噶尔恃其武力,旋服旋叛,又其地势横亘于喀尔喀与西藏之间,准部一日未服,则南北边备一日不得息肩。故圣祖、世宗屡集廷议,并有"此贼不灭天下不安"之谕。雍正末年,以将帅久劳在外,不得已而罢兵,复以边界之纷议,使命往复,至乾隆四年而和议始就。寻又许其通市易,及进藏作佛事,惟货物人马各限以数。自是征战虽撤,然朝廷实未尝一日释西顾之忧,特以事会未至,姑与羁縻而已。及乾隆十年,噶尔丹策零死。于是准部三世枭雄之霸业终,而乾隆朝新疆拓地二万余里之时期至矣。

准部之内乱 噶尔丹策零有三子,剌麻达尔济最长,然外妇出也。策零死,其仲子策妄多尔济那木札尔以母贵得立,有暴行,至乾隆十五年,为其女兄之夫赛音伯勒克所弑。剌麻达尔济嗣位,部众不悦,欲拥立策零少子策妄达什。大小策零敦多布者,于准部为贵族,以世握兵柄故,大策零孙达瓦齐及小策零子达什达瓦并为部众所向。剌麻达尔济惧不利于己,痛翦其势力,策妄达什与达什达瓦皆被诛戮。于是达什达瓦部下萨拉尔者率千余户内附,而达瓦齐遂联合辉特部台吉阿睦撒纳谋报复。辉特部者,姓伊克明安,本杜尔伯特属部。阿睦撒纳者,策妄阿布坦之外孙,而和硕特部丹衷(拉藏子)之子也。先是,厄鲁特四部于天山北路一带分地而治。及土尔扈特北徙俄罗斯境,其故地塔尔巴哈台为辉特所游牧。丹衷妻初生子班珠尔，及丹衷死，复有遗腹，改适辉特部长，生阿睦撒纳。阿睦撒纳长而凶狡，既为辉特部台吉，复有窥伺准部之志。及是，欲构达瓦齐内讧，而已从后图之。乃与达瓦齐合兵，突入伊犁，杀剌麻达尔济，而拥立达瓦齐为汗。准部之骚乱达于极点。

阿睦撒纳之来降 阿睦撒纳既干涉准部之内乱，同时复兼并杜尔伯特，胁降其台吉纳默库，而自迁帐于额尔齐斯河，渐露侵略准部之野心。达瓦齐为自卫计，数遣兵攻之，皆不克，乃自将精兵三万，进薄其帐，又使骁将玛木特将乌梁海兵八千，东西夹攻。阿睦撒纳虑不敌，乃思借中国兵力，灭达瓦齐，而已据其地。十九年，遂与其同母兄班珠尔及杜尔伯特台吉纳默库，率所部之万余人来降。先是，萨拉尔之内附也，高宗授为散秩大臣，询以准夷事，备悉其内乱状，然尚未欲用兵。及达瓦齐之立，所部益解体，杜尔伯特台吉有三策凌者，率三千户来降。高宗念中国数十年设斥堠，议边防，厉兵秣马，欲殄灭准噶尔而未能者，今事会适有可乘，时不可失，于是用兵之议渐决。方调兵筹饷，以图大举，而阿睦撒纳踵至，备陈进取伊犁之策。朝廷乃先遣大臣安置其部众于三音诺颜部之札卜堪河（札盆河），封阿睦撒纳为亲王，班珠尔、纳默库为郡王，以羁縻之。准部骁将玛木特见诸台吉相踵内附，必召大兵，知准噶尔事不可为，达瓦齐不可辅，亦脱身来归。于是准部爪牙腹心尽在中国。远征军之出发，坐是益迫矣。

伊犁之平 乾隆二十年二月，两路出师，北路以尚书班第为定北将军，阿睦撒纳为定边左将军副之。西路以陕甘总督永常为定西将军，萨拉尔为定边右将军副之。所至准夷各部落，大者数千户，小者数百户，携酮酪，献羊马，跪迎恐后。兵行数千里，殆无一人抵抗者。两军遂以五月朔会于博罗塔拉河，越五日而至伊犁。达瓦齐已走保格登山（伊犁西北百八十里），阻淖为营，众尚万余。大军追及之。侍卫阿玉锡等夜以轻骑直薄其营，敌众惊溃。达瓦齐从百余骑逾天山，走回疆，将投乌什城。城主霍吉斯已得我将军檄，即执之以献。同时青海叛酋罗卜藏丹津亦为大军所俘，并献京师。是役出师仅百余日，曾无一战之劳，生缚名王，拓地万余里，其成功实阿睦撒纳之野心有以促之。故伊犁虽定，而阿睦撒纳之叛乱实事势之所不可免者也。

阿睦撒纳之反谋 高宗之用兵伊犁也，初非欲郡县其地，将俟准夷戡定后，仍厄鲁特四卫拉特之旧，设杜尔伯特、和硕特部如故，设辉特部以补土尔扈特，设绰罗斯部以代准噶尔，各以降人为之汗，令如喀尔喀四部例，长为外藩。然高宗知阿睦撒纳有异志，故当出师之初，即密令班第告以朝廷处分伊犁之意见，又使科尔沁亲王额驸色卜腾与之偕行，阴监察之。及伊犁既平，班第及西路军参赞鄂容安与阿睦撒纳、萨拉尔留商善后策，而色卜腾随大军凯旋。时朝廷将实行分封四汗之策，诏阿睦撒纳以九月赴热河行饮至礼，即偕诸部台吉受封。而阿睦撒纳必欲总长四部，专制西域。当色卜腾之归也，私以己意乞代奏，期七月下旬俟命。遂移檄邻部讳其降，言："已统领满、汉、蒙古兵来平此地。"又使其党布流言，谓："不立阿睦撒纳为汗，准部终不得安。"班第、鄂容安密以其事驰奏。诏即军中诛之，毋濡忍诒后患。而是时大兵已撤，留屯者仅五百人，其余皆厄鲁特也。班第等遂不敢举事，惟趣之入觐，欲就内地执之，令喀尔喀亲王额林沁多尔济督之偕行。而阿睦撒纳故与色卜腾有成约，度朝旨旦夕且下，顾以班第趣之急，不得已自伊犁起行，惟沿途迁延，以俟后命。先是，色卜腾既归，隐忍不敢奏。阿睦撒纳待命至八月中不下，疑事中变，反谋始决。额林沁不之觉也。十九日，行至乌伦古河，阿睦撒纳以诡词绐额林沁使先行，而自由额尔齐斯河间道北逸。久之，额林沁始悟其诈，急追之，则已无及矣。

前后官军之失机 是时，阿睦撒纳妻子及部众皆驻牧札卜堪河，而厄鲁特之留屯伊犁者，又皆其党也。阿睦撒纳既叛，一方则遣使札卜堪，迎其家属；一方又号令伊犁诸厄鲁特，使并起为乱。高宗固知阿睦撒纳必反，先事已密谕乌里雅苏台军营收其妻子，得不遣。而伊犁诸剌麻、宰桑（准语"管事官"也），闻阿睦撒纳脱走，争起应之。班第、鄂容安、萨拉尔率五百兵转战，走二百余里，至崆吉斯。萨拉尔先遁，部兵尽溃，班第、鄂容安自杀。定西将军永常方驻木垒，闻变，恐贼大至，乃退军巴里坤，移粮哈密。故北路无声援，贼益猖獗。于是高宗论前后诸臣贻误罪，黜色卜腾爵，发军前效力，赐额林沁死，并逮永常。时新降诸厄鲁特台吉，并如期以九月会觐于热河，绰罗斯等四汗分封已定，适闻阿睦撒纳之叛，皆愿发所部兵从征。朝命以公策楞为定西将军，以富德、玉保、达尔党阿为参赞大臣，出巴里坤讨贼。十一月师行，玉保为前队，降夷毕从。时阿睦撒纳集部众二千余，屯博罗塔拉河，四出剽掠。二十一年正月，大军至吐鲁番，萨拉尔自伊犁脱身来迎。玉保遂率所部长驱而西，距阿睦撒纳所在仅一日程，可追而及也。而玉保信间谍言，谓阿睦撒纳已就擒，献俘者且至，遂驻军待之，报捷策楞。策楞亦不审虚实，遽闻于朝。比二月，大军至伊犁，则阿睦撒纳已走哈萨克（亦作可萨克，今俄领中亚细亚境）矣。将军、参赞互相咎，顿兵不进。高宗怒其无功，五月，褫策楞、玉保职，以达尔党阿为定西将军，富德副之，责以追剿之事，又以巴里坤办事大臣兆惠为定边右副将军，使当应援之任。达尔党阿方进军哈萨克界，移檄索贼，未得要领，而喀尔喀复有青滚杂卜之叛。一时从征降夷闻之，多有轻朝廷、思复反者矣。

喀尔喀撤台之变及其影响 初，北路邮驿皆由喀尔喀各部应役，自用兵以来，军报络绎，需人马颇多。郡王青滚杂卜苦之，遂撤其所设台。又以额林沁多尔济之赐死，谓我喀尔喀本成吉斯汗子孙，例不治罪，以此散流言，众喀尔喀惑之，邮台撤者无虑十余所，文报中断。先是，超勇亲王策凌于乾隆十五年卒，子成衮札布嗣。至是，诏以成衮札布为定边左副将军，发兵剿捕，又命尚书纳延泰、侍郎阿桂等助之。各台得次第复设。青滚杂卜旋于是年冬为阿桂所获，伏诛。而西路诸降夷，自和硕特汗巴雅尔、绰罗斯汗噶尔藏多尔济以下，叛者踵起。策楞、玉保方被逮入京，中道遇害。阿睦撒纳闻四部构乱，亦自哈萨克归，会诸贼于博罗塔拉河，欲自立为汗。准部复大骚乱。

兆惠之成功 当是时，西征诸将帅并以应敌弛缓，坐酿变故，先后获罪。独兆惠一军以寡击众，战守甚力。先是，兆惠奉命为远征军应援，遂以千五百兵自巴里坤进驻伊犁。及诸部继叛，伊犁形势殆陷于敌军包围之中。兆惠以十一月自伊犁转战而东，沿途杀贼数千。二十二年正月，至乌鲁木齐，军食且尽，复为诸贼所遮。会大风雪，驿传声息，格不相闻。侍卫图伦楚率巴里坤兵二千往探，以月晦遇诸特纳格尔（今阜康县）。贼解围去，兆惠得引还巴里坤。于是高宗知兆惠可胜讨贼之任，又知厄鲁特人终不可以德怀，非殄其种族，边不得安。三月，使兆惠出西路，左副将军成衮札布出北路大剿之。会绰罗斯汗噶尔藏多尔济为其兄子所杀,诸部内讧。又痘疫盛行,厄鲁特人罹者辄死。兆惠等乘之,累战皆捷,诸叛酋先后败死。阿睦撒纳闻之,复自博罗塔拉河西窜。兆惠等穷追至哈萨克部。其汗阿布赉闻我军大至,遣使请贡,且设誓擒贼。适阿睦撒纳率二十人往投,阿布赉使人收其马。阿睦撒纳惊逸,徒步入俄罗斯境,寻患痘死。理藩院行文索之,俄政府以其尸送恰克图。于是命成衮札布归镇乌里雅苏台,而兆惠留军度冬,剿杀余贼。

准部之虐杀 先是,准部有宰桑(见前)六十二,鄂拓(部众之直隶于汗者)二十四,昂吉(部众之分隶于各台吉者)二十一,集赛(专以供养剌麻为职者)九,都二十余万户,六十余万口。俗耐劳苦,勇战斗,以一人能劫数人者为壮士。自天山以南葱岭以西诸部落,一闻其至,无不奔走窜伏。故自噶尔丹以来,内则兼并诸卫拉特,外则服属回部,蹂躏喀尔喀,击逐俄罗斯,遂赫然为西域一大汗国,东向与中国抗争。至是阿睦撒纳既窜死俄境,其余众犹伺间出没天山北路,袭击官军,始终无降服之意。于是自乾隆二十三年至二十五年,大军先后合围纵杀,凡山谷僻壤及川河流域可渔猎资生之地,皆搜剔不遗。计二十余万户中,先痘死者十之四,继窜入俄罗斯若哈萨克者十之二,卒殁于大军者十之三。惟达什达瓦之妻当伊犁骚乱时,先率所部归化,徙热河,编旗籍。又有附牧伊犁之土尔扈特族台吉舍稜,率所部二千余奔土尔扈特部,皆得幸免。论者谓为厄鲁特之一大劫。准部既平,朝廷乃于伊犁、乌鲁木齐及塔尔巴哈台分设满兵驻防,汉兵屯种,置伊犁将军以统治之,建官筑城,渐成都会。内地商民移住者日众,遂为西北一殖民地焉。

土尔扈特之归化 其后乾隆三十七年,复有土尔扈特率属归化之事,今附述于此。土尔扈特,故四卫拉特之一,先世出元臣翁罕,八传至和鄂尔勒克,居塔尔巴哈台附近。值准噶尔强盛,和鄂尔勒克畏其逼己,挈族走俄罗斯,屯窝瓦河畔(天聪四年),俄人因称为己属。其后四传至阿玉奇,始自称汗。当康熙五十一年,尝遣使假道俄境,来贡方物。圣祖欲察其国情,遣内阁侍读图理琛赍敕往报。图理琛取道西伯利亚至其国,往返经三载,因述其所经道里山川民风物产,为《异域录》二卷。阿玉奇附表奏谢焉。土尔扈特习蒙古俗,信仰黄教,与俄罗斯国俗不相容,常有思慕故土之志。及舍稜之往投也,适阿玉奇曾孙渥巴锡方嗣汗位,以不得俄政府之认可,意甚不平。舍稜至,则盛言伊犁空虚可据,劝还故土。渥巴锡惑之,遂以乾隆三十六年偕舍稜率人口十六万余,自俄境脱走,沿途为哈萨克及布鲁特(即喀剌吉尔吉思部,在天山之北,准部之西南,近葱岭)所劫,失人畜辎重无算,翌年六月,始达伊犁,仅存七万余口。伊犁将军舒赫德严兵备边,使人迎诘之。渥巴锡与其台吉等议数日,始以慕化归附为词,言:"俄国宗教风俗与己不同,愿依中国,安部众。"事闻,廷臣议者以降人中有舍稜,疑其有诈,且据《恰克图条约》,中俄彼此不得容隐逋逃,今我受俄人叛藩,恐启边衅。高宗念舍稜故我叛臣,俄人受之,是背约在俄,折之有词。且数万乏食之人既至近界,驱之使去,将有他变,乃决计受降。又循康熙朝收喀尔喀成例,发茶米毡裘等赡之,共糜帑金二十万有奇。诏封渥巴锡为汗,以所部为旧土尔扈特,舍稜为郡王,以所部为新土尔扈特,仍于伊犁及科布多附近,分赐牧地。盖自国初绥服蒙古以来,至是乃尽族而臣之。而是时俄人方以波兰之乱,与土耳其交战,未暇与我论曲直也。

乌梁海之内附 自准噶尔与中国抗争以来,其结果不惟使厄鲁特人种全归中国之统治而已,又北则乌梁海之服属,南则回族之征定,皆与准部兵事相因而起者也。回部征服之历史,别于第〔十〕八章详说之,今略述乌梁海内属之次第,缀诸本章之末。乌梁海人者,盖"芬"人种之一支族,其容貌类土耳其人种,而其言语、风俗、宗教则全与蒙古无异。自称曰吨瓦,错处贝克穆河流域、库苏古尔湖之周围及昂噶拉河(上通古斯河)之上流。其住民之大多数以捕猎为业,间有从事牧畜,若耕作者则仅十分之二而已。其知识之程度在蒙古人种之上,然役属于喀尔喀、准噶尔及俄罗斯诸国,常应兵役纳赋税焉。及策妄阿布坦跋扈,颇利用乌梁海人以牵制中国。康熙五十四年,喀尔喀札萨克博贝始议征乌梁海以分准噶尔之势。自是北路大军控扼要冲,以渐剿抚,降附者日众。及准噶尔平,其所属之乌梁海尽入版图。朝廷分其众为唐努乌梁海、阿尔泰乌梁海、阿尔泰诺尔乌梁海三部,各与其酋长以官职,使统治所部,仍分隶于乌里雅苏台之定边左副将军及科布多参赞大臣。其中唐努乌梁海以一种族独占一地,在三部中为最大,其余二部不过占有科布多之一部分而已。

第十八章　回部之征定

天山南路之沿革及回教之由来　阿睦撒纳既窜死，天山北路之地全入中国。而南路诸回城，故隶准噶尔汗国势力之下，至是闻准噶尔残破，又度中国兵方经营伊犁，未暇南进，乃思乘新旧势力交代之际，集兵戒严，为独立之准备。于是中国复有天山南路之师。自蒙古帝国兴起以来，天山南路为成吉斯汗次子察哈台领土之一部。其后数经变迁，至元明之际，察哈台子孙复于喀什噶尔建一汗国，而附庸于帖木儿帝国。帖木儿帝国之盛也，四方回教学士争集其国都撒麻耳干。教祖摩诃末之后裔有和卓木者，尤得尊信。当明中叶（西纪第十五世纪中），和卓木子加利宴及伊撒克昆弟始自撒麻耳干移喀什噶尔，各集弟子说教，自汗以下咸崇信之。明嘉靖时，喀什噶尔汗撒伊特数用兵东向，悉定天山南路地。回教势力益因之蔓延。其间加利宴之门徒称白山宗，伊撒克之门徒称黑山宗，各习师说相标榜。及喀什噶尔汗衰，和卓木子孙代握天山南路政权。而两宗之轧轹，由是益甚。顺治初，喀什噶尔汗伊士摩儿以己属黑山宗故，有排斥白山之志。白山首领和卓木亚巴克亡命西藏，欲借刺麻之援，回复势力。至康熙十七年，噶尔丹遂以五世达赖之命，举兵入喀什噶尔，立亚巴克为汗，而迁居故汗族属及宗门领袖于伊犁。于是察哈台之汗统绝，和卓木族遂兼有政教两界之大权焉。

蒙回势力之消长　然当时天山南路，自喀什噶尔之外，复分裂为无数小汗国。喀什噶尔之主权虽已入于回族之手，而其东叶尔羌、吐鲁番、哈密诸城，尚皆为蒙古族所分据，惟于宗教上受回族之同化而已。顺治初，哈密有巴拜汗，叶尔羌有阿布都汗，吐鲁番有苏勒檀汗，并表贡中国，自称成吉斯汗裔。然中国以其久习回教，遂以宗教之名被之，称其城曰回城,汗曰回酋。及准噶尔强盛,欲统一天山南北。于是南路迤东诸蒙古汗国,或内附,或灭亡。故哈密地已于康熙中内隶中国,吐鲁番部族亦于雍正初徙居嘉峪关外之瓜州。而其迤西诸国,遂次第为回族所有,间接以服属于准噶尔。蒙古族于天山南路之势力,至是全失矣。

准噶尔与回部之关系 准噶尔既征服回族,乃征租税,课徭役,又数数干涉其宗教上之纷争。噶尔丹尝助白山党以颠覆黑山矣,至策妄阿布坦,又排斥白山而以黑山党代之。白山党有玛罕木特者,当康熙中,故尝与其父阿卜都里什特并质伊犁。及噶尔丹败,阿卜都里什特脱身来降。圣祖赐之衣冠银币,遣官送至哈密,使返故地。至是,玛罕木特苦准部之干涉,欲据叶尔羌自立。策妄阿布坦复袭执而幽诸伊犁,且羁其二子布罗尼特及霍集占,使督回民垦地输赋焉。布罗尼特及霍集占者,即所谓大小和卓木者也。其后达瓦齐立,准噶尔有内乱。天山南路诸黑山党徒闻之,窃与葱岭西境诸回国订援助之约,遂图独立,尽逐准噶尔守兵。及乾隆二十年夏,大军定伊犁。阿睦撒纳欲利用白山党,以收回族之援,乃释大和卓木布罗尼特,与以兵,使归定天山南路,留小和卓木霍集占居伊犁,使统率天山北路之回教徒。布罗尼特之归也,喀什噶尔及叶尔羌诸黑山党争起拒之于乌什城,失利而退。布罗尼特遂悉定南路地,而霍集占亦率北路回教徒,以听阿睦撒纳之指挥焉。

霍集占之独立意见 乾隆二十一年,大军再定伊犁,欲借战胜国之余威,羁属南路,遣侍卫托伦泰往定贡赋,未得要领。而同时霍集占亦自伊犁遁归喀什噶尔,与其兄布罗尼特共商大事与独立之利害。布罗尼特欲集所部,受中国约束。霍集占建议,谓准噶尔新灭,中国于伊犁之势力尚未确定,不以此时自立,乃长为他族奴隶,非计。于是一方则召集族众,举行独立式,一方则传檄各城,使戒严以待。回户数十万争起应命。惟库车城主鄂对,念中国兵威方盛,未可轻敌,而库车又首当其冲,祸且先及,乃与其党奔伊犁。霍集占闻之,诛鄂对亲族,增兵守库车。时兆惠方奏遣副都统阿敏图为回部招抚使,及得鄂对,即令与使者偕行,禀以兵二千。中途,鄂对闻库车守具已备,欲归得大兵而后进,而回人以计诱阿敏图入而拘之。鄂对及禀兵皆驰还。由是抚议决裂,而有乾隆二十三年库车之役。

库车之围攻 是时，兆惠以搜剿厄鲁特之故，不暇南征。高宗乃以都统雅尔哈善为靖逆将军，当征回之任。二十三年五月，大军万余自吐鲁番进攻库车。布罗尼特兄弟引军数千越大戈壁来援。六月，两军战于托和奈，复战于鄂根河（乌恰克河），我军皆大捷。布罗尼特等敛余兵保城，势可聚歼。而雅尔哈善疏不设备，复纵之宵遁。城又坚不可拔。提督马得胜使绿营兵穴地攻之，为城兵所觉，我兵战死者六百余人。至八月，城将复突围出，余众开门降。是役我军以万余之众，席累胜之势，围攻一城，坐使垂擒之敌出险远扬，其结果仅得一空城而已。于是高宗震怒，诏诛雅尔哈善以下诸将，而终命兆惠移师而南。

黑水军之战功 先是，库车以西阿克苏（温宿）、乌什诸城闻布罗尼特兄弟之败，皆有贰志。布罗尼特乃走据喀什噶尔，霍集占走据叶尔羌，东西犄角，为背城一战之计。及兆惠至，先后定沙雅尔、阿克苏、乌什等戈壁北境诸城，又使降人鄂对越戈壁抚和阗。时兵犹未集，兆惠所部不过步骑四千余，乃使副将军富德留驻阿克苏，俟军集继进，而自率寡兵先发。以十月六日抵叶尔羌城东，隔葱岭南河而阵。复分兵八百，使副都统爱隆阿扼喀什噶尔援路。葱岭南河者，亦谓之叶尔羌河，而蒙古语谓之喀喇乌苏，译言黑水，故时谓兆惠所驻为黑水营。黑水军既寡，不能攻城，兆惠欲引敌野战，乃以轻骑渡河，劫其城南牧场，方渡四百骑而桥断。敌以步骑兵万五千人出城迎击。我军且战且退，敌乘胜渡河，筑长围困之，相持三月不下。富德闻警，率援军三千冒雪进发，以二十四年正月六日至呼拉玛（叶尔羌城东北三百七十里），遇敌五千骑，转战四昼夜，得渡叶尔羌河，而距黑水营尚三百里，敌愈众，不能进。于是两军皆被围万里外。先是，爱隆阿闻黑水之围，驰赴阿克苏告急，适巴里坤参赞阿里衮以兵六百至，遂合军而南，乘夜解富德之围。兆惠闻炮声，知援军之至，遂溃围突出，杀贼数千。两军会合，振旅还阿克苏。

回部之平定 霍集占之倡议独立也，回族鉴于前此准噶尔之苛政，知服从他国之非计，故万众一致，乐为之用。然布罗尼特兄弟居伊犁久，惟与流徙垦种之回民数千患难相共，及归长南路，遂偏信之，编为亲兵，而疏其旧部。又战争之际，赋税烦重，供给少迟者，立致破产之祸，以故众渐解体。及黑水之役，我军以三千人当五倍之众，战守数月不屈，敌众惊骇，抵抗之志益薄。已而我兵集阿克苏者渐众，新旧军凡三万人，驼马称是。遂以二十五年六月，分道进行，兆惠由乌什取喀什噶尔，富德由和阗取叶尔羌，每路兵各万五千。时布罗尼特兄弟皆驻叶尔羌，闻我军大至，不敢复议战守，遂携其妻孥亲从，载辎重，逾葱岭而西，谋赴巴达克山。于是我军一方则约束降众，收喀什噶尔、叶尔羌两城，一方则以轻骑踪迹布罗尼特等，沿途斩获甚众，穷追至巴达克山界伊西洱库河止军焉。伊西洱库河者，即今喷赤（Panjab）河也。巴达克山国王闻布罗尼特等拥众而至，惧其袭己，遂兴兵拒之，擒杀其兄弟，而函首以献。大军遂以明年二月凯旋京师。

乌什之变 回部既平，朝廷乃以喀什噶尔为参赞大臣驻节之所，节制南路诸城。诸城大者设办事大臣，小者设领队大臣，治军事，皆以满员任之。又各城皆设伯克，治民事、刑事，惟不得擅生杀，以回人任之。伯克者，本回部官吏之称也。其租税之制，则二十而取一，视准噶尔征额大减。然地既边远，又当新附之后，办事大臣等往往借战胜之威，奴隶所属，而伯克等又助之为奸。故征服未几，而有乌什之变。乌什者，回部大都会之一，住民达数万。当大军初定伊犁时，其伯克霍吉斯尝俘达瓦齐以献，及霍集占之乱，又颇持两端。高宗虑其反覆，不可拥大城，乃召之入京，而以哈密伯克阿布都拉代之。阿布都拉暴戾，其所役之哈密回众又以客民鱼肉土著。办事大臣苏成纵酒好色，憒不治事，回民无所诉。是时葱岭西境布哈尔、阿富汗诸国，嫉中国之威震西域，又恶巴达克山之自残同族，乃起同盟军，袭杀其国王，屠其城。其前锋军以乾隆二十八年达敖罕汗国之霍阐（Khodjend，今俄领土耳其斯坦之一市）。乌什住民等闻之，窃通使乞援，遂以二十九年二月举兵反，并苏成、阿布都拉以下官吏、守兵尽杀之。阿克苏大臣卞塔海及库车大臣鄂宝先后赴救，皆战败。于是伊犁将军明瑞及喀什噶尔参赞纳世通各以兵会剿。叛民防战至七月，而所期之阿富汗兵不至，诸回城又无一响应者，遂缚谋主以降。官兵入城歼其丁壮，徙老弱万余口于伊犁，调他城回户以实之。而参赞大臣复自喀什噶尔移治焉。

中国与中亚诸国之关系 自天山南北平定，中国国威震于葱岭以西，于是迤北则吉尔吉思部落，迤南则巴达克山、敖罕、阿富汗（爱乌罕）诸国，皆尝遣使通贡，仰中国之保护。当时吉尔吉思部落有哈萨克、布鲁特诸部，而哈萨克又析为三（左一部，右二部），布鲁特又析为二（东西各一部）。当明正德中，一五一〇年顷。吉尔吉思种族尝统壹于一汗之下，人口达三百余万，战时得出骑兵三十万，其领域东接准噶尔，西尽里海，北界西伯利亚，南跨阿拉海及锡尔河，为中亚细亚大国。其后中衰，分裂为大中小三部，常为近邻诸种族所侵。至雍正十年顷，一七三二年。小吉尔吉思（即最西一部）遂归俄国之统治。而大吉尔吉思（即哈萨克）及其别族喀喇吉尔吉思（即布鲁特部领地，当伊斯色克湖附近），皆以准噶尔灭亡之影响，臣服中国。吉尔吉思部落之南，即敖罕汗国，又南越布哈尔，而为巴达克山、阿富汗诸国，皆信仰回教，而以阿富汗为强。乾隆二十七八年顷，阿富汗帝阿布达里既以霍集占兄弟之故，兴兵灭巴达克山，同时又欲觇中国之广大，遣使入贡，故中国亦隶诸属国之列。而布罗尼特死后，其子萨木克遁至敖罕，喀什噶尔之回教徒亦多归焉。时敖罕汗额尔德尼畏中国强大，颇奉约束，中国亦岁以金赂额尔德尼，使箝制和卓木族属。自是天山南路得奏镇定之效。然至道光时，而和卓木族张格尔、玉素普卒以敖罕之援助，侵扰南路焉。

第十九章　苗族之剿治及西南诸国之服属

苗族土司之由来　康雍以来，国家以全力控制西北，先后用兵凡数十年，然于西南之经略亦未尝忽。盖中国本部西南境川广云贵之间，自古苗族杂居，为中央政府法令所不及。苗族者，即交阯支那族。此族当太古时，盖尝繁殖于黄河、扬子江之间，其后为我族所驱除，遂次第自扬子江流域退处于南岭及纵贯山脉附近，而蔓延于后印度半岛。其在中国境内者，复有种种之异名，在四川者谓之僰，谓之生番；在两广者谓之獞，谓之黎，在湖南、贵州者谓之猺；在云南谓之猓，谓之野人。语言风俗既与中国绝异，中国之治之也，亦常用羁縻政策，仍其旧俗，官其酋长。故自元明以来，有宣慰、宣抚、招讨、安抚、长官等土司，又有土府、土州县，其长皆得世袭，握强大之自治权。国初因袭明制，分设土官，而属平西、定南诸藩镇抚之。三桂之乱，诸土司颇为所用，及事平而朝廷亦放任之，未暇穷治。然苗民不知耕作，专以劫杀为生，土官又以积威，苛敛虐使，恣为不法，故苗患遂为西南边防上一问题，而于云贵为尤甚焉。

改土归流之成功　是时，贵州东南境有苗族所占领之一大区域，以古州为中心，环寨千有三百余，周几三千余里，名曰苗疆。云南西南，界以澜沧江，江内之镇沅、威远、元江、新平、普洱、茶山诸土司，与江外之车里、缅甸、老挝（南掌）诸夷，交通为患。又四川、云贵之间有东川、乌蒙、镇雄三土府，于行政区划上则隶四川，而于地理上则距成都几二千里，而距云贵省治为近。四川总督之统治力既以辽远不能实施，而云贵督抚又以职权不属，听其跋扈。其余贵州、广西之间，苗寨寥阔，地方官常以境界之错杂，互相推诿，而边患乃愈亟矣。雍正四年，鄂尔泰为云南巡抚兼总督事,始建一劳永逸之策,谓必改土归流,而后可以安民;必归并事权,而后可以治苗。因极言当时行政区划之不当及从来以夷治夷之失计,具疏上之。世宗知鄂尔泰才能办寇,即诏以东川、乌蒙、镇雄三土府改隶云南。六年,复铸三省总督印赐之,令兼制广西。于是鄂尔泰用游击哈元生,委以乌蒙、镇雄之事;用总兵石礼哈搜讨贵州广顺之长寨,招服黔边东西南三面生苗二千余寨;用知府张广泗招抚古州,辟苗疆二三千里,几当贵州全省之半。先后劾黜云南霑益土州安氏、镇沅土府刁氏及赭乐长官司、威远州、广南府各土目,悉定澜沧江以东地,以普洱为府,威震缅甸焉。广西诸土官,自泗城之岑氏以下,亦先后缴敕印,纳军器二万余。自雍正四年至九年,三省边防粗定。鄂尔泰以功封襄勤伯,旋入为大学士,而未几贵州又有台拱苗之变。

贵州苗族之叛 苗疆之就抚也,贵州诸郡县防兵率移戍其地,内地守备颇疏。及鄂尔泰还朝,张广泗亦由云南巡抚移督湖广。始事诸臣既先后他去,继其后者颇易视苗事。苗疆吏又征粮不善,激之生变。于是雍正十三年春,各寨蜂起,聚集清江、台拱间,陷黄平以东诸城。会副将冯茂诱杀降苗六百余,头目三十余。苗族抵抗之志益坚,或手刃妻女而后出战,蔓延不复可制。诏以哈元生为扬威将军,副以湖广提督董芳,发兵会剿。复以尚书张照为抚苗大臣,察其利病。董芳专主招抚,与哈元生龃龉。张照又密奏改流非策,且致书诸将,倡弃地之议。以故官军云集数月,而号令不一,旷久无功。贼益乘间猖獗。于是张广泗、鄂尔泰先后引咎自劾,而中外畏事者且争咎前此苗疆之不当辟,现时苗疆之不可守,全局几尽变。会高宗即位,乃以张广泗为七省经略,节制诸军,尽罢张照、哈元生、董芳治罪。广泗分军攻台拱之九股苗,而自率精兵攻清江下流各寨,所向克复。乾隆元年春,复增兵分八路,围其逋逃于丹江、古州、都匀、台拱间之大森林,所谓牛皮大箐者也。自四月至五月,官军冒险激战,斩获万余。六月,复乘胜搜剿余党,凡烧千二百二十四寨,赦三百八十八寨,获兵仗无算。于是贵州之苗族悉平。越十余年而四川又有大金川之役。

大金川之初定 金川土司者,四川西边诸土司之一,本吐蕃领地,俗信剌麻教。明时,其部人有哈伊拉木者,得中国敕封为演化禅师,世有大小金川流域地。后分为两部，其居小金川流域者曰攒拉，居大金川流域者曰促浸。促浸者，译言大河滨；攒拉者，小河滨也。顺治七年，始授小金川酋卜儿吉细土司职。康熙五年，复授大金川酋嘉勒巴演化禅师印，俾分领其众。嘉勒巴孙莎罗奔以康熙五十九年西藏之役，从征有功，至雍正元年，遂授为金川安抚使。乾隆十一二年顷，莎罗奔势渐强，谋并吞邻近诸部落。初以结婚政略，羁縻小金川酋泽旺而夺其印，旋以兵力侵略打箭炉附近诸土司，击伤赴援之官军。高宗以云贵总督张广泗征苗有功，十二年三月，命移督四川，相机剿治。六月，广泗进屯小金川之美诺（懋功），用泽旺弟良尔吉为向导，锐意灭贼。然大金川地险，其根据地勒乌围及噶尔厓（括耳厓）皆西滨河（即大金川），东阻大山。土人又长于防御工事，能以石筑垒，高于中土之塔，名曰战碉，大小林立，难攻易守。至十三年春，而官军无功。高宗乃以大学士讷亲为经略，又起故将军岳钟琪，以提督赴军效力。讷亲、张广泗皆专取以碉逼碉之策，得一碉辄伤数百人，总兵贾国良、任举并于六月中战死。军气大挫。广泗所用良尔吉，又密以官军动静通报莎罗奔，以故攻战复数月，不得寸进。于是高宗复以大学士傅恒为经略，赐讷亲死，逮广泗廷鞫，又以其抗辩而斩之。十二月，傅恒至军，诛良尔吉以绝间谍，尽撤诸方围碉兵，为直捣中坚之计。至十四年正月，上疏极陈广泗等攻碉之失策及现时选锐深入之计画，豫期以四月奏捷。高宗以蕞尔土司，劳兵两载，诛两大臣，意殊不乐，又闻其地险，益欲罢兵，再诏召傅恒还朝。而傅恒不及奉诏，已与岳钟琪分军深入。莎罗奔故以西藏之役，隶钟琪麾下，至是犹震其余威，遂诣军前乞降。官军得不战而凯旋焉。

两金川之联合 莎罗奔既降，金川方面暂得平静。然未几伊犁兵事起，朝廷专力西北，未暇他顾。其间莎罗奔兄子郎卡掌金川事，复与邻部构衅，纷扰不绝。四川总督之命令渐至无效。三十一年，高宗以大金川势渐猖獗，谕川督大学士阿尔泰檄川边九土司（松冈、梭磨、卓克基、沃日、革布什咱、绰斯甲布、小金川、党坝、巴旺）环攻之。时九土司中，地与大金川相逼，而兵力相等者，东则小金川，西则绰斯甲布，余皆小弱，非大金川敌。阿尔泰不能利用小金川等以制郎卡之跋扈，惟以苟且息事为得策。于是郎卡遂与小金川、绰斯甲布结和亲之约，三部联合,他土司益不敢抗,会郎卡死,小金川之泽旺亦老病,子僧格桑用事,阴与郎卡子索诺木为攻守同盟之计。至三十六年,索诺木遂诱杀革布什咱(大金川西南)土官,而僧格桑亦屡攻沃日(亦作鄂克什,在小金川东),公然与中国救援军开战。高宗以小金川形势不似勒乌围、噶尔厓险阻,欲痛惩之以示威。乃罢阿尔泰职(寻赐死),以尚书温福代为大学士,侍郎桂林代为川督,共当讨贼之任。

小金川之征定 时桂林出打箭炉,温福出汶川,为东西夹击之计。三十七年春,两军次第逼小金川境。至五月而桂林部将薛琮,复以深入无援,招非常之挫折。桂林尚匿不以闻,未几被劾,乃以阿桂代之。阿桂转战有功,十二月,军抵美诺。僧格桑窜大金川。官军檄索之,而索诺木不应。于是高宗欲乘战胜之势,一举并灭,以温福为定边将军,阿桂副之。三十八年春,官军分道进发,而温福以道险不得前,驻军木果木(大金川东境),令提督董天弼分屯其东,守小金川地。六月,索诺木阴遣小金川头目,归煽降众,使袭击官军。小金川人遂先攻陷董天弼军,进袭木果木大营。温福仓卒阵殁,所部战死者三千余,溃者万余。小金川复陷。诏授阿桂为定西将军,以丰伸额、明亮副之。于是阿桂改道出沃日,攻小金川东境,而明亮攻其南。十月,阿桂复转战抵美诺,明亮亦所向克捷,遂尽复小金川地。

大金川之再定 是时,高宗以前此大金川之役,宽大受降,未甚惩创,致彼族恃险反覆,重劳大兵,知姑息政策之决不可用,遂断然行冒险进取之策。而大金川自十二三年以来,增加国防,周围数百里间,要隘坚垒无虑数十处,严密视小金川十倍。至是官军复分三道进行,一军自小金川攻其东,阿桂督之;一军自党坝(大金川北)渡大金川上流攻其西北,丰伸额、明亮先后督之;一军渡大金川下流,自革布什咱攻其西南,富德督之。自三十九年正月至七月,阿桂军累克要塞,距勒乌围渐近。时索诺木与其从祖莎罗奔聚守其地,闻阿桂深入,遂酖杀僧格桑,而献其尸及其家族至军,请停止攻击。阿桂不应,土兵防战益严。至十月,阿桂进据默格尔,去勒乌围可二十里。而明亮之西北军亦次第逼近河岸,与阿桂军声息可通。然金川气候故阴寒多雨,冬春之际,冰雪塞途。十一月以后,诸军遂以雨雪之故,妨碍活动者数月。至四十年四月,阿桂始得与河西军联络,转战至七月,得抵勒乌围,以八月十五日破之。而莎罗奔、索诺木则已先期走噶尔厓矣。是时,土兵尚分道拒战,河西两军颇为所苦。及阿桂近逼噶尔厓,诸方土兵次第惊溃。于是明亮、富德亦所向破竹,终得合军而东。十二月,三路军皆会于噶尔厓城下,包围复四十余日。至四十一年二月四日,索诺木始与莎罗奔挈家族以下二千余人出降,并俘献京师。阿桂以功封诚谋英勇公焉。

金川征讨困难之理由及其善后事件 先是,天山南北之平定,用兵五年,费帑三千万余两。兹两金川地不逾千余里,人不满三万户,而用兵亦五年,费帑至七千万两。事倍功半,其原因略有数端。(一)地理之险阻;(二)气候之不良;(三)土兵之同心效死是也。论者谓其时"馈运之艰,或数石而致一石,禁旅所至,以数夫而供一夫,非乘国家全盛之物力与庙堂宵旰之忧勤,固烈不臻此;非前狃于岳钟琪之宽大受降,后激于温福之偾辕失律,亦劳不至此"。此以见国家开拓境土之不易,亦以见当时承平日久,武备已不尽足恃,而前此西北诸役,其所遇固多非劲敌也。两金川既平,朝廷以小金川地为美诺厅(后赐名懋功),以大金川为阿尔古厅(厅治即今绥靖屯),皆直隶四川省,而于乌勒围常设重兵以镇守之。自是川边诸土司得免侵略之患焉。

乾隆初中国与缅甸之关系 中国既征服西南诸土司,与后印度半岛诸国次第接近。先是,诸国中缅甸最强,殆握半岛之霸权,明世虽尝一隶藩属之列,然万历二十二年以后,朝贡久废。国初以桂王之故,大军一至其地,自桂王北行,而中国与缅甸之关系遂绝。鄂尔泰经略云南时,缅甸方与景迈交战,两国各欲得中国之保护以自壮。然雍正九年,景迈贡使至普洱,为鄂尔泰所拒,而缅甸亦遂绝意朝贡。是时木邦、孟艮之间,有卡瓦独立部(葫芦国)者,地富矿产。乾隆初,中国石屏州民吴尚贤得部长蜂筑之许可,设厂开采,成绩大著。一时茂隆银厂之声势倾动诸部。尚贤既得志,于是一方则用卡瓦部长之名,上书云南督臣,请以矿税作贡,定岁额三千七百两有奇,一方则游说缅甸,使上表请贡,欲以是邀边功。十五年,缅甸王莽达拉遂以尚贤之绍介,附表达云南督臣,愿充外藩。事甫就绪,而缅甸旋有革命之乱。尚贤又以中饱厂课之罪案,为滇督所陷,瘐死狱中,茂隆银厂为之解散。于是形势一变,而国际上平和之关系终至不能维持焉。

桂家事件 缅甸自本他克利以来,世有内乱,环境诸部落次第有独立之势。乾隆十七年顷,其南境之摆古部,号召伊腊瓦底河上流诸部,攻陷国都亚瓦。木疏部长雍籍牙(Alompra)起兵抗之,终以乾隆十九年恢复国都,建新缅甸国。旧属诸部相率降服。独桂家及木邦两部以拥护故国之名义,抵抗累岁。至乾隆二十五年,雍籍牙死,子莽纪觉嗣,而纷乱尚未定。其间木邦部长罕底莽、桂家部长宫里雁(古利宴)先后败走。二十七年,宫里雁终以穷蹙之余,寄居孟连地方为内附计。桂家者,故桂王官属之后裔,世据波龙银厂,以赀雄诸部。至是总督吴达善以索赂不得之故,下令放逐宫里雁。而孟连土司刀派春且乘间劫夺其家属财产,以贿达善。于是宫里雁妻囊占纠众袭杀刀派春,而边吏遂诱致宫里雁,坐以同谋之罪而杀之。是时,缅甸已悉定东境诸部,又闻云南官吏之措置失宜,益心轻中国,遂骎骎有内犯之志矣。

中缅冲突之起因 方旧缅甸王国之盛也,不独令行境内而已。即普洱府属车里宣慰司以下大小十余土司,于名义上虽受中国之统治,而同时对于缅甸王,有纳贡之义务。及木疏王朝兴,内地诸土司例贡中绝。莽纪觉数以兵来近边相诘责。吴达善惧启边衅,戒官兵毋与战。会乾隆三十年莽纪觉死,弟孟驳立,势益张,兼略定西南诸部落,遂壹意注目东北,自是年五月以来,屡分军出入九龙江(普洱府境澜沧江之称)方面。时吴达善已移督川陕,刘藻代之,发官兵防战,三路皆败。一时督抚以下,束手无策。三十一年,诏大学士杨应琚督滇,刘藻遂以忧惧自刎死。会瘴疠大作,缅兵渐退,官兵得以其间收复车里、孟艮等地。时腾越副将赵宏榜以习识缅事著称,首以"缅甸新造,木邦、蛮莫诸部皆愿内附,缅酋势孤易取"等语,歆动应琚。应琚信之,令属吏会议进止。于是自腾越知州陈廷献以下,争希应琚意。一方则通牒缅甸,号称合各国精兵五十万,载大炮千门,将压境进讨;一方则分遣译人至各部说降,又为具表代陈,皆言所属地一二千里,户十数万。其实应琚止备兵三千,将以八月至永昌,而各部皆犹豫观望,所招致者仅其子弟,或所属小聚落而已。如是欺罔粉饰,去事实绝远。建议者恐不足塞责,欲实行一二以自解,而葛藤乃愈滋矣。

官军之失败 是年六月，赵宏榜将兵五百，出铁壁关，乘蛮莫部长赴亚瓦未归之际，袭据其所属之新街，于地理上颇占优势。以故蛮莫、木邦次第内附。九月，应琚方赴永昌受降，而缅兵已攻陷木邦、景线等地，又以舟师进薄新街。宏榜烧器械辎重，走还铁壁关。应琚闻警，精神病遽作。于是巡抚汤聘疏白其状，诏两广总督杨廷璋赴滇。而提督李时升以十一月进驻铁壁，遣诸将分道出边，为回复木邦及新街之计，相持未决。缅人诈乞罢兵，而分军绕入万仞关（神护、巨石两关间之关隘），纵掠腾越边境，破铜壁关而出。时应琚病渐愈，屡与时升连署奏捷。故廷璋至滇，不久即归，而应琚亟欲与缅人议和，以弥缝前奏。然缅兵侵略不止，高宗又屡降严旨，责其欺饰。应琚、时升不得已，复遣诸将分攻木邦、蛮莫。会高宗得应琚等所进地图，与先后奏报对照，益发见其谬，先后逮时升、应琚等按问，而以伊犁将军明瑞移督云贵。时三十二年三月也。

征缅第一役 明瑞以云贵总督兼征缅将军，是年五月进赴永昌，为作战之计，先后调满洲兵三千，贵州及云南兵二万余，以都统额尔景额为参赞。至九月，战具毕就。明瑞将兵万七千，先以是月二十四日出发，由宛顶向木邦。而使额尔景额将九千人，由虎踞关（铁壁关迤南）向猛密，约会攻亚瓦。十一月，明瑞军不战而克木邦，留兵五千守之，遂渡锡箔河，乘胜进军象孔，去亚瓦可七十里，以迷道及乏食之故，欲得猛密声援而后进，乃回军向猛笼。时额尔景额进次老官屯（猛密北），为敌兵所阻，相持月余病死。其弟额尔登额代之，战益不利。明瑞至猛笼，盼援不得，而缅兵追逐日急，三十三年正月，乃复弃猛笼，向木邦以归。是时，高宗以明瑞军报久绝，命额尔登额移师援之。额尔登额方迂道回铜壁关，再出宛顶。而留守木邦之五千人复为敌兵所袭，一时尽溃。明瑞进退受敌，遂以二月十日自杀于小猛育地方（距宛顶约二百里），所部万余人悉溃入宛顶。于是高宗震怒，处额尔登额极刑，而更以大学士傅恒为经略，以阿里衮、阿桂为副将军，徐商再举之策。

征缅第二役 是时，缅甸王孟驳方用兵暹罗，不欲重与中国构衅，当明瑞退军之后，亟思议和，遂以是年四月纵还俘虏八人，具贝叶书请罢兵。时副将军阿里衮已至军，即据以上闻，朝旨不许。已而阿桂踵至,闻暹缅交战,议与暹罗订夹攻之约,终以海陆交通上种种之困难及暹罗残破之风说,调查累月,不能实行。三十四年四月,经略傅恒至永昌腾越,议分兵水陆三道而进。一军由伊腊瓦底河顺流而下,直捣亚瓦;一军由河东进取孟密;一军出河西指木疏,覆其旧都。前后调发满、汉精锐不下五六万。傅恒乃留阿桂驻蛮莫治舟,而自与阿里衮以七月二十日率大兵启行,渡戛鸠江而西,进次孟养,未尝一战,而军士触暑雨,已多僵病,又不识道路,益难深入。傅恒不得已,复以十月朔渡河归蛮莫。时阿桂已得战舰百艘,闽粤水兵云集,将自蛮莫河出伊腊瓦底河。缅人亦列舟两河会合点,又分军两岸以拒。我军水陆激战,三路皆捷,而傅恒、阿里衮病甚,诸将不复向亚瓦,惟欲就近攻克老官屯敌垒,以雪前年额尔登额顿兵之耻。两军相持未决,而缅人以暹罗之骚动,急欲罢兵,我军亦以将士病瘴,无久战意。卒议定和约如左。

（一）缅甸对中国行表贡之礼,归俘虏,返土司侵地。

（一）中国以木邦、蛮莫、孟拱、孟养诸部人口还付缅甸。

缅甸之服属 右条约不过为一时休战之口实,彼此皆未能实行。高宗虽谕傅恒班师（时阿里衮已卒,傅恒还朝未几亦以忧患死）,而仍令阿桂、温福等相继备边,徐图进取。其后复以两金川之乱,不暇南顾者数年。及四十一年金川平,高宗复命阿桂赴云南,会同督臣李侍尧勘边界,增兵备。时缅甸王孟驳已卒,嗣王赘角牙以四十四年为其臣孟鲁所弑,国人又杀孟鲁而立雍籍牙季子孟云（Bhodon Phra）。如是内乱屡作,国势渐衰。而暹罗又以其间恢复故土,通好中国。于是孟云益惧,遂以乾隆五十三年遣使入贡,返俘虏如约。至五十五年,复以高宗八旬万寿,遣使表贺。朝廷因赐册印,封为缅甸国王,定十年一贡之制。晚近缅甸王国虽已为英吉利所灭,而其对于中国之例贡犹奉行不绝焉。

中国与暹罗之关系 暹罗与缅甸故为世仇。当缅甸王莽瑞体征服四邻时,尝一破其国都犹地亚,以之为附庸国,然未几又独立。自是递经革命之变,至崇祯四年,而王朝凡三易。外国人流寓其地者,常乘机博王室信任,处权要之列,故国民不亲附,势益不振。及孟驳王缅甸,复以乾隆三十二年攻陷其国都,逐其王马邻达剌,置守兵而还。由是第三王朝亡,而流寓汉人郑昭,复募同志,据海滨地,为暹罗复仇,至三十四年遂回复犹地亚，驱逐缅甸守兵，迁居民于盘谷，而建新都焉。郑昭既再造暹罗，悉复旧时领域，又遣使航海至中国告捷。其使节以四十六年达京师，而昭已于四十五年为暹罗贵族所废。于是前朝王族法亚查克利终以四十七年即暹罗王位，寻复遣使通贡，得中国之册封。是即今暹罗王室之太祖也。

大越、广南之对立及本朝与大越之关系 暹罗之东，今法领亚细亚（The Franch possessions in Asia），故安南王国地也。当明永乐时，安南尝为中国所灭。明廷就其地设交趾布政司以统治之。然当时安南国之领域，南至顺化而止，顺化以南尚为占城（占婆）王国所领，故交趾布政司所辖十五府、五州，亦不出今顺化以南。自黎利（大越太祖）脱明廷之羁绊，重建大越国（宣德三年），至其孙圣宗灏之世，始兼并占城，置广南州，于是南境增拓。嘉靖时权臣莫登庸篡国，据河内，黎氏子孙仅赖遗臣阮淦之力，据清华州以抗之。自是大越分为南北朝，莫氏王于北，黎氏王于南，南北对峙者六十五年（自嘉靖十年至万历二十三年）。南朝之将郑松卒驱逐莫氏，恢复河内。而阮淦子潢复不悦郑氏之专权，遂据顺化独立，称广南王（万历二十八年）。于是安南分为大越、广南二国。当顺治十六年大军定云南时，大越王黎维禔（神宗维祺）遣使劳军。至康熙五年，其嗣王维禧（玄宗维颙）始缴上明桂王所赐敕印，而新自本朝得安南国王之封。自是奉贡不绝。

安南之大骚乱 自康熙以来，广南领域渐大，兼有下交趾支那（今法领交趾）及柬埔寨王国（今法兰西保护国）之大半。而安南之黎氏益不振，政权一出郑氏。至乾隆时，其摄政郑栋骎骎有篡国之志，而惧广南之干涉，乃阴嗾广南土豪阮文岳，使举兵为乱，而己为之外援。自乾隆三十八年，阮文岳与其弟文惠、文虑起兵，转战十余年，卒颠覆广南王室。而郑栋亦以其间，窃据其北部三州（广平、广治、广德）。至乾隆五十年，文岳三分广南地，自据中部，称大帝，以南部与文虑，而使文惠回复北部三州。会五十一年郑栋死，子宗𣞁争权，文惠乘间，引兵诛宗𣞁，而自为安南摄政。又适遇安南王维禟（献宗）之薨，遂拥立其孙维祁（昭统王），使其党监督之，自掠财宝归广南。维祁势日窘，至逊位不敢出。五十三年，文惠复举兵入河内，留兵三千守之，尽毁王宫而归。于是安南遗臣阮辉宿奉王族二百余人，自广西龙州附近入边。两广总督孙士毅、广西巡抚孙永清先后奏闻。高宗以本朝百余年来，世受黎氏朝贡，有保护之之义务，乃命安置其家属于南宁府，而又使孙士毅为之兴复仇之师。

大军入东京 是年十月，孙士毅与提督许世亨率两广兵一万，出镇南关，自谅山镇分道以进，沿途得安南国民之欢迎，遂以十一月十九日全军薄富良江（红河）。广南守兵悉阵南岸以拒。许世亨率二千人乘夜潜渡，袭敌兵之阵地。敌以暗夜不知我军多寡，遂大溃。明日，世亨、士毅先后整军入河内。时宫室荡尽，无复王都之观。维祁匿民村间，即夜二鼓，诣营谒士毅，谢再造之德。先是，大军之出也，高宗豫撰封册，邮寄军前，令士毅得便宜从事。二十二日，士毅遂宣诏封维祁为安南国王，且驰报广西，归其家属。是役以安南国民向导之力，及许世亨冒险进取之策，遂得以一万人长驱深入，不阅月而恢复东京。而士毅颇以文惠未俘为遗憾，不欲班师。高宗以安南残破之余，无供给军食之力，而我军必借内地之转输，为之穷治败寇，未为得策。故当东京捷闻之后，即诏士毅罢兵。而士毅妄信文惠乞降之说，尚驻军河内以待之，又骄不设备，而文惠且乘间以议其后矣。

安南形势之一变 时文惠据顺化，一方则纵间谍，侦河内虚实，扬言即日诣降；一方则举倾国之师，乘岁暮潜进。五十四年正月朔，我军方置酒张乐，举元日祝典，比夜，忽得警报，始仓卒备战，昏暗中自相蹂躏。维祁挈家族先渡富良江入边，士毅随之，斩浮桥以断后。于是官军在南岸者不得渡，自提督许世亨以下，溺死者数逾全军之半。士毅走还镇南关，籍残军，仅三千余人，乃具疏自劾。高宗念变出意外，非士毅之咎，惟夺其前得之封赏，仍令暂屯关上料量撤兵事，而别简福康安驰往代之。文惠既威服安南，会其兄文岳方与暹罗有事，深虑中国再举，乃更名光平，遣兄子光显奉表诣关乞降。时高宗以维祁再失社稷，实为天厌黎氏之证，不可扶植，又深惩前败，更无再举之意。乃与光平敕，责以二事：（一）乾隆五十五年八月大皇帝八旬万寿，光平当亲诣京师祝釐；（二）当于安南地方为许世亨等立祠，春秋致祭。光平奉诏。遂以是年六月赐光平敕印，封安南国王。旋令黎维祁率所属来京，归汉军旗,编一佐领,即以维祁掌之。自阮文岳兄弟举兵以来,东京、交趾间骚乱者数十年。至是光平虽已兼并东京,得中国之认可,而故广南王后裔阮福映尚流浪暹罗,日夜思借他国之援,恢复旧领,遂开法兰西侵略之端绪。又光平父子(光平以乾隆五十七年三月殂,子光缵嗣)以连年战争国用阙乏之故,乃奖励海贼四出剽掠,遂酿成嘉庆朝海疆之巨患,其要略别具后编。

廓尔喀之兴起 中国与后印度诸国之关系,既类述如右。其间西藏又以廓尔喀族吞并泥泊尔之结果,被其侵略,故安南事定未几,而复有泥泊尔之远征。先是,西藏自康熙五十九年入中国之版图,其后虽于雍正二年及乾隆十五年有两度之叛乱,而自准噶尔灭亡以来,乱源遂绝。朝廷于西藏之势力亦渐次巩固。及廓尔喀勃兴,而喜马拉耶山方面又增一强敌。喜马拉耶南麓蛮民自古割据一隅,为独立之部落者甚多。就中泥泊尔部领域最广,其后复析为三部,而加德满都(Katmanzu)为其盟主。自中国收西藏,三部皆尝于雍正中奉金叶表贡方物。居民务农商业,与藏人及英吉利人之在印度者通贸易焉。然诸部时有内讧,及乾隆三十二年顷,其西境克什米尔之廓尔喀族遂乘间侵入。加德满都王乞援于英人,而英军以饷运不继士卒病死之故,无功而返。于是廓尔喀酋长布剌苏伊那拉因遂尽屠土民之抗命者,自即泥泊尔王位。乾隆四十年,那拉因孙兰巴哈都尔嗣位,以年幼,属叔父摄政。摄政好武,以侵略邻地为政策,而是时后藏班禅族适有争夺遗产之事,于是廓尔喀得乘之而入。

泥泊尔远征军 先是,乾隆四十五年,第六世班禅剌麻以高宗七旬万寿,来朝祝嘏,得朝廷锡赉及内外王公布施,无虑数十万金。其余珍品不可胜计。已而班禅病痘,卒于京邸。及翌年遗骸西归,其徒随之,拥巨资以行。班禅兄仲巴胡土克图故为班禅管内库,至是遂尽攘而有之,既不布施各寺院及唐古特兵士,并其弟舍玛尔巴亦以信仰红教之故,不令分惠。舍玛尔巴愤甚,遂入泥泊尔,诱廓尔喀人使入寇。五十五年,廓尔喀以商税逾额及食盐糅土为词,兴兵入边。援军将领侍卫巴忠等按兵不战,而阴令藏人私许岁币万五千金议和,以贼蹙乞降饰奏,而讽廓尔喀人入贡受王封。廓尔喀人既心轻中国,翌年,岁币又不如约,乃以责负为名,再举深入。驻藏大臣保泰不讲防御之策,移班禅于前藏,欲以后藏委敌。仲巴掣资财先遁,众心益溃。敌大掠札什伦布,分军以其半运所掠归国,以其半屯界不去。全藏大震。于是诏以福康安为将军,以海兰察为参赞,调索伦、满洲兵及屯练土兵进讨。五十七年二月,福康安等由青海入后藏,悉逐廓尔喀屯兵,遂以六月大举,自三道侵入泥泊尔。廓尔喀族一方遣使乞降,一方又密与英人订通商之约,乞发兵援助。于是印度总知事根瓦利斯卿(Marquess Cornwallis)急遣大佐喀尔克巴力克至加德满都,当居间调停之任。而我军已以七月间六战六捷,距加德满都仅一日程。廓尔喀人待英军不至,再遣使卑词乞和。时我军亦恐八月以后,归路为大雪所没,不欲久留,乃允其请,责令还付掠品、俘虏,贡驯象、番马、乐工等,遂凯旋。比英使至,则和约已成,无可干涉,失望而返。自是泥泊尔对于中国行朝贡之礼,迄晚近犹不绝云。

西藏善后策 自泥泊尔征定后,朝廷渐注意于西藏之守备,禁藏人与四境交通,于印度方面,禁之尤力。又增置戍兵,令驻藏大臣行事仪制与达赖、班禅平等,兼握政治、财政及兵备之权。又以呼毕尔罕嗣续法积久生弊,往往兄弟子姓继登法座,等于世袭,而达赖、班禅亲族,或相率夤缘据要津,罔权利。于是高宗特创掣签法,颁金奔巴(瓶)二,一贮西藏大招寺,一贮京师雍和宫。凡达赖、班禅及内外蒙古等地大胡土克图转生时,遇有纷议,则书名于签,纳诸金奔巴而掣之。说者以为朝廷神道设教,变通宜民,如山如海,高深莫测矣。

第二十章　乾隆朝之政治

宽严之调剂　康雍以来，朝廷抚治臣民之法，宽严凡数变。圣祖在位六十余年，以宽大为治。臣下奉行不善，至于人心玩愒，诸事废弛，官吏不知公事，宵小不知畏法。世宗承之以严，期于整顿积习。臣下奉行不善，至于政令繁苛，每事刻核，大为闾阎之扰累（并见乾隆元年二三月间上谕）。高宗即位，深维宽猛互济之道，欲减去繁苛，与民休息，然又恐臣下误会朝旨，以纵弛为宽，复蹈康熙末年之习惯。故一方蠲免租赋，豁除赔累，增广赦条，起用废员，日下宽大之诏；一方又惩治一二玩法之大臣，通饬直省地方官，严禁四恶（谓盗贼、赌博、打架及倡妓），示朝廷执两用中之意。而廷臣习于揣摩迎合，窃窥高宗风恉，在矫从前苛刻之弊，一时条奏务主于宽。于是巡抚王士俊痛论其弊，谓："近日条陈惟在翻驳前案，甚则对众扬言，有止须将世宗时事翻案，即系好条陈之说，传之天下，甚骇听闻。"高宗震怒，切责士俊悖谬，反覆宣示国家因时制宜之不得已。然亦渐觉臣下希旨持禄之习，牢不可破，屡谕："今日内外臣工见朕以宽大为治，未免渐有放纵之心，若因宽成玩，故态复萌，虽姑容于此日，必总核于将来。"自是用法渐密，少所假借，而群下之风气亦缘是一变矣。

鄂尔泰、张廷玉门户之见　高宗既灼知群臣迎合之病，深虑其营私植党，侵人主之大权，故事无大小悉由独断。虽大学士、军机大臣如张廷玉辈不过以谨慎自将，传写谕旨为尽职（见乾隆十四年十二月上谕）而已。然廷玉虽曲谨无过，而其在政府时与鄂尔泰互相龃龉。朝官依附门户者，彼此攻讦，浸成仇敌。高宗尝言："大学士鄂尔泰、张廷玉乃皇考简用之大臣，为朕所倚任，谅不敢存党援庇护之念。而无知之辈妄行揣摩,如满员则思依附鄂尔泰,汉人则思依附张廷玉,不独微末之员,即侍郎、尚书中亦所不免。"自是屡降明谕,引世宗《朋党论》以戒之。已而鄂尔泰于乾隆十年卒。廷玉于十四年乞休,以要求身后配享太庙事,几获重谴。然两人门下在朝列者尚倾轧不已,互目为宵小,寖寻至乾隆二十年,而遂有胡中藻之诗狱。

胡中藻之案 胡中藻者,故鄂尔泰门生,累官内阁学士,旋罢归江西,其所著《坚磨生诗集》中,有"记出西林(谓鄂尔泰)第一门"之句,又用谗舌青蝇等语隐斥廷玉。而鄂尔泰侄巡抚鄂昌颇援引世谊,与中藻往复唱和。高宗方深怒两党门户之见,积久未除,因念古来朋党之祸悉由于此,不可不为惩一儆百之举,乃摘中藻集中字句若干条,发其悖逆诋毁之隐,又摘鄂昌《塞上吟》称蒙古为胡儿,先后逮问。廷议坐中藻大逆律论磔,诏改弃市,以鄂昌负恩党逆赐死,撤鄂尔泰出贤良祠,其余缘坐诸人悉得宽免。自此狱兴而比附妖言告讦诗文之事,纷然继作。御史曹一士特疏论之,谓:"比年以来,小人不识朝廷诛殛大憝之故,往往挟睚眦之怨,借影响之词,攻讦诗书,摘指字句。有司见事生风,多方穷鞫,或致波累师生,株连亲故,破家亡命,甚可悯也。臣愚以井田、封建不过迂儒之常谈,不可以为生今反古;述怀咏史不过词人之习态,不可以为援古刺今。即有序跋偶遗纪年,亦或草茅一时失检,非必果怀悖逆,敢于明布篇章。使以此类悉皆比附妖言,罪当不赦,将使天下告讦不休,士子以文为戒,殊非国家义以正法仁以包蒙之意。"观于此,而当时国家法纪之严及官吏奉行之过当,盖可知也。

和珅之专政 当时朝廷明罚饬法,无所假借,既略如上文所述。然官吏苞苴请托之习,未尝不行于隐微之中。自乾隆四十二三年以后,和珅尊宠用事,而此风益长。和珅本满洲官学生,应役銮仪卫以选异御轿,奏对称旨,骤充总管,累迁至侍郎,在军机大臣上行走,旋由尚书授大学士,其子丰绅殷德复选尚公主。向用之专,一时无两。和珅故无学行,及得志,则以聚敛自丰为惟一之目的。督抚司道畏其倾陷,不得不曲意辇货事之。是时督抚如国泰、王亶望、陈辉祖、福崧、伍拉纳、浦霖辈,赃款动至数十百万之多,为前代所罕睹。此辈未始不恃和珅为奥援,及罪状败露,和珅不能为力,则亦相率伏法。然诛殛虽众,贪风自若。或且惴惴焉惧罹法网,益务攘夺刻剥,多行贿赂,隐为自全之地。其时阿桂虽以元勋上公为枢府领袖,然十余年间,常奉朝命赴各省治河、赈灾、查案,未尝宁居。和珅益得以其间潜弄魁柄,渐至行文各省,令凡有折奏,先具副封白军机处,然后上闻。专政既久,吏风益坏,酿成川楚教匪之变(事具后编)。彼复稽压军报,授意各路统军将帅虚张功级,以邀奖叙,而己亦得封公爵。且于核算报销时勒索重贿,以致将帅不得不侵克军饷,教匪乘之蔓延,几不可收拾。盖至嘉庆初年,而康雍乾三朝之元气殆尽斫丧于彼一人之手矣(参看薛福成《庸盦笔记》)。

和珅之家财　和珅用事二十余年,至嘉庆三年以前,未尝一被弹劾。乾隆间,御史曹锡宝虽尝一劾其家奴刘全借势招摇,家资丰厚,然廷臣查勘,竟以风闻无据覆奏,锡宝坐妄言,被诘责。及嘉庆四年正月三日高宗崩,而和珅始为御史广兴、给事中广泰、王念孙等所劾,即日夺职下狱,寻赐自杀。其家财先后抄出凡百有九号,就中估价者二十六号,已值二亿二千三百八十九万两有奇,未估价者尚八十三号。论者谓以比例算之,又当八亿两有奇。甲午、庚子两次偿金总额,仅和珅一人之家产足以当之。政府岁入七千万,而和珅以二十年之宰相,其所蓄当一国二十年岁入之半额而强。虽以法国路易第十四,其私产亦不过二千余万,四十倍之,犹不足以当一大清国之宰相云。

稽古右文　自康熙朝奖励经术、文学以来,士大夫以考订、词章著称者先后辈出。高宗尤以稽古右文为务,乾隆元年,循康熙年间故事,开第二次博学鸿词科,取刘纶以下十五人,并授翰林院官。明年,又补试未预考者,得万松龄以下五人,授官如前。十四年,特旨令大学士、九卿、督抚选举潜心经学之士,得陈祖范、吴鼎、梁锡玙、顾栋高等四人,并授国子监司业。车驾巡幸所至,辄召诸生试诗赋,与以科目。朝廷所以尊礼学人者既如是其优。同时又编撰巨籍,上自经注史乘,下至音乐、方术、语学之属,无虑数十种,视康熙时所出版者倍多焉。至三十六年,复开四库全书馆,网罗古今已刊未刊之书,勒成一部,以纪昀为总裁官,延揽海内绩学之士参与校勘。昀典书局十三年,每进一书,辄为提要冠诸卷首,又别为《简明目录》,多至万余种。是时,江浙两省为全国文学之中心。故《四库全书》既成,朝命以三部分饷士林,而于江苏之镇江、扬州、浙江之杭州各建阁贮之，听学人就观或传写焉。乾嘉间经学之发达及骈体文之复古，使中国文学史上得开一生面者，实高宗稽古右文之效果也。

当时之外国观 自乾隆十二年金川叛乱，迄五十七年泥泊尔征定，其间用兵凡十余次，战役上虽未尝无一二败北事，然其终局常得自然之胜利。故时有"十全武功"之称，谓两定金川、两定伊犁、一定回部、一入缅甸、一定台湾、一复安南、两胜廓尔喀也。此等武功于宣扬国威恢张领土上，固有伟大之效力。然令朝野上下益傲然自大，轻视外国，误用其惯法以对付欧罗巴，渐至酿成种种之失败者，此亦其一大原因也。俄罗斯学士贝斯德讷夫尝于所著《对华意见》中纵论之，略言："支那康熙乾隆间武功极盛，若黑龙江地方之占领，若西藏之归服，若外蒙古人之归化，若准噶尔之定及布哈尔汗国近傍诸部之降服，若土尔扈特之脱归，皆此数十年间发生之事实，无一不足长支那人之傲慢心者也。支那人既以此等事实，长其自大之风，蔑视外国矣，而又适当欧罗巴诸国遣使北京，遂谓为己国强大之所致，愈增其焰。何则？支那人以为外国公使之来北京者，皆朝贡使也，朝贡国若是其众，历代中未尝有如我清朝者也。而支那政府又常思乘机发达臣民之爱国心，故每当外国使臣之至，辄称为朝贡，布告全国。其官吏则又奏诸皇帝，谓陛下聪明至圣，总裁万机，德加四海，兼统万国，兆民悦服，是以各国派遣使臣，前来朝贡。政府即又以此等奏文刊布四方，揭示诸城门，通谕人民。彼欧罗巴公使固未尝不熟闻其说，然起而向支那政府诘责其处置之不当者无有也。抑岂惟不于此等文告致其诘难而已，虽支那边吏于欧洲诸国使臣之赠品，附以标帜而题曰某国王奉献中国皇帝之贡物，彼等亦恬然有所不顾也。而此贡物自边境送达北京，途中人民之见之者，直以为欧罗巴诸国服从支那，而确认此累累者为贡品无疑矣"（由日本出版《支那汇报》中转译）。此其语虽不无过当，然观于乾隆朝与俄罗斯增订之条约及与英吉利交涉之文书，而知当时自尊自大之习惯，实有出于吾人想像之外者也。

恰克图市场之开闭 雍正五年《恰克图条约》缔结以后，内地商民以烟草、茶叶、缎布、杂货往库伦及恰克图贸易者日多。至乾隆二年，又以监督俄罗斯馆御史赫庆之条奏，停止俄人于北京之贸易，令统归恰克图。嗣是百货云集其地，市肆喧阗，称为漠北繁富之区。朝廷常命土谢图部亲王、台吉等董治其事。及二十七年，始设库伦办事大臣二人，一由在京满洲、蒙古大臣内简放，一由外蒙古札萨克内特派，以理边务。凡中俄往复公文必经库伦办事大臣之手。先是，恰克图贸易，两国均不榷税。已而俄罗斯渐渝禁约，私收货税。又两国边民互失马匹，其数不可稽，而俄人辄以少报多，移文责偿。于是二十九年朝命闭恰克图不与通市。然办事大臣等辄乘间舞弊，私与交易。高宗震怒，三十年，削土谢图郡王桑齐多尔济爵，诛库伦大臣丑达，厉行闭关之策。至三十三年，而库伦大臣庆桂以俄罗斯恭顺情形入奏，遂互市如初。其后四十四年、五十年，复闭关者再。前者则以俄罗斯边吏庇护罪犯不即会审之故，由库伦大臣索林奏请查办，逾年得解。后者则以俄属布哩雅特种人乌呼勒咱等入边行劫之故，奉旨绝市者几七年。至五十七年，始以俄人悔过乞恩之结果，复订市约五款，其文如左。

增订市约（一）恰克图互市于中国初无利益，大皇帝普爱众生，不忍尔国小民困窘，又因尔萨那特衙门吁请，是以允行，若复失和，罔再希冀开市。

（二）中国与尔国货物原系两边商人自行定价，尔国商人应由尔国严加管束，彼此货物交易后，各令不爽约期，即时归结，勿令负欠，致启争端。

（三）今尔国守边官皆恭顺知礼，我游牧官群相称好，尔从前守边官皆能如此，又何致两次妄行失和，以致绝市乎？嗣后尔守边官当慎选贤能，与我游牧官逊顺相接。

（四）恰克图以西十数卡伦，尔之布哩雅特、哈哩雅特不法，故致有乌呼勒咱之事，今尔国当严加禁束，杜其盗窃。

（五）此次通市，一切仍照旧章，已颁行尔萨那特衙门矣。两边民人交涉事件，如盗贼人命，各就近查验缉获罪犯，会同边界官员审讯明确后，本处属下人由本处治罪，尔处属下人由尔处治罪，各行文知照示众，其盗窃之物，或一倍或几倍罚赔，一切皆照旧例办理。

右条约，以乾隆五十七年正月由库伦大臣松筠、普福等与俄官色勒裴特在恰克图市圈（按即今俄领后贝加尔州上乌廷斯克管内之恰克图村，本中俄交界地，其后全属俄领，于是我国始于恰克图迤南建一市场，称为买卖城，中间以木栅与俄领恰克图为界）互换。是时，俄人以闭关日久，商旅阻绝，急欲借平和之方法，回复市利，故听命惟谨，务相交欢。松筠等直以俄罗斯人感激皇仁、倍申诚敬等语列款具奏，遂于是年四月望日开关市易。会西藏以贸易上事件与廓尔喀启衅，骚乱累岁。高宗深以为诫，因训谕库伦大臣，以恰克图贸易勿使内外商贩互有欺诈，致启衅端。松筠等因通饬商民，严禁重利赊货之习，又议改良外交文书，务以公诚信义为主。自是两国商民互市不绝。然至咸丰八年，中俄缔结《天津条约》，开海路各港之交通，于是陆路输出品之大宗渐改海运，而恰克图贸易遂无复昔日之盛况焉。

英人推广商利之计画 自明嘉靖十四年葡萄牙人租借澳门开始贸易以来，欧罗巴诸国商船来中国沿海求互市者不绝。然以葡人之妨害，往往失望而去。惟英吉利人独以东印度会社苦心经营之结果，得于广州、厦门从事贸易。康熙十六年顷，英人议于厦门建设商馆，以不得中国政府之许可而止。然至康熙二十三年，终于广州地方得遂其建设商馆之志。顾以粤海关检查之严密及税额之繁重，意尚不足，欲于广州之外更辟新商港。康熙四十年顷，东印度会社社员甲赤普尔（Catchpoole）者始率商船三艘，至浙江之舟山、宁波等地，试行贸易。浙海关之税则，故视粤海为轻，于是内外商贾引为利薮。及乾隆二十年顷，诸国商船聚泊定海转运宁波者日众，渐有舍粤就浙之倾向。于是二十二年，浙闽总督喀尔吉善、两广总督杨应琚奏请将浙关科则比较粤海课额，更定征收。高宗念海疆重地，多一利端，即增一弊薮，洋船岁至宁波，径途日熟，势将与广东之澳门无异。而商舶频仍，则有奸牙之勾串，吏胥之需索。及其易货归棹，则有丝粟之出洋，铁器之渡海。日久弊生，难以尽杜。且今日既以骛趋宁波，异日亦可转移他郡，于民风、国防上均有重大之关系。乃令更定浙海税则，视粤海加重，以为限制洋商之计。由是英人推广商利之计画及数十年来经营之成效，一旦挫折，浸寻于宁波一带无容足之地。其商人有洪任辉者，遂以二十四年自宁波赴天津，以广东贸易之困难哀诉政府，语侵粤海关监督。政府遣员按问，卒坐洪任辉以妄控之罪，下之澳门附近之狱中，越两年半，始赦归故国云。

马戛尔尼伯之渡来　浙江贸易之途既绝，而广州遂为中国惟一之互市场。诸外国商船率自东莞县虎门入口，聚泊于省城之黄埔。会乾隆四十九年，英船在黄埔者以举放祝炮装置不慎之故，误杀一华人。地方官遽捕炮手，处以死刑。同时华英两国商人间又以财产上之关系，繆轕不绝。于是英政府闻之，亟谋所以改良两国之交涉者，乃以乾隆五十七年遣正使伯爵马戛尔尼（Macartney）、副使斯当东（Staunton）等入中国，有所要求。其提议之要件如左。

（一）英国当遣员驻扎京师，照管本国商务。

（二）英国商船当至浙江之宁波、珠山（舟山）及天津、广东地方，收泊交易。

（三）英国商人当仿俄罗斯之例，于京师设一商馆，收贮货物发卖。

（四）欲求珠山附近地方小海岛一处，以为居留商人收贮货物之地。

（五）拨给广东省城附近小地方一处，居住英国商人，或准令寄住澳门之人自由出入。

（六）英国商人于广州、澳门间，由内河运输货物，请免税或轻减税额。

（七）任听英人传教。

马戛尔尼等既挟如此奢望而来，而其翌年自天津赴京师之际，中国官吏循例予以旗章，题曰英国贡船，强使立之。及至京师，则政府又循例强使于觐见时行叩头之礼。马戛尔尼等深虑以此等小节，损中国政府之感情，妨其推广商利之目的，不敢抗议。遂以是年八月十日，觐高宗于万树园幄次，旋以右列诸款向政府提议。是时，朝廷固确认英吉利为海外朝贡国之一，此次使节直为叩祝万寿而来，特以荒远，不识天朝体制，妄行乞请，无足深责。以故一方则赐使臣筵宴，优加赏赍，以尽怀柔之意；一方则敕谕英国王，盛称天朝威德，于英政府所要求者驳斥无遗，付诸使臣而遣之。于是马戛尔尼等此行之结果，自赍还文绮珍玩等赏赍品致诸国王以外，其余绝无所得。惟其随行员等以途中所见中国内地实情,笔之于书,归而布诸全国,则实为英人莫大之利益云。

高宗之内禅 乾隆六十年,高宗已御宇周甲,以践阼之初尝焚香祷天,若得在位六十年,即当传位嗣子,不敢上同圣祖纪元六十一载之数。至是年九月,遂御勤政殿,召王公大臣入见,宣示恩命,册立皇十五子嘉亲王为皇太子,以明年为嗣皇帝嘉庆元年,即于元旦行授受大典。至期,高宗御太和殿,亲授宝玺,传位于皇太子。是为仁宗睿皇帝。嘉庆四年正月三日,高宗崩,圣寿八十有九矣。

第二编终

第三编　忧患时期

第二十一章　嘉庆朝各省之叛乱

叛乱之原因　乾隆六十年中，武功文治并臻极盛，既略如前编所述。然中叶以后，和珅用事，养成内外官吏贪墨之风，吸收民间数万万之母财，以置诸不生产之地，而民间始患贫矣。自乾隆四十七年增兵之案决，举康雍以来绿营兵额之不足者，一一挑补，骤增兵六万五千，岁添新饷近三百万，统计二十余年须用七千万，而帑藏始大绌矣（详见曾国藩咸丰元年简练军实疏）。以财力之日绌也如彼，而各直省人口之增殖，其速度又有可惊者。据乾隆末年之调查，各省丁口凡二亿九千七百万余，较诸雍正末年人口二千七百三十五万余，康熙末年人口二千五百三十八万余，骤增至十倍以上。如是人口财富相为反比例，而奸民始疾苦思乱矣。当乾隆五十六年，内阁学士尹壮图尝以"督抚藉词赔项，勒派属员，仓库遂致亏缺，商民蹙额兴叹"等语，具折奏闻，顾以事无左证，反得欺罔之罪，而下情始壅于上闻矣。乱源之酝酿既非一日，于是乾隆六十年发难于湖南、贵州间之苗民。越明年嘉庆改元，而湖北、四川白莲教匪纷然继作，九年之间，蔓延五省之地。同时东南沿海有海贼之乱。戡定未几，而河南、山东、直隶间有天理教匪之乱。二十年中，群盗如毛，此仆彼兴，殆无宁岁。诸役中以白莲教匪为最剧，而苗民之变又教匪之乱之导火线也。今各撮其颠末，依次略说之。

湖、贵苗地之沿革　湖南、贵州接壤之处，有腊耳山山脉，绵亘其北方，其附近一带自古苗猺聚居之地也。当前明时代，朝廷以镇抚此等蛮族之故,设永顺等处军民宣慰司,属湖广都司,国初因之。及康熙四十三年,始以尚书席尔达、巡抚赵申乔剿抚之结果,增辟乾州、凤皇两直隶厅,降生苗百四十寨。雍正初,鄂尔泰经略西南,断行改土归流之策。广西、云贵诸土司既次第征定,于是永顺等土官慑其余威,自请献土,朝廷籍其地为一府四县。又于乾州之北增设永绥(厅城故在今永绥城南,当辰州府治正西三百里。嘉庆七年以同知傅鼐之建议,迁治花园汛,即今城也);于其西增设松桃,属贵州。而后腊耳山苗地悉受治于流官之下。其始苗民畏官如官,畏官如神,有司引以为利,往往以纤芥之争讼,病及全寨。又数十年来,汉民之移住其地者日渐繁殖,至乾隆末年,而永绥城外四周之苗地,尽为移民所占。于是奸苗倡言逐客民,复故地,而乱端起矣。

苗民与官军相持之状况 六十年正月,贵州铜仁府属苗民石柳邓始据大寨营,举叛旗。湖南永绥属之石三保,镇筸(凤凰厅)属之吴陇登、吴半生,乾州属之吴八月,各起兵围厅城,数日之间,遂陷乾州,又分众攻掠保靖、酉阳、秀山、松桃、铜仁附近地。川、湖、贵三省边境,同时戒严。于是湖南提督刘君辅驰保镇筸,湖广总督福宁调集两湖诸军继之。云贵总督大学士福康安率总兵花连布以下,督云贵兵进铜仁府。四川总督和琳统川兵进秀山县。闰二月,云贵、四川两军声息渐通,会攻石柳邓所据之大寨破之。柳邓遁走,官军乘胜焚苗寨四十余,降二百四十余,贵州苗略定。总兵花连布遂将兵二千五百,以三月进援永绥,刘君辅亦以兵二千自镇筸转战保靖、花园间,与花连布合军解永绥之围。是时乾州为官军目的地,福康安、和琳皆由铜仁府属正大营越腊耳山脉而东,道险不易进。苗兵专伺大营所向,据险死守。福宁驻镇筸,欲通道泸溪,军甫出,即为苗兵所遮杀,踉跄折回。刘君辅等虽绕出乾州西北,转战有功,而兵单饷阻,又扼于主帅,举动不得自由。以故乾州回复之计画颇极困难。自四月至九月,福康安等虽累克要寨,覆苗酋石三保、吴半生根据,乘胜渡沱河上流,生擒吴半生。而吴八月复据平隆(乾州城西三十里),自附三桂后,称吴王。石三保、石柳邓皆附之,势转盛。朝廷方日盼捷书,亟封福康安贝子,和琳一等伯,先后叠赐从征兵丁一月钱粮,欲以高爵重赏收驱策之效。而福康安等既旷久无功,一方则悬翎顶金钱,广行招纳,降苗受官弁者百余人,月支盐粮银者无虑数万人;一方则增调两广、云南、四川兵数十万,来营会剿,数省转输,费巨万计。其间苗酋吴陇登虽以官军招抚之影响,诱擒吴八月,致诸大营,而八月子廷礼、廷义复与陇登仇杀,负嵎自若。浸寻至嘉庆元年四月,湖北教匪已所在蜂起,而福康安、和琳等之征苗军尚阻滞于镇筸城西北一带,军士不习水土,触暑雨死者日众,几于剿抚两穷焉。

苗乱之镇定及傅鼐之善后事业 五月,官军始生擒苗酋石三保,又讯知吴八月子廷礼已病死,乃分围攻平隆之军,渐逼乾州。而福康安遽以是月卒于军,越六月,乾州复。和琳亟思苟且蒇事,一方使领侍卫内大臣额勒登保等专力平隆,一方与湖广督抚(时福宁已调任两江总督,仍驻镇筸。湖广总督为毕沅,湖南巡抚为姜晟)奏陈善后章程六事,大略言苗地归苗,民地归民,尽撤旧设营汛,分授降苗官弁羁縻之,皆一时姑息之策,就中惟购收枪械一事,稍有关系,然当时竟不能实行。至八月而和琳又卒。诏额勒登保继其任,又诏将军明亮自湖北往会之。时贼势渐蹙,官军以十月破平隆,尽焚吴氏庐舍,以十二月擒斩石柳邓父子及吴廷义等,遂以苗乱肃清奏闻。会川楚事日急,诸将不得不移师北去,于是明亮赴达州,额勒登保赴湖北,留官兵二万分防,移湖南提督驻辰州,增设绥靖、镇筸两总兵统之。然自是苗众仍四出劫掠,边无宁日,且借口于和琳"苗地归苗"之约,益蔓延〔永、〕乾、凤三厅地。及嘉庆四年以来,凤凰厅同知傅鼐以才干总理边务,始力讲善后之策。移永绥厅治花园汛,先后修置碉堡千有余所,屯田十有二万余亩,收恤流民十万余户,屯兵练勇八千人,追缴苗寨兵器四万余件,又广设书院义学以教之。如是经营十余年,而后苗事始大定云。

白莲教案 方征苗军之起也,调兵转饷,牵动七省(两湖、四川、云贵、两广)。各地失业之民,已嚣然思乱。而是时河南、湖北官吏方以白莲教案之牵涉,行文各州县,所在穷治。民间不胜其繁,奸徒乘机煽惑,乱端遂作。白莲教者,盖佛教之支流下乘,其起源不可知。据其经典,则云起自前明正德四年。又有"牛八掌教""弥勒转世"等语,亦不详所指云何。要之,其始不过一二奸民,假之治病眩俗,以为敛财之计。及信徒日众,蔓延日广,遂生不轨之志。当乾隆四十年顷,河南民刘松者，为白莲教领袖，事发被捕，遣戍甘肃。其徒安徽民刘之协、宋之清等，复分赴川、陕、湖北一带布教，日久党益众，倡言劫运将至，以同教河南鹿邑王氏子曰发生者，诡称明裔朱氏，煽动流俗。乾隆五十八年事觉，其党先后就捕，而刘之协解至河南扶沟，乘间脱走。朝廷严责所司穷缉，自河南而安徽，而湖北，三省大吏辗转根究，州县官奉行不善，按户搜缉，胥吏乘之为奸。其尤甚者，如武昌同知常丹葵，奉檄荆州、宜昌，株连罗织至数千人，民间坐是破家亡命者不可胜计。于是刘之协未获，而荆宜之民且公然发难矣。

湖北叛徒之初起 嘉庆元年正月，荆州之枝江、宜都，宜昌之长乐、长杨等县，叛徒大起，率以官逼民反为词。数月之间，蔓延湖北西半部五府（襄、郧、荆、宜、施）一州（荆门）地，南及于四川之酉阳，北及于河南之邓州、新野。而襄阳贼数万最猖獗，其渠魁自刘之协外，有姚之富及同教徒齐林妻王氏，皆奸悍出四方群盗之上。官军先后奏杀贼数万，而贼起益炽。于是始定分地任事之策。鄂督毕沅、侍卫舒亮当荆门、宜昌等江北方面。鄂抚惠龄、总兵富志那当荆州江南方面。都统永保、将军恒瑞、明亮等当襄阳方面。提督鄂辉、陕督宜绵等先后当郧阳方面。五月，襄阳贼分道出随州、安陆、钟祥，进逼孝感，距汉阳仅百余里，武昌戒严。幸贼徒为大潦所隔，不得进。自七月至九月，官军所在胜利。襄阳贼既东南犯不遂，仍折而西北，或窜入河南界。于是湖北境内贼徒，北惟襄、邓，南则归、宜，势渐蹙。至十月，而四川达州奸民徐天德，复与太平、东乡贼王三槐、冷天禄等并起，形势又一变。

川贼之起及襄阳贼之北进 先是，金川之役，官兵溃于木果木（事具前编），其逃卒之无归者与失业夫役、无赖悍民，散匿四川东北境巴山老林间，以剽掠为生，及官捕急，则投入白莲教会，资其应援。已而达州知州戴如煌老病贪墨，胥役等假检查邪教为名，遍拘富户为勒索地，而徐天德等以行贿得释。至是，襄阳败贼之一部或窜入川东，天德等乘之，遂聚众举事。川督英善、成都将军勒礼善剿之，陕抚秦承恩防御兴安，皆无敢疾驰掩其乌合者。贼遂由太平入陕，分扰兴安府属县，势日炽。而是时湖北方面，则永保总统诸军，当追剿襄贼之任；惠龄、福宁等与宜昌贼相持于长杨附近。河南方面，则巡抚景安驻兵南阳，防襄贼北窜。永保军最众，然其对贼方略惟尾追不迎击。贼往来枣阳、光化、谷城间，横行无忌。十一月，朝旨逮永保治罪，而以总统军务之任属惠龄。惠龄至襄阳，乃建议严守汉水及其支流唐河、白河等，断贼东西通路，徐分兵四出以蹙之。而景安拥兵四千屯南阳，不出一卒截击。贼窥北路可乘，遂以二年正月分三队：（一）王廷诏；（二）李全；（三）姚之富、齐王氏，直趋河南，蹂躏州县二十余，遂进逼商、洛，寖寻由陕西渡汉水而南，以与川贼相会合矣。

川楚叛徒之会合 方川贼之未起也，陕甘总督宜绵方统陕兵会剿郧阳贼，及徐天德等起达州，掠兴安，乃回军而西，与叛徒角逐于东乡附近。会湖南苗事略定，将军明亮及都统德楞泰等引征苗军赴达州。而四川乡勇罗思举等亦助官兵奋击，先后杀贼不下数万。徐天德、王三槐所拥残众止二千余矣。及襄阳贼入陕，以西北阻秦岭，不敢向西安，乃并三队为一，将由洵阳渡汉，而官兵、乡勇已扼汉而守，贼不得渡，乃由北岸趋紫阳，夺船渡上游，遂以六月分道入川。于是达州屡败之众及云阳、万县间新起之寇同时响应，众顿数万。仁宗以惠龄、恒瑞等追贼不力，防汉不严，尽夺所得封赏，仍令戴罪追剿，而以宜绵总统川陕军务，节制惠龄以下诸军。宜绵方督诸将分道要截，欲蹙群贼于一隅，以为聚歼之计。而襄阳贼以川北路险人烟少，无所掠食，欲回陕、楚富庶之地。然川陕间通路已为官军所扼，遂不复北窜，而分犯万县、云阳、大宁，号召叛党而东。

襄贼之东西驰突 是时贼酋惟李全留川，与王三槐合。其东还者，首队则姚之富、齐王氏，后队则王廷诏，各拥众万余，先后自夔州趋巴东，陷兴山，乃分道，一东北由保康、南漳以向襄阳；一东南由远安、当阳以窥荆州。于是惠龄、恒瑞等留川当李全，而明亮、德楞泰等自川东蹑群贼，转战至宜昌、远安间，数破王廷诏军，复扼荆门州以待之。而总兵王文雄亦击走齐王氏等于南漳，适都统阿哈保新以木兰哨兵赴援，复追击诸宜城东北。又是时江汉沿岸之殷富市镇，若沙市，若樊城，皆新建堡栅，捍卫甚严，无可掠夺。漳、宜二路之贼既不得志于荆、襄，乃折回房、竹，焚掠所经州县，阳走陕西，欲引官兵入山，而乘间北渡汉。时汉防甚固，贼不得逞，乃一意西窜，蔓延及白河、洵阳。会九月，故留川贼李全复自巴州与王三槐分党，将由陕还楚，沿汉东走。于是东西两路贼相会于安康，亟谋北渡。而王三槐、徐天德等亦据巴州，锐意欲断川东、川北运道，以困官军。群贼日张。

襄贼自陕西渡汉及齐王氏、姚之富之死　先是，宜绵代惠龄为总统，名为节制诸军，而劲兵健马俱为明亮、德楞泰率以东行。及李全还陕，惠龄、恒瑞等踵去，川中兵日薄，而贼势不加弱。于是宜绵奏言："近日诸将皆入陕，独臣一人在川，川东千里，无人调度，请别简大臣总督地方，而己亲督师专一办贼。"诏以勒保总督湖广，赴川代宜绵统军务，而以宜绵督四川，兼理军需。仍令诸将各办各贼，不相统属。是时东西追贼官军，云集兴安。群贼阻汉不得渡，乃合军西窜，欲乘冬期水涸，自沔县、宁羌间徒涉汉源。官军追之急，贼分道阳折而南，引官军入川，而别令贼目高均德等间道折回宁羌，乘虚疾渡。时恒瑞已为宜绵咨调，助剿川北贼，通运道。明亮、德楞泰等闻高均德渡汉，惧其蹂躏全陕，蔓延豫、楚，急放任齐王氏等，而引大兵驰还汉中。于是齐王氏督马步二万，以三年二月由西乡、洋县分道踵渡。密令高均德引大兵东北追，而自与李全、王廷诏合掠郿、盩，将乘胜薄西安。总兵王文雄以兵勇三千拒战，大破之。贼不敢北犯，遂以三月折而东南，自山阳趋湖北。明亮、德楞泰蹑其后，郧阳乡勇扼其前，诸军合围于郧西界上，贼不得脱。其众尚八九千，悉为官军所歼。齐王氏、姚之富皆坠崖死，官军脔割之，传首三省云。于是襄贼首恶已就殄灭，其归、宜间群贼亦已于去年秋冬间，次第为额勒登保等所扑灭。惟李全、高均德以下十余贼目尚分众窜逐陕西境内，保其余烬，而川贼独张。

分定责成之谕　川督宜绵以境内叛徒蜂起，而己所有之兵东西驰突，日不暇给，乃自陕西咨调恒瑞，自湖北咨调额勒登保、福宁等，入川会剿。及三年正月，朝廷以川省军务日棘，而事权纷属，无指臂之效，乃令宜绵回督陕甘，福宁治军需，而勒保以总统兼四川总督，调度诸军。时川贼之尤主要者，川东则王三槐、徐天德，以达州为根据；川北则罗其清、冉文俦，以巴州为根据。彼此相援系，急则并攻一方，暇则分道旁出，所蹂躏州县不下十余城。自姚、齐二贼死，襄贼失领袖。其余党，若张汉潮、刘成栋等一股，则出没川、楚、陕三省边境，众尚万余；李全、高均德等一股则欲东出武关，还湖北，而中途为官军所遮，乃折奔宁羌，谋与川北贼合纵，悉众而南。以故川东北形势益恶。六月，诏以陕、楚群贼均逼入川，诸道将帅顾此失彼，当为之分定责成，使无所诿过。乃令明亮、德楞泰专剿李、高，且会同惠龄、恒瑞夹剿罗、冉，宜绵、额勒登保专剿张、刘，湖广总督景安专守楚境，防川东贼之窜入，而勒保自专剿王三槐等一股外，仍兼侦各路贼情，相机布置，以副总统之实。然当时任事诸臣大都受和珅风恉，专以老师縻饷，杀胁从，冒功赏为目的，纵令朝旨若何处置，其无效卒如故。及此谕下，而诸将又稍变其方略，即一意诱擒首逆，而置余贼于不问是也。故自是年七月至十二月，其间诸军效果可得而言。

川贼首逆之擒杀 勒保自任总统以来，未尝有尺寸功，屡被严旨切责，至是年七月，而有生擒王三槐之事。先是，四川牧令以南充知县刘清为循良最。自教匪发难，清数以乡兵从征，贼素重清名，遇之辄引避。当宜绵督川时，常命清遍入王、徐、罗、冉各营，广行招抚。清将三槐俱还约降，及释归，则复叛。至是勒保思复用旧策，以贡生刘星渠尝随清至贼寨，乃遣往说三槐。三槐故狡谲，恃前此出入军中无忌，因留星渠为质，而自诣大军。勒保遂以生擒首逆张皇入奏，得封一等威勤公。和珅及户部尚书福长安各进爵为公侯。而勒保弟永保前以失机逮问者，亦坐是蒙恩得释。然三槐擒而其部众尽为彼党冷天禄所有，抗拒如故。徐天德亦屡犯川东州县，毒焰不稍息。其川北诸军，则额勒登保以十一月生获罗其清于石洞，德楞泰、惠龄以岁除斩冉文俦于通江，视勒保差胜。而外此如宜绵则终岁屯驻无贼之地，曾未一战，景安则以和珅族孙故，益专意趋奉阿附，而军事更非其所问矣。

和珅败后庙谟之更新 如上所述，教匪之蔓延，殆与和珅之用事有直接间接之关系。故和珅之败，实官军命运之转潮也。仁宗固夙知和珅专恣不法状，特以太上皇帝春秋高，不宜见国家有诛戮亲贵之不幸，故隐忍未发。嘉庆四年正月，太上皇帝崩，而和珅适为言路所劾。仁宗乃诏暴和珅压阁军报，欺罔擅专，致各路领兵大臣冒功縻饷罪状，夺职赐死。以将帅乏人，骤难更易，命勒保仍以总统为经略大臣，明亮、额勒登保均以副都统为参赞大臣，先后罢惠龄，逮宜绵、景安及肇祸地方官戴如煌、常丹葵等，分别治罪，而更新剿抚方略如下。（一）下哀痛之诏。言自古惟闻用兵于敌国，不闻用兵于吾民，凡贼中胁从之良民，有缚献贼首，或临阵解散者，赦之，或予以相当之奖励。（二）实行坚壁清野之策。令勒保会同川陕、河南、湖北各督抚，晓谕州县居民，扼要团练，与官军犄角。（三）定优恤乡勇之制。先是，诸道将帅临阵则以乡勇冲锋，请赏则以旗兵居首，功罪赏罚有相反之比例，至是令嗣后乡勇有功，一例保奏，阵亡一例议恤。（四）开群贼自新之路。是时各路教匪自往来掠食以外，未尝有僭号据城之举动，特许悔罪投诚，不复追其既往。于是大憝已去，庙谟一新，而后讨贼之效始有可言矣。

勒保经略时期 勒保既任经略，责额勒登保、德楞泰以合剿徐天德、冷天禄之事，责明亮以殄灭张汉潮、肃清陕境之事，而自住梁山、大竹适中地，调度督率。自正月至六月，惟额勒登保一军歼阆中贼魁萧占国、张长庚于营山，斩冷天禄于岳池，逐仪陇贼张子聪于通江，所在有功。而德楞泰一军则与徐天德角逐川东，转战入郧阳境。明亮一军则踦跔秦岭山脉间，东自商、洛，西至秦州，往返千余里，迄未获贼。而川北贼之在广元、宁羌间者，且西寇阶州，犯巩昌，折奔秦州，蔓延甘肃东南。加以高均德等一股又分队取道川东，思乘间还楚，沿途胁从新起之贼，数且日增。计川东北各府厅州县所禀报，多者万余，少亦数千，其不得主名者，尚不知凡几。而勒保顾安坐达州，不能出一策。于是福宁奏："贼愈剿而愈炽，饷徒糜而罔益，乞特申乾断，早决大计。"朝廷乃以七月诏夺勒保职，擢明亮经略，以魁伦署川督，令俱赴达州。

明亮与永保之互讦及额勒登保之任经略 自军兴以来，诸将中战功最著者无逾额勒登保。福宁、勒保尝交章荐其知大体，得士卒死力。至是更易经略，仁宗念胜任者莫彼若，顾以其不识汉字，不能治军书，而明亮老于用兵，资望为诸将冠，故姑以代勒保，而意实未惬也。会永保代秦承恩抚陕，方以张汉潮一股迁延未灭之咎，与明亮互讼。朝廷密谕陕督松筠审两人曲直。而副都御史广兴又奏明亮挟私怨望，有意玩寇。仁宗恐其终不足膺重任，命尚书那彦成佩钦差大臣关防，赴陕监其军，兼会同松筠勘问，而卒以经略属额勒登保。比松筠等以两人先后互讦情实，具疏定拟以闻，而明亮适以十月擒斩张汉潮于五郎。诏以其挟嫌偾事,功不蔽罪,与永保并逮入京,而命那彦成代治陕西军事。

甘肃及川西之骚乱 是时陕西境内贼徒,自张汉潮余党外,复有高均德等,悉众屯兴安南境,将西渡汉水上游。会德楞泰自湖北逐徐天德等入陕,急引兵赴之,生擒均德于西乡,尽驱群贼而南。均德党冉天元者,故以雄黠善战豪贼中,至是统残众入川北与徐天德合。额勒登保闻之,以十二月进剿天元于苍溪,战不利,陷死副将以下二十余,军士二百余,相持一昼夜,贼却走开县。额勒登保留太平,遣部将杨遇春、穆克登布等与德楞泰夹剿,以必克为期。而川北之王廷诏等一股辄乘间逾老林入汉中,犯甘肃,陕南群贼随之而西,势大张。额勒登保、德楞泰闻陕甘事急,先后引兵西北行,独魁伦留达州统川东北余兵。于是徐天德一股复分犯郧阳。冉天元等收残数百贼,且以五年正月由定远东境渡嘉陵江,虏胁日众,遂分掠潼川、绵州、龙安,将北合甘肃诸贼。于是朝廷先后起明亮以领队大臣赴湖北,敕勒保以蓝翎侍卫赴川,寻授四川提督,专办川北贼,诏德楞泰回援,以成都将军专办川西贼,而以梓潼河之防御严责魁伦。

川西之肃清 五年三月,德楞泰既回军赴援,分兵蹙冉天元于江油县西,激战五昼夜,殪天元马,蹶而擒之。贼众尚万余,走剑州,窥魁伦守梓潼不严,复宵渡,焚大和镇(潼川府属),西震成都。仁宗以魁伦既失嘉陵于先,复失梓潼于后,使群贼得纵横川西,实为偾事之尤,乃褫职按问(寻赐死),命勒保署川督。是时大兵云集潼川。贼不敢犯成都,乃分军,一留潼西缀官兵,一渡潼趋嘉陵上游,以通东北诸寇。勒保议以潼西余贼付德楞泰,而自任潼东追剿事。两军先后杀贼数千,肃清嘉陵江以西。而甘肃贼复自阶、文折入龙安,分掠松潘番地,川西再震。于是德楞泰自剑州进扼广元,绝川陕通路。而勒保并将魁伦兵回剿龙安贼。相持数月,贼无所掠食,更以五月自番地走秦州。自川贼起数载,其踪迹所及,止川东北一隅。官军饷需颇赖川西、川南协济。及冉天元渡嘉陵,而川西州县遭蹂躏者复十余城。至是始逼归东北,成都得解严云。

甘肃之镇定及教主刘之协之缉获 额勒登保自王廷诏一股窜入甘肃后,急移师追剿。同时那彦成亦以秦岭余匪(张汉潮旧部)付陕抚台布搜捕,而自率所部追西窜之贼,与额勒登保军会于伏羌,并力邀击。至五年三月,陇州、巩昌间群寇尽为官军逼归渭水南,复分道狂窜,或东趋商、洛窥河南,或南出阶、文迫川西。额勒登保既倍道还陕,而那彦成逐阶州贼出境,邃以道险不敢穷追,亦踵经略而东(旋以纵贼罪奉严旨召还)。时经略驻军镇安,既分兵扼贼东窜豫、楚之路,又布成栈道要隘,杜川、陕、甘三省之交通。贼局促汉北,数日减。而河南布政使马慧裕适以是年六月访获教主刘之协于叶县,槛送京师诛之。朝廷以罪人斯得,谕诸道将帅,布告群贼,俾知教匪劫运之已尽。又御制《邪教说》,以但治从逆不治从教之恉,宣示中外,以安反侧。于是元年以来,骚乱五省之剧寇已失其原动力,大局之镇定自此始矣。

教匪之末劫 川西、甘肃之骚乱皆旋踵即定,既略如上文所述。惟徐天德一股自去冬窜湖北后,出入襄、郧、荆、宜间,与明亮相持。其余诸方骁贼先后驱至汉北,虽时或溃围一出,皆不久即复逼归。六年正月,德楞泰以川东北团练堡寨所在林立,足制贼死命,乃以肃清余贼事属勒保,而自赴额勒登保军,议并力先清汉北贼,而后移军汉南,清川陕交界。两月之间,陕西境内贼目自王廷诏以下十余人,擒斩过半(王廷诏以二月为杨遇春生擒于西乡之两河口,献俘京师),其仅存者皆窜湖北。德楞泰以三月与明亮等会于竹山境,议东西夹击。时明亮转战荆、郧已岁余,先后杀贼近万。徐天德亡命,往来三省边境,党众略尽,卒以五月为德楞泰所追,溺死于均州之两河口。于是三省余贼都不过二万四千余,各散匿边僻,苟求幸免。朝廷乃以明亮老病,诏解军事还朝,又诏额勒登保等量遣征兵之伤病及家无次丁者还营,别简精锐,以作士气。

第一次奏报戡定 六年六月,经略额勒登保、参赞德楞泰会军平利,议一军自东北,一军自西南,驱贼至三省交点,聚而歼之。至十月,余贼尚称大队者凡六,皆逼入四川境,每队千余人。其分匿陕、楚者,皆无名之贼,都不过六七千。而满、汉官兵共七八万,额勒登保议次第酌减,令三省提镇各尽本省兵力,分地搜除。又令地方官联合堡寨乡勇,以数十寨为一组,佐兵力所不及。诏以经略调度有方,将川、陕十余万贼埽除殆尽,仅存什一,封三等伯;以德楞泰功在川西,数歼巨憝,封二等伯,期今冬肃清。时川东各路败贼窜老林者,皆冰雪冻馁之余,更无斗志。惟川北贼苟文明纠合残众,尚二千余,复驰突陕、甘,亘半岁不减。七年五月,诏夺额勒登保爵,令悬重赏购募,限六月中卒事。嗣是诸军百计搜捕,乃以七月斩文明于秦岭山脉之花石岩(孝义厅西)。浸寻至是年十二月,三省首逆已尽,惟残匪千余归善后事宜筹办。额勒登保等始会同三省督臣以大功戡定奏闻,诏祭告裕陵,宣示中外,封额勒登保、德楞泰并一等侯,赐勒保、明亮以下诸将爵秩有差。

第二次奏报戡定 时三省腹地虽已肃清,而山林边界余孽犹有存者,额勒登保等不敢遽还朝,复分道埽荡,至八年七月始会奏肃清。德楞泰、额勒登保先后更迭入觐。于是官兵凯旋,而各营之随征乡勇皆当缴兵器回籍。乡勇故多骁桀亡命,无家可归。至是遣散,所得归资,或不足用。其尤桀悍者遂纠合余贼,戕兵官,聚散出没为患。此曹皆百战之余,具悉官军号令及老林径路,故数虽仅少,而三省不得解严。参赞、经略复先后出都,劳师转战者又一年有奇,至九年九月,事始大定。自军兴至此,阅时九载,用军费达二亿两,所杀贼以数十万计,而官兵、乡勇之阵亡与五省良民之被难者,无得而稽焉。

宁陕新兵之变 白莲教匪之役,国家既以满、汉额兵征发不便之故,而广募乡勇,佐临时之战守。同时又以三省(川、楚、陕)边地形势阻奥,建置疏阔,艰于统治之故,而议增郡县营汛,保将来之治安。终乃即以各营随征之乡勇,挑补各地增设之兵额,谓之新兵。于是湖北则襄阳置提督一,郧阳置总兵道员各一,凡增兵三千五百。陕西则五郎置总兵一,改称宁陕镇,增兵六千。四川则达州升为绥定府,设副将一,驻太平,而固有之太平都司移驻城口,其余保宁、夔州所属要害地,各增设守备,凡增兵千。就中宁陕扼秦岭之腹,地险而粮贵,建议者惧例饷不足以养兵,乃于例饷外月给盐米银人五钱,议三年而减一钱。嘉庆十一年六月,当实行减给之议。布政使朱勋以未奉部文,并四钱停发。新兵大哗。时陕西提督杨遇春方入都,宁陕总兵杨芳调署提督,而副将杨之震护宁陕镇,辄以威力笞治哗者。于是新兵二百余以七月戕副将游击,劫库狱毁城以叛。遇春行次西安闻变,急调集各汛新兵之未叛者,归大营,以绝其响应。杨芳亦驰守石泉,阻叛兵南窜。诏以德楞泰(时方为成都将军)为钦差大臣,赴陕督剿。先是,川陕军中,二杨(遇春、芳)齐名,而芳尤得士心。新兵之叛也,先护送芳家属至石泉而后举事。至九月,贼已集众万余,北攻鄠县,势甚张。遇春、芳先后赴援。芳议以贼皆百战之余,骁悍习地利,而官兵勤劳九载,疮痍未复,且与叛兵多同功一体之人,以兵攻兵,终无斗志。乃请遇春按兵缓攻,而己单骑入贼垒,晓譬百端,声泪呜咽。万众感动,皆伏拜乞降。德楞泰令尽释归伍,而以贼穷蹙乞命奏。仁宗震怒,责德楞泰专擅废法,夺职留任,以杨芳平日纵兵酿变,遣戍伊犁,使率降卒出关,而文吏停饷激变者置不问。是年十二月,而四川复有绥定府新兵之变,明年正月,而陕西复有西乡新兵之变,皆旋踵即定。诏以四方新兵效尤,为宁陕纵叛所致,令尽诛无赦。论者谓宁陕之役,叛兵袭流贼故智,议将分道突秦陇川楚。向令芳招抚之议迁延数日,将不知祸之所终。芳以奇勋获罪,盖任事之难如此。然芳至戍未逾月,即蒙恩得释,亦以见舆论之足多也。

海贼之起原 当教匪发难,西北骚动之际,而东南沿海有海贼之乱,其剧烈盖亦不下于教匪。自康熙二十四年海禁大开,内外市舶往来江浙闽粤沿岸者不绝。及乾隆末,安南阮光平父子以力征经营得国,生财政上之困难,不得已而以盗贼政略为补苴之策。乃招濒海亡命,资以师船,诱以爵赏,令劫近海商舶佐国用。自是夷艇出没粤海,夏至秋归,大为商民患。已而内地悍民附之,或受安南总兵若王侯敕印,为之向导,益深入闽浙,有凤尾帮、水澳帮等目。朝廷未尝不知安南政府发纵指示之罪,顾以西事方亟,不暇穷治,惟责地方大吏自为防御。五年六月,贼艇百余艘聚逼台州,将登陆。定海总兵李长庚以三镇水师,乘飓风雷雨,大破诸松门卫附近,获安南总兵四人,处以磔刑,以所得敕印掷还其国。会广南王后裔阮福映得法兰西人之援,以七年八月恢复旧领,求中国册封,乃一变前政府之方略,杜绝海贼。然海贼虽失安南政府之保护,而其中尤雄桀者辄兼并群盗,自谋进取。一时蔡牵、朱濆之徒复纵横海上,患且益亟。

李长庚与蔡牵之海上角逐 蔡牵者,福建同安人,奸猾能用众,既并有夷艇、夷炮及水澳、凤尾余党,乃以闽海为根据,号令商船出洋者纳通行税四百圆,入港者倍之,又交通陆地会匪使阴济饷械,以故储蓄日富,公然握海上之霸权。是时李长庚以功擢浙江提督,新造战舰三十艘,配以大炮四百余门,号曰"霆船",任浙海之防御。八年正月,牵以进香普陀故,至定海。长庚出牵不意,掩袭几获,昼夜穷追入闽海。牵舟在下风,度不得脱,乃伪乞降于闽督玉德,请檄浙师收港,而乘间遁去。牵畏霆船甚,因厚赂闽商,更造新舰,令高大过霆船,先后载货出洋。于是牵连得巨舟,复以九年夏犯台湾,劫米数千石,分饷广东海贼朱濆,连艑八十余,猝入闽海。会温州总兵胡振声方以二十四艘就闽运造舟木材,玉德遽檄令击贼,而不发本省一兵出援,振声竟战死浮鹰岛洋面。诏以长庚总统浙闽水师,以温州、海坛两镇为左右翼,使并力办贼。八月,长庚合诸镇兵,与牵、濆联合舰队百余艘激战于定海北渔山附近,几粉碎贼舰。贼乘大风雨遁去,自是畏长庚如神,不敢复犯浙。

李长庚之战死 顾闽中自乾隆中叶以来,历任督臣,如雅德、伍拉纳等,率贪冒不职,习为风气,吏治、军政之坏既达极点,至是玉德益以废弛掣长庚肘。牵败归则根据闽海如故,刷新战具,啸聚转众。复以十年冬率百余艘寇台湾,沉舟塞鹿耳门,号召土匪万余,围攻府城(台南),自称镇海王,欲遂规郑成功故事。而福建水陆官兵七万余,赴援者不过三四千。明年二月,朝廷方严旨诘责,议调德楞泰督川兵往剿。而长庚已以浙师三千余渡台,水陆兼进,五战皆捷,包围牵于鹿耳门,旦夕奏凯。而牵散钱四百余万赂闽兵,得以残舰三十余突围出海。朝廷乃诏罢德楞泰之行,旋夺玉德职治罪,以阿林保代之。阿林保忌长庚益甚,莅任未数月,密疏劾之者三,赖浙抚清安泰力白其诬,长庚得不去,转战闽粤沿海者复两年,卒以十二年十二月二十五日击牵南澳洋面,中贼舰炮弹战死。牵仅以三舟遁入安南海。长庚熟海岛形势风云沙线,每战自持舵,虽老于操舟者不能及,以捐造船械倾其家赀。家故与蔡牵同县(同安),长庚转战中数过县境,未尝一顾。朝廷方倚以灭贼,闻变震悼,追封一等壮烈伯,以其部将王得禄、邱良功嗣其任,勉以同心敌忾,为之复仇。

海贼之消灭 蔡牵自屡受长庚大创后,虽以闽师协剿不力之故,一时幸免,然精锐储蓄亦略尽。十三年,自安南回棹,得朱濆资助,复联合游弋浙海。时阮元再任浙抚,用反间策离之。濆独窜闽,遂为官军轰毙。其弟渥代领其众，终以十四年七月率所部三千余，籍船四十二，炮八百余，降于闽。同时两广督臣百龄又严禁陆地接济，废止本省海运，先后降服贼舰数十。牵往来闽浙沿岸，势渐孤。于是浙江提督邱良功、福建提督王得禄合两省水师，以八月十七日袭击诸渔山外洋。牵舟尚三十余，惟炮弹已尽，乃用番银代之。官军以全力注牵坐船，毁其柁楼。牵知不免，卒举炮自裂沉于海。其余党千三百人及粤海余贼万九千四百余人，遂以十五年各缴炮械乞降。而后三省海疆之巨患始得消灭云。

天理教匪之逆谋　海贼肃清未几，而白莲教支派天理教徒又倡乱近畿，酿成千古未有之奇变。自白莲教会依托二氏，造作经卷画像，流布内地，四方不逞之徒窃其绪余，自立名目，以为惑众敛财之计者甚多。其传习畿南一带者有八卦、荣华、红阳、白阳诸目。八卦教党徒尤众，遍布直隶、河南、山东、西等省，而河南滑县李文成、直隶大兴林清为之魁，复变名天理教，勾结日广。会十六年秋，彗星见西北方，钦天监谓其占主兵，奏改十八年闰八月于次年二月。诸贼窃喜，谓本朝不利闰八月，又以其经有"二八中秋黄花落地"之语，转相附会，指星象应在十八年九月十五日午时。时文成党数万最盛，而清密迩宫禁，贿通内侍，外倚文成之众为援，将乘是年驾幸木兰时袭据京师，谋定而中外莫知也。是年秋，滑县知县强克捷微闻其说，一方密封白抚臣高杞及卫辉知府，一方急捕文成下狱，刑断其胫。贼党以事迫，不能为豫定之行动，遂于九月七日聚众三千陷滑，出文成于狱，屠杀克捷及其家属数十人。于是直隶之长垣、东明，山东之曹、定陶、金乡，同时响应。曹及定陶皆陷。时仁宗方自避暑山庄启銮，谒东陵，中途闻变，立命直督温承惠发兵驰剿，而禁门之变遽作。

禁门之变　滑县群贼既仓卒举事，不及赴林清外应之约，清党曹福昌度十七日车驾次白涧，留守诸王、大臣且出扈，欲以是日乘虚窃发。而清狃经谶，不欲改期，密令其党二百余以十五日集菜市，由宣武门潜入，各藏兵器杂酒肆中，待日晡则分犯东、西华门，约太监刘得才及杨进忠等分道引入，阎进喜等为内应，而自伏黄村，尚觊河南贼集而后进。至期，东华门护军以觉察较早，得闭关格拒，贼阑入者仅十余人，余悉奔散。而入西华门者八十余贼，反关以拒官军，闯入尚衣监、文颖馆，肆其暴动,遂丛集隆宗门,或手执白旗,登垣指挥。时皇次子立养心殿阶下发鸟枪,连殪二贼,贝勒绵志亦续毙其一,群贼乃不敢逾垣入。诸王、大臣闻警,先后率禁旅自神武门入卫,败贼中和门外,竭二日一夜之力搜捕叛党略尽,旋以十七日擒获林清于黄村。仁宗自行在闻变,即日罢谒陵之典,自白涧回跸,下诏罪己。而京师连日雷电风霾,讹言四起,居民自相惊扰,迄十九日车驾还宫,始有回复治安之望焉。二十三日,仁宗御丰泽园亲讯逆党,即日磔林清及通贼诸内监。犹以一时骈戮百余人,恻然哀悯者久之。

天理教匪及箱贼之平定　李文成既据滑,遂出兵围浚,萃精锐于道口,号召直隶、山东诸贼。而数省督抚皆按兵不敢发。诏以陕甘总督那彦成代温承惠,兼节制山东、河南,以固原提督杨遇春副之。十月,遇春、彦成先后至卫辉,合兵攻道口,力战破之。而山东运使刘清、署直督章煦亦同时埽清境内。独滑县城壁坚厚,粮食足支一载,旦夕不得下。及官兵围急,文成轻车潜出,西入辉县山间,将募集党徒,为牵制运动,无何为杨芳所追,纵火自焚死。官兵乃以十二月复滑,杀贼二万余。朝廷方以三省戡定,大赉诸将。而陕西南山木商夫役复以岁饥罢工掠食,集众数千焚木箱。陕抚朱勋乃以教匪闻。诏那彦成等移兵往剿,而陕西总兵祝廷彪、吴廷刚等已屡破贼众,得以十九年正月一律戡定。其后各地乱民蠢然欲动者,尚时有所闻。如江西民胡秉辉等以购获残书,见其中所载阵图及俚语,辄拥一朱氏子,假托明裔,建号后明,遍发伪札谋逆(十九年十月)。临安边外夷民高罗衣等,以内地商贩出边贸易,侵夺夷人生计,遂假驱逐汉人为名,聚众劫掠江外土司,窥伺边郡(二十二年三月)。罗衣从子老五旋又僭称王号,渡江薄临安府(二十三年六月)。均以地方官觉察甚早,掩捕较速,得不致酿成大乱云。

基督教之严禁　自教匪、海贼骚乱十余载,疲弊国力,朝廷深以宗教迷信与海上贸易为致乱召寇之媒,以故对于欧人通商布教之事排斥限制,惟恐不力。先是,基督教之在中国,自康熙初年已尝极盛一时,全国信徒不下十余万。是时圣祖以奖励天文、算数之故,任用西士。又以耶稣伊德社之戒律颇极宽和,许入教者保存古来习惯仪式,于祖先之祭祀、孔子之崇奉皆无所禁阻。故朝廷虽未公布法令,听臣民自由信仰,而实际已不啻默许之。然耶稣伊德社布教之法大为他宗派所非议，其异论者遂诉诸罗马法王。于是法王克勒门十一世（Clement XI）以康熙四十三年—七〇四年。下教旨，公言中国一切祭礼与崇拜偶像无异，非基督教徒所当行，乃遣教正铎罗（Touron）入中国宣命禁止。我政府与铎罗辩难数四，卒不得要领。圣祖震怒，遂以四十六年—七〇七年。逮捕铎罗，送诸澳门，令布教师不守利玛窦遗法者悉出境。是为中国反对基督教之始。自是更雍、乾两朝，政府益执严禁异教之方针。凡外国布教师非以学术列仕籍者，不得留滞境内，犯禁者率处以禁锢或诛殛之刑。然彼等百折不挠，往来传播自若。及白莲教祸作，而彼等益被异端邪说之嫌疑。于是嘉庆十年，御史蔡维钰奏请严禁西洋人刻书传教。会广东民陈若望私代西洋人德天赐递送书信地图至山西，事发，下刑部严鞫。德天赐坐禁锢热河厄鲁特营房，若望及其他满、汉人民任教会会长者悉发遣伊犁，给厄鲁特为奴。凡教会所刊汉译经卷三十一种，并检查销毁。尔后地方官视基督教徒殆与叛逆同科。至二十年，而湖南官吏又于耒阳县地方访获西洋人兰月旺者，遂以夷人潜入内地，远历数省，收徒传教，煽惑多人等辞，处以绞决之罪。至是而国初以来风靡一世之天主教，几几无容足之地矣。

鸦片战争以前中英互市之概况　基督教传播之禁，既厉行如右，至广东之互市已为百余年来之成局，朝廷虽确认此举之无益于中国，顾尚欲借以为怀柔远夷之计，不加禁绝。会欧洲以法国大革命之乱，生英、法二国之抗争。法帝拿破仑欲从财政上破灭英国，于嘉庆十一年—一八〇六年。发布"大陆条例"（Continental system），禁欧洲诸国与英人通商，以葡萄牙王约翰六世梗命之故，遣兵并有其地。于是英法战争之影响忽波及于中国。嘉庆十三年，一八〇八年。英人恐法国自葡人之手夺据澳门，乃遣海将度路利（Drury）率战舰十三艘，进泊香山洋面，遂以防御法国，保护中英葡三国贸易及愿与中国协剿海贼等语，投书两广督臣，公然登陆，分守澳门炮台，将实行占领之策。朝廷怒英人桀骜已甚，严饬督臣吴熊光，抗词拒绝，且封禁水路，绝其粮食以苦之。数月之后，度路利虽抛弃占领澳门之目的，一时引还印度。然自是英国兵舰辄出入虎门，蔑视定制。会蒋攸铦督粤，乃以嘉庆十九年奏定防闲策数事：

一、严禁民人私为夷人服役；一、洋行不得用欧式建筑；一、店号不得用夷字；一、清查商欠；一、内地民人不得私往夷馆；并得旨允行。英人既以乾隆年间浙江贸易之请愿为政府所拒，至是而广东贸易上复受种种之箝束，乃于二十一年—一八一六年。遣故印度总督亚墨尔斯（Amherst）等诣阙陈诉。然此次使节违例自天津海口登岸，及入京而又以觐见礼节之纷议，临时称病而出（是年七月）。朝廷以使臣对于天下共主倨傲侮慢，又不先在广东收泊，候督抚奏闻，而径达天津，恐尚有他故，严旨斥逐回国。由是中英间之国交更无尺寸之进步，独鸦片输入额日以增加，祸机潜伏，固非一朝一夕之故矣。

嘉庆二十五年七月，仁宗驻跸避暑山庄，将举秋狝之典，以途感喝暑不豫，崩于行在，圣寿六十有一。先是，嘉庆四年四月，仁宗遵家法密立皇次子为皇太子。十八年禁门之役，皇太子功在社稷，封智亲王。至是扈跸热河，奉遗诏即皇帝位，是为宣宗成皇帝，以明年为道光元年。

第二十二章　回疆之骚动

回疆之乱源　自天理教匪肃清以后，迄鸦片战争开始以前，此二十余年间，中原本部渐得小康，而天山南路有回教徒之乱起。当乾隆朝之平定天山南路也，布罗尼特子萨木克及喀什噶尔地方人民相率亡命敖罕。朝廷虑彼等潜蓄势力，终为边患，岁赂敖罕王银一万两，使加约束。然萨木克虽以敖罕王之监视，不能有所举动，而其第二子张格尔(Jehangir)者，有胆力，复以诵经祈福传食诸部。天山南路诸回教徒闻之，渐有摇动之状。而中国所遣官吏又以统治无状，失回众心。盖自乌什变乱以来，朝廷虽尝慎选贤能，改良积习，期与回民休息。然久之法令渐弛，弊风复作，参赞大臣以下，恃边远无稽察，恣为暴行。所属章京驻防益乘之与各城伯克因缘作奸。朝廷岁征钱粮土贡，不过数十取一，而官吏辄于正供之外需索百端，岁敛喀什噶尔普尔（回部货币之名，以赤铜为之，形椭圆，无孔，每枚约当内地制钱十）八九千缗，叶尔羌万余缗，和阗四五千缗，其他土产、毡裘、金玉、缎布之属称是。大率各城办事大臣得总额十之二，而章京、伯克等均分其八。彼等又广渔回女，奴使兽畜惟意。及嘉庆末，参赞大臣斌静益以荒淫为之倡，而回疆之吏治乃愈不可问矣。

开衅之始　嘉庆二十五年，张格尔窥事机可乘，乃与故国逃人等自敖罕北投布鲁特，假其众数百，以八月袭喀什噶尔近边。布鲁特头目苏兰奇入边告警，反为章京绥善所逐，怒与贼合。于是领队大臣色普征额引兵击之，擒贼八十余。而斌静遂以苏兰奇交通逆裔，聚众滋事等词入奏。宣宗恐斌静、色普征额均不胜办贼之任，而起衅之故或尚别有所在，乃命伊犁将军庆祥往勘，果得斌静纵容家奴，倚势婪索诸罪状。诏夺职按问,旋以永芹代之。时张格尔据那林河源,募集义兵,暗结内地回众,为之耳目,屡骚掠近塞,引官兵出边,则远遁,又或诡词乞降,变诈百出。道光五年九月,领队大臣巴彦巴图引兵往捕,出塞四百里,不遇一贼,乃纵杀布鲁特游牧妇孺百余人而还。其酋汰劣克愤甚,率所部二千追袭官兵山谷间,击杀殆尽。西四城回教徒闻之,一时尽变,贼遂猖獗。朝廷乃以大学士长龄代庆祥镇守伊犁,而以庆祥代永芹,视师喀什噶尔,徐筹进战之计。

西四城之陷落 是时葱岭以西诸回国,惟敖罕鸷悍善战,有"百回兵不如一安集延"之语。其王摩诃末阿利(Mohmmed Ali)新立,知人能任,威服近傍哈萨克诸部,锐意侵略。张格尔既出入近边,知南路官军薄弱不足患,欲乘间席卷西四城,而又恐北路援兵速集。乃遣使敖罕乞援,约事成则均分四城战利品,并割让喀什噶尔以报。而自集众五百余,以六年六月先入,拜其先和卓木之墓,据墓宫而营,距喀什噶尔八十余里。官军迎击之,大败。及七月,敖罕王将兵万人至,则张格尔已侦知喀什噶尔守兵甚寡,旦夕可得,悔前约。敖罕王见张格尔中变,留数日引归,而张格尔复使人追还其军,得二三千人,用为亲兵,遂以八月二十日陷喀什噶尔,庆祥死之。于是英吉沙尔、叶尔羌、和阗三城同时陷落,群回响应。

阿克苏之防战 先是,七月,朝廷知回疆乱事已成,决非伊犁、乌鲁木齐五六千援兵所能镇定。特诏陕甘总督杨遇春发陕甘兵五千,驰赴哈密,又命山东巡抚武隆阿发吉林、黑龙江骑兵三千出关,以长龄为扬威将军节制之,期会军阿克苏进剿。军未集而西四城已陷,贼前队且逼浑巴什河,转战深入,距阿克苏四十里。乌什、库车戒严。然张格尔方留滞喀什噶尔,亟亟以改革吏治为事,不暇乘机东进。于是阿克苏办事大臣长清遣百余骑击贼,遂渡河而阵,再战再捷,贼不敢窥河北。及十月而大兵集阿克苏者万余,东四城始无恐。

西四城之克复 是时四方征回之师,先后出发者,计三万六千有奇,朝旨初议大军云集后,自阿克苏分奇正二路,向喀什噶尔进行,正兵出中路台站,循葱岭北河而西,是为攻击之师;奇兵自乌什草地绕出喀什噶尔边外,是为邀截窜逸之师。然乌什边外道险不易行,又环边布鲁特部落情形叵测，恐孤军深入不利，而阿克苏、库车、乌什诸城又势不可无留驻警备之兵，兵愈分则力愈薄。长龄等乃决议变更方略，以步骑二万二千并力出中路，于七年二月六日出师。二十三日至洋阿巴特，遇贼二万余。时军行半月，粮且尽，日食疲驼赢马，深恐贼以坚壁清野之策不战困我，至是遇贼，皆踊跃奋斗，尽得贼中牲畜粮食，士气百倍，转战深入。遂以二十九日夜半大风霾中，薄喀什噶尔城下，翌三月一日破之，获张格尔甥侄及敖罕将二人，擒贼四千余。于是杨遇春乘胜复英吉沙尔、叶尔羌，提督杨芳复和阗。然西四城虽一时尽复，而张格尔已自木吉出边，朝廷以诸将防范不密，坐失渠魁，有旨切责。六月，长龄乃令遇春、芳引兵八千，分道出塞，踪迹张格尔。芳军至阿赖岭（帕米尔高原迤北），遇敖罕兵二千余，激战一昼夜，亡失甚众，卒严阵而归。朝廷不得已，罢西征之师，使遇春率之东还，独留兵八千驻喀什噶尔，以杨芳为参赞，统之。

捐西守东之议 乾隆中之平回部也，布罗尼特幼子阿布都哈里以俘虏送京师，给功臣家为奴，道光初，始脱奴籍，与其家属并编入正白旗蒙古，及张格尔之变，又以亲属缘坐，发边省监禁。至是长龄筹回疆善后策，以张格尔远遁，且其兄弟子姓多在敖罕，终不能以八千留防之兵，制其死命。而回人崇信和卓，与西番崇信达赖剌麻同，非威力所能变，当因俗羁縻之。乃建议弃西四城，释阿布都哈里归主其地，以安内制外。而武隆阿亦以西四城环逼外夷，所在受敌，留兵少则不足用，多则繁费无等，若捐西守东，费不及半，而功已倍之，议与长龄同。宣宗怒其悖缪，严旨切责，仍令相机觇贼，务获方止。至九月而又命直隶总督那彦成以钦差大臣赴回疆，料量善后之事。

张格尔之就擒 张格尔世为白山党领袖，其据喀什噶尔时颇滥用威权，虐杀异宗，以故南路诸黑山党徒多阴通官军者。至是，长龄等密遣黑山党徒出边，纵反间，"言官兵尽撤，喀什噶尔空虚，诸回翘首以望和卓。"时张格尔方寄食诸部，生计日蹙，亟思纠合残众，伺再举之机。会岁暮，信官军果无备，复率步骑五百，以十二月二十七日潜入阿尔古回城（乌兰乌苏河北），觉所闻不实，折奔出边。杨芳急发兵追逐，及贼喀尔铁盖山，击斩殆尽。张格尔率残兵三十余弃骑徒窜，为布鲁特人所欺,执而献之。八年正月,捷闻,诏封长龄二等公,芳三等侯,赉将士有差。又以平定外夷,特举行献俘礼。盖自乾隆中叶以来,数十年间所未尝有之盛云。

善后策 张格尔既就擒,长龄复檄谕敖罕、布哈尔等国,献逆裔家属。敖罕遣使来贺,言俘虏可返,而和卓木子孙不可献。朝廷知不能得,姑放任之,惟谕那彦成、杨芳严守卡伦,绝敖罕贸易,俟其自困。于是那彦成先后奏章程数十,大要如左。

(甲)安内策

(一)严革各城积弊,俾各大臣岁终考核于参赞,又总考核于伊犁将军。并增其廉俸,许其携眷,定其属役。

(一)印房章京均由京选派,不用驻防。

(一)严定各城伯克资格,慎其保举,制其回避。

(一)没收各城叛回所有地,并清查各城私垦地,以其岁粮供给本地兵饷及各官养廉银之用。

(一)改城垣(回俗故无城郭。乾隆朝定回疆,始就各紧要回庄附近筑短垣,仅容官署、兵房、仓库,名曰汉城。至是乃就汉城稍增大之),增卡堡,练成兵。

(乙)制外策

(一)绝敖罕贸易,严禁大黄、茶叶出口。其敖罕外诸部落入边贸易者仍依旧制,纳税三十分之一,不得丝毫减免。

(一)尽逐敖罕商民之流寓边内者,且没收其财产。

(一)收抚各布鲁特,指与地方,妥为安置。

敖罕之入寇 那彦成既奏定右列诸策,次第实行,自是大兵渐撤,杨芳、那彦成并以九年先后还朝。而敖罕王摩诃末阿利以中国绝之已甚,欲以兵力回复通商之利。闻张格尔兄摩诃末玉素普方在布哈尔,乃迎诸军中,以十年八月使其将哈库库尔及勒西克尔等奉之,率流寓之喀什噶尔人大举入寇。参赞大臣札隆阿闻警,发兵拒战不利。玉素普长驱夺喀什噶尔、英吉沙尔、叶尔羌诸回庄。札隆阿及叶尔羌办事大臣璧昌各据汉城拒守,仅得不陷。时那彦成子容安为伊犁参赞大臣,统步骑四千余,以九月抵阿克苏,畏贼势盛,欲俟乌鲁木齐兵集而后进,旋绕道乌什，趋无贼之和阗。于是喀什噶尔、叶尔羌久在敌军包围之中，附近诸回庄子女玉帛劫掠几尽。

中国与敖罕之议和 是时朝廷先后遣杨遇春、杨芳、长龄等调兵赴援，逮容安下狱，并褫那彦成职，深咎前此严禁贸易、驱逐夷民之失计。而敖罕适与布哈尔有隙，不暇东侵。及大军进援，则敖罕兵已解围引去。玉素普故慈善不好杀，至是益知独力抵抗之难，亦踵之而西。朝廷方以夷性反覆，对付之法，宽则损威，猛则激变，不可不斟酌尽善，以为一劳永逸之计。而敖罕颇虑中国大举出塞，遣使俄罗斯通贡，欲以树援，又为俄人所拒，始决意求与中国平和市易。十一年七月，长龄赴喀什噶尔筹善后策，得敖罕使臣上书，备述七十余年通商纳贡之旧好及五年以来闭关绝市之苦累，请修好如旧。长龄乃提出媾和条件二：（一）缚献贼目，（二）放还所房汉、回兵民，遣使臣归报。两国卒以十月成约言如左。

（一）敖罕将所房中国兵民放还，并为中国监守和卓木族（惟缚献贼目事应请免议）。

（一）中国仍许敖罕通商，并许其免税。

（一）中国将前所抄没敖罕民资产给还。

七和卓木之乱 自右约观之，中国之让步殆已达于极度。其时长龄等未尝不知布哈尔、哈萨克、布鲁特诸部落皆与敖罕有逼处之嫌，果欲声罪致讨，正可利用此机，连络诸部，同时进攻，为一举埽荡之计。然终不出此者，一则官军一出塞外，主客殊形，又葱岭以西道路险恶，不值劳师远涉；一则朝廷方以玉素普之乱，归咎于那彦成之操切启衅，亟思变计故也。自是中国之对于回疆，专注意于安内之策，移喀什噶尔参赞大臣于叶尔羌，驻满汉兵六千，居中控制，别留伊犁骑兵三千、陕甘步兵四千，分驻各城，又广兴屯田以佐军饷。而敖罕自通市后，连年与布哈尔构兵，摩诃末阿利卒以道光二十二年战败而死。数年后，王族库达雅尔嗣位，不能用其众，而国内悍徒复思嗾张格尔子弟，起复仇之师。于是和卓木族加他汉等七人募集同志，连合布鲁特族，以二十七年春入寇。喀什噶尔之敖罕贸易事务官那墨特，复为之煽动住民，使起内应。而回民自更数次变乱以来，颇深惩往事，无愿从逆者。加他汉等提兵往来喀什噶尔、叶尔羌间,不能逞志,及十一月伊犁兵赴援,遂不战而遁。是谓七和卓木之乱。盖自道光初年至此,天山南路以和卓木族之故,蒙兵祸者已三次矣。

第二十三章　鸦片战争

鸦片输入之沿革　嘉庆朝中英之交涉，吾人既于本编第一章述其梗概，未几而两国以鸦片贸易之纷议，生意外之葛藤，终至以兵力相见。于是数千年来闭关自尊之中国不得不一变其面目，公开商港，与世界各国订互市之约。故鸦片战争实近世中国变局之造端也。鸦片之输入中国起原甚早。唐贞元时代，西纪八百年顷。阿剌比亚商人已有输入罂粟者。降至明中叶，十五世纪末。东洋贸易为葡萄牙人所垄断，而当时阿剌比亚人所运送至马剌加之货品，有鸦片一物，华言亦谓之阿芙蓉者，实阿剌比亚语 afion 之音译也。万历十七年，一五八九年。关税表中载鸦片十斤，值价银条二个，则鸦片贸易之通行由来久矣。明季以来，民间渐有用以吸食者。雍正七年，一七二九年。朝廷已布吸用鸦片之禁令，则此风之增长又可知也。然乾隆中叶以前，输入额尚不多，又输入之者以葡萄牙人为主。及乾隆四十六年，一七八一年。英吉利东印度商会自本国政府得垄断中国贸易之特权，而印度、孟加拉地方又为鸦片产地，于是输入日增，而民间吸食之害亦日甚矣。

东印度会社之鸦片贸易　自嘉庆五年一八〇〇年。以来，朝廷知鸦片流毒日广，屡下严旨，禁其输入，有发见者辄销毁之。然禁令愈严，而秘密卖买愈盛。英商等窃于广州湾中之伶仃岛及大屿山等地，设船屯积，谓之鸦片趸。广东商人专以包揽走漏为业者，皆蓄快艇，装以炮械，谓之快蟹。其私设之会社，在广州者谓之大窑口，分布各地者谓之小窑口。所在勾通吏役，结纳哨兵，终且与沿海各官衙私缔契约，每输入鸦片一箱，纳贿若干。自嘉庆二十一年至道光十六年，二十年间输入额之增加，几至五倍。据东印度商会所呈大不列颠国会之报告书，则其数如左。

  嘉庆二十一年（一八一六） 三二一〇箱   价三六五七〇〇〇西班牙两

  道光十年（一八三〇）   一八七六〇〔箱〕 〔价〕一二九〇〇〇三一〔西班牙两〕

此十四年间输入之增加已达三倍。又据英人美特日尔斯忒所调查，则自道光十年至十六年，其间逐年增加之数更有可惊者。

  道光十二年（一八三二） 二三六七〇〔箱〕 〔价〕一五三三八一六〇〔西班牙两〕

  同 十六年（一八三六） 二七一一一〔箱〕 〔价〕一七九〇四二四八〔西班牙两〕

  律劳卑、罗频孙、义律之渡来 东印度商会中国贸易之独占期限，以道光十四年—一八三四年四月二十二日—终止。时英国外务尚书巴墨斯敦（Palmerston）欲扩张其东方之商权，遂于前年冬—一八三三年十二月十日。派遣贸易监督官律劳卑者（Lord Napier）驻广东，使保护本国商民，且向中国政府要求推广商港。是年六月，律劳卑抵澳门，将诣广州。两广总督卢坤传命止之。律劳卑不受命，辄用平行款式投书督臣。卢坤怒其不如式，一方则请旨封舱，将该国贸易暂行停止，量加惩抑；一方则发兵防范海口，严守炮台，以备不虞。律劳卑率军舰二艘，以八月五日西九月七日。乘涨潮突入虎门，发炮互击，卒以是月九日进泊黄埔。卢坤方征调水陆诸军，扼要设防。而律劳卑适以酷暑致疾，于十九日退去。卢坤等遂以英人内外消息不通，惶恐悔罪，恳求给牌下澳等词，铺张入告，许英人通商如旧。律劳卑竟以九月间西十月十一日。病死澳门。英政府以罗频孙（Robinson）继之。而卢坤等方惩于前事，增定防范章程八条：一、外国护货兵船不得驶入内洋；一、责成行商（华商）稽查洋人私运军械，或携带妇女至省；一、引水买办须由澳门同知给发牌照；一、限制夷馆雇工；一、洋人在内河应用无篷小船，禁止闲游；一、洋人具禀事件，一律由行商转达；一、行商承保洋船，应兼用认保、派保法；一、责成水师严查洋船逃税。道光十五年三月，遂公布实行。以故罗频孙在职中，惟居留澳门或一至伶仃，阴上书本国政府，议于珠江口占一小岛为根据，不复求与督臣相交涉。会道光十六年，—八三六年十二月十四日。英政府废贸易监督之职，以甲必丹义律（Captain Elliot）为领事，代之。义律欲以平和政策恢张商利，务不失中国政府欢。而中国禁鸦片益严，一岁之中，常禁令数发。同时英商又必欲维持此有利之贸易，且公请中国解除禁令。义律虽苦心调和其间，而两国之冲突固终不可避矣。

经济上之影响 鸦片输入之盛，不独于人民卫生上、道德上生种种之弊害而已，又于国家经济上有非常之影响者也。道光三年以前，广东海口岁漏银数百万两；三年至十一年，岁漏银千七八百万两；十一年至十四年，岁漏银二千余万两；十四年至十八年，渐漏至三千余万两。此外，福建、浙江、山东、天津各海口合之又数千万两。于是内地银价递增，每银一两至易制钱一千六百有奇。御史朱成烈、鸿胪卿黄爵滋先后奏请严塞漏卮，以培国本。廷议令直省将军督抚各议章程具奏，期净绝鸦片根株，为中国除一大患。时湖广总督林则徐厉行禁令，设局收缴烟具，数月之间成效大著。其覆奏之语尤剀切，略言："烟不禁绝，国日贫，民日弱，数十年后，岂惟无可筹之饷，抑且无可用之兵。"宣宗大感动，特诏则徐来京，面受方略，佩钦差大臣关防，驰驿前往广东，查办海口事件，兼节制广东水师，实行杜绝鸦片贸易之策。时道光十八年十一月也。

林则徐之查办 十九年正月二十五日，则徐至广东，下令英商，限三日内尽出所蓄鸦片。至期，英人不奉命。二月三日，则徐张兵临之。英人不得已，出一千三十七箱。则徐度其非全数，翌日，命各国商民退去，断英人粮食，令出鸦片四分之一者给婢仆，出二分之一者与食物，出四分之三者，许贸易如旧。九日，复发兵包围英国商馆，将加驱迫。领事义律知无可调停，乃劝谕英商出鸦片全数，以十二日具状请缴，凡二万二百八十三箱，每箱百二十斤，计资本金五六百万圆。则徐驰驿奏请送京师销毁，而言官有以"广东距京辽远，途中易启偷漏抽换之弊"为言者。诏毋庸解送，即交则徐督率文武官吏公同销毁，俾沿海共见共闻，有所震詟。四月，则徐就虎门海岸凿方塘二，纵横各十五丈，前设涵洞，后通水沟，实盐其中，引水成卤，以鸦片投入，然后倾石灰沸之，夕启涵洞，令随潮出海，凡月余而始毕事。英人自领事义律以下，皆怏怏去广州赴澳门，诸外国商民相率从之。一时广州城外二百八十余艘之商船，留者仅二十余艘云。

鸦片新例 当是时，朝廷禁绝鸦片不遗余力。自十八年以来，京城内外各衙门发见鸦片罪犯，分别奏咨交刑部审讯者，不下数百起。十九年五月，诸王、大臣议定新例三十九条，凡开设窑口，屯积鸦片者，为首斩枭，为从绞监候；开设烟馆者，为首绞监候，为从发新疆为奴；栽种罂粟，制造烟土者，为首绞监候，为从流极边烟瘴；凡吸食鸦片者，自令下之日，经一年有六月尚不悛改者，无论官民，皆绞监候。并得旨纂入则例，永远遵行。然此三十九条之新例，止适用于内国臣民。而则徐自销毁鸦片后，复欲为杜绝来源之计。一方则请设专条，凡洋人以鸦片入口图卖者，分别首从，处以斩绞；一方则布告各国，凡商船入口者，皆须具结"有夹带鸦片者，船货没官，人即正法"。葡萄牙、美利坚诸国皆具结愿互市如旧。独义律不欲，请则徐更遣委员至澳门会议。则徐严斥不许，以七月下令沿海州县绝英人薪蔬食物，于是龃龉益甚而祸作矣。

开战之始　先是，英国政府方针务以平和为主，又国人中重德义、守正道者，如铁儿额尔、美特日尔斯忒、仇都拉弗等，皆以鸦片贸易为污辱大不列颠国旗之事，力排击之。故英政府尝谕义律，不得以军舰驶入珠江，召中国政府之猜忌。及则徐严绝英人饷馈，且令退出澳门。义律将妻子及流寓英人五十七家聚居尖沙嘴（香港对岸）货船，而发军舰二艘、武装货船三艘，进迫九龙，假索食为名，开始炮击。然义律初不过以此为示威之计，非真愿决裂。及见则徐坚持不动，又恐我水师围攻尖沙嘴，乃以八月介葡人转圜，愿削"人即正法"语，余悉如约。则徐以与各国结语不一致，又新得训令，有"不患卿等孟浪，但患过于畏葸"之语，遂固执前说，略不让步。于是九十月间，英舰屡于川鼻岛、尖沙嘴附近发炮攻击。至十一月八日，朝廷遂宣布停止英吉利贸易之谕如左。

英吉利自禁烟之后，反覆无常，若仍准通商，殊非事体。至区区关税，何足计论？我朝绥抚外人，恩泽极厚，英人不知感戴，反肆鸱张。是彼曲我直，中外咸知，自外生成，尚何足惜，其即将英吉利贸易停止。

自此谕下，中英间之国交遂无转圜之望。是时英国商船先后至者二三十艘，皆以和议未谐，不得进口。义律尚遣使调停，略言事苟不背本国政府之令，即一切当依大清律办理，乞仍许英人回居澳门。则徐以朝旨新下，难于骤更，复严斥不许。京朝官主张排外者，气焰日高。大理卿曾望颜至奏请封关禁海,尽停各国贸易。则徐力陈不可,议始寝。英政府得开战之报,遂以道光二十年二月—一八四〇年四月。向议会求军费之协赞,反对党派虽力求否决,而讨议三日之后,赞成者卒占九票之多数,于是用兵之议遂决。

广东之防战及定海之陷落 则徐自抵广东以来,日使人刺探西事,翻译西书及新闻纸读之。至是绝市谕下,则徐任两广总督,大治军备。自虎门至横当山,亘以铁练木筏,增购西洋炮二百余位,列置两岸,又备战船六十、火舟二十、小舟百余,募壮丁五千,演习攻战之法。则徐亲赴师子洋校阅水师,号令严明,声势甚壮。英政府既决议用兵,乃下令印度总督,调集印度及喜望峰屯兵万五千人,以加至义律(George Elliot)统陆军,伯麦(Bremer)统海军进发。二十年五月,英军舰十五艘、汽船四艘、运送船二十五艘,舳舻相接,集澳门附近。则徐发火舟十艘,乘风潮攻之,焚其杉板小船二,遂大张赏格,募杀敌者。然英军志在通商,本无意激战,见广东有备,议分犯各省。于是伯麦率舰队三十一艘北去,以五艘扰厦门,二十六艘犯定海。金厦道刘曜春发兵拒战,英舰复扬去,而定海遂以六月为英军所占领。浙江巡抚乌尔恭额、提督祝彭彪皆束手无策。是时承平日久,沿海空虚,诸文武大吏惧祸及,颇不悦则徐所为。及定海陷,诸大吏益造蜚语上闻,中伤则徐。于是廷议动摇,诏两江总督伊里布赴浙视师,密访致寇之由,谕沿海督抚遇洋船投书,即收受驰奏,又切责则徐空言无实,转生波澜。而大局始一变矣。

天津之和议 英军既陷定海,复欲求通商。七月,伯麦及领事义律以五艘赴天津,投书讲款。书为其巴力门(国会)致中国宰相者,所列条款凡六:(一)还偿货价;(二)开放广州、厦门、福州、定海、上海为商埠;(三)两国交际用对等之礼;(四)赔偿军费;(五)不得以英船夹带鸦片累及居留英商;(六)尽裁洋商(经手华商)浮费。直隶总督琦善收书奏闻。时天津道陆建瀛议请以废止鸦片贸易之事为先决问题,苟英人承诺,则许以免税代第一款,以开放澳门代第二款,以海关监督与之平行代第三款,其余令仍回广东,与则徐定议。而当事者方欲加罪则徐以谢英人,顾一切不决许,但覆以上年广东缴烟,其中必有多少曲折,将来钦派大臣前往查实,不难重治林则徐之罪。于是诏以琦善署两广总督,褫林则徐职,令留粤听勘。而义律等亦返舟山,与伊里布定休战之议。时二十年九月也。

广东和议之破裂 义律等既于浙江成休战之约,遂撤定海军舰之半,还屯澳门。十月,琦善至广州,则力反则徐所为,裁撤水师,解散壮丁,尽废一切守具,欲以释英人之猜嫌,顾又不敢轻许商埠,惟允偿烟价七百万圆。时加至义律病不预议,甲必丹义律独当谈判之局,见琦善易与,词色转厉,于前索六款外,复提出割让香港之议。琦善方以笔舌之力,再三坚拒。而伯麦遽以十二月十五日—八四一年一月七日。率舰队进攻,陷虎门外沙角、大角两炮台。琦善大惊,即夜移书义律,再申和议,于烟价外许开放广州,割让香港。义律亦许还付定海及大角、沙角炮台。以是月二十八日议定草约。于是英人一方则召还舟山列岛驻屯舰队,一方则于香港出示,起造房屋埠头,视为已有。而朝廷得英人进军之报,勃然震怒,遂以二十一年正月七日再下宣战之谕。先后命御前大臣奕山为靖逆将军,提督杨芳、尚书隆文为参赞大臣,赴广东,调江督裕谦为钦差大臣,赴浙江,饬伊里布回江督本任,夺琦善大学士。全局又一变。

英军之攻击虎门 琦善亦知香港割让之约未必遽得政府之许可,顾其所谓"地理则无要可扼,军械则无利可恃,兵力不固,民情不坚,若与交锋,实无把握,不如暂示羁縻"(并琦善奏折语)者,固不可谓非当时之事实。及草约已定,而宣战之谕又相逼而来,于是狼狈益甚,不得已乃饰美女,列珍味,盛飨英使,冀迁延时日,徐图万一之补救。而义律觉事已中变,遂与伯麦续行攻击虎门之计。其时将军、参赞及所调援兵尚未至,英军已以二月五日连舻入犯。不数日而横当、虎门各炮台皆陷,水师提督关天培战死,各要隘大炮三百余门,并则徐去年所购西洋炮二百余门尽为敌有。十三日,参赞杨芳率湖南兵千余驰至,方相度形势,就珠江要害,沉舟下石以拒。而英领印度总督所新遣之陆军司令官卧乌古(Gough)又至,益长驱深入,尽扼珠江咽喉,而杨芳亦束手无策矣。

广州之和议 然英军虽以船坚炮利之暴力所向破竹,而各国商船四十余艘云集港外,以罢市日久,皆不直英人所为,即英人亦恐以长期战争之故,生商业上之损害。于是二十六日,美利坚、法兰西两国商人以行商伍怡和之介绍,递书调停,言义律初无他求,但得与各国一体通商,无不同声感戴。杨芳据以入奏,而其时朝廷新得英人占据香港之实状,方怒逮琦善,必欲一雪此耻,遂严词拒绝。三月二十三日,奕山、隆文及新任总督祁𡎴并抵广州。时要害尽失,敌入堂奥,我军攻具未齐,又所募义勇亦未集。奕山初用杨芳、林则徐议,主固守不浪战。已而则徐奉命驰赴浙江,奕山惑于翼长、随员等之言,复思侥幸一试。四月朔,发水勇七百,乘小舟,载火具,期以夜半粉碎敌舰于一击之下。而是夜袭击之结果,仅破敌军双桅大船二、杉板小船五,纵掠其商馆,并误伤美利坚人数名。而英军反以翌朝大集,尽焚港内木筏数百具,油薪船三十余艘,直向广州矣。越初五日,而城西北之天字炮台、泥城港及城北山顶之四方炮台先后陷落矣。广州形势已在敌军掌握之中。将军、参赞不得已,乃以初七日<small>西五月二十七日</small>。遣署广州知府余保纯出城讲款,遂议定休战条约如左。

一、将军等允于烟价外先偿英军军费六百万圆,限五日内交付。

一、将军及外省兵退屯城外六十里地。

一、以香港之割让为未定问题,俟后日协商。

一、英军退出虎门。

平英团之奋起　先是,奕山等莅粤,以为粤民与洋人交通日久,皆不免汉奸贼党之嫌疑,故舍本省水勇不用,而远募诸福建。官军搜捕汉奸,辄不问其是否而杀之。南海义勇与湖南兵之间已坐是相仇杀,仅以将军之慰谕得解。而英军初至,颇申明约束,不妄劫杀。以故粤民对于官军擒斩敌人之赏格,未尝有应命者。及和议已定,奕山等方以此六百万之偿金为广州住民生命财产之代价,议以四百万由藩、运、海关三库发给,以二百万由广州行商分担,日夜搜括,惟恐不及。而英军顾以其间游行市街,大肆淫掠。于是粤民种种不平之感一旦迸发。初十日,三元里民万余,树"平英团"之旗帜,乘英军陆续退去之际环攻之,誓与决一死斗,远近响应,众顿数万。义律闻变驰救,陷重围不得出,移书告急于知府余保纯。保纯以将军命往解,竟日,始挟义律出围。翌日,偿金总额授受已毕,英军遂以十二日撤去广州,促将军等离省。十六日,奕山、隆文退屯金山,先撤回湖南兵,独留杨芳驻城弹压。隆文至金山不数日遽卒,杨芳寻亦以病归。自虎门开战以来,我军前后战死者不下五百人,而英军死者仅十四人云。

厦门、定海、镇海、宁波之陷落 广州虽以此城下之盟,仅得保全。然奕山等会奏,则谓英人止求照前通商,且以偿金改称清还商欠,其烟价、香港问题皆一字未及。朝廷谓事已妥洽,惟饬将军等会同督抚筹议妥章,增修守备。又以广东兵政废弛,临事全无实用,追论历任总督罪,并遣则徐戍伊犁,以为惩前毖后之策。而英人固以上年所索六款及香港割让之约,尚未得中国政府之决答,不肯罢兵。以故一方率军舰退出虎门,经营香港,规复广东贸易;一方则思借战胜之势,移军北进,威吓朝廷,必尽遂所欲而后已。会伯麦新自印度续调战舰回粤,遂与义律等以六月决议北犯,无何,飓风大作,破其坐船,义律等仅以身免。两广督臣祁𡎴等张皇入告,谓撞碎洋船,漂没洋兵无数,浮尸蔽海。朝廷方发藏香,谢海神,允广东保举守城文武至数百员,而英政府所遣大使璞鼎查(Pottinger)、海军少将巴尔克(Parker)适至。于是卧乌古、巴尔克率军舰九艘、汽船四艘、运送船二十三艘,载兵三千五百,以七月九日八月二十五日。进迫厦门。翌日,陷海岸炮台,旋转轰击,一昼夜,官署街市尽毁,闽督颜伯焘、金厦道刘曜春退保同安。然英军得厦门亦不守,惟留舰队三艘、军队五百五十人,占据古浪屿。伯焘遂以收复厦门奏闻。而英军复以八月十二日九月二十六日。进攻舟山列岛矣。时总兵王锡朋、郑国鸿、葛云飞以兵五千驻守定海,血战五昼夜,卒以十七日同时战死,定海复陷。于是钦差大臣裕谦以兵千余守镇海。提督余步云、总兵谢朝恩以兵二千余分守甬江口两岸炮台。二十六日,十月十日。英军二千二百人载大炮十二门分道登陆。步云及朝恩兵皆溃,裕谦自杀,步云走宁波。英军既连陷镇海,势益振,直溯甬江,以二十九日十月十三日。迫宁波城下。步云复弃城走上虞,居民相率树顺民旗,闭门不出。慈溪、余姚居民亦逃散一空,土匪四起,讹言传播,浙西大震。

浙东恢复之师 九月,朝廷闻定海、镇海相继陷落,诏大学士奕经为扬威将军,侍郎文蔚、都统特依顺为参赞,进军浙江,筹恢复之策。以广东巡抚怡良为钦差大臣,移驻福建,以河南巡抚牛鉴总督两江,分任南北沿海之防御。奕经奏调川陕、河南新兵六千,募集山东、河南、江淮间义勇及沿海亡命数万。以道光二十二年正月朔—一八四二年二月十日。至杭州，留特依顺驻守，而自与文蔚督兵渡江，以十六日次绍兴。英军自去年占领宁波后，以自此以西水道浅狭，不适巨舰之行驶，遂下令休息士卒，惟时遣小舟犯慈溪、余姚，纵掠即去。及闻大军进逼，则尽移镇海屯兵，据城东北甬江口招宝山之炮台，而移宁波屯兵入舟，独留数百人守城上大炮以待。而奕经、文蔚方力排异议，锐意恢复，议定进军方略如下：（一）奕经以兵勇三千军绍兴之东关镇，文蔚以二千屯慈溪城北之长溪岭，副将朱桂、参将刘天保以二千屯城西之大宝山，以图镇海；（二）提督段永福以兵勇四千伏宁波城外，余步云以二千驻奉化，以图宁波；（三）海州知州王用宾驻乍浦，雇渔舟渡岱山，而故总兵郑国鸿子鼎臣统帅水勇，主火攻，以图定海。约是月二十八日三月十日。夜中同时进兵，各豫遣乡勇，分伏城中为内应。而定海形势隔绝，布置不易，郑鼎臣之义勇队万余先期渡海袭击，无功而返。宁波、镇海两城内应果皆如期启城以待。而入宁波者段永福之前队五百人为敌军炮击，战死过半。入镇海者刘天保所将之河南劲勇五百人，以内应数寡，不敢战，踉跄退出。于是永福走东关镇，天保、朱桂回军分屯大宝山左右。而英军反以二月四日三月十五日。发千五百人，自慈溪登陆，进薄朱桂阵地，激战一日，桂父子阵亡，天保军惊溃，文蔚即夜弃辎重器械西走。英军连陷大宝山、长溪岭，无西顾忧，遂以初六日引还宁波。而文蔚退西兴（萧山县城西），奕经且渡江回杭州，并乍浦已渡之水勇万余亦遣散矣。惟郑鼎臣一军尚以三月朔围攻英军于岑港，报称焚沉敌船大小数十余，溺死敌兵五六百。而浙抚刘韵珂方力主和议，已以前月奏请起伊里布来浙主款，廷议复为之一变矣。

乍浦、宝山、上海之陷落 于是上用刘韵珂言，赏伊里布七品顶戴，赴浙效力。以尚书耆英为钦差大臣，署杭州将军，以齐慎为参赞，诏诸军按兵罢攻，惟严守要地以俟机会。而是时英军方得新任印度总督额伦波罗伯（Earl Ellenborough）之训令，欲转略长江，以扼我南北之交通。遂勒索宁波绅士犒军银二十万圆，以三月二十七日五月七日。尽撤宁波、镇海屯军。惟留舟四艘，兵千余，守定海及钱塘江口，至四月八日五月十七日。而全军迫乍浦矣。时乍浦有汉兵六千三百人、满兵千七百人,望见英舰如丘阜,皆气索,所发炮丸率不达。英军陆战队以翌日登岸,初十日占城外高地,与海军相应炮击,遂陷乍浦,杭州、嘉兴皆戒严。伊里布亟至英舰议款,不得要领。韵珂又奏请放还俘虏,送诸乍浦,则英舰既以十八日北去,又改送诸镇海,则英舰以五月朔六月九日。达吴淞矣。奕经檄牛鉴权宜羁縻,鉴犹豫两日,始以初七日遣员赍札赴英船,事已无及。时江南提督陈化成守海口炮台,初八日黎明开战,炮沉敌船二艘,又击折其二艘之桅,而化成遽战死,守兵四溃。英军遂以是日陷宝山,十一日陷上海,更发兵窥松江、苏州,以水浅不敢入,乃决议溯长江,攻镇江府,以行遮断运河之策。

镇江之陷落 宝山既陷,朝廷命奕经酌遣参赞一人赴苏,又命耆英、伊里布驰赴上海,会同牛鉴相机筹办,以刘允孝署江南提督。及上海继失,牛鉴回江宁,一方则遍谕居民,谓长江沙线曲折,敌断不深入;一方则奏请仿乾隆朝征缅罢兵仍许朝贡故事,准予英人通商。无何,英舰连过福山、江阴、圌山关诸要隘,以六月八日七月十五日。达镇江。于是参赞齐慎、提督刘允孝皆督兵赴援。驻防副都统海龄严拒不纳,使战城外,惟以驻防蒙古千余守城内,禁居民迁徙,日夜搜捕汉奸,虐杀无算,合城鼎沸。十三日,英将卧乌古分全军七千为三队,以巴尔德勒、娑尔敦、叔特三将分统之,而自率炮兵队五百七十人指挥全军。翌日,娑尔敦之右翼军先破我城外兵,叔特之中军及巴尔德勒之左翼军攻城西北,卧乌古以大炮攻南门,交战二小时,城遂陷落,海龄自缢死(或言为乱兵所杀)。齐慎、刘允孝退走新丰镇。自瓜洲至仪征之盐船估舶焚烧一空,火光百余里。扬州盐商馈银五十万免祸。是役,英军战死者三十七人,负伤者百三十一人,遂留叔特一军守镇江,余悉溯江而西。二十八日,八月四日。其前队已薄江宁,及七月四日八月九日。而全军达府外矣。

江宁之和议 自镇江不守,朝廷始决意议和,令耆英、伊里布示意敌军。英使璞鼎查以耆英等未得全权之委任,拒不与议。朝廷乃以耆英、伊里布并江督牛鉴为全权大臣,便宜从事。时英将娑尔敦之支队已以七月六日登岸,议于初十日黎明开始炮击。会初七日耆英、伊里布至,乃以初九日夜中遗书英使,请翌朝会商。英军方下令停止攻击。而是时忽有我军增募寿春兵之流言。卧乌古怒甚，复运大炮置钟山之颠，为粉碎府城之计。耆英等百方辨解，事得中止。十四日，三全权亲赴英舰，与璞鼎查定休战之约。自是往返协议，以道光二十二年七月二十四日即西纪千八百四十二年八月二十九日，缔结中英修好条约，所谓《南京条约》者也。英舰发祝炮二十一声，悬两国国旗以贺，战局始结。

条约之要项 此条约之要项，则（一）中英两国将来当维持平和；（二）中国政府向英政府纳军费一千二百万圆，商欠三百万圆，鸦片赔偿六百万圆，共二千一百万圆，限千八百四十五年岁末清付；（三）开广州、厦门、福州、宁波、上海五港，许英人通商及居住，且一切不课关税；（四）以香港之主权让与英政府；（五）放还英人之为俘虏者；（六）战役中为英军服役之华人，一律免罪；（七）将来两国往复之文书用平行款式；（八）条约得皇帝批准，偿金交付六百万圆之后，英军当自当时所占领之长江沿岸等地撤兵，惟舟山及古浪屿在条约实行之前，仍由英军占领。八月杪，英军得六百万圆之偿金，闻大皇帝之报可，即日去江宁，尽调碇泊长江之舰队，还屯定海。于是卧乌古自香港返印度，璞鼎查以功任香港总督，兼陆军大将。而朝廷追论牛鉴不守江口罪，夺职逮问，以耆英代之。命伊里布以钦差大臣至广东议互市章程。又逮奕山、奕经、文蔚、余步云等领兵大员下刑部治罪，惩处失守城池诸文武官有差，就中余步云罪较重，以是冬伏法焉。

台湾俘虏事件 先是，两国战争中，英舰两过台湾，一于二十一年八月在淡水港遭风触礁，一于二十二年二月在大安港阁浅，皆为台湾义勇所捕获，凡三桅大船一、杉板船二、白人二十四、黑人百六十五、炮二十门，及英军在浙东所得刀铳器械甚众。总兵达洪阿、兵备道姚莹方以军务时代，得专折奏事之特权，遂先后胪陈战绩，飞章上闻。其时朝廷以沿海诸省屡战屡败之余，忧疑无措，及台湾第二次捷奏入，以为破舟斩馘，大扬国威，亟加达洪阿太子太保，姚莹二品顶戴，风示中外。一时台湾镇道之名誉，藉甚士大夫间。达洪阿等气益锐，谓俘虏久羁非善策，请速诛之以绝内患。英舰屯古浪屿者，闻之大愤，移书台中，以大举报复相恫吓。闽督怡良惧祸及，亦驰檄镇道，令将俘虏悉数解送内地，欲示德英人以弭患。达洪阿等谓督臣示弱，遽以五月将百六十五名之黑人尽杀之。无何,《南京条约》成,两国当交还俘虏,而台湾所遣仅白人若干名。璞鼎查乃以镇道虐杀难民,乘危徼功,遍诉江、浙、闽、粤四省大吏,请会奏惩处。于是朝廷不得已,以耆英等之劾奏及怡良渡台查办之结果,遂于二十三年正月逮达洪阿、姚莹,交刑部会同军机大臣讯拟。一时尊攘之徒,议论嚣然,义形于色。朝廷亦终鉴其枉,仅予革职不深咎。而议者颇以此狱归咎于当时军机大臣穆彰阿之指受及耆英、怡良等之媢嫉,比诸宋时"莫须有"三字谳。至咸丰元年,特旨昭雪,而中外始翕然称颂焉。

广州续约之成立及粤民之排外气焰 台湾俘虏之交涉既草草毕事,同时广州复有排外之暴动。先是,粤民自三元里决斗后,与英人感情日恶。英人亦畏粤民之悍,不遽入内河贸易,惟胁督抚停止虎门炮台之修复,尽拆各台之石,移筑香港。及《南京条约》成,广州为公开商港之一,英人至者渐众。是年冬,粤民有与英劳动夫斗殴负伤者,舆情大激昂,暴徒万余云集英国商馆,肆意焚掠,不复受官吏之约束。于是英员遽调新回香港之舰队,直赴广州,行自由之处置。会伊里布奉会议商约之命,以钦差大臣、广州将军就任,亟与督抚惩治暴徒以谢。英使璞鼎查闻伊里布至,大喜,方提出通商上之条件,求定期会议。而伊里布以七十二岁之高龄,寝疾不起,二十三年二月卒于广州,于是朝廷遣耆英代之。是年五月,两国全权于香港行交换批准条约之式,至九月,复于虎门订补遗条约,自关税之规定及其余细目,凡十七条,以为《南京条约》之附录。自是广州等五港之开放,次第实施。英政府得于各港派遣领事,处理商务,而粤民忽有严拒英人入城之议。于是鸦片战争之局终,而他日广州事变之机又始于此矣。

英、法和约之成立及鸦片问题之究竟 《南京条约》一旦公布,欧美商业界大欢迎之。比利时、和兰、普鲁士、西班牙、葡萄牙诸国争求派遣领事若公使来广东。而法兰西、美利坚两国且向中国遣特命全权公使议结和约。道光二十四年正月,美公使遂以大统领之国书通意我政府。政府仍命耆英主其事。于是《中美条约》以是年六月于澳门成立。越月而法公使踵至,复以九月与耆英会黄埔,缔《中法条约》如例。其间璞鼎查已自香港归国,继之者为佛朗西士达维斯。及二十六年,中国对于英政府之偿金已达总额。耆英复与达维斯会于虎门，密陈粤民鸷悍状，乞英政府以广州居住之实行延期二年，且私许不以舟山列岛割让他国。达维斯遂亲赴定海，行还付之式，尽撤舟山、古浪屿屯兵。于是中国与欧美大国先后订约者凡三，朝廷已确认诸国为平等敌体之友邦，公文照会，禁用夷字。而其时所谓清议者之势力尚于尔后数十年间，左右一世之舆论，虽朝廷亦时为其所劫持焉。独其为战争原因者之鸦片之禁令，朝廷初无明文解除，而臣民吸用之习蔓延益甚。从此英商之输入，亦依然盛行。朝廷不得已，至咸丰九年遂公然弛禁，以洋药之名征收关税。由是吸食鸦片之弊风不啻为法律所默许，而诸外国人反从而丑诋之，或且携我国一二粗制烟具，陈诸博物院，以为我国民风俗之代表矣。

第二十四章　洪秀全之大乱

上帝会之缘起　中国自明季以来，民间秘密结社，以宗教迷信之力，号召愚众，潜蓄势力，为反抗政府之运动者无虑十余种。就中白莲教会实为其大宗。乾嘉之际，一朝发难，骚动五省，竭海内之兵力，犹十年而后定。而其支流余裔蔓延各地者，又有红阳、青莲、八卦、天地（添弟）、无为等目，其源流分合虽不可深知，要其构成之原质不出释、道二宗。及嘉道以还，西人东渐者日众，基督教之传播，一时虽受法律上之裁抑，顾其教义渐加入于我国宗教社会之间。而广东又以地理上之关系，最先受其影响。于是此等秘密结社之中，忽有含基督教之新分子者，而洪秀全等之大乱起焉。洪秀全者，故广东花县农民，以嘉庆十七年生，早丧父母，年七岁，就学乡塾，尝数试不第，乃以训蒙卖卜游食江湖间。先是，广东人朱九涛者自称明室远裔，袭白莲教故智，创立邪说，谬言铸铁香炉成，可驾以航海，以此诳众敛钱，秀全及同县人冯云山并师事之。九涛死，秀全颇疑其师说不足大惑众而行其志，更与云山摭拾基督教义，自树一帜，谓之上帝教，名其教会曰三点会，而秀全为之长。道光十六年，秀全始与云山赴广西，居桂平、武宣二县间之鹏化山中，阴事布教（田中萃一郎《东邦近世史》谓是道光二十四年事。今据《平定粤匪纪略》）。桂平人杨秀清、韦昌辉，武宣人萧朝贵（秀全妹夫），贵县人石达开、秦日昌（亦作日纲），争依附之。于是云山等六人分诣各邑，辗转诱聚。而秀全主桂平富人曾玉珩家，受其资给焉。秀全尝病，诡云死七日复苏，能知未来，谓举世将有大灾，惟入会拜上帝者可免（据李秀成供状，此为道光十七年事）。凡入会者，男曰兄弟，女曰姊妹，无有尊卑等差。人纳香镫银五两为会费，独拜上帝，不得拜他神。远近愚民附从者寖众，皆称秀全为洪先生。秀全既傅会西教，倾动愚众，遂欲自拟基督，更为教主，以基督为耶火华（Jahovah）长子，而己为其弟，称耶火华曰天父，基督曰天兄，密令云山及其党卢拔贤等造《真言》《宝诰》诸伪书以实其说。而自以其间返广东，亲就美利坚牧师罗巴尔特受教（田中氏书叙此事，谓在秀全赴广西后二年）。及秀全再赴广西，则云山等势已大张，信徒之数骤至二千人以上。自是上帝教会于广西之基础渐次确立，而咸同两朝十五年间之大乱，滥觞于此矣。

广西之乱源及金田之发难 方是时，国家新以鸦片战争之一败，举百余年来京旗绿营积弱之实况，一旦暴露于天下。草野不逞之徒已窃疑朝廷统治力之不足。重以连年凶歉，流亡相属，奸悍无赖者不为盗贼，无以为生。而地方文武方苟求一日之恬嬉，漫无准备。道光二十七八年间，广东、广西地方大饥，群盗所在剽掠，而广西之柳、庆、思、浔、梧、宁五府一州间为尤甚。庆远则张家幅、钟亚春，柳州则陈亚癸、陈东愚、山猪羊，武宣则刘官方、梁亚九，象州则区振组，浔州则谢江殿，而亚癸尤悍且众，其余不得主名者尚数十股。抚臣郑祖琛老病惮事，虽严檄所司缉捕，盗不少戢。居民知官军之保护不足仰，乃自创团练相守望，不受地方官之董率。久之，团练与上帝教会信徒声势相垺，各自为曹偶，争相雄长，势寖不合。而教徒故多贫苦农民，精悍颇不如团练。及龃龉日甚，不得不自相联合，以为一致对外之计。如是渐集渐众，团结力骤强。三十年六月，秀清、昌辉、达开、日昌诸剧贼皆聚平南、藤县间之金田村，议召集各村会众，乘机举事。时秀全匿平南县花洲人胡以晃家，踪迹甚秘，秀清等既谋定，则率众迎之至金田，旋移屯武宣县东乡，募集同志。一时枭杰亡命，贵县林凤祥、揭阳海盗罗大纲、衡山诸生洪大全之徒，皆不期奔赴。秀全等遂部勒士马器械，返屯金田。

显庙之初政及林则徐之道殁 先是，三十年正月十四日，宣宗疾大渐，召诸王、大臣宣示秘缄，立皇四子为皇太子，顷之崩，圣寿六十有九。皇太子即位，是为文宗显皇帝，以明年为咸丰元年。文宗立数月，累诏求直言，通民隐，起废员，兴贤能。副都御史文瑞、大理卿倭仁、通政使罗惇衍、侍郎曾国藩等，先后应诏，论列时政，语多切至，并优旨褒答。其缘事降革诸员，若故总督林则徐、漕督周天爵、台湾道姚莹等，皆以时论所推，相继被召，海内欣然望治。顾其时广西乱事已滋蔓不可制，警报弹章殆无虚日。朝命两广督臣徐广缙赴梧州讨贼，而广缙顾以广东韶连间方有寇乱，无兼顾之暇。诏益促郑祖琛出省督师。其年六月，祖琛移驻平乐府，度力不能歼贼，奏请命大将会剿。朝廷先后令固原提督向荣、故云南提督张必禄驰驿前往。十月，向荣至桂林。时秀全等异军特起，犹未指名，而庆远、思恩、南宁等地土匪张甚。荣提兵往来击逐，寇稍稍减。而秀全等转得以其间从容布置，渐露头角。十月，诏起林则徐为钦差大臣，夺郑祖琛职遣戍，以则徐摄巡抚。则徐兼程奔赴，至潮州病卒。诏更以故两江总督李星沅代之，以广西布政使劳崇光署巡抚。及十一月而张必禄战死平南、金田间，贼势之猖獗自此始。

官军主帅之更迭 张必禄既殁，诏以周天爵为广西巡抚，加总督衔，办理军务。向荣由横州移师金田。咸丰元年正月，向荣战不利。秀全等益进屯大黄江，分掠桂平、武宣、贵、平南等县，前锋及象州。广州副都统乌兰泰赴广西佐理军事，与向荣分道防战，虽时有斩获，而贼势不稍衰。星沅、天爵又以事相龃龉，疏请统帅。朝廷乃以三月遣大学士赛尚阿，帅都统巴清德、副都统达洪阿，将京师精兵四千余人赴粤视师，未至而星沅卒，乃授赛尚阿钦差大臣，先以天爵权之。而天爵复与向荣有隙，劾其不遵节制。廷议罢天爵督师，褫总督衔，以邹鸣鹤为广西巡抚。是时乱端初发，贼锋虽锐，其众不过乌合小丑，苟军略一致，举动得宜，未尝无坐弭巨患之望。然自林则徐殁，期月之间，将帅屡易，文武不和。群贼乘间煽动，虐焰始炽。说者以为祸变之来，有莫之致而致者矣。

永安之陷落 是年六月，赛尚阿抵桂林，合诸道兵勇三万余，进攻贼巢。七月，军迫象州，诸将自乌兰泰以下，奋战，连夺要害。遂以八月斩韦昌辉弟亚孙等。贼自大黄墟趋大黎，犯永安。向荣、乌兰泰分道追之，而乌兰泰军阻鹏化山内，向荣军遇雨致挫，同时巴清德又病死平乐。于是秀全等以闰八月陷永安，始建伪号，曰太平天国。秀全自为天王，杨秀清东王、萧朝贵西王、冯云山南王、韦昌辉北王、石达开翼王、洪大全天德王，秦日昌、胡以晃等四十余人各称丞相、军师有差。始秀全等谋变，密令徒众蓄发，伏山林间，及与官军相见，前发鬖然，故官军谓之发逆,亦谓之长毛贼,或为其发难自广西也,故又谓之粤匪。而泰西诸国人即以其伪号号之为太平贼云。

桂林之攻守 时广西土匪二十余股,多为劳崇光所殄,惟秀全等独存,顾已凶肆不可制。九月,赛尚阿移屯阳朔,督诸道官军以十一月合围永安。军凡数十营,向荣统北路,乌兰泰统南路,两人以战略不合,互有违言。时秀水知县江忠源以父忧去官,率乡勇五百,从乌兰泰军,颇往复调停其间,卒不能得,忠源因引疾去。官军围永安四阅月不下,翌咸丰二年二月,贼遂溃围北趋阳朔。乌兰泰引军追之,斩二百人,擒洪大全。终以道险雨阻,为贼所乘,战复不利。时向荣习识军事,度贼必趋桂林,疾引所部间道驰救。而乌兰泰惧失寇,率死士追至六塘墟,距桂林仅六十里,中贼炮战死。于是秀全分全军为三,以三月围桂林,则向荣已先入,与巡抚邹鸣鹤固守。江忠源闻警,复募乡兵援之,战屡捷。贼包围月余,不能陷,议进犯湖南,解围引去。桂林得全。贼攻桂林三十余日不陷,念广西无足恋,不如北犯,遂以四月出兴安,攻全州。

贼入湖南 湖南宝庆都司武昌显引兵守全,而所部仅五百余人,诸军援全者皆壁十数里外。贼以地雷轰破城壁,陷之,乘胜入湖南境。时湘水盛涨,贼劫舟顺流而下,计不过三四日可抵长沙。而江忠源倍道扼其下游蓑衣渡,激战两昼夜,焚贼舟几尽,又炮毙伪南王冯云山。于是贼弃辎重登陆,东犯道州,提督余万清弃城遁。贼据守月余,胁从转众,乃以六月分陷江华、永明、嘉禾、蓝山,以七月陷桂阳,陷郴,虏获日富,长沙戒严。诏罢湖南巡抚骆秉章,以张亮基代之,逮治余万清,以云贵总督罗绕典方赴任,道长沙,令留办防堵。

长沙之围攻 时群贼由郴州移据永兴,徘徊未敢进。而伪西王萧朝贵自矜雄智,诇长沙守备薄,意可袭取,独率死党千余,绕山道东北行,数日之间,陷安仁,陷攸,遂由醴陵犯长沙,七月二十八日,薄南门而军。城中大吏料贼当从耒、衡正道来,方日夜议筑土城,禁讹言,及仓猝寇至,则大震。秉章统兵勇八千余,将弁数百,不敢言节度。绕典惟日与诸生、举贡议事。提督鲍起豹至舁城隍神像,置南城楼与对坐,欲借以安民心。而赛尚阿驻永州,湖广总督程矞采驻衡州,皆逡巡不赴。新任巡抚张亮基已至宁乡,闻警,还屯常德集兵。惟总兵和春、常禄、李瑞、德亮与江忠源驰至，与贼军相持。八月，诏夺赛尚阿、程矞采职，以徐广缙并代之，促向荣赴援。荣自四月称疾居桂林，诸统帅交章劾之，终不肯起，及闻赛尚阿罢，乃疾行抵长沙，亮基亦至，缒城而入。无何，萧朝贵攻南门，为官军所殪。秀全、秀清等自郴州闻之大愤，悉众而北，益募矿夫，穴城根，置地雷，城崩复完者屡矣。于时援军大集，数近五万。秀全念围攻日久，地道屡无功，惧众携贰，乃以十月十九日夜半解围，作浮桥渡湘而西。

武昌之陷落 长沙城外贼军一旦引去，将帅愕视，不知所往，或言贼必犯湘潭，乃传令诸军南向。而贼已从容走宁乡，陷益阳，出临资口，掠湘阴，渡洞庭，犯岳州矣。岳州文武自提督博勒恭武以下，争委城遁。贼尽得城中旧藏吴三桂所遗军械炮位，复劫估舟五千余，蔽江而东，所过城镇，望风披靡。遂以十一月九日薄汉阳，十二日陷之，转向汉口，焚掠五昼夜，百货为空。时冬季江水涸，中涨巨洲。贼连舟为梁，环以铁索，自汉阳直达武昌，环城设垒。巡抚常大淳督兵数百拒守。向荣自湖南赴援，军东门外，累战累捷，而以贼垒中隔，不能合城兵，又为寒雨所苦，军士疲甚。十二月四日，贼以地雷毁文昌门而入。巡抚、布按以下皆死之，武昌陷。诏逮治徐广缙，以向荣为钦差大臣，命故大学士琦善选兵驻河南，以张亮基署湖广总督，潘铎署湖南巡抚，骆秉章署湖北巡抚，罗绕典防荆、襄，而起丁忧在籍侍郎曾国藩，治团练，驻长沙。

贼军之东下 贼既陷武昌，初欲由襄樊北趋，侦知河南已有重兵，乃决意东下。咸丰三年正月朔，连舟万余，载资粮、军火、财帛及所俘男妇五十万，弃武昌而东。先是，两江总督陆建瀛议防江之策，疏言小孤山扼长江要隘，然设防于小孤山不如于上游黄、蕲等处。乃遣兵三千，往防湖北武穴下游之老鼠峡，又遣寿春总兵恩长，率松江标兵二千继之，而自将续到兵数百、亲军数百，与幕客员弁溯江倍道而前，以二年十二月晦次九江。休兵数日，则贼已纵掠黄州、武昌（县）、蕲水、蕲州，长驱至武穴，恩长遇贼战死，舟师尽溃。建瀛方命移舟上驶，而从兵闻败报，汹惧四散，建瀛仅以十七人二舟踉跄走江宁。贼遂以初九日陷九江，十七日陷安庆，巡抚蒋文庆殉焉。

江宁之陷落 建瀛归江宁，议以江南舢板及广艇分屯东西梁山扼贼舟,未及行而众溃,建瀛益惶遽,闭门称疾不出。独福山总兵陈胜元率所部水师溯江而上。贼留安庆三日,尽运藩库银三十余万两、漕米四十余万石登舟,连陷太平、芜湖,以二十六日与胜元战芜湖江上。胜元中炮坠水死。贼遂以二十九日薄江宁,连营二十四座,列舟自大胜关达七里洲,水陆号百万,昼夜环攻。城外商民自募义勇队击贼,守陴官兵发炮助之,误伤数人,义勇骇溃。城中兵民拒守七八日,弹丸尽,至实石大炮以发。二月八日,仪凤门地雷发,贼大至。官军方以全力倾注一隅,而贼别队已由三山门越城而入,外城遂陷。将军祥厚、副都统霍隆武率满洲驻防兵,守内城两日,亦陷。祥厚、霍隆武、陆建瀛皆遇害,城中官绅及军民死者四万余人。贼尽出所获资财大饷将士,而更遣林凤祥、罗大纲、李开芳、曾立昌等,陷镇江、扬州,以断南北官军之联络。

贼中之制度 秀全既踞江宁,则以为取天下如反掌,更与秀清议进规河南,欲取以为都。有老舟子湖南某,素为秀清驾舟,具言河南水少而无粮,敌困不能救,而江南有长江之险,民富而食足,舍江宁而都河南,非计。于是秀全定议,改江宁为天京,恢总督署为宫,兼并故家大宅以为诸伪王府,皆穷极侈丽。更置百官,立朝仪,制伪法十事,略似《摩西十诫》,号曰天条,犯者有诛。定新历,以三百六十六日为一年,有闰日,无闰月。每七日一礼拜,赞美上帝,所至设高坐说法,谓之讲道理。其军制,则二十五人为两,有两司马统之;四两为卒,有卒长统之;五卒为旅,五旅为师,有旅帅、师帅统之;五师为军,有军帅统之;而总之以监军。自监军至两司马,皆有正副。各省年少无赖、豪富思乱者,闻风响应,或赠以金钱,号曰进贡。以故中外汹惧,数千里外居民皆震撼迁徙,或筑岩塞自固。京朝官至相率称疾求去。盖自三藩戡定以来,乱事之大者,以此为最矣。

江南、江北大营 方贼之弃武昌而东也,钦差大臣向荣追蹑其后,师行甚迅,正月十二日,其前锋张国樑已至九江,顾以无舟不得济,乃移文南昌索舟,得漕船以行。及二月二十二日,荣全军抵江宁,则城陷已旬日,乃结营城东孝陵卫,是为江南大营。而琦善亦率直隶、陕西、黑龙江马步诸军,自河南进至扬州,与直隶提督陈金绶、内阁学士胜保分营城外,是为江北大营。然当是时,八旗、绿营之暮气已达极点,贼虽自两路受官军之攻击,而跳梁跋扈自若。于是一方则出河南犯山西,以窥京畿;一方则由安徽攻江西,以争长江之上游。

贼军入河南 伪丞相林凤祥已陷扬州,窥河南重兵皆趋江北,度中原空虚可乘,乃尽括扬州子女玉帛送伪都,以空城付指挥曾立昌守之,而自将贼徒二十一军,出滁州,据临淮关,四月二十一日陷凤阳。胜保亟分军蹑贼,而杨秀清又遣伪丞相吉文元由浦口犯亳州,遂与凤祥合军,乘间入河南,五月七日陷归德。巡抚陆应毂亲督将弁分道进剿,闻贼军窥开封,急檄布政使沈兆云等登陴固守,则贼已由宁陵、睢州、杞县、陈留以十三日抵开封。时江宁将军托明阿等方督三镇兵过睢州,闻警,倍道赴援,与城兵夹击。贼遂由中牟窜而西,一方则分军扰郑州、荥阳,以牵制南岸官军;一方则潜收煤艇,自巩县渡河,六月二日围怀庆。时朝廷已命直隶、山东、西督抚合力防河,授直隶总督讷尔经额钦差大臣,总统河北军。贼数穴隧道攻怀庆,不能得,而援军复大至,乃立栅为城,深沟坚垒以自固。两军相持几六旬,血战十余次,贼精锐略尽,吉文元中矢死,贼知不可犯,以七月二十八日弃栅遁。

贼自山西入直隶 方贼之渡河而北也,或议乘官军未集之际,直犯天津,以为攻心扼吭之策。而林凤祥欲先陷怀庆,扼黄河要害。相持数日,则援师已大至,攻守之势为之一变。贼虽以二万众溃围出,而重兵扼其东,黄河阻其前,太行山脉亘其后,惟西方黄河、太行山之间有小道通山西。八月,贼自垣曲出曲沃,陷平阳,进至洪洞,而杨秀清复自江宁遣兵往援,众亦二万,于是群贼复合军而东。诏罢山西巡抚哈芳,以恒春代之,又夺讷尔经额钦差大臣,以与胜保。时胜保督师入山西,方收复平阳,而贼已乘间由屯留、潞城、黎城入直隶,踞邯郸县北之临洺关,以九月七日陷深州,距京师仅六百里。讷尔经额退驻广平。诏夺职按问,以惠亲王为奉命大将军,科尔沁郡王僧格林沁为参赞大臣,督京旗及察哈尔精兵,会胜保进剿。贼踞深州十余日,旁扰栾城一带,烽火相属。而九月十九日深州城外之一战,贼军大挫,战死者至七八百人。贼遂以翌日弃深州走天津。时天津守具渐完,又城外新经洪水,道路沮洳,艰于行军。而胜保等复疾行蹑贼后,贼不敢围攻,以十月退据静海,分屯独流、杨柳青等处,为犄角,与官军相持。

南昌之攻守 林凤祥等北犯之师，既以半年间横行四省，转战四千五百余里，略如上文所述。同时杨秀清复遣伪豫王胡以晃、丞相赖汉英、石祥贞等，分犯安徽、江西。于是安庆以五月四日再陷，而南昌以十八日被围。时江忠源已以战功累迁至道员，署湖北按察使，方奉命赴江南大营，行次九江，闻南昌围急，兼程往援，战屡捷。贼围攻不能陷，复分军窜腹地，以图牵制。而吉安土匪又起，遥为贼军声援。忠源飞书湖南告急，侍郎曾国藩、署抚臣骆秉章遣湘勇千二百、楚勇二千、营兵六百，属道员夏廷樾、编修郭嵩焘、知县朱孙诒、忠源季弟忠济等护之往。而诸生罗泽南复率其子弟乡人，自成一军与偕。湘勇出境剿贼自此始。廷樾等至南昌，一战不利，诸生死者七人，收众入城。忠源以新军不可当大敌，令往击土寇，于是廷樾驻樟树，罗泽南攻安福，忠济及刘长佑攻泰和，旬日之间，诸土匪悉平。忠源守南昌，无内顾忧，益奖励兵民，同心敌忾。贼包围九十余日，知不可犯，八月二十二日遂解围登舟扬帆去。湘楚军名始大显矣。

湘军之起及曾国藩之提倡 先是，咸丰二年十一月，洪秀全既自湖南窜湖北，诸将帅援军随之东。长沙守兵才四千，惟江忠源所部乡勇最骁劲，号曰楚勇。而湘乡罗泽南、王鑫皆以诸生办团练有名。巡抚张亮基闻之，令各募一营助战守，号曰湘勇。及武昌陷，亮基移督湖北，挈江忠源从，而楚勇留长沙者，以其弟忠济及刘长佑统之。诸义勇皆起田间，初不能成营制。无何，曾国藩奉命治团练至长沙，乃总统诸军，颁发营制，稍用戚继光兵法训练，初以三百六十人为一营，已而改五百人一营，营分四哨，置哨官四人，统以一营官，自两营迄十营数十营，视材之大小而设统领焉。是时承平日久，人不习兵，而绿营皆窳骄惰，虽征调四出，迄不得一兵之效。国藩起，则尽屏滑弁游卒不用，专选士人，领山农，但求其精，不求其多。又饬省城编查保甲，手书告各郡邑官绅，引宋臣岳飞"不要钱，不怕死"二语自誓。每乡里士来谒，辄温语礼下之，有所陈，务毕其说，言可用，则斟酌施行，即不可用，亦不加诘责，有异等者，虽卑贱与之抗礼，以故人人争磨濯求自效。一时中兴人材皆出其门，戡定之功，遂以是为起点矣。

田家镇之败 贼既不得志于南昌，遂北出湖口，陷九江，复上犯湖北。时张亮基调抚山东，以新任总督吴文镕未至，尚留武昌，闻九江贼上犯，亟遣舟师扼田家镇。忠源援九江无及，亦自瑞昌、兴国进遏贼冲。而贼已先据田家镇半壁山，凭高俯瞰。九月十三日，贼舟乘风上驶，忠源赴水营拒敌，而贼炮骤发，舟师骇溃，忠源搏战失利，突围走广济。于是贼水陆大进，连陷黄州、汉阳。吴文镕方次长沙，闻败状，急驰守武昌。十月，贼分道北进，一军陷孝感，一军自应城犯德安。时学政青麟方按临德安，急檄知县张开霁募丁防守，而按察使唐树义、总兵杨昌泗亦由黄陂进屯杨店。贼两路皆阻防，兵不得进，乃合军退汉阳，复为同知伍惺击败，更悉众而东，据黄州守之。

庐州之陷落及江忠源之战死 江西、湖北暂得稍安，而安徽贼势复大振。先是，三年五月，贼既据安庆，伪翼王石达开颇事要结。张榜安民，择村里桀黠者为乡官，迫民间献粮册，按亩赋课。又于大星桥立榷关，截江上行舟征其税，数月之后，经营粗定。于是杨秀清更以秦日纲代达开，复谋旁出。自安庆陷，安徽文武大吏皆侨寄庐州以为省治，而在籍侍郎吕贤基治团练驻舒城。十月，日纲引兵北犯，以十四日乘雨出集贤关，陷桐城，二十九日，陷舒城，贤基死之。贼直趋庐州。时江忠源回军汉阳，诏授安徽巡抚，且谕以楚皖一体，可审缓急为去留。忠源以庐州危急，上疏请行，遂率所部千人冒雨进。至六安，将帅多病，忠源亦惫甚，六安吏民遮留。忠源不可，惟分所部太半，使总兵音德布守之，而自将余兵力疾至庐州。庐州民闻忠源入城，人人自壮，登陴助守者近万人。而胡以晃复率步骑十余万踵至，围数重。久之，诸道援军大集，皆阻贼不得进。贼围攻益急，卒以十二月十六日夜中裂水西门而入。忠源挥兵搏战达旦，知不可为，手剑自刎，不殊，一卒负之走，忠源啮其项，脱身投水死。朝廷闻变震悼，赠忠源总督，谥忠烈。诏提督和春、漕运总督福济规庐州，而益促湖广总督吴文镕出省督师。

吴文镕之战死 当是时，贼据黄州，湖北援师不能遽达皖。而曾国藩方驻衡州治水师，议以天下大局，武昌为必争之地，必先保武昌，而后可以扼金陵上游，固荆、襄门户，通两广、四川运道。因移书文镕，谓南北两省以坚守省会为主，俟水师成，乃可言剿。文镕故国藩座师，颇倚重之，报书亦戒以无轻赴敌，必俟成军乃行。及庐州陷，忠源死节，湖北巡抚崇纶劾督臣闭门株守,有旨诘责。文镕不得已,乃以十二月赴黄州督师,驻堵城,距府治可二十里。咸丰四年正月,贼张镫高会,文镕侦知,谓有机可乘,急出兵击之,而军士以大雪之故,僵毙相属,反为贼军所乘。十五日,贼前后夹击,官兵大溃,文镕死乱军中。贼乘胜复陷汉阳,遂溯襄河,连陷德安、随州、枣阳。而杨秀清复遣石祥贞率大队越武昌而上,以二月陷岳州,入湘阴。武昌形势已在贼军包围之中。其时荆州将军台涌代文镕署总督未至,巡抚崇纶又以忧解职,仅学政青麟自德安至,代为巡抚,筹防守,而标兵才千余,颇不敷用。旁近诸郡县又多残破,莫能为外援,势益岌岌。会湖南水师新成,诏益促国藩赴援,于是国藩始率湘军建旗东征。

湖南水师之起源 湖南之治水师也,由江忠源、郭嵩焘倡议,而曾国藩成之。先是,忠源初援湖北,与国藩论江皖大局,议造战船数百,先清江面,以事甚艰巨,未暇实行。及嵩焘从忠源守南昌,侦贼皆舟居,始极言东南皆水乡,贼据有江路而我以陆师击之,势常不及,必与贼争长江之险,而后可以言战。因为忠源草奏,请饬两湖、四川造战船各二十艘,自广东购巨炮千尊配之,得旨允行。于是国藩自长沙移驻衡州,锐意造炮船,苦不知其制,自以意匠缔造,屡更未定。水师守备成名标者,颇能言广东快蟹、三板船法式,而广西同知褚汝航又别上长龙船制。国藩乃以名标董衡州船役,而于湘潭设分厂,使汝航董之。凡成快蟹四十,长龙五十,三板一百五十,各募壮丁习水战,得五千人,湖南始有水师。四年正月,国藩发衡州,集军湘潭,有新旧战舰二百四十,坐船二百三十,水师十营。由衡州募者六营,以成名标、诸殿元、杨岳斌(杨载福)、彭玉麟、邹汉章、龙献琛统之;由湘潭募者四营,以褚汝航、夏銮、胡嘉垣、胡作霖统之,而汝航为总统。又益以陆师十三营,以塔齐布、周凤山、储玟躬、林源恩、邹世琦、邹寿璋、杨名声、曾国葆统之,而塔齐布为先锋。水陆万七千人,夹湘而下,一时军容,称极盛矣。

湘军第一次奇捷 咸丰四年二月,国藩次长沙,将进援武昌,则闻石祥贞等已连陷岳州、湘阴,复分军陷宁乡,乃遣诸军分道迎剿。于是储玟躬等破贼宁乡(玟躬旋以逐北阵亡),他军亦连败贼于靖港、新康,褚汝航等水师至湘阴,贼闻风弃岳州遁。国藩遂以三月督水陆北进,而水师初出湖，遇大风，坏数十艘。陆师至岳州一战不利，走长沙。贼转乘胜溯湘而上，列舟靖港。复以一军出间道，袭陷湘潭，踞长沙上游。国藩方亲督舟师击贼靖港，战又不利，乃发愤投水，以左右援救，得不溺。而塔齐布自崇阳回援湘潭，出贼不意与搏战，士皆一当十，贼披靡。国藩闻陆军捷，益遣舟师往援。八日之间，水陆十战十胜，毁贼舟近千，斩馘近万，解散亦万余。遂以四月九日克湘潭，军气大扬。史家称之为湘军初兴第一奇捷。

曾国藩之出湖南 湘潭既复，贼颇畏湘军，乃弃岳州走湖北。时随州、枣阳之贼已连陷安陆（府）、荆门，进窥荆州。总督台涌遂以其间收复德安，督兵应山县北，累有斩获，北路贼势渐衰。而荆州将军官文闻贼至，用游击王国才将兵勇千七百，扼府东北要隘。四月十三日龙会桥之一战，毙贼千余，逐北二十余里，荆州得全。败贼或东南走监利，或西北犯宜昌，率踞守旬日，为官军击逐以去。而湖南败贼聚华容，犯石首不遂，复合监利贼还据岳州，分党扰西湖，陷龙阳、常德。宜昌贼亦自枝江、松滋出虎渡口，入湖南，与西湖贼合，犯澧州、安乡。国藩方整军缮舟，汰旧勇为五千人，增募数千，谋再举。而湖北余贼围武昌甚急，城中饷匮已数月，守兵益饥疲，居民迁徙殆尽。巡抚青麟出家赀犒军不足，则以衣裘代之，亲与士卒括糠而食。至六月二日，城复陷。青麟走长沙，绕赴荆州，诏以其弃城越境诛之，并褫台涌职，以杨霈代为总督。于是国藩分三路进兵，塔齐布、褚汝航为中路，趋岳州；胡林翼为西路（林翼初以贵州道员应吴文镕之调，率黔勇六百赴鄂，未至而文镕殁，无所属。国藩因檄调回湘，并疏荐其才堪倚办贼。未几，授贵东道，仍留湘治军务），趋常德；江忠淑、林源恩为东路，趋崇阳、通城。贼闻官军大至，弃常德、澧州走岳州。七月朔，官军遂借连胜之势，进迫城下，贼不战宵遁，湖南肃清。国藩乃得一意北援。

僧格林沁、胜保之肃清直隶、山东 方湘军之肃清湖南也，同时僧格林沁、胜保两军亦次第收复近畿诸州县，肃清河北。先是，三年九月，林凤祥既据静海，分屯独流、杨柳青等地，以窥天津，而粮食渐匮，不复能进取，惟困守独流，为苟延旦夕之计。四年正月，官军力战破之。贼弃静海，西南趋阜城，分占附近各村庄，势益穷蹙。杨秀清闻之，密令安徽贼众分军渡河,潜入山东,窥临清州,欲分官军势力,以抒阜城群贼之困。于是僧格林沁自当阜城贼,遣将军善禄等分兵赴山东,而胜保亦以三月奉诏往援。是月十五日,贼军陷临清。诏逮巡抚张亮基遣戍,并夺胜保、善禄等职,仍令戴罪自效。而贼据临清后,坚壁不出。官军自三面进攻,卒以二十六日克之。贼窜踞曹县,复以四月九日为胜保所破,伪丞相曾立昌、许宗扬皆溺死,余贼悉平。阜城贼困守月余,亦以是日悉众南窜连镇。胜保自曹县移新胜之兵,与僧格林沁合军进剿。而贼尚未知曹县之败,欲勾通山东贼,乃以五月二日遣一枝队趋高唐陷之。胜保复移师而东。贼不暇旁出,据城死守。于是河北之贼,直隶则连镇,山东则高唐,皆穷蹙之余,占一隅自固,无能为患矣。

湖北略定 湖南水师既以七月朔复岳州,列舟君山附近,贼尚踞城陵矶,更以初三日悉众来犯。官军分五队迎战大捷,获船七十六艘,毙贼千余,生擒百三十余。国藩遂以十五日次岳州,而翌日螺矶之战,水师大挫,褚汝航、夏銮以下,战死者数百人,失船三十余艘,赖杨岳斌、彭玉麟等力守要害,贼不得上犯。国藩乃收拾余船,以同知俞晟代汝航。湖南巡抚骆秉章复遣知州唐际盛造舟资之。会塔齐布之陆军所至有功,毙伪丞相曾天养,以闰七月二日大风雨中,进薄城陵矶,毁贼垒十三,斩馘二千。于是水师乘胜入长江,毁东西岸贼垒九,炮台三,进驻螺山。荆州将军官文复遣兵会战,遂连复蒲圻、嘉鱼。而总督杨霈经营北路,亦以八月初收复蕲水、广济、罗田。国藩益督水陆诸军分道进攻,激战两日,武汉城外贼垒及江面贼舟为之一空。是月二十二日,湘军克武昌,荆州军克汉阳,相距仅一小时。未几而杨霈所遣团勇亦收复黄州。田家镇群贼知武汉官军将分道进剿下游,乃以六千人为两军,一军屯大冶以拒武昌县官军,一军踞兴国以拒金牛镇官军。而是时官军水陆大进,连战皆捷,遂以九月克大冶、兴国,以十月克田家镇、蕲州,以十一月克黄梅。于是湖北几大定矣。

国藩初援江西 武汉既克,诏以国藩署湖北巡抚,令自九江、安庆进规江宁,责杨霈任湖北防务。国藩以母丧未除辞巡抚,诏赏兵部侍郎衔,以陶恩培代之,调胡林翼为湖北按察使(时林翼已由贵东道擢四川按察使)。及黄州诸属邑相继规复,国藩乃进图江西。其时蕲州以下,西自九江，东至饶州、广信，所在皆贼踪。而德化、小池口、湖口诸滨江要隘，为入皖门户，尤贼精锐所聚。伪翼王石达开在安庆，又遥为之声援。官军虽分道袭击，迭有胜败，而九江、湖口终非旦夕间可复。顾贼以官军围九江急，复谋扰上游，乃分军窜湖北。总督杨霈方以兵勇二万军广济，会岁除，军中置酒高会，而九江贼大至，纵火霈营，霈仓皇突围走蕲水。贼复分军出武穴、龙坪，声言犯武汉，遂以五年正月会军蕲州，进薄汉口。杨霈不敢返武昌，以防贼北犯为名，引兵趋德安。于是贼连陷汉口、汉阳，分道四出，湖北复大扰。国藩攻九江未克，闻上游告急，乃分全军为四，以陆军六千属胡林翼等趋武昌，以水师百三十艘属俞晟、彭玉麟、李孟群等溯江而上，留塔齐布以五千人围九江，遣罗泽南以三千人分攻广、饶。而自以其间赴南昌，与抚臣陈启迈筹增船炮，令别置水师三营。于是兵益分，力益薄，九江之规复益难，而武昌之陷落又见告矣。

武昌三陷 是时，杨霈驻德安，陶恩培守武昌，兵才二千。贼既陷汉阳，虑江西援军袭其后，不敢骤渡，惟沿江设垒为防御之计。而官军水陆大至，分屯武昌上下游。相持月余，贼终不敢自汉阳径渡，别由兴国、通山，北趋青山，谋潜袭，遂以二月十七日复陷武昌，恩培死焉。时林翼已迁湖北布政使，方与李孟群等击贼城外，驰救无及，乃潜夜渡江，收集溃卒，发私家之谷以济军，还屯金口，谋恢复之策。于是诏以林翼署湖北巡抚，而更遣国藩分陆军赴援。

江西援军之困难 当是时，江西形势，上下受敌，官军孤悬其间，如在瓮中。论用兵常道，则坐困中段，决非万全之策。然欲尽撤江西之师以援湖北，于势又有所难行。盖九江据长江腰膂，重兵一去，则南北岸群贼肆然无忌，益将内犯南昌，上窜鄂、岳。又其时用兵日久，饷源支绌，千里驰逐，恐有他变。于是国藩定议，令九江陆师坚持勿动，自以四月由南昌赴南康整理内湖水师。而巡抚陈启迈又与国藩龃龉，粮食军火，辄靳不与。朝廷方以国藩之劾奏，褫启迈职，用文俊代之。而塔齐布急攻九江，遽以七月十八日病卒，一军皆短气。国藩自南康驰至九江，以周凤山领其众。而水师攻湖口又败，复驰赴青山，为安辑余众之策。时罗泽南已克广信，回援义宁，乃上书国藩，言东南关键在武昌，欲制九江之命，必由武汉而下，欲解武昌之围，必由崇通而入，请自率所部，径出崇通，据上游，以图武昌，取建瓴之势，而令南康水师、九江陆师合力攻湖口，以截寇船之上下。国藩念顿兵江西，终无幸胜之理，不可不变更前议，以维大局，乃卒用泽南议，遣五千人随之而西。

胡林翼与罗泽南合军向武昌 胡林翼既署湖北巡抚，集军武汉，锐意规复。而杨霈屯德安，犹虞不自保，欲令林翼驻汉川，截贼北窜，林翼以为荆、襄据东南形胜，江汉又荆、襄咽喉，非先收武汉，不能内固荆、襄，外遏群贼上窜之路，因具疏力争。诏以为然。林翼乃遣玉麟驻陆路，防贼南犯湖湘，而亲率水陆，自金口转战薄武昌而军。是时杨霈北路之师累战不利，自随州走枣阳。四月，诏罢霈，以官文代之。五月，又以西凌阿为钦差大臣，攻德安。于是官文屯潜江、天门间，遣军复云梦、应城，声援渐壮。而林翼攻武昌，旦夕不能下。议先攻汉阳，以重兵扼涢口、蔡店，阻其西窜，遣水师浚江堤，攻其东。于是玉麟以七月克蔡店，毁襄河铁索浮桥，连战有功。而八月林翼自将攻汉阳，为贼兵所乘，军几溃。林翼毅然不稍愦，益汰疲羸，选精锐，势复振。及九月，罗泽南之援军已连克通城、崇阳，林翼乃渡江而南，谋迎劳。而石达开复率悍贼数万自义宁掩至。泽南力战破之，卒与林翼合军羊楼，以十月复蒲圻，十一月复咸宁，鼓行而北。自是武昌以南无贼踪，而达开乘虚入义宁，江西势日棘矣。

江西之大骚乱 自塔齐布卒，江西湘军所恃惟泽南。及泽南率五千人援鄂，分军为三，以刘蓉、李续宾分将左右军。于是劲兵良将一时尽去，国藩军益孤。及是贼入义宁，遂连陷新昌、瑞州、临江。而广东土匪复由湖南入江西，陷安福、分宜、万载，与瑞州贼合陷袁州。国藩檄周凤山解九江围，全军回南昌，势益岌岌。时彭玉麟乞假在衡州，闻警，间关徒步行七百里，抵南康。国藩令领水师援临江。而贼分党围吉安，略萍乡。议者以江西危急，交章请调泽南军回援。文宗念武汉功可期，持不许，惟诏湖南巡抚骆秉章募兵助之。秉章遣刘长佑、萧启江率五千人往，未至，而萍乡、吉安相继陷落。周凤山援樟树，师溃，走南昌。贼更陷抚州，旁扰余干、万年。盖自五年十月至六年二月，江西七府一州五十余县皆陷，存者惟南昌、广信、饶州、赣州、南安五郡。愚民争献粮册，输钱米，贼设伪官治之。国藩孤居南昌，殆在群贼包围之中。诸军募死士以蜡丸隐语，间行相问答，往往为贼逻获，其不达者常十之四五云。

罗泽南之战死 罗泽南、胡林翼既合军趋武昌，分屯城东洪山及城南五里墩。同时，官文之江北军亦以十月连克德安、汉川，进规汉阳（先是，钦差大臣西凌阿攻德安，久不克，兵屡溃。九月，诏革职，以官文为钦差大臣）。南北水陆声气相通，群帅和辑，战士人人自奋，贼坚壁不出。顾武汉垂克，而江西警报日至。泽南念国藩艰危，欲急收武昌，以为回援九江之地。自六年正月至二月，大小百数十战，直薄城下，军士以仰攻之故，死伤甚多。会三月二日大雾，贼开三门出万众，与官军决死战。泽南分军三面应之，几不支。而所部皆乡里子弟，素负气谊，耻相弃。泽南左额中弹丸，血沾衣，犹踞坐指挥，得全军还洪山，而脑部创甚，竟以三月八日卒于军。泽南家素贫，居乡里时，与诸生讲性理，著书甚富。自贼犯长沙，即率生徒行团练，数年之间，转战两湖、江西，克城二十余，遂由训导超擢宁绍台道，加布政使衔。至是战死，一军哀泣，江西、湖南闻之，皆嗟惋失气。诏以巡抚例赠恤，谥忠节。林翼以其高弟李续宾代之，仍屯洪山。而江西乞师益急，林翼复分军四千，遣之往援。于是武汉规复之计画又生一挫折，江西贼益思分道窜湖北矣。

江南大营之失陷 当武汉未克、江西危急之际，而江南大营复以是年五月失陷。先是，咸丰三年，江宁、镇江、扬州相继陷落之后，向荣军孝陵卫，琦善、陈金绶、胜保军扬州城外，号为江南、北两大营，既如上文所述。自林凤祥大举北犯，江北贼势稍缓。而琦善围攻扬州几一年，仅以是年十一月克一空城。贼全军窜瓜洲。诏夺琦善职，仍令留营自效，至四年闰七月，而琦善以疾卒于军，诏以将军托明阿代之。江南大营之威望故远出北军上，然江宁城大而坚，贼根据所在，既非仓猝间可复，又其时上下游随在皆贼，势不得不时出偏师相救援。而上海自三年秋间以来，复有土匪踞城，遥与贼应。向荣既顿军坚城，又分兵四出，以故攻剿累岁，迄无成效。及五年正月，江苏巡抚吉尔杭阿督兵克上海，进攻镇江。贼分军窜高资，夹江而阵，与瓜洲贼声势相通。六年二月，镇江贼突围渡江，合瓜洲贼众，复以三月一日陷扬州。诏罢托明阿，以都统德兴阿代之。越十余日，扬州再克，而四月江宁援贼数万争高资，吉尔杭阿战死。于是向荣闻警，遣张国樑驰救，三战三克。五月，贼走江宁，议夹攻以覆大营，一军自镇江回攻其东，一军自城中出攻其西。荣兵力单弱不能御，众大溃，国樑突围翼荣出，荣已病甚，遂收集散卒，由淳化镇走丹阳。于是数年以来力扼贼吭屏蔽苏松之江南大营一旦瓦解。贼分道进迫，营垒以百计，荣昼夜忧愤，疾益笃，七月，遂以军事付国樑，踊身疾呼，薨于军。诏以江南提督和春为钦差大臣代之。

庐州方面之平定　先是，咸丰三年十二月，江忠源既战死，诏以和春、福济共图恢复之策。时贼兵分据近地，为犄角之势，福济等驻庐数月，久不得要领。翰林院编修李鸿章方在籍，赞福济军事，因建议以重兵扼东北路，别遣将督团练巡郡邑，以为声援。于是福济授鸿章兵，攻含山，四年十二月，克之，鸿章始有知兵名。时石达开守安庆，闻湘军急攻九江，提兵往援，分党犯上游，无兼顾皖北之暇。和春、福济军庐州城外三里冈，大小数百战，屡捷，遂以五年十月朔克之。六年正月，和春复舒城。贼窜踞三河，与官军相持几半载，而江南大营陷。和春方注全力欲灭三河贼，以固庐州，而七月向荣薨，诏授和春钦差大臣，移师江宁。会八月和春大破贼于三河，斩杀五千余，擒伪官十一人，军声大振，遂自庐州移丹阳。李鸿章亦以九月克巢县。于是庐州属邑次第恢复，皖北形势粗定矣。

武汉之大定　是时武昌围攻之师血战已久，先后伤亡水陆军士至三千人以上，将弁六百人以上。自三月至九月，江西贼分道援湖北者，皆为官军击走，城贼日惫。林翼益募陆军五千，水师十营，增长围困之。官文亦分兵悉定襄阳、随州诸土匪，得专力攻汉阳。贼粮尽援绝，知不可守，遂以十一月二十二日各开城东遁。官文、林翼同日复武汉。于是李续宾等分道追贼武昌县，水师、马队追贼黄州，江夏乡民亦争起要贼，十日之间，连复武昌(县)、黄州、兴国、蕲州、蕲水、广济。湖北肃清。自军兴以来，四年之中，武昌三陷，汉阳四陷，官私富力，埽地以尽。至是，林翼始筹经营武汉之策，蠲江夏等四十六州县田粮，以苏民困，复牙帖，开盐厘，以裕军储。疏请于武昌设陆师八千人，水师二千人，以为东征大军之后援。文宗并嘉纳。而官文亦虚己听之。两人相约为昆弟，凡军政吏治，林翼主稿，官文画诺，一洗从来督抚猜嫌忌克之习，湖北始屹然为上游重镇矣。

江西军务之起色 湖北郡县既肃清,于是李续宾、杨岳斌等率水陆回援江西。先是,五六年冬春之间,江西寇氛大张,既略如上文所述。国藩驻南昌,闻西路已有湖南军五千人进援,乃遣李元度等攻抚州,刘于浔等率水师规临江。而彭玉麟回军会黄虎臣规南康,以当东、南、北三面之贼。数月之间,诸军皆屡有斩获。四月,湖南援军进袁州,六月,湖北所遣援军四千人进瑞州(国藩弟国华统之),于是江西、湖南、北间渐有一线之交通。而吉安、建昌两府复有所谓边钱会匪者,假粤贼名号,乘间啸聚,众亦千余人,剽掠附近州县。广东土匪闻之,益阑入江西,分犯赣州、南安间属邑。国藩困南昌不能援,军报常数月不相闻。时曾国荃在长沙,念国藩急,义不可坐视,慨然募三千人趋吉安,谓之吉字军。十一月,国荃克安福,进攻府治。萧启江等所统之湖南援军亦以是月克袁州,西路军势已渐振。至是,湖北援军大至,续宾陆师八千余,岳斌水师四百余艘,皆云集九江,围复合。江西军务遂骎骎有起色矣。

瓜洲、镇江之克复 六年八月,和春既拜钦差大臣之命,自庐州移师丹阳。时张国樑已击破城外诸贼垒,复谋进取。贼分踞句容、溧水为犄角。国樑自将攻句容,和春遣总兵傅振邦攻溧水。江宁、安庆诸贼闻之,复出大队据乌山,筑垒为援。七年正月,国樑败贼句容城外,贼坚壁不出。二月,振邦等击乌山援贼,大破之,遂以五月克溧水,国樑以闰五月克句容。于是江宁属县略已平定。惟瓜洲、镇江之贼,分扼南北,踞长江咽喉,官军围攻已数岁,迄不得当。而镇江不克,则丹阳大营必不能进规江宁。九月,和春檄总兵余万青督兵援剿,国樑增垒扼高资,绝贼粮。贼扼运河北岸,筑垒相拒。德兴阿驻扬州,闻镇江贼与官军相持,无兼顾江北之暇,益勒兵定期围攻瓜洲。于是九十月间,国樑连克贼垒十余,沉贼舰六十余,进薄镇江,以十一月十二日克之。而扬州军亦以同日克瓜洲。南北捷书相望,和春、张国樑益锐意规江宁。八年三月,诸将始逼江宁府城而军。江南大营复振。

江西粗定 江西自袁州既复,湖北援师抵九江者,水陆近二万,西路以次恢复,南昌、袁州所属均无贼,南康四属邑复其三,临江、瑞州、吉安、九江亦各克数邑,军气大扬。七年二月,国藩遭父忧,还长沙,其弟国华、国荃皆随之行。诏以杨岳斌、彭玉麟统水师。三月，又罢巡抚文俊，以耆龄代之。于是胡林翼遣李续宜赴瑞州，文翼赴吉安，骆秉章遣江忠义、王鑫赴临江。时瑞州围攻之师，刘腾鸿统之，临江方面，则刘长佑、萧启江统之。而吉安自国荃去，诸将颇不相能。知府黄冕闻王鑫进临江，以书招之往援。然鑫素以矜才尚气闻于时，虑不足服众。耆龄乃奏起国荃，仍统吉安军。是年七月，刘腾鸿攻瑞州战死，众攻益力，克之，而王鑫亦以八月卒于军。林翼自将攻小池口，克其伪城，九江北岸肃清。于是李续宾以九月克湖口，彭玉麟克小孤，杨岳斌克彭泽，刘长佑等亦以十二月克临江。长佑旋以病归，所部以刘坤一领之，与萧启江军同向抚州。是时江西诸府渐次收复。而九江围攻年余不下，守将伪贞天侯林启荣坚忍能军，围久食罄，则婴城种麦自给，隧道火药发，城崩，则辄堵合之。八年三月，曾国华复至九江赞续宾军。续宾益督军士日夜穴地，卒以四月七日毁城入，斩杀万七千余，启荣与焉。于是续宾名大振。诏加巡抚衔，令进规安庆。刘坤一等转战各地，亦所至有功。江西陷城，已十复八九，群贼相率窜浙闽。五月，诏起国藩援浙，国藩乃以七月由武昌、九江复至南昌。

贼军之衰 先是，咸丰五年正月，林凤祥自连镇败窜，为官军所擒。僧格林沁遂移师高唐，以二月克之，余贼悉窜冯官屯。官军益进攻，复以四月克之，擒贼将李开芳，斩杀无算。于是黄河以北之贼军全数肃清，官军以五月十五日凯旋。诸军始得以全力倾注东南，无北顾之忧。而贼自踞江南以来，秀全深居伪宫，诸酋罕得见，军事文报、刑赏黜陟，一决于秀清。及江南大营溃，向荣死，秀清自以为功莫与京，阴欲自立。秀全召韦昌辉自江西归，令密图之。六年八月，昌辉以计诛秀清，尽屠其家属。石达开在湖北闻乱归，颇诮让昌辉。昌辉怒，将并图之。达开缒城走宁国，昌辉悉杀其母妻子女。秀全乃大恐，复密约秀清余党，共攻伪北王府。昌辉潜逸渡江，为逻者所获，送江宁。秀全令磔之，夷其族，传首宁国，甘言召达开回。达开至，群议令辅政，如秀清故事。而秀全已诛杨、韦二伪王，益疏忌达开。达开危惧不自安，还走安徽不复归。于是始起诸伪王略尽，贼中政事一出秀全诸兄弟仁发、仁达，秀全益荒淫恣肆，自诩为天命不能亡。故至咸丰八年春夏之间，贼军于长江流域已渐失其占领地,所踞都会,未克者独安庆、江宁而已。朝野上下方拭目以俟大功之底定,而是时政府忽与英、法二国生意外之葛藤,内忧外患,一时交迫。于是贼中后起陈玉成、李秀成之徒乘机肆虐,东南糜烂者复六七年。吾人于叙述大乱平定之前,不得不述英、法二国与中国构衅之事。以下故更为专篇说之。

第二十五章　英法同盟军之入寇

广州绅民之排外　鸦片战争之终局，中国政府许以广州、福州、厦门、宁波、上海为英国通商之地，又许英国政府得派遣领事官住居五处城邑，专理商贾事宜，既略如第二十三章所述。福州、厦门、宁波、上海既以次建设领事馆，英人得自由出入，以时与地方官相见。而广州绅民自三元里决战后，与英人积嫌已深，乃坚执乾隆朝通商旧制，合词诉大府，请毋许英人入城。时耆英督两广，知所请与《江宁条约》不相容，置不答。绅民乃传檄远近，大起团练，不支官饷，亦不受官约束，骎骎与官为仇。而英人方以条约为词，数请入城，不得，则贻书谯让。耆英知粤事不易为，一方则密谋于政府，请内召，一方则权词答英人，期以二年后践约。道光二十七年，耆英果内用，徐广缙为两广总督，叶名琛为巡抚。二十九年，英人以兵舰闯入粤河，申前约。广缙密召诸乡团练，先后至者十余万，自乘扁舟赴英舰，告以众怒不可犯。英人谋留广缙为质，两岸练勇呼声震天，英人惧，请仍修前好，不复言入城事。于是粤民益自得，谓洋人固易制，好事者播散流言，欲遂乘胜沮通商之局。香港总督文翰（Bonham）忧甚，移书广缙，求更定广东通商专约。粤人请以严禁入城之语，载入约中。文翰见群情汹汹，恐妨商务，遂签约。督抚会疏入告。朝旨大悦，封广缙一等子，名琛一等男，风示天下。广缙等以新约载入档案，永为定例。自是广东无交涉问题者数年。

叶名琛之外交政策　咸丰二年，徐广缙移督湖广，名琛坐迁总督。会英政府以包冷（Bowring）代文翰督香港，复申前请。名琛峻拒之。是时东南诸省群寇纵横，而广东差完，又为中外通商都会，称殷富地。凡邻近诸省调兵食，购器械，率仰给广东。名琛亦颇能选将募兵，击平境内土匪及群寇之阑入者。五年,拜体仁阁大学士,名望日隆。名琛益自负,常以雪大耻、尊国体为言。凡遇交涉事,驭外人尤严,每接文书,辄略书数字答之,或竟不答。顾其术仅止于此,既不屑讲邻交之道,与通商诸国联络,又未尝默审诸国之虚实强弱,而谋所以应之。香港总督包冷性刚愎,与名琛已积不相能。咸丰六年,英政府以巴夏礼(H. S. Parkes)任广东领事。夏礼尤负气,好争小节,既与名琛争入城约不得,则日夜思构衅。先是,东莞会匪倡乱,合他寇围广州。按察使沈棣辉督官绅兵练,力战却之。棣辉列战状请疏荐。名琛格不奏。顾下令诸府州县,有通匪者,许吏民格杀勿论,兵练皆解体,棣辉忧死。而悍民率假捕匪名相仇杀,前后死十余万人。从贼者不敢归,或轶扰广西、江西,或遁居沿海群岛,投英籍。于是贼首关钜、梁楫献议夏礼,请攻广东。夏礼益事训练,备决裂,顾以师出无名为虑,而未几亚罗船事件起,广东祸机作矣。

亚罗船事件 方是时,国家苦内乱,调兵转饷,日不暇给,政令益废弛,东南沿海诸省鸦片贸易之禁,殆如虚设。商民乘之,辄假借英人势力,恣为奸利。英人亦利用之,与以护照若国旗,使自由出入诸港。以故华商船只入香港政厅船籍,揭英国国旗,往来沿海者甚多。是年九月,有亚罗(Arrow)船者,自外海入粤河,桅张英旗,而所载皆华民。巡河水师千总见之,疑为奸民托英籍自护者,遽登艇大索,拔其旗,投甲板上,执舟子十三人,械系入省,以获匪报。亚罗船者,实际为华人所有,而船主则英人也。巴夏礼闻之大恚,移文诘名琛,谓约载不法华民逃至香港或英船潜匿者,华官得移取,不得擅执,毁旗尤非礼,且华民在英舟为佣,实无罪,责归所获十三人。名琛谓此小事不足较,遣一微员送十三人者于领事馆。而夏礼已与香港总督及海军中将西某密谋,欲乘机翻前约,求入城,遂严拒不受,必责名琛具状谢罪,誓他日无再举而后已。名琛命系十三人于狱,顾绝不为战备。于是英舰以二十六日攻黄浦炮台。名琛遣使领事署诘衅由。巴夏礼谓两国官不晤,情不通,误听传言,屡乖旧好,请入城面议之。名琛坚持前约,又心惮英人诡谲,虑既见而受辱,遂不许。夏礼请先议定相见礼,然后入见,或于城外择地为会场,亦不许。时英兵不满千,而我兵及团练赴援者数万人,均畏敌火器,未能力战。自九月二十九日—一八五六年十月二十七日。至十月朔,十月二十九日。英军炮击省城陷之。顾英军此举初非出于本国政府之命令,特作势恐吓,求达其入城之目的而止。又兵数仅少,虽得广州,势不能实行占领,故不久复退归军舰。而粤民见英军退,争起为暴动,纵火洋楼,亦不辨其为谁某,凡美利坚、法兰西、英吉利各商馆及十三家洋行,一切摧烧之。于是英人知衅端已成,且以法、美商馆被毁,必怒与合纵,遂驰书本国政府,请增兵决战,而敛舟退舍以待命。

英法同盟之成立 是时,巴墨斯敦(巴米顿)为英国内阁首领,力主用兵议。咸丰七年正月,—一八五七年二月。遂向议会备述中国政府自道光二十二年—一八四二年。至咸丰六年—一八五六年。十五年间,陵辱外人之事二十八端,求军费之协赞。庶民院议不可。英政府遂以二月二十六日三月二十一日。下解散之命。四十日后,召集新议会。卒定议先遣特使,迫中国政府以改订条约、赔偿损害之事,不可则以兵临之。于是英廷遍告俄、法、美诸国,说以合纵之利,请共遣使节会北京。俄、美政府初无意与中国宣战,惟各简使臣,求改订商约。而法帝拿破仑三世好远略,方以咸丰六年广西地方有滥杀彼国牧师事,求偿未得,遂引为口实,断然与英国连盟。自是英法同盟之局成,粤事乃益棘矣。

叶名琛与额尔金之交涉 是年六月,英使额尔金(Earl of Elgin and Kincardine)率先发舰队抵星加坡。会印度土兵之乱起,印度总督飞书乞援。额尔金分军应之,而自将余舰,以七月抵香港。时法军犹未至,额尔金复以其间赴加尔各答,察印度乱状,越九月归。乃贻书名琛,略言:"旧约凡领事官得与中国官相见,将以联气谊,释嫌疑。自广东禁外人入城而后,浮言互煽,彼此壅阏,以有今日之衅。粤民毁我洋行,群商何辜,丧其资斧。请约期会议偿款,重立约章,则两国和好如初。否则以兵戎相见,无贻后悔。"名琛谓其语狂悖,置不复。法、美领事亦以毁屋失财,移文责偿,且言:"英已决意攻城,愿居间排解。"名琛谓彼皆比周以胁我也,遂不听,顾亦不设备。粤民扬言英使果至,当群起击之。额尔金留香港月余,不得要领。而法使噶罗(Baron Gros)、美使利特(Reid)、俄使布恬廷(Putiatine)先后至。英法同盟军遂以十一月向广州,以基督降诞节,遗名琛最后书(哀的美敦书),迫令于四十八小时内引去。于是平和之望始绝。

广州之陷落及叶名琛之被虏 先是,朝廷以海内多故,饷源在广东,尝密戒名琛,保持平和,毋轻与英人启衅。而名琛狃前功,蓄矜气,好大言。当英军退去之际,既增饰击剿获胜状以闻,其后又累疏称:"英国主厌兵,粤事皆包冷、巴夏礼、额尔金主持之,臣始终坚拒,不为所胁,彼技穷,行自服矣。"粤民疾英人甚,则务为流言相矜夸,或称印度叛,英军败绩,连丧其渠,或称英船遭飓风,火器已荡尽。名琛即又据以入奏,且谓英兵纵火焚民居,自致殃及,今顾索偿,万不可听,因自陈布置之方、驳诘之词甚具。朝旨又特戒之,谓浮言不可尽信,当相机慎图,勿存轻视意。然终以名琛驻粤理洋务久,更事多,当有把握,故常优旨答之。至是,寇势日迫,将军、巡抚、司道相率就总督商战守。名琛洒然若无事,众固请,则大言:"过十五日必无事矣。"盖名琛父志诜,好扶乩,名琛亦笃信之,一切军机进止,咸取决焉。"过十五日必无事"云者,乩语也。英法同盟军既遗名琛最后书,至期不得复,遂以十一月十二日十二月二十七日。遣六千人登陆,十三日黎明,据海珠炮台,并力击城。千总邓安邦率粤勇千人殊死战,杀伤颇相当,以无后继,遂不支。同盟军竟以十四日陷广州。将军穆克德讷树白旗城上,巡抚柏贵遣绅士伍崇曜等诣英船请和。名琛仓皇匿左都统署。久之,和议不成。英人括督署财贿,并藩库银二十万两,劫将军、巡抚、都统等,大索名琛,卒以二十二日得之,挟以登舟。将军、巡抚会疏劾名琛。旋得旨,以乖谬刚愎之罪褫其职,以柏贵署总督,已而更以侍郎黄宗汉代之。自是广州为英法军占领者三年,而名琛被虏至加尔各答,卒以咸丰九年三月病死焉。

四国军舰集天津 同盟军既陷广州,欲遂乘胜迫政府改订约章,酌给偿金,增开商埠。而俄、美亦欲乘间增改通商条约。于是四国使臣协议,各遗书中国首相,遣员送江苏督抚转递,而自率舰队,陆续会上海待命。咸丰八年正月,两江总督何桂清方次常州,得四国公使书,审之则致满大学士裕诚者,乃据以奏闻。廷议谓大学士参谋内政,无预闻外交之例,外交事当各就疆臣议之。乃用裕诚名,分别照会四国公使,以英、法、美三国交涉事,委诸两广总督;以俄国交涉事,委诸黑龙江办事大臣;仍由两江总督何桂清转付之。时英使额尔金、法使噶罗等已相将集上海。二月二十一日，得裕诚所复书，乃决议北行。于是英舰十余艘、法舰六艘、美舰三艘、俄舰一艘陆续发上海，向天津。三月初，诸国军舰云集白河口，遂以初十日投书直隶总督谭廷襄，仍请转达首相。廷襄奏闻。诏户部侍郎崇纶、内阁学士乌尔棍泰，往会廷襄议款。英人谓其非相臣，不足以当全权之任，概辞不见。惟俄、美二国与为往来而已。天津去海口二百余里，大沽口设有炮台，为天津门户，港外有积沙一道，海舶至此，往往浅搁不能行。当四国投递照会时，廷襄遣武弁驾小舟导之行，遂无阻滞。洋人自此数以小汽船及舢板探水，以方议款，不之禁，亦不设备。四月初八日，英法联军突驾小轮船数十号，闯入大沽口内。官兵开炮相持，不克，炮台陷。上命科尔沁王僧格林沁督兵驰赴天津，京师戒严。英人既踞炮台，仍欲修好，俄、美二国居间排解。乃派大学士桂良、吏部尚书花沙纳赴天津议款。朝臣多保已革大学士耆英，熟悉夷情，请弃瑕录用。诏赏给侍郎衔，饬即赴津。以二十九日往拜英使，不见，耆英惧，径自天津回。上闻之，饬令中途折赴天津。耆英擅自入都。上震怒，赐自尽。桂良至津，英人持其所定新例，凡五十六条，要以画押允行。其中最重要者，一、于旧五口通商外，增开牛庄、登州、台湾、潮州、琼州等处，又于长江一带，自湖北汉口至海，俟粤匪荡平后，许其选择三口，为洋艘出运货物来往之区；一、洋人及所带眷属可在京师长行居住；一、议偿商亏二百万两，军费二百万两，由粤省设措，清款后交出粤城。此外，则系修改税则、允准传教等各事。法国所定四十二条，与英略同，军费赔款则减英人之半。桂良据以入告。一时廷臣奏请罢抚，语多愤激。然以海防猝难整顿，战守均无把握，上虽不之罪，亦不能从也。抚事既定，以税则事宜必须亲历海口相度地宜，爰于六月六日，命桂良、花沙纳驰驿会同两江总督何桂清妥议。四国兵舰已先期起碇，去天津。八月二十六日，桂良等至上海，何桂清亦至。适粤东佛山镇团练与外人为仇，出示悬赏，购巴夏礼之首。英人照会钦使诘责，乞奏请撤回黄宗汉及解散粤东团练。桂良等不得已，许之，遂于十月与四国使臣画押。英人于定约后，遣兵船溯长江，抵汉口，逾月而返。法人亦纷赴各省，设立天主堂，皆由内河行走，地方官不敢诘。逾年而复有换约起衅之事。

换约构衅 僧格林沁抵天津后，目击抚议之成，办理过柔，实由海疆重地先时无备之故。于是一方则弹劾督臣谭廷襄议罪，一方则经营台垒，选购巨炮，调集马队，丛植木桩，防务较前略有起色。九年夏，各国舰队驶赴天津，遵例换约，大吏遣人告以大沽口现在设防，不便行走，请改由北塘口进。时四国中，英舰先至，领兵者为额尔金之弟卜鲁士，抗不遵行。总督恒福再遣员前往，趣令改道。英舰遽于五月二十四日驶入大沽，将截港之铁练用炮炸裂。越日，有小轮船等十三艘，竖红旗挑战，逼近炮台，开炮轰击，步队蚁附登岸。我炮台同时开炮还击。英人狃于往岁海口之无备，出其不意，仓皇失措，被我兵击沉数船，杀登岸洋兵数百，领队官亦伤股而殒，仅余一艘驶出拦江沙外。而我炮台武弁亦阵亡数人。奉上谕："此次英人全军覆没，我军士奋勇异常，著分别奖赏保奏，阵亡者从优议恤。"适美舰后至，使臣华若翰遵约改道行走（美约三十条大致与英、法等），朝廷特优答之。时朝野动色相告，皆谓外事自此当有转机，未及一年，而辇毂之变作矣。

英法联军入都 英既败退，沿途测量旅顺、威海等各要口而去。《香港月报》有"英人修造船只，招募潮勇，将以来年大举入犯"之语。华洋巨商知英必兴师报复，惧妨互市，议集白金二百万两，输偿英饷，阻其再举。于是英、法使臣照会通商大臣何桂清，谓事事若遵八年原约，即可罢兵。桂清据以入告，得旨"卜鲁士辄带兵船，毁我海口防具，首先背约，损兵折将，实由自取。所有八年议和条款，概作罢论。若彼自知悔悟，必于前议条款内，择道光年间曾有之事，无碍大体者，通融办理。仍在上海定议，不得率行北来。再有兵船驶入拦江沙者，必痛加攻剿，毋贻后悔。"盖冀获胜之后，外人或就范围，可修正前约也。然犹申戒疆臣帅臣，不得见敌辄先开炮，致碍和局。又命留北塘一口，为通使议和地。顾北塘地势扼要，不亚大沽。僧格林沁经营防务，即此一口已用帑百余万两。会有言宜纵寇登岸击之者，僧格林沁心韪其说，适奉旨撤北塘之备，退就大沽。议者多谓失计。北塘绅士御史陈鸿翊密疏争于朝，不听。编修郭嵩焘时在幕府，亦力争之。僧格林沁狃于前此大沽之捷，亦不听。嵩焘遂辞去。十年六月，英将额尔金、法将噶罗率轮船、帆船共百艘入犯。惩前败，不敢阑入大沽。窥北塘弛防，先纵小轮船驶探海岸,拽去旧设木桩,遂以二十六日各挽炮车登岸。官军不之御(《中西纪事》谓北塘本设地雷,将俟其入而歼之,因汉奸漏泄,遂为西兵所发。今据薛氏《庸庵集》)。大吏派员持照会,请其入都换约,不应。英法合兵万八千人,由北塘进内港。我军驰往扼之。值潮退,船不能动,惧为我军所袭,高悬白旗,示欲和状。我军不敢纵击。比潮长,出不意薄我,我师挫。英法兵抵新河,我军御之。洋兵先出七百人,僧格林沁瞰其寡,麾劲骑驰之。洋兵退,乘势蹑之。洋兵排列为一字阵,各执精利火枪,俟我军渐迫,众枪竞发,发无不中。我军如墙之隤,纷纷由马上颠陨,精骑三千,得免者七人而已。新河陷。于是英法兵舰由北塘分向大沽,驾大炮拟我炮台,以扼我前,步骑踞新河,以逼我后。大沽炮台危甚,僧格林沁始悔纵敌登岸之非计,而事已不可挽回矣。时僧林格沁为朝野所倚重,上恐其寄身命于炮台,特旨令退守。又命大学士瑞麟统京旗九千防通州。七月五日,英法兵自后路攻大沽北岸炮台,一开花弹飞入火药库,訇然震发,炮台陷。提督乐善死之。僧格林沁驻南炮台,念不能守,乃撤防退次通州之张家湾。七日,英、法兵进据天津。先是,上命侍郎文俊、前粤海关监督恒祺往津议抚,为英、法所拒。改命桂良,以是月十五日抵津,照会英使订和约。得英人照覆,要以增军费,开天津为商埠,并准各国酌带数十人入京换约,皆巴夏礼主之。桂良奏闻,严旨拒绝。英、法闻和议不就,以二十一日北上,扰及河西务,畿辅大震。遂有驾幸热河之议,都人汹惧,各谋迁徙。群臣交章谏阻。适副都统胜保自河南召回,饬令带禁兵万人,赴通州助剿。旋降朱谕,以"巡幸之说,出于外间浮议,不可为所摇惑。"八月一日,英、法兵进薄张家湾。七日,胜保红顶黄褂,骋而督战。洋兵丛枪注击,伤颊坠马,师奔。僧、瑞二军亦退至京城外。上知禁兵不足恃,京师不可守,遂决北狩之计。八日黎明,上启銮,郑亲王端华、宗室尚书肃顺及军机大臣穆荫、匡源、杜翰等皆扈从。命恭亲王奕䜣留守,仍督僧、瑞二军驻师海淀。越日,颁给全权大臣官衔,抚议复起。方英、法军之逼通州也,上命怡亲王载垣续赴通州议款,桂良、穆荫皆在。英参赞巴夏礼带十余人入城。八月三日,载垣邀英、法使臣宴,酒数巡,巴夏礼攘袂起,言今日之约须面见大皇帝,且每国须带二千人入京。载垣答以此事须请旨定夺。巴拂然,遂就榻佯睡，不复语。载垣不得已暂退。黎明有驰告者，谓额尔金衷甲将袭我。载垣无措，密知会僧格林沁，设法擒巴夏礼解京。及上出狩，恭亲王奕訢、桂良皆驻城外。惟大学士周祖培、尚书陈孚恩等会议城守，城门昼闭。英人声言攻城，且索巴夏礼甚急。胜保不可，或请杀之，诸王、大臣皆不敢决。十一日，胜保驰奏行在，请飞召南军入援，指调曾国藩部下之鲍超，袁甲三部下之张得胜及胜保旧抚之安徽团练苗沛霖等。诏从之。是年闰三月，江南大营再陷，常、苏相继失守，东南糜烂。曾国藩任两江总督，是时适在祁门督师，接奉勤王之诏，奏请于国藩与胡林翼二人中饬派一人，带兵北上。时内外臣工皆以迁鼎关中为至计，因国藩负重望，或劝以封章入告。国藩力言其不可。恭亲王既奉全权之命，英人给照会，限三日内交还巴夏礼。王令其退至天津再议，不许。又令退至通州，亦不许。二十二日，洋兵攻海淀。禁兵不战而溃。恭王避居广宁门外之长新店，瑞麟及步军统领文祥从，爱释巴夏礼。巴既出，遂纵火燔圆明园以泄其忿，且要恭亲王至军，面订和约，速开安定门，胁以三日之限。周祖培等相顾无策，允以开城延入。二十九日，巴夏礼带百余人入城，法使亦入。随跸王、大臣等合辞请饬恭王入城，速定抚议。英、法使亦以照会趣之。王虑洋人叵测，不敢辄入。英使要挟多款，王许以奏请圣裁。而前此与巴夏礼同执之人，被羁在狱，至是释放，已监毙十余人。英人愤甚。九月四日，再扰海淀，火三日夜不绝，复声言犯禁城。恭王再以和议请，法使居间排解，先索恤款五十万两，如数予之。九日，宴英使于礼部，和议成。凡条约于八年原定外，续增九条，法使亦议续增十条，更辟天津为商埠，许两国派遣公使及领事驻中国，偿英国银一千二百万两，法国银六百万两。十一日，与英使换约。次日，与法使换约，皆恭亲王主其事，旋据以奏闻。奉上谕："所有和约内条款均著允准，行诸久远，即通行各省督抚大吏，一体按照办理。"并谕止东南督抚勤王之师。十月，王、大臣等以和议成，合疏请上回跸。谕以"天气渐届严寒，俟明春再降谕旨。"盖自道光朝禁烟启衅以来，以一省之地牵掣全局，事变百出，而始终实一线相承，至是始一结束，且为后来东亚辟一新世界焉。

俄订《爱珲》《天津条约》 沿海暨内江通商，非复五口之旧，既如上文所述。而事之关系绝大,惊动全球耳目者,则俄人乘隙大改康熙朝《尼布楚条约》是也。俄人陆路通商,旧惟恰克图一处,自雍正五年订约后,历朝奉行。乾隆朝,设库伦办事大臣,总理边务。然俄属西伯利亚,东向无通航海口,大为不利。俄人夙怀侵略之志。咸丰三年,俄政府行文中国,谓自黑龙江、格尔必齐河上流以达于海,未设立界标,即属未定之地,请中国政府派员商议,以为尝试之计。盖由西伯利亚总督木喇福岳福建议于俄皇尼古来斯者。实则道光末年中国多事,俄国已于黑龙江北岸设兵数营屯守,殖民其地,侵占已非一日矣。咸丰四年,俄督以舰队顺黑龙江而下,通过爱珲,中国官止之不得。五年,黑龙江将军奕山与木喇福岳福会议界务。俄欲以黑龙江及乌苏里河为两国界,我援《尼布楚〔条〕约》折之,不谐而罢。次年,俄以海军少将普查钦为全权大臣,自黑龙江乘舟至天津,再申前议。中国政府又拒绝之。至八年,俄又移住其人民于乌苏里河口。于是奕山承政府之命,与木喇福岳福会于爱珲城,订条约三条。

（一）黑龙江、松花江左岸,由额尔古纳河至松花江海口,作为俄罗斯国所属之地。右岸顺江流至乌苏里河,作为中国所属之地。由乌苏里河往彼至海所有之地,此地如同接连两国交界明定之间地方,作为两国共管之地。由黑龙江、松花江、乌苏里河,此后只准中国、俄国行船,各外国船只不准由此江河行走。黑龙江左岸由精奇里以南至豁尔莫勒津屯,原住之满洲人等(在今爱珲对江。庚子之役,被俄人驱逼入江者,即此屯内之人),照旧准其各在所住屯中,永远居住,仍著满洲国大臣官员管理,与俄罗斯人等和好,不得侵犯(钱恂案:此条一则曰黑龙江、松花江左岸,满、蒙文、俄文、英、法各文均但言黑龙江,不兼言松花江;再则曰松花江海口,满、蒙文、俄文、英、法各文亦无有松花江字。至下文黑龙江、松花江、乌苏里河三水并称,叙行船一事,满、蒙文、俄文、英、法各文始有松花江字。是换约时既允其以在外黑龙江为界,又允其于在内之松花江行船,显分两事,不相牵涉。故后来历次辨论,欲挽回松花江行船,迄不能得。末叙旗屯又是一事,然亦仅以虚名予我而已)。

（一）两国所属之人互相取和,乌苏里、黑龙江、松花江居住两国所属之人,令其一同交易,官员等在两岸,彼此照看两国贸易之人。

（一）中俄会同议定之条，永远遵行勿替，两国画押互交，照依此文缮写，晓谕两国交界上人等。

此约订于咸丰八年四月十六日，西一八五八年，俄五月十六日。世称之曰《爱珲条约》。自订此约，而黑龙江北岸地全入于俄。于是康熙朝旧界，自格尔必齐河循石大兴（即今图之朱格朱尔岭）以至于海（据俄人自绘古界总图，知此海实指图古尔海湾）者，为之一大变。而雍正五年约，定乌特河为两国中立地（乌特河在朱格朱尔岭北，图古尔河入海处东）者，更无论已。时俄人一方则经营满洲，一方则以兵船随英、法之后，同往天津。及天津炮台陷，英、法和议成，俄又援英、法例，于是年五月三日，另订《天津专约》十二条。其大者，一、嗣后两国不必由萨那特衙门及理藩院行文，由俄国总理各国事务大臣，或径行大清之军机大臣或特派之大学士，往来照会，俱按平等；一、除两国旱路，于从前所定边界通商外，今议准由海路之上海、宁波、福州、厦门、广州、台湾、琼州等七处海口通商，若别国再在沿海增添口岸，准俄国一律照办；一、俄国在中国通商海口设立领事官，再派兵船在彼停泊，以资护持。自订此约，而恰克图陆路之约仍旧。海陆皆获大利，而俄之野心犹未已。

俄订《北京条约》 方英法同盟军之陷北京也，俄使伊格那替业幅以互换前此《天津条约》，留居北京，乘机观变。时文宗狩热河，各大臣多扈从。同盟军欲与中国会议和约，而苦无邀求之人。伊氏调和其间，慨然肩此重任，会同盟军而询其意见，得其隐情，乃往劝恭亲王主持和议。恭亲王恐蹈不测，伊格那替业幅谓礼部衙门（时议宴英、法使臣于礼部衙门）与俄国公使馆极近，同盟军决不生祸。因是恭亲王允与英、法使臣相见。和议既成，而俄乃挟此以索厚报于中国矣。于是以十年十二月再订《北京条约》，续增十五条，其第一、第二两条为国界之关系至重大者，今列于下，而其余姑略焉。

（一）自乌苏里河口而南，上至兴凯湖，两国以乌苏里及松阿察二河作为交界，其二河东之地属俄罗斯国，二河西属中国。自松阿察河之源，两国交界逾兴凯湖，直至白棱河，自白棱河口顺山岭至瑚布图河口，再由瑚布图河口顺珲春河及海，中间之岭至图们江口，其东皆属俄罗斯国，其西皆属中国。两国交界于图们江之会处，及该江口相距不过二十里（盖谓南境尽处距图们江海口尚有二十里之远，此二十里乃俄国与朝鲜交界）。

（一）西疆尚在未定之交界，此后应顺山岭、大河之流及中国常驻卡伦等处，及一千七百二十八年即雍正六年所立沙滨达巴哈之界牌末处起，往西直至斋桑淖尔湖，自此往西南顺天山之特穆图尔淖尔，南至浩罕边界为界。

自爱珲、北京两订界约始，举黑龙江以北、乌苏里河以东地，悉割隶于俄。计我所割弃者，东西广及二十余经度，南北长及十余纬度。俄人遂于其地建阿穆尔州、沿海州，殚力经营，不惜巨费。昔之空旷之地，一变而为繁盛之区，而我东北边防乃日亟（东界即于次年五月派侍郎成琦会同俄官照约设立界牌，西界直至同治三年九月由勘界大臣明谊会同俄官在塔城重议，纷纷改易，而特穆图尔亦画置界外矣）。

第二十六章　大乱之平定

湘军三河之败　粤匪之自直隶败窜山东者,既于咸丰五年四月全数肃清,官军无复北顾之忧。江南大营失陷后,至八年三月,和春、张国樑复进逼江宁,军势渐振。是年四月,李续宾克九江。八月,曾国荃克吉安,江西无复贼踪,长江上下游贼势渐蹙。官文、胡林翼会筹东征之策,陆师渡江,先皖北而后及于江南,水师先安庆而后及于金陵,以图皖之事专属之李续宾,奏请加巡抚衔,专折奏事。诏报可。时贼酋陈玉成为后起之枭桀,专扰皖楚边境,与官军为难,由英、霍绕商城,陷黄安。五月二日,官军攻克之,乘胜追至商城暨皖之潜、太、英、霍,连败之。七月,续宾攻克太湖、潜山,而庐州复为贼所陷。九月,克桐城、舒城,贼走三河。三河距庐州五十里,贼屯粮械以济庐州、金陵者也,筑大城环以九垒,防守甚严。续宾连下四邑,皆分军守之,兵力益薄。是时,都兴阿马队攻安庆,多隆阿、鲍超陆军趋集贤关,杨岳斌水师捣北门,皆缂贼不能进。诸将皆言安庆未克,军行无后继,进退受敌,不如还桐城,合都军攻安庆。会奉诏催进师,遂进攻三河。十月,大战破贼,九垒皆下,官军亦伤亡千余。贼酋伪英王陈玉成、伪侍王李世贤纠合捻酋张洛刑,自庐州至,连营数十里,抄我后路。官军之先乞援于湖北者,值胡林翼丁忧去位,援不时至。官军虽杀贼过当,而贼四面围裹,愈集愈厚,七营先陷。续宾知事不可为,乘夜跃马入贼阵死之,曾国华及诸员弁兵勇从殉难者六千人,湘军精锐歼焉。续宾少从罗泽南学,为人含宏渊默,稠人广座,终日不发一言。其选士以知耻、近勇、朴诚、敢战为上,遇贼则以人当其脆,而己当其坚,粮仗则予人以善者,而己取其窳者,所屯军地,百姓耕种不辍,万幕无哗,大小六百余战,克四十余城,口不言功。及其殁,远近痛哭。事闻,文宗震悼,降诏优恤。于是皖楚之间大震,先克四邑皆陷。都兴阿等撤安庆围,退屯宿松,续宾弟续宜抚溃卒,屯黄州。

起复曾国藩,援浙、援闽、援皖 先是,是年五月,江西贼窜入浙边,曾国藩奉诏援浙。六月三日,由湘乡起程,命萧启江、张运兰军会于广信铅山县之河口镇。及由南昌解缆,途次续奉谕旨,以衢州业已解严,贼窜入闽境,令即由铅山直捣崇安。八月,贼由福建邵武回窜江西,泸溪、金溪皆失守,旋陷安仁。张运兰攻克之。复有大股贼回窜新城,吉安余匪窜陷宜黄,抚州、建昌两郡戒严。国藩趋建昌。九月,刘长佑大破贼于新城,贼仍窜回闽境。国藩令运兰分道趋闽,而岭路崎岖,大雨不止,疾疫大作,以是军不能速进。至十月而三河覆军之变作,诏起复胡林翼署湖北巡抚。官文、骆秉章疏请国藩移师援皖。其时闽贼由汀州窜扰江西赣州南安之境,旧踞景德镇之贼亦复鸱张。谕旨垂询国藩,谓:"如果闽省兵勇足资剿办,而江西边地,防剿有人,自以赴援皖省尤为紧要。"十二月,国藩奏称:"论大局之轻重,则宜并力江北以图清中原;论目前之缓急,则宜先攻景德镇,保全湖口。至福建之贼,为数无多,其回窜江西者,已饬萧启江一军迅速追剿。"得旨允行。盖欲先清江西之匪,而后以全力注于皖北也。

湘军肃清江西,进规安庆 林翼以十一月驰至湖北受任,进驻黄州,拊循士卒。适多隆阿、鲍超大破贼于宿松,贼不能上犯。九年正月十一日,国藩奏陈:"数省军务,安徽吃重,江西次之,福建又次之。计惟大江两岸,各置重兵,水陆三路,鼓行东下。北岸须添足马步军三万人,都兴阿、李续宜、鲍超等任之;南岸须添足马步军二万人,臣率张运兰等任之;中流水师万余人,杨岳斌、彭玉麟任之。至江西军务南北两路,臣当与江西巡抚分任之。粤贼勾结捻匪,近来常以马队冲锋,拟调察哈尔马三千匹,募马勇数千,择平旷之地,驰骋操习,愿竭数月之力,训练成熟。皖豫军务可期大有起色。"二月,萧启江克南安。石达开悉众趋湖南之郴、桂。国藩移驻抚州,檄启江还援湖南。三月,张运兰破贼景德镇。旋曾国荃至抚州,国藩命率朱品隆等五千八百人,助攻景德镇。时诸军与贼相持久,莫肯先进,国荃至,始移营进逼,连战皆捷,遂以六月克景德镇。贼窜皖境之建德、祁门。江西肃清。而湖南宝庆被贼四面围裹,国藩再遣张运兰赴援,而自率亲军出九江。八月,至黄州。九月,拟合湖北军攻安庆。

湖南宝庆之警 自咸丰六年八月,金陵贼韦、杨内哄,于是广西起事诸伪王,存者惟石达开。达开见秀全猜忌,自金陵再出,历犯安徽、江西、福建,有众数十万,不复禀承秀全之命。九年二月,自南安败还,窜陷湖南郴州、桂阳州。时湖南兵饷皆竭于远征,腹地空虚,猝闻大股贼至,人心大震。贼窥衡州,出间道,为陈士杰、魏喻义所扼,改道围永州,分扰旁县。巡抚骆秉章委军事于左宗棠。宗棠飞檄召刘长佑、江忠义、田兴恕等赴急,一月内成军四万人,湘防以固。官文、胡林翼复自湖北调水陆军赴援,长佑军至永州,贼解围走。四月,犯宝庆,分犯武冈、祁阳,皆以坚守得全。五月,贼聚围宝庆,众号三十万,连营百里。刘长佑、田兴恕等援军纵横血战,贼虽屡败,垒益增,围益厚。官文、胡林翼以宝庆重地,不可无良将为总统,乃遣李续宜统五千人赴援。六月十九日,续宜至军,水陆军四万悉受节制。贼闻新军至,誓致死于我。续宜与长佑会商军务,遂渡资水而西,大战破贼,毙贼二万余人。达开窜广西,续宜亦引还湖北。

官军入皖苦战 方宝庆被贼围攻之际,谍报贼将犯蜀,官文以蜀居湖北上游,奏请饬曾国藩带兵赴夔州一带,择要扼守,得旨允行。国藩时驻江西抚州,剿景德镇之贼,奏言:"先驻湖北宜昌,如贼果入川,再行酌量前进。"既而宝庆围解,石逆远窜。官文又奏请暂缓入川,会剿皖省。上又从之。八月十一日,国藩行抵黄州,与林翼会商,旋至武昌晤官文,而进兵皖省之局始定。先是,皖北贼势鸱张,庐州自八年七月陷后,李孟群与贼相持,至九年二月,军溃死之。湖北军当前敌者,为多隆阿、鲍超、蒋凝学、唐训方。九月,多隆阿克石牌,十月,大举攻太湖,以进规安庆。时漕运总督袁甲三请饬国藩军由河南光固进。诏国藩筹酌全局。国藩奏言:"入皖须分四路,南则循江而下,一由宿松、石牌以规安庆;一由太湖、潜山以取桐城,北则循山而进;一由英山、霍山以取舒城;一由商城、固始以规庐州。至能否绕出怀、蒙以北,应俟察看情形,再行奏明办理。"上韪其言。十一月,国藩移驻宿松,十二月,林翼移驻英山,奏以多隆阿总统诸军。伪英王陈玉成勾结捻首张落刑、龚瞎子等,由庐州上犯,众十余万。多隆阿撤太湖之围,檄鲍超屯小池驿当前敌,蒋凝学为超后援。贼连营百数,扑超营甚急,历六昼夜不息。超军伤亡颇众,苦守不退。多隆阿分亲军入超营助守,国藩与林翼飞调各军援之。十年正月二十五日,诸营合力大战,杀贼精锐无算。会东南风大作,我军举火烧贼营,贼弃垒狂奔,死者二万余人。陈逆数年之积蓄,一炬罄尽,实为官军入皖第一大战云。次日,克复太湖、潜山两城。三月,定议以国藩所部攻围安庆,多隆阿攻桐城,李续宜驻青草塥,为往来援应之师。而鲍超以伤病发,请假回籍。

江南大营之进逼与分援旁地 江南大营自七年十一月攻克镇江,北军亦以同月克瓜洲,和春、张国樑益锐意规金陵。八年二月,攻克秣陵关。三月,复破贼于七瓮桥、雨花台等处,逼金陵城而军。四月,贼窥江浦,为金陵声援,江北军拒走之。五月,贼踞未安,和春遣军攻克之。江南水师李德麟、吴全美等于沿江各要隘,多所斩获。金陵贼大出犯大营。张玉良、冯子材等踊跃陷阵,贼败走,毁城东北栅垒略尽。贼婴城固守。七月,定计作长壕困之,度地势险夷,沟而垣之,周城百余里,诸营大小相维,而以舢板联为水营,绝援应。秀全患之,八月,悉锐出突长围不能得,溃退入城。当是时,金陵围师八万人,和春虽为帅,战事皆倚张国樑。国樑威名闻天下,人人以为大功可企足待。文宗亦绝重江南军矣。顾贼不得逞于金陵,则益伺间旁轶,以为多方误我之计。各方有急乞援,大营辄分兵应之。先是,贼自江西窜浙,则令周天受率南军援浙,及贼入闽,又令周天培分援浙兵赴闽。孤军转斗,往往累月不能归,其取败亦终以此。会陈玉成自皖东出,会群贼攻浦口。江北军总兵鞠殿华迎战大挫,和春令冯子材渡江援之。贼分兵缀南军,益力扑浦口,江北大营失陷。德兴阿走扬州,江浦、天长、仪征皆不守。贼分党犯六合。九月,玉成自攻扬州,陷之。德兴阿走邵伯,日夜告援江南。张国樑北渡,与贼战东南两门,贼败退,城不及闭,遂克扬州,并复仪征。而六合被围急,道员温绍原誓死固守。国樑既克扬州,急引兵赴援,而贼亦益穴地轰城,城陷,绍原死。绍原起家县令,守六合六年,无兵无饷,练勇血战,以孤城当贼冲,积久而后陷,世以比唐张巡之守睢阳云。胜保遣军攻天长,捻酋李兆受内应,克之,兆受寻赐名世忠(胜保以是年七月以钦差大臣督办皖北军务)。贼陷溧水,张玉良、冯子材攻复之。

江南大营之失陷 当是时,湖北军经营皖省,其进庐州者,至三河而师覆,安庆未复,与下游声息阻隔。皖南有警,亦由江南大营遣偏师往援。江长贵自九月至十月连破贼于祁门、青阳。十一月,戴文英败贼于宁国之水阳镇。九年正月,江南先遣之邓绍良战殁于宣城之湾沚。和春遣郑魁士继之,复湾沚,而江浦、浦口以内应得复。二月,贼复自九洑洲率众窥伺,张国樑进攻九洑洲,下洑洲诸垒。德兴阿在江北,日久无功,和春劾罢之,江北不复置帅,诏和春兼辖,而大营汛地益广矣。七月,遣李若珠攻六合。十月,若珠军败,退屯扬州西。贼乘胜围浦口,列营皆陷,周天培力战死,官军退保江浦。于是贼焰益张,东窥扬、仪,西逼江浦,而南岸之贼亦窥溧水。十一月,张国樑自将渡江援江浦,贼弃垒狂奔,南岸贼亦退。十年正月,张国樑大举下浦口,悉平沿江贼垒,进攻九洑洲,克之,旋师金陵,与和春定议招降,解散贼党,旋克金陵滨江之上下关各贼垒。贼势日蹙,益谋致死于我。金陵与皖南唇齿相依,是时张芾以京堂督办皖南军务,贼连陷泾县、旌德。二月,突陷广德州,阑入浙湖之安吉,距省城一百数十里,浙抚罗遵殿乞援于曾国藩。湘军方图安庆,且道远不能至。诏和春兼督浙江军,遣提督张玉良统军援浙,未至,杭城陷,而驻防营瑞昌尚坚守未失。三月,援军至,贼即退走,攻陷建平、东坝、溧阳,进围金坛。官军至而围解,广德、建平旋即克复。而贼知大营兵分力薄,益促浙皖江北之贼,分道并进,麕集金陵。我军自长围成,意谓克复金陵,在指顾间,将士骄蹇,营规废弛。又因馈饷艰难,议月饷三分减一,所减者俟功竣补给,军心携贰。闰三月七日,贼纷扑大营,国樑苦战八昼夜。十四日,大雷雨,天殊寒,至夜,各营火起,军士溃散,乃退守丹阳,图再举。贼踵至,国樑力战,创甚,跃入河中死之。和春突围走常州,与贼战受伤,呕血死。时总督何桂清以筹饷事驻常州,素倚和、张为前敌,及是惶遽无措,即疏奏回苏州筹饷。绅民固留主城守事,不可,率亲兵五百径赴苏州,文武皆奔散。贼踵至常州城,遂以四月六日失守。桂清至苏州,巡抚徐有壬拒不纳,且具疏劾之,退往常熟,复避之上海。贼陷无锡,败张玉良之师,玉良退守苏州。贼追踪至,号称数十万。苏州旧设之兵不满四千,饷又先被桂清征入常州,城中大乱,玉良溃兵复为内应。十三日,城陷,有壬死之。何桂清革职逮问(桂清至同治元年冬始正法)。

国藩初任江督之规画 自常、苏失守,江浙境内纷纷告警,贼焰大炽。诏曾国藩署两江总督,督办江南军务,而贼已进薄浙江之嘉兴矣。国藩奏言:"目下安庆一军已薄城下,为克复金陵张本,不可遽撤。臣奉恩命权制两江,必须带兵过江,驻扎南岸,以固吴会之人心,而壮徽、宁之声援。臣函商官文、胡林翼,酌拨万人,先带起程,仍分遣员弁回湘募勇,赶赴行营,以资分拨。至于粮糈军械,必以江西、湖南为根本。臣咨商两省抚臣,竭两省之力,办江楚三省之防,布置渐定,然后可以言剿。"林翼贻书国藩,谓:"吴督之任,以包揽把持恢廓宏远为用,今宜起两军,一出杭州,一出淮扬,请放胆为之。"国藩壮其言,然不能用。国藩奏请"以江西钱粮归抚臣经收,以发本省兵饷,牙厘归臣经收,以发出征兵饷。"又奏:"拟于淮扬办水师一支,以保盐漕,宁国、太湖各办水师,以辅外江所不及。"奏保左宗棠刚明耐苦,晓畅戎机。诏宗棠以四品京堂襄办军务。奏起告养回籍道员沈葆桢办江西广信防务。与胡林翼筹商,调鲍超所部六千人,朱品隆、唐义训等所领三千人,渡江而南,驻徽州之祁门。六月十一日,抵祁门。其安庆攻剿之师,以弟国荃任之。国藩老营仍设于安庆水次,地方寻常事件,委员管理之。

祁门督师之困难 国藩治军八载,转战两湖、江、皖等省,与地方大吏分主客之势,志不得伸。至是兼任疆圻,百务填委,国藩训饬僚属,举劾属员,访求利病,保举人才,条理秩然不紊。时论者皆谓宜直捣金陵,或云进规苏、常,或云分援杭、湖。国藩奏言:"但求立脚之坚定,不论逆氛之增长。"以故专力安庆,取建瓴之势,金陵无围师者二年。既至祁门,皖南贼围攻宁国甚急,官绅乞援,函牍纷至,军将未集,亦弗能遽进。六月二十四日,实授国藩两江总督并钦差大臣,督办皖南军务。前此副都御史张芾驻徽督师,久无成效,召回入都。国藩请以道员李元度任徽防。国藩名位日隆,值江浙贼炽,纷纷请援。叠奉谕旨垂询,卒以左宗棠、鲍超、李元度、张运兰军皆未到皖,不能前进。八月,贼由广德州扑宁国府城,十二日城陷,周天受死之,徽州戒严。十四日,李元度赴徽州,接办防务。李世贤率大股贼由绩溪扑徽州,平江勇败溃,徽州陷。

元度走开化,贼趋祁门。鲍超、张运兰已先至军,乃急调超军渔亭,运兰军黟县,以遏其锋。左宗棠军行抵南昌,调赴乐平、婺源之间,以防贼窜江西之路(是月,英、法兵陷天津,促召外援。国藩与胡林翼筹商北援之举,旋以和议成而止)。九月,贼犯休宁,鲍超、张运兰合击破之。十月,贼陷黟县,复击走之。时皖南贼党分三大股,环绕祁门,一出祁门之西,至于景德镇;一出婺源之东,复南窜至山;一由祁门之北,越岭南犯,直趋国藩大营。危险万状,文报饷路,几于不通。十一月,鲍超、张运兰大捷于卢村。乃调鲍军赴景德镇,与左宗棠合力堵剿,以保饷路,而以张运兰军留防黟县。十一年正月二日,贼再犯祁门,江长贵等拒走之。适左宗棠移军婺源,景德镇陷,环祁门皆贼,米粮接济断。三月,官军攻徽州以图自立,兼资饷于浙,国藩亲督之,遇贼溃退,回驻祁门。会宗棠击贼乐平,六获大捷,杀贼逾万,于是转运道通,军气稍振。国荃自安庆遗书,谓株守偏陬无益,宜出大江规全局。于是国藩军略,为之一变。

官军克复安庆 方贼之环逼祁门也,冀事急,官军或解安庆之围以自救。曾国荃知其旨,围攻益力。十年十月,陈玉成率众十万援安庆,国荃屡击破之,玉成走桐城,多隆阿、李续宜合军大破之于挂车河。十一年正月,胡林翼移营太湖,合围安庆。玉成不得志,改图上犯。林翼先调余际昌守霍山,为贼攻陷。二月,进陷英山,直趋湖北之蕲水,扑黄州,陷之,分扰德安、随州,武汉戒严。李续宜率军回援。贼之别股,南则攻江西郡县,出义宁,扰崇、通;东则由衢州至于处州,欲多方误我。二月,玉成留党守德安,而自回安庆。国藩亟调南岸鲍超一军渡江援剿,多隆阿截剿援贼于桐城、怀宁之境,大破之。贼悉窜踞集贤关。四月,玉成筑垒菱湖,为城贼援应。国荃掘长濠困贼,而调炮船入湖卫之。其时国藩命张运兰、朱品隆等分守岭内各要隘,而自移驻东流。五月,鲍超军至,则围攻集贤关外赤冈岭贼垒。胡林翼调成大吉军助之,围攻七昼夜,克之,擒贼目刘玱林。贼之精锐歼焉。湘军声威益盛。六月,曾国荃攻克菱湖南北贼垒十八座。七月,陈玉成、杨辅清等复屡为官军所败,城外石垒略尽。国荃益逼城筑垒。贼粮尽援绝。八月一日,以地雷轰塌城垣,整队而入。贼众自叶芸来以下,死者万六千人,被俘者数千人,无得脱者,陈玉成、杨辅清远望胆落,遁去。安庆陷贼已九年,至是以力战克之，而大局始有转机矣，捷奏至，文宗已崩于热河。贼之先犯湖北黄州、德安等处者，亦先后为官军所复。胡林翼先闻警赴援，已患咯血疾，竟以是月二十六日卒于武昌。国藩闻之，悲悼不已，谓："赤心以忧国家，小心以事友生，苦心以调护诸将，天下宁复有似斯人者哉！"官文奏请以安徽巡抚李续宜署湖北巡抚，林翼遗疏亦及之。诏从之。续宜辞，仍还安徽任。国藩移驻安庆。

左、鲍两军肃清江西 当安庆围攻之际，左宗棠以四品京堂襄办曾国藩军务，驻军江皖之交，防广、饶以规浙。鲍超则为往来援应之师。贼亦时犯江西，冀分皖军之力，列城多失守。十年十一月，宗棠军克德兴、婺源，寻破伪堵王黄文金之军，复浮梁。水师亦以十二月克彭泽、都昌、鄱阳。别股贼围湖口者，以彭玉麟、吴坤修水陆固守，得无恙。十一年正月，左、鲍合军破之于彭泽境内。贼踞建德，官军复其城，贼走安庆、饶州。九江解严。而李秀成复自玉山犯广信，不克，围建昌、抚州，再窜吉水、永丰。二月，李世贤由婺源犯乐平，宗棠击败之。宗棠移军鄱阳，守景德镇者为陈大富，贼攻陷之，大富死。三月，宗棠回军，大破贼于乐平，李世贤遁。左军由是知名，擢宗棠三品京堂帮办军务。四月，李秀成陷踞瑞州，分扰旁邑，前锋近逼省城。时鲍军之援安庆者已攻克赤冈岭贼垒，安庆贼势穷蹙，国藩调之援江西。七月，超抵九江，贼慑霆军声威，或不战而走。超进至丰城，贼望见旗，即胆落溃走。另股贼围抚州者，走许湾，寻蔓延贵溪、双港、湖坊一带，号二十万。八月，超冒雨进，贼鏖战不支，死者万人，七十余垒皆下，克铅山县，追至湖口，秀成、世贤悉溃窜浙境。江西肃清。其时安庆已克，湖北之德安、黄州亦先后克复。皖南之徽州亦已为张运兰所复，乃得以战胜之势，专力下游矣。

官军克复安庆后之规画与战事 安庆既下，多隆阿乘势进攻桐城，下之，凡皖北毗连湖北各州县，先后收复。于是安庆以北之事，多隆阿任之。曾国荃会同水师规复滨江两岸各要隘。杭州危急，朝士疏请以曾国藩兼督浙军。国藩荐左宗棠专任浙江兵事，以饶州、广信、徽州三府防军隶之，并以旧设之婺源、景德镇、河口三税局归宗棠经收，以裕饷源，其规画大局如此。时杨岳斌乘安庆克复之势，以八月五日派水师攻克池州府，进下铜陵。九月，国荃督军循江北岸而下，连克贼垒，进薄无为州，乘内乱克之，再下运漕镇东关，贼由巢湖运粮出江之道绝。于是近安庆百里间无贼垒。十月，国荃分军留防要地，自还安庆，与国藩筹商，添募乡勇六千人，为直捣金陵之计。而其时贼之肆扰苏、杭各郡县者日益亟，至十一月而杭州竟失守矣。

浙江省城之失陷及左宗棠擢任浙抚 浙省西界与皖南之宁国、徽州、江西之广信邻。方贼肆扰江、皖等省，浙省大吏狃故习，不自治兵，遥恃江南大营为屏蔽，而岁竭赋税银七十万两，以供大营军饷，有急则由大营拨兵援之。以皖南为浙之门户，大营亦遣邓绍良、周天受分防之。咸丰六年五月，大营第一次失陷，浙防益亟亟。八年二月，石达开自江西犯衢州，遂陷处州。诏和春兼督浙江军，未行，起复曾国藩督师。贼围衢州不能下，以湘军至破贼，改窜闽。及十年正月，贼酋李秀成图解金陵之围，遣偏师自皖南宁国境内犯湖州，二月，进逼杭州。杭城仓猝失陷。大营时遣张玉良统师援杭，值驻防营坚守，又以贼志不在浙，即窜出，回薄江南大营，而大营遂以闰三月失陷。自是常州、苏州继失，贼进逼嘉兴，陷之。两浙大震。七月，张玉良攻嘉兴溃退，属县多失守。八月，周天受败死宁国，李元度又失守徽州，而浙之藩篱尽撤矣。九月，贼陷严州，寻为张玉良攻克。十月，由富阳、余杭分犯杭州，复改围湖州。十一月，团绅赵景贤出击，大破之。十一年三月，伪侍王李世贤犯乐平，大为左宗棠所破，由婺源窜广信、玉山，陷常山、江山，分党陷处州，世贤自由严州陷金华。五月，官军进剿失利。七月，李秀成在江西复为鲍超所破，合股夹攻衢州。浙中益大扰。八月，贼解衢州围，陷严州，遂由临浦犯萧山、诸暨，陷之。绍兴戒严。时绍绅前副都御史王履谦在籍办团练，与官吏龃龉，九月，贼至，民团溃。绍兴既陷，杭州益孤危。巡抚王有龄虽不喜湘军，事急，乃以血书乞援安庆。时安庆已克，湘军威声震中外，顾以皖省战争亟，不克济师，因咨商左宗棠，由广信进军衢州以援浙。十月十八日，命国藩统辖江苏、安徽、江西三省，并浙江全省军务，并著速饬左宗棠驰赴浙江剿贼。而贼已于是月逼杭州，张玉良自富阳统援军至，中炮死。杭城被围粮绝，守军饥疲，十一月，城陷，有龄及将军瑞昌、总兵饶廷选等死之。国藩先已奏辞兼制浙江之命，请以浙事专任左宗棠,先固江皖边防,再筹进剿,又奏调广西臬司蒋益澧率所部赴浙,随同左宗棠防剿。十二月,诏授宗棠浙江巡抚,同时又以在籍道员沈葆桢任江西巡抚。而军事始有起色矣。

上海官绅之乞师与洋兵之会防 先是,苏州失陷,松江、太仓各城皆沦于贼。薛焕任巡抚,驻上海,倚西洋各国以慑贼,苏松太道吴煦募华兵,以美国人华尔领之,号曰常胜军,所向辄捷。顾此外兵数万人,皆冗杂不可任。十年七月,贼大举围上海,官军会西洋兵击却之,寻破贼宝山境内。十一年二月,贼犯青浦,拒走之,常熟、昭文诸邑亦各练团御寇。五月,贼复逼上海,为炮队所拒而退。是年八月,安庆克。官绅会议乞师,备银二十万两,雇外国轮船,溯江而上,至安庆,呈递公函。大学士翁心存奏:"苏、常绅民结团自保,盼曾国藩如慈父母,请饬拣知兵大员赴通、泰,道江阴、常熟以规苏州。"值穆宗新立,两宫听政,厪念东南,博求将帅。国藩疏荐道员李鸿章才大心细,劲气内敛,堪膺疆寄。时楚军战守各地,无可分拨,因属鸿章用楚军之营制,练淮徐之勇丁,期以来年二月济师。十一月,贼陷奉贤、南汇、川沙,沪上震恐。因倡借洋兵剿贼之议,上海设会防局,奏明会同洋人防守。国藩奏言:"上海本通商之地,借洋兵以保守人财则可,若令攻剿金陵、苏州,代复中国之疆土则不可。"又咨商薛焕,言:"目前权宜之计,祇可借兵防守沪城,尤当坦然以至诚相与,不可稍致猜疑,致碍全局。"同治元年二月,李鸿章募淮勇到安庆,国藩为定营伍之法,器械之用、薪粮之数,悉仿湘勇章程,又选湘军名将程学启、郭松林以助之,以故两省将卒若出一家然。初,定议援镇江(时冯子材守镇江,战不利。都兴阿自扬州拨兵援之,亦不胜),适上海雇轮船七号,驶抵安庆迎师,乃以三月分起赴援上海,冲贼营而过。鸿章抵上海,营城南。诏以鸿章署江苏巡抚,别授薛焕通商大臣,专办中外交涉事件。

同治初年任曾国藩之专 自安庆之下,朝廷专倚湘军平贼。穆宗新立,恭亲王任议政王,东南大事悉取决于曾国藩。初有节制四省之命,国藩一再奏辞,言:"左宗棠之才实可独当一面,臣苟思虑所能到,才力所能及,必与左宗棠合谋,不分畛域,不必有节制之名,而后尽心于浙事也。"寻奉酌保封疆将帅人才之旨。国藩又言:"疆臣既有征伐之权,不当更分黜陟之柄，所以预防外重内轻之渐，兼杜植私树党之端。"奉旨嘉奖。谕以"膂股肱心膂之寄，不当有避嫌之见。"同治元年正月朔，授国藩协办大学士，仍督两江。国荃授浙江臬司，二月，擢江苏藩司。国荃自湘回安庆，所募新勇亦至，率之东下，三月，克巢县、含山、和州，至裕溪口西梁山，曾贞干克繁昌至南陵，鲍超克青阳、石埭、太平至泾县，彭玉麟水师中江而下，至金柱关。当是时，国藩建节安庆，指挥众军。国荃、贞干等为进取金陵之师，李鸿章淮勇佐以黄翼升水军至上海，是为谋取苏州之师，左宗棠由徽州进衢、严，是为规取全浙之师，皖北则多隆阿攻庐之师，李续宜援颍之师，皆秉承节度。其他袁甲三及李世忠淮上之师，都兴阿扬州之师，冯子材、魁玉镇江之师，奉旨统筹兼顾。军书辐凑，英彦风驱，前此所未有也。

陈玉成之被擒　自十一年八月，多隆阿连下桐城、舒城，益进规庐州。陈玉成因援安庆不得，将趋湖北德安招其党，群酋不从，乘夜由六安走庐州。洪秀全切责之，玉成遂留屯庐州城东。同治元年二月，多隆阿进攻，破贼垒数处。四月，遣雷正绾、石清吉分队攻城。玉成率三千人出战，正绾击破之。玉成退据城北浮桥，城贼开北门出大众，谋合击，忽见玉成退，惊乱，玉成遽断浮桥遏城贼，使阻水反拒，城贼益惊，自相蹂。石清吉等梯西南以登，城遂破。玉成奔寿州，以苗沛霖受伪封（沛霖系安徽练总，胜保授道员。以十一年九月与团绅孙家泰仇杀，攻陷寿州），往乞援。沛霖遣党迎谒，诱入城，缚而囚之，并诸伪王等二十余人，解献颍州胜保营。捻酋张落刑纠党于中途谋劫夺，沛霖击走之。胜保槛送京师，未至，诏于河南卫辉府之延津正法。玉成凶很亚杨秀清，战略过李秀成，既诛，楚皖之间稍稍息肩矣。

曾国荃连下滨江要地与雨花台之战守　洪逆之踞金陵，以东、西梁山为锁钥，以芜湖为屏障，而金柱关者，皖南群湖所自出，又芜湖之藩卫也。西梁山既下，曾国荃引军渡江南岸。同治元年四月二十日，会合水陆各军，克太平府城。次日，攻克金柱关、东梁山，二十二日，克复芜湖县。乘胜驶抵大胜关，五月三日克之，并下秣陵关。水师亦屡捷，遂进军金陵城外，驻营雨花台。时国荃军合水师不满二万人，孤军深入，国藩忧之，令待他军集而后进。国荃曰："金陵为贼根本，拔其根本，则枝叶不披自萎,且苏、常各贼闻江宁攻急,必更来援,彼时遣别将间袭苏、常,吾因而乘之,殄寇犁穴,在此举矣。"围攻之议乃决。城贼出窥伺,辄被创,洪秀全恐,促浙酋李世贤、苏酋李秀成还金陵。值左宗棠力攻衢州,李鸿章新克松江厅县,奔命不遑。秀成先遣其伪国宗引兵数万,自苏州回援。六月,与官军战,不利,走入城,复谋突长濠。濠宽深不得过,国荃出濠纵击,贼大奔。同时鲍超克复宁国府城,伪辅王杨辅清溃走,降贼目洪容海,即因降众收复广德州城。八月,江南大疫,徽、宁尤甚,鲍超等病不能军,金陵围师亦苦疫,死者山积。闻八月十二日,国藩奏言:"战事方利,而天灾流行,若贼乘危来攻,不特不能战守,且不能预逃以待再振,数年来百战所得之地,由尺寸广至数百里,前功将隳,臣德薄不能挽厄运,请简亲信大臣,驰赴江南,分重大之责任,挽艰难之气数。"奉上谕:"朝廷信用楚军,以曾国藩忠勇发于至诚,推心置腹,倚以挽救东南全局。自诸军进逼金陵,逆匪老巢已成阱槛。惟以艰难时会,诚不易得,叠谕毋徒求效旦夕,但当立足不败之地,以俟可乘之机。今疾疫流行,将士摧折,深虞隳士气而长寇氛,此无可如何之事,非该大臣一人之咎。意者朝廷政事多阙,足以上干天和,我君臣当痛自刻责,为民请命,以冀天心转移,事机就顺。刻下在京固无可简派之人,环顾中外,才力气量如曾国藩者,一时亦实难其选。该大臣素常学问,尤当任以毅力,矢以小心,仍不容一息稍懈也。"其时李秀成大股贼自苏、常至,号六十万,连营数百,日夜猛扑官军营盘,挟西洋炸炮自空下击,呼声动地。同时,宁国鲍超军、金柱关水师亦为贼所攻,不能赴援。国藩檄调苏之程学启军、浙之蒋益澧军,又以围攻要地,不能应命。国荃督军苦守,面受枪子伤,仍裹创巡营,以安众心。曾贞干驻守江干,力战以通馈运。历半月,贼稍却,乃掘地道陷官军垒,国荃辄堵合之。九月,李世贤复自浙至,官军凭濠坚拒,相持两昼夜,俟其疲,开壁出击,贼势披靡。贼仍潜开隧地,官军掘内濠以阻之,贼益窘。乃大出兵击之,贼弃垒狂奔,俘斩数万。苦守四十六日而围解,我军伤亡五千人,曾贞干亦以病后过劳竟死。军兴以来,未有如此之苦战也。

金柱关、宁国水陆之捷,金陵围师之稳固 方雨花台营垒被贼围攻之际,贼船过东坝,分布固城、南漪诸湖,欲冲出大江。杨岳斌力疾扼守金柱关,曾国藩派陆军数营往助防守。九月十八日,水陆军合击贼,破之,毁贼船几尽。十月五日,贼既为曾国荃所败,图窜江北。十七日,李秀成由九洑洲北渡,攻陷和州、含山、巢县,皆湘军新得之城。国荃急分兵守西梁山,而令刘连捷、彭毓橘等引兵北援。十一月,贼复由东坝拖过战船以图出江,守将罗逢元攻之,烧贼船二百余。而鲍超复大破贼于宁国。贼三路均失败,湘军之气益扬。方事之殷,多隆阿已奉统师入秦之旨(先是,官军围庐州急,陈玉成遣其党伪扶王陈得才自河南南阳府入陕,陕中乱作,回民交讧,故多军入秦),国藩奏请回军赴援,不能得。安徽巡抚李续宜授钦差大臣,督办安徽全省军务,方遣部将收复寿州(时寿州为叛练苗沛霖所据),又以丁忧去位。故国藩益忧惶无措。国藩素以孤军蹈危地为失策,乃议按视沿江诸垒,亲决进止。二年正月,国藩自安庆出巡,历池州、芜湖、东、西梁山、金柱关,登大胜关,入雨花台营,见围师稳固,始罢退师之议。二月,还安庆,具奏:"江浙田荒,平民无所得食,诚恐变为流寇,此为可惧。而贼粮渐匮,要隘多失,降酋受封至九十余王之多,各争雄长,败不相救,此为可喜。"三月,国荃授浙江巡抚,仍留攻金陵。

左军初入浙之规画与战事 咸丰十一年十二月,左宗棠擢浙江巡抚。宗棠初膺督军之命,即疏陈方略,谓:"浙江军务之坏,由历任督抚全不知兵,始则竭本省之饷以济金陵、皖南,冀借其力为藩蔽,而于练兵选将之道,漫不经心。自金陵、皖南败坏,又复广收溃卒,縻以重饷,卒之兵增饷绌,遂涣散溃决而不可支。今臣奉命督师,非严汰冗兵,束以营制不可;非申明赏罚,予以实饷不可;非另行调募,预为换补不可。然饷需不继,势有所格,虽有能将,无饷何以驭兵;虽有谋臣,无兵何以制贼。请饬部臣查明各省协浙之款,开单咨臣,如藩司拨解迟延,及委员逗留,指名参奏。"诏允之。既授巡抚,促令赴衢州。同治元年正月,曾国藩奏言:"左宗棠拟由徽郡进攻严州,必须攻克开化、遂安等城,乃有赴严之路,必须留守婺源、华埠,乃无抄后之虞。"先是,绍兴、杭州失守,浙中郡县多陷,惟赵景贤练勇困守湖州,而衢州则李定太一军,与守江山、常山之李元度一军相倚,得不陷,然孤危殊甚。宗棠虑朝旨促入衢,则堕贼长围中,因奏明定太等固守衢城,而自由开化进。三战破贼,开化复。贼之由处州犯温州者,总督庆瑞遣兵援之。二月,宗棠复遂安,留王文瑞、王开来守之。李世贤率金华大股围衢州,左宗棠自将往援,贼溃退,窜江山。三月,援军至,贼夜遁。既而世贤复踞花园港,刘典、黄少春击破之,贼筑坚垒,攻之勿能克。世贤寻回金华。其时衢、严一带战事亟,湘军勿遑他顾。贼之扰处州者,闽将林文察破之,进攻遂安,破江山赴援之贼。四月,闽军会同团绅苏镜荣等,剿台州之贼,连战破之,属县尽复。宁波之贼,宁绍台道率官兵、民团会同英法兵炮攻破之(自咸丰十一年九月绍兴失守,另股贼由奉化攻陷宁波城,在杭州失守前),贼溃,进下余姚。其别股犯温州者,仍转战不休。五月,贼破湖州,赵景贤被执。湖州以孤城当剧寇,血战两载,屡战辄捷,至是以粮援久绝,遂不能守。景贤在贼中骂贼求死,久之为贼枪毙,浙人士痛惜之。左宗棠以是月破李世贤于衢州,所募新兵渐集,奏言:"近探杭州守贼无多,贼势趋重金华,似宜先金华而后严州,庶于大局有尺寸之补。"六月,宗棠耀兵龙游,世贤攻遂安,败还金华。时国荃围金陵,宁国为鲍超所攻下,洪秀全大恐,促世贤与李秀成赴援。盖至是而贼乃疲于奔命矣。

淮军抵沪后之战事 同治元年三月,李鸿章驻师上海城南。先是,上海既设会防局,贼之犯上海者,为英、法军及常胜军所破。四月,李恒嵩、华尔会同西兵克复嘉定、青浦二城,即留西兵与常胜军守之。英提督何伯请鸿章会攻浦东厅县,乃令程学启等攻南汇,而英、法兵自攻金山卫,遂下奉贤。会李庆琛兵攻太仓州,为李秀成所覆,死者五千人。贼悉锐攻青浦、嘉定,西兵突围退,嘉定复陷,贼益逼,距上海仅十里。五月,程学启营新桥泾,刘铭传、潘鼎新复南汇、川沙,浦东渐定。而松江、青浦并急,华尔议弃青浦,率其军突围出,并力守松江。程学启新桥营被围数十重,贼并力死扑,尸与濠平,将借以登。鸿章自率兵援之,学启望见,大呼出击,贼骇奔。松江围解,沪防亦解严。自有此战,而淮军始为外人所信重,无复揶揄者矣。当鸿章莅沪之先,曾国藩曾奏言:"苏抚当驻镇江,居形势适中之地,上海一隅,论筹饷则为上腴,论用兵则为绝地。"是月,曾国荃进兵雨花台,诏命鸿章赴镇江,卒以沪事急,不果行。六月,官军复金山卫。黄翼升率淮阳水师自上游至,七月,复青浦。伪慕王谭绍洸复逼法华镇。八月,鸿章檄诸军赴援,听程学启指挥,贼大溃。常胜军分军攻克浙江慈溪,华尔中弹死,以白齐文领其军。九月,英提督何伯受代将归,耻前此嘉定之失,诣鸿章约攻嘉定。鸿章遣师赴之,卒克嘉定。谭绍洸复自昆山、太仓趋松沪,围刘士奇、郑国魁营。鸿章令学启与刘铭传、郭松林分路出击,贼溃,围解,沪防三次解严。贼自此不敢复窥松沪。诏鸿章实授江西巡抚。时雨花台大营被围,国藩檄程学启赴援,以战事急,勿能应,议令白齐文率常胜军往。十月,贼败退,檄止此军,而白齐文闭松江城索饷,攫取银四万两。鸿章告之英提督士迪佛立,解白齐文兵柄,勒令归国,以奥伦领其众。未几,以戈登领之,酌定兵额为三千人。

伪扶王陈得才之扰河南、陕西、湖北 当是时,金陵、苏、浙三处苦战不休,贼势实渐衰蹙。鲍超战宁国,张运兰战徽州,为皖南之师;都兴阿守扬州,冯子材守镇江,为金陵下游南北岸之师(李世忠在安徽滁、泗境内别为一军),皆屡战破贼。自李续宜丁忧回籍,唐训方署皖抚,分遣续宜部下驻淮南,以防苗沛霖。同治初年,东南大局如此(其时僧格林沁在淮北剿捻)。其粤匪之别扰西北者,则陈得才之往来河南、陕西、湖北,与石达开之入川是也。伪扶王陈得才为陈玉成死党,自同治元年三月庐州为官军所攻,别领一军犯河南南阳府,窜入陕西武关,直逼省城。四月,陕西巡抚瑛棨遣将击败之。贼陷渭南,与川匪蓝大顺、蓝二顺相应。闻庐州急,复由潼关窜河南,陷阌乡县,旋窜渑池等处。五月,蓝二顺陷湖北郧西县。总兵何绍彩、道员金国琛率兵至,贼不敢抗,县城立复。六月,陈得才闻玉成擒戮,遍扰南阳府境内。七月,官文派金国琛、梁作楫统军赴援,立解南阳城之围。贼遂扰湖北光化属之老河口,八月,袭踞荆紫关。先是,多隆阿奉督师陕西之命,统马步军行抵商南,遂与贼大战,贼势不支败遁,湖北军亦破贼老河口。闰八月,贼复扰襄阳、德安、安陆各属邑,多隆阿回军樊城,杀贼无算。贼纷窜河南,十月,犯郧阳府城,败退,陷房县,旋经官军克复。十一月,全股入陕,十二月,陷兴安府城。同治二年正月,官军攻复之。至三月而石达开为川军生擒正法,贼中又去一巨憝矣(先一月,僧格林沁擒获捻酋张落刑)。

石达开之纷扰西南各省 石达开自咸丰九年七月解宝庆之围,窜广西,犯桂林,土匪蜂起应之。巡抚曹澍钟乞援湖南,骆秉章遣刘长佑与萧启江统军往援，八月，启江先至，一战破贼。先是，蒋益澧在广西，屡平内寇有功，官至布政使，为学政李载熙所劾，降道员。至是，与启江会军，再战，贼大败，桂林解围。诏授刘长佑按察使，调萧启江改防蜀。贼走湖南。十年正月，贼犯广东边，为粤军所败。益澧先后破平乐、思恩、庆远之贼。曹澍钟母丧夺情，督四川军，防达开。长佑自布政使擢巡抚，复蒋益澧职。五月，达开复踞庆远，而以其党赖裕新犯思恩、河池等地，辄为民团所败，遣党分窥黔、楚，亦伤亡略尽。自七月至十一年六月，往来楚、粤两省，无根据地，而粤西群匪已为长佑、益澧划除略尽矣。七月，石逆锐意犯黔、蜀，道出楚边。刘坤一、江忠义自武冈邀击破之，贼走黔阳。方曹澍钟之受诏赴蜀也，川匪蓝大顺、李永和（俗称李短搭搭）势方炽。澍钟寻为胡林翼劾罢。朝廷重蜀地，难其人，卒以骆秉章赴川督师。秉章延刘蓉入幕，而命黄淳熙统湘军，以是年二月由宜昌至川。五月，淳熙败川贼于定远，旋以轻敌陷伏死。秉章擢曾传理领其军，檄调刘岳昭由楚赴蜀，秉章实授总督。于时蓝大顺围绵州，李永和围眉州，环省城百里内，贼氛几遍。八月，曾传理等破贼绵州，贼遁眉州之丹棱。十月，进攻眉州，丹棱贼复溃走。其时石达开分党入湖北来凤，而自出湖南靖、沅，同治元年正月，遂与来凤贼股合。二月，由利川僻径窜入四川之涪州境，三月，围涪州城。川军唐友耕与湘军刘岳昭内外夹击，擒斩逾万。四月，围綦江，唐炯拒却之，达开西走贵州仁怀。其时川匪蓝大顺、蓝二顺为湘军所逼，窜陕西。八月，李永和走犍为，为胡中和所擒。盖蓝、李乱蜀已四年，至是而平。而川中益得致力于石逆一股矣。

石达开之擒获 达开之自广西滋扰邻省也，形势涣散，非复当年效力洪、杨之旧。所蹂躏无论百数城，专以出没边地避实蹈瑕为得计，其取败亦终以此。同治元年十月，达开扰叙州各属邑，胡中和等破走之。十一月，遂入云南东川，二年二月，复自滇入川，使其党赖裕新出宁远，裕新为官军所殪。三月，达开自率大队渡金沙江，秉章豫檄邛部土司岭承恩，统土兵截断越嶲大路，逼贼使入小径，并悬重赏示诸土司，伺贼入即钞其后。达开果从小径至紫打地方，期以次日渡大渡河。是夜大雨，河水暴涨，越二日而唐友耕军已至，列营河对岸，其地左阻松林河，右阻老鸦漩河,而土司复自后偃古木塞路,以土兵把守之。达开粮罄路穷,赂土司约让路,不应,将结筏乱流渡,登者辄溺。四月,官军与诸土司四面麑之,达开奔老鸦漩,官军追至,达开竖旗乞降,槛送成都正法,伪官二百人,悍贼二千余人,无脱免者。于是西南诸行省稍稍息肩矣。

淮军收复苏属各州县,进图苏州 自松沪屡次解围,官军既得手,始谋进取。同治元年十一月,常熟守贼骆国忠举城降,并招降福山贼不下,攻克之。同时太仓守贼钱寿仁亦以内应事泄,弃城诣上海归诚,复姓名曰周寿昌。贼争常熟,官军分守嘉定、青浦不能应,福山复陷。于是鸿章一方则嘱国忠坚守,以黄翼升统水路三营出海赴援,一方则令陆师攻昆山、太仓以通常熟之气。官军之攻太仓者挫退,而水军亦以飓风坏船,移碇避风,常熟益困。二年正月,乃令刘铭传乘轮船济师,戈登率常胜军助之,先夺福山石城,内外夹击,贼大奔,常熟围解。李秀成改计,渡江北犯,西掠至六安,盖冀上游事急,或分官军之势也。三月,程学启与戈登以炸炮攻克太仓,进兵昆山。四月,先下正义镇,以断苏贼赴援之路,驻营守之,遂克昆山,擒斩数万人。于是始为规取苏州之计,鸿章奏言:"由昆山进苏州为一路,程学启当之。由常熟进江阴、无锡为一路,鸿章与刘铭传当之。黄翼升淮阳水师相辅并进,戈登常胜军驻昆山,为各路援应之师。由泖淀湖达吴江、平望、太湖为一路,李朝斌水师当之。而令刘秉璋、潘鼎新、杨鼎勋等分驻松沪近地,以防杭、嘉、湖贼之窜犯。"李秀成已至六安,将犯湖北,闻苏事亟,乃大掠而东。

湘军攻克金陵城外各要隘,水师肃清江面 李鸿章闻李秀成东还,遗书曾国荃,嘱自上截之。国荃策贼不南援苏州,则北走里下河,乃益攻金陵以缀之。时前失陷江北之巢、含、和州三处,已为刘连捷等所攻复。二年四月,国荃命李臣典等攻雨花台石城,贼炮外击,毙先登者五人,众却,李臣典搴旗直前,遂克其城,下金陵城西南九垒。秀成在江北,闻之益惧,解天长、六合、来安之围,纷纷南渡。五月,水师次江浦,萧庆衍等陆师亦沿江东下浦口。江浦贼遁走九洑洲,洲贼拒不纳。九洑洲为金陵北渡之咽喉,贼筑城其上,列巨炮,护以战舰,以全力守之。国荃先清南岸下关、草鞋夹诸垒,并下燕子矶。于是南攻中关,北攻九洑洲,同时并举。中关贼闭垒不出,而九洑洲贼以洋枪伺间狙击,官军精锐多伤亡。至夜，舟师以火箭射贼舟，风烈火猛，延及洲上卡棚，官军冒死直上，九洑洲遂破，贼万余，无一脱者，弁勇亦伤亡二千人。自国藩创办水师，至是十载，长江上下，一律肃清，贼北渡之路绝矣。国荃锐意图合围，增募万人。六月，秀全遣党出攻官军，败还。七月，官军先致力城东南隅，攻克上方桥，贼运粮道也。而城东诸隘，近者曰中和桥、曰双桥门、曰七瓮桥，稍远者曰土山、方山、曰上方门、高桥门，迤南则为秣陵关以至博望镇，亦金陵外辅也。九月，分遣将弁连下诸隘，而水师亦攻克水阳诸贼垒。十月，贼目杨友清以高淳降。易开俊复宁国县，国荃克淳化镇等处，金陵东南，划削略尽。杨岳斌等会克东坝，复建平、溧水。而李鸿章亦以是月克苏州。

苏州之克复 李秀成之自六安北还也，江宁、苏州并急，秀成谋先解苏州之围，乃率五伪王渡江至无锡，连营数十里，声言援江阴攻常熟。刘铭传、郭松林等分道出击，黄翼升水师助之，连战破贼，贼垒皆尽。六月，程学启败苏州援贼，乘胜复吴江。白齐文投贼，率外国流氓二百人入苏州，出犯学启军，复击破之。七月，李鸿章率李朝斌出巡，溯吴淞而西，以太湖通苏、浙，令学启与朝斌会师，攻下沿湖贼卡，学启乃逼苏州城而军。刘铭传围江阴急，八月，城贼内应，遂克之。贼屡犯学启营，图解围，不得。白齐文匿上海，掠轮船二艘以献秀成，秀成乘之，发炸炮以突我师。周寿昌率死士焚其一艘，贼众大乱。秀成召诸酋集西路，冀保无锡以援苏州。九月，学启军虽屡破贼，而秀成所踞之石垒，终不能克。十月，我军夺取浒墅关，鸿章以苏城久不下，亲往督师。贼外援渐绝，秀成自间道入城，与谭绍洸坚守，官军尽出炸炮轰城外，石垒皆破，水师亦屡破贼，贼益汹惧。贼酋郜云官有贰志，密输款于副将郑国魁。秀成见事急，留绍洸主城守事，乘夜遁去。自十月十三日始，学启等分门进攻，昼夜不撤。至二十四日，绍洸在城上对众指挥，云官令其下，出不意刺杀绍洸，并杀其党千余人，开门出降。学启入城抚视，降酋列名者八人（伪王郜云官、伍贵文、汪安均、周文佳，伪天将范启发、张大洲、汪怀武、汪有为），乞学启白鸿章，要求总兵、副将官，署其众为二十营，仍屯阊、胥、盘、齐四门，云官且未薙发。学启恐不可制，密白鸿章请诛之。鸿章犹豫，学启固请，乃从之。二十六日，诸酋出城参谒，学启伏人帐后，悉诛之，整众入城，诛拒命者二千余人，遂克苏州。戈登以杀降詈学启，扬言挟其军为变，鸿章委曲调停，事乃已。捷闻，鸿章加太子少保衔，赏戈登头等功牌，并银一万两。

苏省各属之收复 李秀成既弃苏州西遁，乘小轮船毁无锡西门桥以出，乘雾犯我营，刘铭传败之，乃驶去。十一月，铭传乘胜下无锡，擒伪王黄子漋。鸿章奏言："臣驻苏州，遍察贼中城守，布置极有条理，深以未得擒杀此酋为憾。现曾国藩派兵回防江西，左宗棠派兵分截皖南，但使不再踞城池，剿灭较易。臣今拟令程学启、李朝斌、刘秉璋、潘鼎新由平望、乍浦兜剿浙西之贼，冀与左宗棠、蒋益澧之军，前后夹击，李鹤章、刘铭传进常州、宜兴，兜剿苏境之贼，冀与曾国荃、鲍超之师，前后夹击，欲分各路贼势，借固苏、沪藩篱。"遂进军下平湖、乍浦、海盐、澉浦。刘铭传进常州，奔牛镇守贼乞降，铭军驻奔牛。李秀成乘轮船自溧阳至，发炸炮轰我营，势甚迫。十二月，铭传援之，内外军奋力夹击，焚其轮船，围立解。三年正月，克宜兴，二月克溧阳。时贼酋陈坤书守常州，分遣其党犯江阴、常熟，不得逞。学启攻嘉兴，伪堵王黄文金自湖州来援，击走之。促将士登城，死者枕藉，学启愤，亲自乘城，脑中枪子，舁归营，而城竟克，学启创重而卒。鸿章克苏州，赖学启之力为多，其卒也，人皆痛惜之。是月，左宗棠克杭州。三月，鸿章督军围常州，先破城外贼垒，燃炸炮轰城，城倾数十丈，贼坚守，不克登。冯子材、富明阿由镇江进丹阳，鲍超由句容克金坛，常州贼势益孤。四月，官军分队攻城，水陆炮声如雷，旧坏城复倾，贼以人塞缺口，旋死旋集，鸿章益挥军登城，贼大溃，生擒陈坤书，遂克常州。冯子材克金坛。于是苏、常贼悉由徽州入江西。苏省自江宁外悉已克复，淮军分防江宁邻近各要隘，而改鲍超为西援江西之师，撤常胜军三千人，戈登归国。论者颇以善驭洋将，归美鸿章。淮军名誉为中外所推重，遂有命鸿章会军攻江宁之谕。至六月而江宁亦告克复矣。

浙江列城之恢复 先是，同治元年六月，左宗棠破贼衢州，定直捣金华之计。伪侍王李世贤在金华，值金陵被围，洪秀全飞召世贤回援，世贤请俟击退衢州军乃往，而集悍寇入金华，益严守具。七月，宗棠进军龙游，屡战破贼。八月，世贤遣党赴援，败还。闰八月，蒋益澧新军至衢州，益澧转战广西，连有功，曾国藩念左军孤，故疏调至浙，既至，攻寿昌，克之。宗棠筑长濠以逼龙游，而令益澧攻汤溪。九月，魏喻义自寿昌进，去严州六十里。严州贼首谭富与民团相仇。喻义得谍报，知贼夜出攻民团，乘虚袭其城，破之。益澧攻汤溪急，贼援至，击走之。二年正月，城贼彭禹兰乞降，益澧受之，诱其酋李尚阳出城濠，出不意擒之，城乃下。兰溪贼先为刘典所攻，至是与金华贼并弃城遁，非官军所及料也。龙游贼不能守，乘夜启东门走诸暨。于是武义、永康、东阳、义乌皆复。官军攻诸暨，民团应之，贼惧归诚，遂复诸暨。时宁波军已克上虞、台州，至是复绍兴。魏喻义等复桐庐。于是刘典军追贼至富阳，当杭州西南；蒋益澧军由临浦、义桥、萧山而前，当杭州南，俱距省城数十里。宗棠虑杭州克，贼窜扰腹地，乃令刘典防徽州，湖南新募军留广信，扼江西，而命蒋益澧领万人攻富阳以规杭州。二月，水师骁将杨政谟与魏喻义、蒋益澧师会，与贼战，互有胜负。四月，水师烧贼舟，直抵望江门，贼大惊。五月，授宗棠为闽浙总督，兼权巡抚。富阳围久不下，七月，征法国总兵德克碑率洋枪队会攻，八月，大举攻城，连发炸炮，乃克之。引军薄杭州，而令康国器、魏喻义攻余杭，伪康王汪海洋自杭州出援，国器击败之。益澧令高连陞屯六和塔、万松岭，据高阜，俯瞰杭城。九月，城贼出犯，击走之。十月，嘉兴贼大举援杭州，为高连陞、德克碑所败。十一月，江苏军复平湖、海盐。左宗棠自严州移驻富阳，轻骑至余杭督战。十二月，高连陞等数道并进，破城外贼垒，水师亦破滨江石垒，城贼大困。同时嘉兴为苏军所攻，海宁贼目蔡元隆大惧，款于蒋益澧，益澧受之，遂收海宁。三年正月，官军复桐乡，进屯乌镇，绝杭、嘉贼运道。刘树元进攻嘉兴，与江苏军合，二月，苏军克嘉兴。德克碑以炸炮击凤山门，城塌三丈，贼以枪炮死拒，不克登。益澧益奖励诸军，二十三日，复大举攻城，贼酋陈炳文出战城外，自日中至暮，我军杀贼数千，而坚垒未克，始收军。炳文知不能守，乘夜开北门出走，诸军整众入，遂克杭州。余姚贼汪海洋亦弃城同走德清。宗棠移驻省城，与益澧经营善后事宜，寻复德清，降石门。全浙郡县以次荡平，陈炳文、汪海洋由徽州窜江西，惟黄文金、杨辅清坚踞湖州，益澧进军图之。五月，苏军克长兴。六月，浙军克孝丰，独安吉不下。而曾国荃已于是月克金陵，贼悉由广德奔湖州,苏、浙军会攻之,不克。七月,群贼迎洪福瑱至湖州,官军围攻益急,福瑱出走,苏军、浙军连战破贼。二十七日,黄文金衔刀狂突我军,败退,群贼急启西门遁,遂复湖州,并下安吉。文金挟福瑱走宁国县,中途负创死,浙江平。群贼乃萃于江西。

金陵大功之告成 曾国荃围金陵急,而李鸿章已克苏州,时在二年十月。越月,国荃治地道攻城,勿克。李秀成领败众数万,分布丹阳、句容间,自率数百骑入金陵,劝洪酋弃城同走,不听。乃贻书溧阳,约李世贤就食江西,而自留金陵主城守。国荃益募新军,增围师。三年正月,国荃饬水陆军断贼粮运,二十一日,攻克钟山石垒,贼所署为天保城者也。遂调派各军分扼要隘,城围合,贼粮绝矣。二月,左宗棠克杭州,秀成益惧,日放妇孺出城节食,而于城内种麦济饥。三月,鲍超克句容、金坛,群贼走江西,国藩令鲍超援之。金陵城周百里,贼于内筑月围以拒我。国荃百计围攻,思筑隧道轰之,阻贼月围,勿能进,或为贼觉,辄死。四月,苏军克常州。时金陵围师增至五万人,饷需奇绌,而贼窜江西者日众。江西全省厘金向供金陵军,沈葆桢奏请截留,专充本省兵饷,户部议准。曾国藩疏争,有"局势过大,头绪太多,论兵则已成强弩之末,论饷则久为无米之炊,万一竭蹶颠覆,亦何能当此重咎"等语。政府奏拨轮船经费五十万两,解金陵军营,以资散放。败贼争由广德趋徽州,杨岳斌、鲍超皆西援。五月,诏李鸿章会攻金陵。金陵诸将以城破可计日待,耻借力于人,鸿章知其意,延不至。国荃益激诸将,以三十日攻克龙脖子山阴坚垒,贼所号为地保城者,遂筑炮台其上,日夜炮击,而潜穴其下。六月十六日,地道火发,城倾二十余丈,李臣典等蚁附争登,贼反燃火药下烧我军,众稍却。彭毓橘、萧孚泗手刃数人,弁勇皆奋,乘城缺入,城遂破。贼乘夜纵火烧伪王府,因突围走。国荃传令闭城救火,搜杀三日夜,毙贼十余万,大小酋目三千,生擒李秀成及伪王兄洪仁达等。秀全已于五月二十七日服毒自毙。伪幼主洪福瑱年十五六,余党挟之走广德。捷闻,朝野动色相庆。诏封国藩一等侯,国荃一等伯,李臣典一等子,萧孚泗一等男,余各奖叙有差,并赏赉东南各路统兵大帅。国藩自安庆至金陵,军士得洪秀全尸,验而焚之。七月,国藩亲讯李秀成,供词甚悉,即与仁达等并伏诛。秀全倡乱,始赖杨秀清,继赖陈玉成与秀成，蹂躏十六省，沦陷至六百余城之多，实古今未有之剧寇也。国藩据贼供，奏称福瑱必死。江西、浙江诸军皆言福瑱已出走。左宗棠、沈葆桢交疏讥刺。又中外纷传金陵逆贼之富，金银如海，及城克，全无所得，言者亦颇以此为口实。大功既成，国藩奏撤湘军之半还乡里，并言国荃病势日增，请开缺回籍调理。诏从之。

江西擒获伪幼主，追贼出境 先是，同治元年正月，沈葆桢以道员超擢江西巡抚，曾国藩实疏荐之。国藩图金陵，恃江西为饷源，月拨漕折五万两，关税三万两。葆桢任事，辄截留供本省饷需，以是不相能。苏州之克，李秀成已遁回金陵，说洪酋弃城就食江西，不从，秀成嗾李世贤先犯江西以待己。二年十二月，世贤遣党西窜。三年，席宝田败贼金溪，贼犯建昌，宝田击败之。二月，杭州克。伪听王陈炳文、伪康王汪海洋自浙逸走，犯徽州，击败湘军，由婺源窜江西。四月，常州复，逸贼亦走江西。朝廷知贼势炽，命杨岳斌督江西、皖南军。时江省诸军分屯抚州属邑及卫省城附近者甚众。六月，金陵下，伪幼主洪福瑱走广德。七月，鲍超大破许湾贼，斩馘近四万，进克金溪，降贼六万人。宜黄、崇仁、新城、南丰贼皆走，围宁都及南安，皆以固守得全。时陕甘军事急，诏岳斌总督陕甘，促赴任，江西军事专于巡抚。八月，黄文金等挟洪福瑱走浙江淳安，为黄少春等所破，文金死。福瑱辗转走广信，走铅山，为官军所邀，贼走泸溪，昼夜行。九月，席宝田率轻兵裹粮紧蹑之，及之石城，俘斩过半，卒获福瑱于荒谷中，磔于南昌市。汪海洋等为官军所逼，尽遁入福建。江西至是始免于寇警矣。

陕西、湖北境之肃清与川匪之扑灭 伪扶王陈得才之自湖北窜陕西，陷兴安，时在同治元年十二月。次年正月，官军攻复之。贼陷紫阳，二月，为官军所复。三月，石达开为川军所擒，全股肃清。八月，陈得才纠党十余万，扰汉中府。布政使毛震寿师久无功，陕军及川军之赴援者分道拒战，失利，汉中、城固并陷。值金陵围急，洪逆遣谍约令回援，遂以十二月率党东下。三年正月，陕西巡抚刘蓉令诸将乘势收复汉中府并属邑。川匪蓝大顺先据洋县，与得才合，至是亦弃城走保鳌屋。多隆阿围之。鳌屋城小而坚，攻之不能下，二月二十三日，多隆阿亲登将台，鸣鼓督战，飞弹伤左目，犹促诸将速登城，诸将益奋，环攻至次日夜，蓝大顺启西门遁,盩厔遂下。大顺逸至南山,为民团所杀,传首汉中(或云大顺前死川中,此为曹姓),于是川匪划除略尽。多隆阿以伤重卒于军。多隆阿由黑龙江马队从征皖、楚,身经数百战,料敌之神,罕与伦比,所得禄赐,分赡军士,未尝私其家,人尤以为难。其时陈得才等已先入楚境,会合皖、豫各捻,犯枣阳,为赵克彰、成大吉所败。三月,败捻窜襄樊,不得逞,仍与粤匪蔓延楚、豫边界,众至数十万。官文出省督师,而僧格林沁亦自河南会师,四月初四日,至随州,击败发捻各逆。五月,各逆南窜至孝感、云梦一带,护军统领舒保阵亡,旋窜黄陂,距汉口仅十余里,官军力遏之,不得逞。六月,下窜至麻城,官军攻急,遂扰蕲水、蕲州、广济等处。七月,僧格林沁与湖北军合剿,毙贼甚众。群贼知金陵克复,无巢可归,我兵会剿极严,无路再窜。伪端王蓝成春、伪天将马融和等纷纷乞降,先后遣散不下十余万人。陈得才服毒身死。其川匪蓝二顺一股先扰楚边郧西,大顺之死,二顺托言复仇,以五月回扑西安省城。穆图善与刘蓉会剿,贼解围走。自后屡战获胜,至九月,始将全股扑灭。

官军肃清福建 自洪福瑱之擒,群贼不得逞于江西,尽窜闽境。贼酋最著者,为伪侍王李世贤、伪康王汪海洋。三年九月,袭陷汀州之武平、永定,张运兰为贼所抄,死之,遂陷龙岩,进陷漳州。左宗棠急檄黄少春、刘明灯由衢州趋延平为中路军;刘典、王德榜自建昌趋汀州为西路军;高连陞自宁波泛海趋福州出兴泉为东路军。十一月,福建提督林文察攻漳州败死,宗棠自驻延平督师。十二月,刘典军至漳平,与贼酋丁太阳战败,退保连城。时李世贤踞漳州;汪海洋踞汀州之南境,曰南阳乡;丁太阳分踞漳、龙、汀各属邑,众号二十万,土匪蜂起应之。两广总督毛鸿宾遣方耀等来会师。四年正月,刘典、王德榜进攻南阳乡,失利,退守新泉,贼蹑至,大败之,杀贼精锐过半。二月,海洋弃巢走。是月,李鸿章遣郭松林、杨鼎勋统军乘轮船至闽,合围漳州。鲍超部将娄云庆亦自江西至武平。贼氛逼近广东,广东大吏遣将防边。四月,高连陞、黄少春会苏军攻克漳州,李世贤开西门遁。于是苏军由漳州进攻漳浦,湘军由南靖向平和,与粤军联络,并分兵永定、上杭一带截之,而属粤军严守汀趋潮之路。旋漳浦、云霄诏安皆下,贼众多降。五月,刘典击破李世贤于永安,丁太阳亦诣刘典乞抚。贼被逼,尽入广东境。福建肃清。

粤匪窜广东全股荡平 汪海洋之入粤也，首破粤军于镇平。先是，四月间，鲍超假还夔州，所部霆军行次湖北金口，闻将有关陇之行，军大哗。溃卒遁江西，入广东，与汪海洋合，贼焰复张。海洋思回走江西，官军扼之，不得逞。先是，李世贤败于永定，不知所之。海洋归咎于伪王宗李元茂，杀之以立威，贼党渐携。六月，伪陪王谭富等降。七月，世贤间行至镇平，海洋郊迎入城，乘世贤夜卧，刺杀之。贼粮渐匮，霆营叛卒与贼争粮相杀，多降于粤军方耀。八月，康国器克镇平，海洋走平远，为官军所迫，辗转入龙南，设伏败官军。时左宗棠出境驻广东之大埔。九月，江西军席宝田破贼于赣南，矛伤海洋背，歼毙万人。海洋复由江西走广东，绕道疾趋，十月，突陷嘉应州。高连陞等还军赴援，皆不及，宗棠促鲍超率军入粤。时宗棠部下诸军环州城东南，鲍超当其西面，粤军方耀等当其西北，惟南面为贼营。海洋倾巢出战，官军失利，寻复出攻黄少春、王德榜、刘典营，官军复却。乃选火枪逼贼前队，贼反走，诸军乘之，贼大奔，海洋中炮死。其党推伪偕王谭体元主城守事，贼知城围将合，寻自南面出走。官军觉，追之，至黄沙嶂，路绝险，官军四面蹙之，贼胆落，环跪乞降，降者十余万人，体元及诸酋皆伏法。粤匪至是始平。时同治四年十二月也。

结论 粤匪之乱，既详述如右，今更撮举其要论列之。秀全初起，以宗教之说愚人，其所往来大率浔州一隅地。徒以官军将帅不和，失机偾事，以致永安陷落，建号称王。厥后北趋湖南，长沙虽以坚守得全，而岳州失陷，长江之险，已落贼手。自是顺流东下，而武汉，而九江，而安庆，而金陵，仅三阅月（武汉之陷在咸丰二年十二月，次年二月遂陷金陵），而江南、北数千里要害之地尽为贼有，则以我无舟师角逐故也。伪都既建，分军为三：一出没金陵近旁，向荣剿之；一渡江北上，由江北绕出安徽、河南、山西而至直隶（所以绕道者，以江北驻大营故），僧格林沁剿之（此股以五年四月灭于山东境内，故下不复及）；一溯江西上，至岳州，曾国藩剿之。国藩创办团练，注重舟师，已得平贼要领。岳州既克，连下武汉、黄州，势如破竹，则水陆依护之明效也（陆军将塔、罗，水军将杨、彭）。及攻九江，舟师陷入鄱阳。而事机一顿，犹赖坚守江西，回援武汉，卒赖克复武汉之师，以为肃清江西之地。湘军图皖，师覆三河，而事机又一顿,卒之曾、胡同心,多、鲍协力,小池驿一战,陈逆丧胆,至是而图皖之局始定。江南大营屏蔽苏、常,分援旁近,声威远出,谋略未优。向荣挫退于前,和春、张国樑覆亡于后。自和、张死,而苏、常连陷,浙江亦危,则正湘军力攻安庆之际也(湘军图皖始于九年八月,江南大营再陷在十年闰三月)。国藩受任江督,兼绾钦符(国藩前此以客军讨贼,大率仰给于湖南、北两省抚臣,至此始任地方之责,故能成功),围攻皖北之事,以弟国荃任之,而己则驻南岸之祁门,有请直捣金陵与进规苏、常者,以阻于贼,勿能应。贼谋解安庆之围,益分道逼祁门,力持至八阅月之久(自十年八月至次年三月)。左、鲍连战破贼,转危为安,国藩移驻东流,而安庆卒为国荃所复。于是国荃偕水师沿江直下,进雨花台,多隆阿大捷庐州,陈逆授首,而军务乃大有起色矣。当是时,事势弥迫,倚任弥专,破格荐贤,初无疑忌。浙省陷,举左宗棠任浙抚,自皖南进师;苏事急,举李鸿章任苏抚,自沪北进师。三方并进,前此贼之误我以多方者,今则自疲于奔命。卒之苏先下(同治二年十月),浙继之(三年二月),而水师九洑州之捷(在二年五月),长江一律肃清,北渡路绝,则金陵大功之所由成也。国藩军略,务规全局,不急近功,初似迂缓,卒底于成,至其知人之明,亦非他人所能及。而秀全自得金陵后,志骄意满,加以韦、杨内哄,达开远扬,诸洪用事,秀成束手,孽由自作,亦不可谓非天夺其魄也。此外如石达开之扰西南各省,陈得才之扰陕西、湖北,金陵克后李世贤、汪海洋之扰江西、福建、广东,以非全局所系,皆不暇论焉。

第三编终

是书为光绪甲辰乙巳间余教授京师译学馆时逐日讲演之作,书凡三编二十六章。丙午秋,余以事辞职,时第二十五章犹未卒业。馆中更延杨逊斋孝廉敏曾足成之,故二十五章后半及第二十六章并出杨君手,义例一循余书。以余浅薄寡闻,重以疲精文牍,仓卒从事,谬误芜杂,良所不免。雅材通学,幸辱教之。

宣统元年四月初六日元和汪荣宝题记

京师大学堂万国史讲义

服部宇之吉讲述

提要

第一　释万国史之义

世界文明诸国既各有其国史矣,而又别有万国史者,何哉?曰:万国史者,国与国关系之历史也。自古至今,其为独立孤行,全无他国相离之国,盖不多见。商业、学术、政治等事,即国与国之间几多之关系所生也。有国二三以利害之关系而生结合者,太古时已见之矣。夫国与国之关系与世运共扩其范围,且益深而益多。此今日世界文明诸国遂至皆共利害之关系,成结合大团体。自今以往,此关系日益加深,此团体之范围日益加广,有更可预期者矣。国有盛衰兴亡,有昔国于团体之中,而今退处于外者;有昔国于团体之外,而后加入其中者。因团体与世运共致膨大,遂成今日包涵世界文明诸国之大团体。而研究此结合之团体,其始原于何时何地及如何事情,其后经如何变迁,至进今日之状况,是即万国史之宗旨。所谓国与国关系之历史,即此义也。

第二　万国史以何时为其开卷之时

有国史之文明国民,无国史之半开及未开之民,其于世界开辟及本国民之起源也,莫不各有其口碑传说。然此等口碑传说杂事迹以想像,既失古人之意,且出于后人之附会者多。以学术的论之,非可容于历史之中者也。况万国史非一国之史,乃国与国关系之史,此等限于一国之口碑传说,固非其所与知耶!且即为一个以上之国永续的关系所由生之事,亦必其有记录可征者,方可谓万国史开卷之时也。

研究有史以前人类生活之状态及分布于世界之状况等,是为人类学。人类学者依肤色及脑盖、头发之形状等,为各种标准,以类别世界之人类。分类之最普通者,为高加索族、蒙古利亚族、马来族、黑人族、亚美利加印度族、南亚非利加族、澳斯多拉利亚黑人族。之七族者,果开辟之初已各异其族乎?抑或开辟时原同一族,其后渐分为各族乎?人类学之间至今犹议论不一。然历史开卷时代,世界各地已有此多族割据之,则事迹可稽也。故人类起源之问题归于人类学,与历史殆无关欤。况万国史者非考求一国之起源,其开卷之始乃在国与国生关系之时。人类起源之问题,原无须顾及。又另有言语问题,计今日世界各种人民之言语,其类凡八百,古有而今亡者,凡千二百。比较言语学者就此等言语比较而研究之,于其间发见最显著类似之点,乃主张一说,谓此等类似言语悉从太古已亡之一种共通母语而生。盖即此等言语有相似处之国民,在有史以前,原同一国或一族、同一言语。其后一部之人相率他徙,遂由母语生出一种言语,继之他部之人又复别徙,更成一种言语。此同一种族之人民,分地建国,相距甚远,终至各异其言语。此事就属于印度日耳曼语系统之国民征之,尤为彰明较著。比较言语学者更进而推断之,知此种人民之祖先,在有史以前,同住于欧罗巴及西北亚细亚之间之高原,及其当时文化之状态焉。然此等研究亦非我万国史之要著也。

总之,万国史者以有史后一个以上之国生永续的关系之时为其开卷之始。

第三　万国史上时期之区分

察古今国与国结合团体之经历,其间时运自有变转,而团体成几多之变迁。今将取时运变转之著大者,以区分万国史上之时期。虽从来时运变转非起于一朝,以一事件之起,定其为变转之时,似甚不妥,然今权取起一著大事件之时,以区画时期。其区分如左。

一太古　自万国史开卷时至西罗马帝国灭亡,即西历纪元四百七十六年。_{中国刘宋废帝元徽四年。}

二中古　自西罗马帝国灭亡至发见亚美利加洲,即西历纪元千四百九十二年。_{明朝孝宗弘治五年。}

三近古　自美洲发见至法国革命,即西历纪元千七百八十九年。_{本朝乾隆五十四年。}

四近世　自法国革命至今。

太古时国与国之结合团体,始于埃及与美索博达密亚之关系,经希腊、波斯二国之关系，至罗马帝国之一统版图中，包容欧、亚、非三洲诸国民，遂达其极矣。

其在中古，不惟此结合团体中，更加入日耳曼种族，而国与国之关系，其中心且移于欧罗巴。

中古将终，欧罗巴诸国民盛行航海，频求富源于东洋。遂自发见亚美利加等地以来至于近古，国与国之结合团体，更越大西洋包容亚美利加。然与东洋诸国，虽于通商、布教上不少关系，至政治上永续的关系，犹未生也。

至于近世，此结合团体遂至包容欧、美二洲以外之大洲诸国。从来与西洋无甚利害之关系者，今并入此结合团体之中。至有多大之利害关系，且犹不止此也。即今日与团体尚少关系，如太平洋上之澳斯多拉利亚及其他群岛，此后亦将入此结合之内。各国竞争之势，其将兴于此洋上矣。故国与国之结合团体犹将大其范围，且里面之利害关系犹将益深而益多，是盖有断然者。

卷一　太古史

第一章　埃及与亚细亚诸国之关系

在昔四千年前，亚细亚则有中国、印度及美索博达密亚之三地，亚非利加则有埃及，早开文明之曙光。推原其故，盖皆其气候、土地及河流等事之天然力，有以便其人民之繁殖，而文化从以发达也。此四国者，东西相距，各数千里，势如风马牛之不相及。惟栖息其四境者，因为未开之游牧民族，瞰邻邦之富，频肆侵扰，而战斗攻伐无有已时。其情形则大率相似。然因此而万国史上所谓国与国永续的关系，乃得以发端矣。西历纪元前二千一百年时，有属于塞密特种之游牧族自叙里亚侵入埃及，征服尼罗河下流之沃野，乃至统御全国，所谓喜所族者是也。其后经五百年，至纪元前千六百年时，埃及人奋起逐之。国土既复，更谋永绝他族来侵之患，于是出兵东北，远攻亚细亚游牧之民。是役也，实埃及与美索博达密亚之关系所由生，而国民共同生活之基础遂建立于亚、非二洲之境上矣。

埃及从太古以降，至被灭于马基顿王亚历山大之时，纪元前三百三十二年，其间君主凡三十一朝。溯其创业之始，史家多异其说。或云纪元前五千零四年，或云纪元前二千七百年，他说尚多。要之，至绵斯御世，始稍有事迹可考。从来下埃及之地，即尼罗河口。有小国甚多，绵斯始统一之，以建立旧帝国，都于门非斯。经时有治乱兴衰，延祚计历千载。因备水患而有沟渠、堤防之设。至第四朝，仍都旧地。此朝诸王，史家称为建立金字塔者。以其所建之塔，极为伟大，后世无与匹也。而埃及史有可征之于金石者，即昉于此。创造巨塔者为索非第一世，其后喀付喇及门喀喇二王继之。当时学问、技艺之进步及国王权力之雄大，盖不难因巨塔而想见之也。至第六朝以降至于十二朝，国中分为数多之小王国，其间无史乘、金石之可征。纪元前二千三百年时，第十二朝王迁都于西培斯，是为埃及史上最显著之时代，文化发达，达于顶点。不惟全国复归统一，而其久与他族相争，尼罗河上流数百里之地悉入版图。是时又有金字塔、螺旋堂等之建筑。至第十四朝，国势微弱，又分裂为数多小国。旧帝国遂见灭于喜所族，而所谓游牧帝国以兴。史家或称之为中帝国。旧帝国王逮遁于尼罗河之上流，纪元前千六百五十年，始自上流而下，恢复旧领，建立邦国，所谓新帝国者是也。此王为第十八朝之始，王名阿摩西斯，不惟追逐喜所族于国外，且欲使以后永无他族从亚细亚侵入之虞，因大举以征服在叙里亚及美索博达密亚之种族。

考国与国之关系及世界文化发达之由来，其原因有二。

第一，个人及国民均有天赋之动机，莫不欲发展其固有之才能，且改善其生活之状态。

第二，国民间之竞争，其武力的，则以兵威占夺领土；其平和的，则图于商工业及学术诸端之上，以凌驾他国。

虽然，第一因者乃人类于世界上活动之本源也，但非与第二因相待，则犹未足以催进文化之发达。盖必国民间有竞争，而后乃各得知己知人，采长补短，因融会异种之新文化，而本来旧文化之度自益高。惟于此有不可忽视者，当采取他国之文化时，其国民之生活与思想皆不免变动，是其危险之所在也。然采用他国文化而融会之，国民之才能得以长足进步，从来潜而未发之能力得以显扬于诸般事业之上，于是其国运之振起，必大有可观者矣，此又其利益之所在也。利胜害乎？害胜利乎？成败利钝之所别，果安在乎？曰：此无他，惟视其国本来文化之力量为何如耳。使其本来之文化发达既高，且入于其国民之心既深也，则容新文化，不惟无虞破坏，且所收之益甚多。苟反乎是者，其结果亦反是而已矣。故有国焉，善取人长而融会于己，以资将来进步之力量者，是不仅其本来之文化为可尚，而其后来之发达更将不可测也。

埃及文化状态之述略

社会之组织 埃及之社会，所谓阶级制也。国中分僧侣、武人及平民_{又分牧民、农民及工人三类}之三阶级。僧侣又各分上下，其别甚严。然僧侣与武人，一人可兼两职，且可彼此更转，故二者之悬隔尚非太甚。惟彼等与平民之间则如划鸿沟，截然两界。而僧侣与武人均各有土地之所有权，即以从土地所收入者立其生计，且并无纳税之义务。至于平民，则无论何等之特权，皆非其有也，惟服从上令供使役而已。

宗教 知宇宙间惟一天神而崇拜之，同时又群拜蛇、鳄等动物。其故有二，一以之假作神像，一则信动物体内有神托生于其中。崇拜动物，实埃及宗教情形最显著之一端。

死后裁判，乃其宗教思想之中心也。以为自王公至于庶人，其死后之灵魂在幽冥界中，当至阿西里斯神_{以尼罗河为其像}及其辅助者四十二神之前，受生前行为善恶之裁判。善魂则留于神之左右，恶魂则葬于恶鬼之腹中。但恶行犹可改善者，使再托生于世，轮转于各种动物之胎内，备尝苦楚，以偿其恶。至应托生于何种动物，与其轮回之年数，则又皆视其生前恶行若何而区定之，此即其所拟于幽冥界之裁断也。各都府皆设有池，曰神池。墓地必在池之他岸。有尸将葬，必载小舟以渡池。池畔有司裁判者四十二人，凡尸将载于舟之前，即当受彼等裁判。此时不论何人，皆得攻讦死者在生之罪恶。_{其言虚妄者处以严罚。}裁断之结果认为无罪，方许舟载以葬，否则不能不将尸体移归于家。_{贫者多弃尸于池而去。}此种裁断，虽对于国王亦未尝宽假也。

埃及人又信善人之灵魂留于阿西里斯神之左右，后来当复下世，还生于其昔之肉体。因是以香油涂尸，使其永保不朽，_{此技甚为发达，国王及富贵人之死者，每费数千金以保存其尸。}从而营筑坟墓，亦甚用心。不惟其筑建坚固伟大，且又施以各种装饰。_{绘画及雕刻。}其所装饰者，多以表示其人生前之事业。贫民尸体则涂以香油之后，凿沟于荒地，而置之于其中。所谓金字塔者，即坟墓之坚固伟大者也。现存之塔凡六七十座，其最大者基址约六百五十亩，高约四百八十尺。除三四座之外，其余皆以石造之。宗教思想之催进其建筑、雕刻及绘画诸技术者，可知其大矣。保存尸体之术系医师之所兼操，此亦足以催解剖学之进步。

技术 都于门非斯之王只设有金字塔，而西培斯朝之王又营造伟大庄丽之宫殿及神庙。其柱石等物，及今犹有存者，中有最伟大者二处，一曰喀尔那克庙，一曰路克色尔庙。前者相传为七代之王费五百年以上之岁月，功事始竣。此等宫殿及神庙，饰以雕刻、绘画，皆表示祭神之仪节与国王之事业。喀尔那克庙附属之建筑物，其柱本有一百六十四枝，今犹存若干。最大者高约六十尺，顶部之直径约五十尺。

有巨人像及人面狮身之像。前者今犹岿然立于平野，今西培斯之像高约四十尺，以全块花岗石刻成。后者乃表示力与智之意，排立于宫殿及神庙等之路傍。现存于最大金字塔之傍者，长约八十尺，高约六十尺，除其前脚，皆一整石也。

雕刻、绘画悉依宗教所定技术上之规则，不容稍有差异，故年代虽有新旧之不同，而技术无进步可见也。

制造 此有可特言者，即玻璃一物是也。在昔四千年前之埃及人，已知玻璃之制造，且作为各种物件，更施以巧妙之染色。此种之玻璃器等，每由太古之坟墓中掘出之。

文字 用芦造纸，今埃及不生此芦，惟西西利岛及巴例斯坦一部之地生之。为写字之料。此纸甚贵，故或用革、瓦、石等物代之。文字凡三种，曰象形，王用以刻于金石。曰略字，即象形之简者，曰俗字。校略字犹简，日常用之，始于纪元前七百年时。千七百九十六年，拿破仑远征埃及之军于尼罗河畔得一碑石，其上刻有埃及象形字及俗字，并希腊文字之记录。当时从军之法国学者费种种多心研究之，遂得解其文。自此以后，求埃及语者渐广矣。

学术 埃及土地之丰饶，因于尼罗河之泛滥。而此泛滥又因其上流亚比西尼亚地方之降雨。降雨之期，年有一定，故河流之泛滥亦有定期。埃及人每年从发水时至其次年水发之时，视太阳之出没而计日数，遂知一年者为三百六十五日又四分日之一也，于是天文学以起。而说天体与人事关系之学，亦同时并兴。

每年大水退后，所遗沃土被覆于河畔之地，地面之畛域致为所没。各人所有地之境界必须更行测定，于是测地之学起。天文与测地学皆不能无数学也，故数学亦发达。

医学随保存尸体之术而更进，是无疑也。太古之时，埃及医术已名于天下，故波斯王亦尝聘埃及之医师。

美索博达密亚发达之概要

注于波斯湾头之大河，曰机克利斯及欧付拉垤斯。两河共发源于亚尔美尼亚，其下流合而为一。两河河畔之地，曰美索博达密亚。因地质不同，分为二地。其地质上有区别，而政治上之发达变迁亦异其趣。北半部曰亚西里亚，南半部曰巴比伦尼亚。又称喀尔垤亚。北部地势甚高，凿渠通河，甚费苦心。南部之地则因两河上流之土沉淀积滞，渐占波斯湾头之水际而成，故地面与水面，其高殆将相等。但巴比伦〔尼〕亚之地雨水极少，耕作之灌溉亦概须人力。古时其国沟渠四达，今仅存其迹而已。古时产谷极多，邻邦羡之。

美索博达密亚之地，前后凡经三大国之兴亡盛衰，文化亦早发达，且渐及于邻邦。太古时，喀尔垤亚之下流有西迷尔族，上流有阿喀德族，或合称为阿喀德族。考其所自，似在纪元前四千年时，由里海西南之山地移居于此。其来时已用象形文字，亦颇长于建筑之术。其后有西密特族亦移于此，与阿喀德族相杂居。西密特族文化之度虽劣于阿喀德族，而言语却较优。岁月既久，两族相混，遂成混合种之喀尔垤亚族，其言语则全用西密特语。

纪元前三千八百年时，有出于西密特族之王，曰萨尔根，虽未能全然统一喀尔垤亚之地，其领土已远达于地中海岸。又奖励、保护文学，令翻译阿喀德族之书，备置于各地之图书馆。其后约经千年，有出于阿喀德族之王，曰武尔亚，统一喀尔垤亚而君临之，建都城于各地，又营庄丽之庙宇，建筑术之进步颇为显著。庙之遗址今犹得于各处，见圆锥形之土丘而知之。

此时有埃兰国与阿喀德族同种。起于东北，即在波斯山岳之麓，建都素萨，渐养势力，伺隙图进。至纪元前二千三百八十六年，其王克都儿那昆达遂大举破喀尔垤亚，悉降其都城。至其子喀多罗老麻，更征服西至地中海岸之地，其志欲建立大一统国。虽壮志未得全遂，然以叙里亚王贡献方物等事观之，其威力之所被甚广，可无疑矣。经二三百年，埃兰王威力渐衰，喀尔埒亚之地似不复属于其治下，但于今无史乘、金石可证者。其间喀尔埒亚之一都，曰巴比伦，渐次发达，凌驾他都，威令遂行于喀尔埒亚之全地，此所以其地有巴比伦尼亚之称也。终至纪元前千三百年时，为上流之亚西里亚国所灭。今言埃及与美索博达密亚之所生关系，即属于巴〔比〕伦强盛之时。

喀尔埒亚族之文化

文字 阿喀德族移于喀尔埒亚之时，已带象形文字而来。其后变为楔形文字，此因移于该地，以粘土制成瓦样之物，作为书写之材料，而自然生出之变化。盖即因用三角之笔写字于柔软粘土，其文成为楔形也。及亚西里亚人征服喀尔埒亚，亦学其楔形文字。其后更改简略，所谓新楔形文字及走书者是也。

其书籍皆粘土所制瓦样之物，厚约一寸，长自一寸至一尺，有长短各种，表里两面及侧面皆可写字。凡属特为重要宜保存者，写字之后，如常烧之，然后复以粘土涂布于面，重写前字而再烧之。此外部之文字，或有自然损蚀及人为改窜等事，则破外层之粘土，而以内部之文为凭。

书籍皆保存于图书馆。然古代阿喀德族之书籍，今全亡矣。萨尔根王之时，阿喀德语将渐就灭，因命悉以西密特语译其书籍，译文即附于原文之侧，所谓合璧体也。此亦不传于今。及其后亚西里亚威力盛大，其王命将合璧书重行抄写，藏之于尼尼微府之秘阁，即今所存者也。其余尚有西密特族人之书。今犹据此新、旧二种书，而均窥喀尔埒亚人之宗教、法律、历史及其天文、地理、数学等之知识。

宗教 阿喀德族本来之宗教甚低，其始专为畏怖恶鬼，谋避其祟，而行祈祷、禁厌之术。其后拜善神之俗盛，较有多少之变化。又适当西密特族带崇拜天体之教而来，二者相合为一，遂成崇拜巴阿儿之教。又崇拜天体之事，而依日月星辰之运行等，占验人事之学术以起。此术及祈祷、禁厌之术，皆广传于邻邦。中古行于欧洲诸国之魔术，盖得于喀尔埒亚人者多也。

喀尔垤亚人之传说，其西渐入于他邦者不少。其世界开辟传说实为犹太人世界创造说之源泉，又另有入希腊而遂成希腊之传说者。

学术 喀尔垤亚人于天文、算学进步最早，因其地多平原旷野而天常晴，便于研究天文也。如分十二宫，预测日蚀，制日圭及以十二月为一年，以十二时为一日，以七日为一周等，皆其所夙行者。

埃及新帝国立，其王屡出兵入亚细亚，服叙里亚之大半，且遂征服邻近之各小族，驻总督于巴勒斯坦，以镇叙利亚一带之地。当时居于该地之各种小民族，其多数早已奉巴比伦尼亚之宗教，且取其文化而用之，故不愿奉埃及之正朔，屡结埃及之敌国巴比伦尼亚及喜底笃人，其国境自小亚细亚南方至叙里亚，与挨兰人并立而极强盛。以谋脱其羁绊。在叙里亚之总督，因一面依于兵威，一面依于外交之交涉，以勉保持增进埃及之威力。于此战争交涉，殆无虚日，从而国民间之关系益繁密矣。此时又与埃及相结，而求其保护之国民，即希伯来与非尼西亚人也。于是埃及、希伯来、非尼西亚之三国民，利害相同，自相联合，以当巴比伦尼亚及喜底笃之二国民。此所谓国民共同生活之起点，而为今日世界万国共同生活之种子也。

希伯来及非尼西亚二族同属塞密特种，以其言语征之，其系属甚相近，然文化及国民之气象则各早异其趣。

希伯来人有关于世界开辟、人类之繁殖及大洪水等之口碑，可观于《旧约全书》第一章《世界开辟卷》而知之。此民族之史，其可征信者，始于亚伯拉罕去喀尔垤亚之地，而移于加奈安之时。盖喀尔垤亚之民族崇拜巴阿尔神，又用人奴牺牲以祀之。希伯来人之祖先独俨然崇拜惟一真神，不敢奉他族之教，于是为他族所恶。因危难渐迫，亚伯拉罕遂率其族去武尔喀尔垤亚之一地。之地，移于西北，至加奈安止之。是时加奈安地广人稀，彼等乃得随处逐水草以事游牧。加奈安语所谓希伯来者，为越河移来之义。河谓欧付拉底斯河也。当时希伯来族之制度，所谓族长制度。亚伯拉罕为族长，率其全部。死后，其子爱撒图嗣为族长。其异母兄弟伊师美路为亚剌比亚人之祖。爱撒图死，牙哥布嗣。牙哥布举十二子，其后遂分十二族。牙哥布又称以色列路，是以希伯来族又有以色列路族之名。第七子曰约色弗，为诸兄弟所恶，致卖与往来于埃及之行商。行商携往埃及，更转卖与埃及人为奴。约色弗为人聪明，且善占梦，遂为埃及王所知，而被登用，累进至相国。此时加奈安之希伯来人皆移入埃及矣。按其由来，亦起因于宗教。盖加奈安及其附近之民族皆立于巴比伦尼亚势力之下，而奉其宗教。独希伯来人依然崇拜惟一真神，不以彼等之宗教为然。诸民族因均视之为仇敌，而争斗无已时。希伯来人少力微，苟长与他族相敌视，或不免于灭亡之患。于是埃及人遂移希伯来族于尼罗河下流哥深之地，以救其难，其得以至此者，则约色弗之力为不少也。其时乃在埃及之中帝国时代。约在纪元前十八世纪。希伯来族移于埃及之后，最为繁殖，遂成一强大之族。故当埃及人逐喜所族恢复国土建立新帝国时，屡与叙里亚及他处之亚细亚民族相斗，而希伯来族之援助埃及者甚多。

非尼西亚乃西至地中海，东至列巴嫩山弹丸黑子之地也。列巴嫩山多产良材，宜于造船，又海中产贝，因得紫色染料。乘东风，则一日可达塞普拉斯岛，更可进航罗的斯岛。自此地航达埃及之尼罗河口，极为易事。乘西风，则易归本国。又由陆路行商，与美索博达密亚之地相为贸易。

非尼西亚人属塞密特种，与所谓加奈安族系属相近，初住于波斯湾沿岸之地，从此西移，遂来波勒斯坦。是时希伯来族盖尚未来，于是其大部分虽止于此，外余一部相率移于列巴嫩山之下地中海地方，更余一部入于尼罗河下流之地。其移于列巴嫩山下者，取材于山，造船而兴航海之术，探贝于海，营贸易之业，渐开都于海岸各地。然此等都各为独立，只依利害之关系成同盟之联邦而已，所推为盟主者即西敦也。西敦亡后，大伊尔代之。

希伯来族与同种之民族斗，遂与埃及相结，主因于宗教之关系。然非尼西亚人弃其同种同教之民族，而与埃及人相结者，则依于贸易之关系也。若埃及为其敌，则不止失贸易之场，即归航之便亦失也。

一旦从事于海陆之通商贸易，其自然之必要，使非尼西亚人成各种之发明。制造玻璃与紫色染料，共为最有名之物。将美索博达密亚与埃及之产物如武器、纸、织物、珠玉等。运来地中海岸各地，复将此地之羽毛、皮革、奴隶等物携归，更卖于他处。其贸易区域逐年加广，盖商品所到，辄文化随之。然则非尼西亚人于交通东西产物之有无中，其于东西文化之相通自有大助，无用疑也。又因与言语相异之诸民族诸国民交际上之必要，非尼西亚人遂发明拼音法。其字母仅三十二字，学者或谓其为取埃及之俗字而变之者，或谓其本于喀尔垤亚之楔形字，其说未知孰是。

然拼音之法发明，无论全属其自己之创造，或系取材料于他国，要为文化发达史上之大事也。

三国之民因于同盟各有享其利益之所。然埃及之势力渐衰，至不得复縻莫大之费用与人力，以经营维持叙里亚地方，于是埃及人渐弃亚细亚之地而退处矣。又当此时，希伯来族之地位亦已一变。盖新帝国建立时，已改强大之希伯来族，将逐年而益强盛也。于是埃及人大生疑惧之念，对外之势力渐衰，因恐亚细亚地方之民或再侵入埃及。若一朝有如此之事，则希伯来族将忘昔年之恩，却与外来之仇贼相结而为埃及之害。虽或不然，其族今已人多势强，亦易生变。因此疑惧之念，埃及人遂课希伯来族以各种之徭役，驱使无所不至，苟不应之，则加以非常酷虐。不得已，听命而已。原来埃及国王权力极大，_{埃及语称王曰发拉我，拉者，太阳神之名也。发拉我之义，谓日神之子也。}生杀与夺，一任其意。然希伯来族据其所奉之一神教，则神之外不认有如是之权力。以是虽埃及王所命，彼等亦竟不欲从，故埃及与希伯来族间之关系，不止于政治上，且渐涉于宗教上也。而埃及一般人民崇拜动物之教，世变时移，失其当初高远之本义，而渐流于卑俗。以希伯来族不用何等之形象，崇拜惟一真神者比之，其相距诚不知几许。由是希伯来族益贱斥埃及之宗教，埃及人亦愈恶希伯来族，两者之争日烈。而此时恰值瘟疫盛行，埃及人死者甚多，国王亦稍怀恐怖，遂容其臣民及希伯来族之请，允许希伯来族离去埃及。摩西斯乃率希伯来族渡红海，入亚细亚，时在纪元前千三百二十年。希伯来族当时尚未有何等政体，亦非已成统一之国民。摩西斯仅因诸人之信服，以其力统十二族为一体而已。今从埃及逃入亚细亚之地，前途将在何地，如何立国，亦皆漠然未定。摩西斯以神命示十二族之"十诫"，仅含有宗教上及社会上之要件，而其第一著即在严示与埃及多神教相对之惟一神教之义也。将来再立于他民族之间，宜如何而能保此教义，实为希伯来族生死所系之问题矣。

第二章　希伯来族全盛之时代

亚西里亚帝国

　　摩西斯之率希伯来人入亚细亚也，当时四周民族皆奉多神教，不得与之并立。故欲保希伯来族信仰之独立，势不可不灭尽此等异端之徒。是以摩西斯之意在征服加奈安之诸民族，立国于此地。而希伯来族因在埃及受压制之日久，陷于卑屈情弱者多，越趄不敢进。于是摩西斯不得已，率希伯来族徬徨于砂漠中者，凡四十年。其间情弱之徒逐渐去世，而嗣之者在砂漠中日久，积习成性，不辞劳苦，稍有敢为之气象。摩西斯率此等众，遂进巴勒斯坦之东境。盖巴勒斯坦南部之地多坚城要寨，故特意迂回，向其东面守备较少之处也。至此地，仅从摩阿布山上望见巴勒斯坦，尚未入其境，而摩西斯死矣。
　　摩西斯因神命示族人"十诫"之外，更与以宗教上、政治上及社会上诸般之命令，此皆神授之法，而为希伯来族政治上及社会上生活之基础。神既救希伯来族脱于苦厄，然犹未止于此，更约将来保护彼等而使之繁荣，故彼等亦不可不报其恩。因是希伯来族奉神为主，而誓惟命是听，且不尊奉崇拜一切他神。于是定祀神之仪节，且置僧侣，以牙哥布之子列必之子孙任之，专掌奉神之仪节。至关于俗界之常日事务，则十二族中各族长及耆宿数人理之。遇有紧要事件，则一族之人均聚会议决。事涉于希伯来全族者，则十二族长及十二族耆宿并摩西斯及高僧等相会议决。若格外重要事件，乃招全族之人集议。
　　摩西斯死，约书亚承其后，率希伯来族入巴勒斯坦，渡约尔檀河，先陷河畔之坚城曰力格，其后渐破南北两地之民族，遂服加奈安之地。加奈安民族中，为所鏖杀者固不少，亦有据孤城而不下者。地中海岸之非尼西亚人及非利斯坦人，亦不受希伯来之羁绊，依然独立。

征服加奈安之后，十二族各分其地。牙哥布之子列必之子孙从摩西斯之时皆奉僧侣之职，故不与分地，只得数城而已。约色弗之子孙分为二族，各占其地，故犹有十二族。从来无国民之统一，今更分地割据，是以国力微弱。抑希伯来族之不肯立中央政府，以图全部之统一，盖宗教使之然也。自其宗教旨义而言之，人皆属平等，无有上下尊卑之差。非希伯来族者，此义自属于别项问题。若附以与伟大之权力于一人，以为君王，而立之于众人之上，是违教义也。且昔希伯来族在埃及时，见人之崇拜其王以为神，尝依自家之教义而恶之矣。今去埃及，立国于亚细亚，其昔日所恶之事，何敢行之于今日乎！是以彼等不立君王，而直奉神意料理军国之事，为其立国之制。其所谓神意者，果如何而知之乎？曰：有迫于危难之时，神辄传其意于某人，使其人更传之于全部民族也。此种人称为预言者。摩西斯即预言者之始祖也。其内部统一若是之薄弱，加以十二族间屡相争阋，对外方之力更衰。四邻异教之民族交相乘之，数数侵略，于是其国之濒于危急者屡矣。其时辄有有力之士，或男或女。起而调停十二族间之争，使其咸弃旧怨，一力抵当外敌。此种人士称曰士师。其称为士师者，因其调停十二族间之争者多也。士师有最显著之功迹者，为垤博喇、参孙等。最后之士师曰撒母路，此人一面以满腔之爱国心鼓舞西伯来族之敌忾心，一面以宗教上之热心使全族之人心归依于神，以图宗教之改善与国之统一。人皆服之，命令行于全族。此时希伯来族渐知从来制度之缺陷，遂感立国王以统治军国大事之必要，遂迫撒母路选定王者。撒母路不得背民心，立所鲁为王。此希伯来王国之始也，其时盖在纪元前一千九十五年。

所鲁已立为王，撒母路仍为预言者而有势力，更因欲使所鲁服从其命，二人渐不相和。此时犹太族有曰达必德者，撒母路潜保护之，加以达必德因于希伯来族与非列斯坦族相战之时，毙敌强将，遂行破敌，其声名日高，于是所鲁甚恶达必德。达必德乃入非列斯坦以避难，其后起兵与所鲁战，破之，所鲁死，于是达必德为犹太及便雅悯二族之王。所鲁之子伊西博西笃为其余十族之王。国分为二，如此者六年。达必德遂克所鲁之族，而全国一统，时盖纪元前一千五十五年。

当时加奈安之地多不奉希伯来正朔之民族，即希伯来族之境内亦尚有独立之异民族。达必德今依兵力，一面统一全国，一面征服四周之民族，于此希伯来族称强于西方亚细亚。从来犹太族之境内有耶布斯城，耶布斯人坚守不下。达必德攻陷之，更以之为希伯来王国之首府，改称耶路撒冷。达必德不仅以武力挥扬国威，又有多作抒情诗，以富希伯来之文学。其诗收于《旧约全书》中，今犹传之。晚年起念，欲耶路撒冷营壮大之神庙，搜集材料，事只及半而死。其子撒门立，时盖纪元前一千零十五年。

撒门古来有智囊之称，且以建设神庙于耶路撒冷而著名。达必德以武力与诗进希伯来族之国威与文学。而撒门则专用力于建筑、贸易及奖励学术，为谋贸易之扩张，增加船舶，置其根据地于地中海与红海海上，远与亚细亚、亚非利加之各地贸易交通，又由陆路亦扩张与美索博达密亚地方之贸易。于叙里亚沙漠中建设驿站，以便队商之往来。更改正地方行政组织，以犹太之地为王畿，以犹太族人为亲兵，分其余十一族之地为十二区，每区各置太守，且课租税徭役等，直以希伯来族历史上未尝见之压制加之。因与非尼西亚及其他民族之关系甚为亲密，该民族等之宗教自行传入，未敢复如昔日之公然反对，却宽容之。因渐成崇拜偶像之风，且撒门即自崇拜偶像。于是希伯来国民渐分二派，将有害于国之统一矣。及撒门死，其子列和博暗嗣立。人民请轻减租税，不听，却益与以困苦。至是北方十族相率背之，立耶罗博暗为王，建都撒马利亚，成以色列路王国。独犹太及便雅民二族犹奉列和博暗，仍旧都于耶路撒任，国号犹太，时盖纪元前九百五十三年。

从此希伯来国力渐衰，且二国间干戈相寻，争斗无已，日益微弱。撒门之时，已生惟一神教派与多神教派之别，而撒门乃自属于多神教派。及以、犹两国分立，国中各分此二派。惟一神教派守奉神意为政之主义，多神教派守奉君王之主义。彼则为预言者所率，此则为各国王之保护。此二派之争日烈，时常互相残杀，而各国国力从此而益衰。遂至纪元前七百二十二年，亚西里亚王萨根陷以色列路国之首都撒马利亚。该国民悉为降虏，被迁于亚西里亚，而以色列路王国亡。

非尼西亚人以航海贸易建国，前已言之，尔后其范围愈益加广，航海超过希腊、义大利、西班牙，遂进至英国西南端之西利岛，且作殖民地于地中海沿岸各地。其中之最要者，多在亚非利加之北海岸。后来历史上著名之加尔察哥即其一也，开于纪元前八百十四年。然一时虽称霸于海上，至希腊渐盛，而希腊沿海之多岛海及黑海航海贸易之权，随归于希腊人。但海上虽失利，又别乘希伯来国势之微弱，于与巴列斯坦附近民族之陆路贸易有所得也。

亚西〔里〕亚帝国崛起于纪元前十世纪，自九世纪至八世纪，渐扩张势力于西方。当时埃及、希伯来及非尼西亚三国民共同生活之上大生变化。

美索博达密亚之地，兴亡相踵者三帝国，其二起于南部，一兴于北部。北部之帝国曰亚西里亚，前已言之。亚西里亚人与希伯来人及非尼西亚人同属塞密特种。其所居地为高原多山，因多猛兽，且四周有游牧之民。其国人夙以狩猎狮子、野牛等猛兽为乐，遂成为国家之典礼，与中国古制相同。且后世设苑囿于郊，以供国王游猎，亦似中国古制。此等事迹皆征于现存碑石所刻之画而知之。又与四周游牧民族争无已时，武备因大发达。总之，尚武一事，实亚人之国俗也。凡战斗、狩猎，士则乘车，卒则徒步；士则专用弓箭，卒则兼用刀枪。而士、卒皆常练习其技，故亚国士、卒善射之名夙著。而此尚武之俗实为他日略地远至埃及，成为万国史上空前大国之远因也。

民俗因专尚武，其文化之发达不及巴比伦，以是移植巴比伦之文化，补其不足，宗教亦与巴比伦同。但其特异之点在祀亚斯尔军神，是盖纯为亚国之神，正足以表民俗尚武之精神者也，故可称之为亚国国神。又其当时建筑、雕刻之宏壮，今犹得依其雕刻之残片及宫殿之旧墟而想见之。亚国后来征服他国，使为臣属，其羁縻方法之一，即使之祀亚斯尔神，是以此神之庙在亚国尤极壮大。又至称雄于亚细亚、亚非利加之时，为示耀国威，特营宏壮之宫殿，又于首都尼尼微府藏典籍于秘阁，如前所云。

民俗尚武，自成惨虐之俗。破敌虏其将卒，或投钩于其唇而牵之，或生熬之，种种惨虐，令人寒心。又有如《左传》所称作为"京观"之俗。此皆可征于现存之金石文。

亚人臣属于巴比伦,止于纪元前千三百年时。其时有王名曰治固拉斯亚达尔,始克巴比伦。至纪元前千一百三十年时,治固拉斯比列塞尔一世乃大用兵,西至地中海及里海沿岸,南至波斯湾,征服各地之民族,称雄一时,未几势衰,退守本地。然至纪元前十世纪之中叶,又有勇迈敢为之王踵起,用兵渐征四方。至九世纪,遂克美索博达密亚全部。又征服伊兰即美地亚。之大半及非尼西亚之一部,威势日盛。

纪元前八百八十四年,亚王曰亚斯尔那西尔亚巴耳,旧史称曰撒尔达那琶斯一世。当时乘希伯来王国与其四邻民族不和,屡酿争端,因益用力于西方,遂致以色列路国、非尼西亚诸都及叙利亚诸都誓为臣属,以时入贡,西方一带之地渐为亚王所征服。以、犹二国忘兄弟御侮之教,阋墙无已。至八世纪之中叶,以色列路王背亚国,结合大马士革而攻犹太。于是犹太王亚哈斯不听预言者之训,求援于亚西里亚。亚王治固拉斯比尔塞尔二世即遣兵破以、大二国,虏其人,迁于亚国。犹太即从此时与以、大二国同为亚国臣隶,时纪元前七百四十年也。亚王遂并叙利亚、巴比伦尼亚西部、伊兰及亚尔美尼亚,成一大强国。此时埃及为南方民依西阿比亚人所侵,国乱势弱。然犹太王为欲脱亚国之羁绊,与埃及王相结,而背亚王。适以色列路亦绝朝贡,于是亚王撒马那萨四世起兵击以色列路,破之。至其子萨根,遂灭以色列路为县。时纪元前七百二十二年。萨根之平以碑记有由以国虏二万七千二百八十人迁于亚国之事。此时犹太之独得免难者,因亚国东陲乱起,萨根即引兵归也。其后犹太王常结埃及王以抗亚国,亦尝为亚国所破。恰值巴比伦乱起,亚王未暇专用力于犹、埃二国,而二国幸未至即亡。至纪元前六百八十一年,亚王以撒哈顿平巴比伦之乱,后征服叙利亚、非尼西亚、犹太及亚剌比亚等,并为臣属,遂用兵于埃及,克之,分其地为二十县,置土官治之。于是亚国版图之盛大,乃至空前于万国史上。

此大帝国之治法,各地仍存旧王,或置土官治之,但使其每年负入贡之义务,且不问其本来之宗教若何,悉命其以亚国国神亚斯尔为最上之神,而崇拜之。若尚存旧王之国,苟有背此二项之一者,即灭之以为县。又一面于各地以亚兵驻防,一面迁各地民之一部于他处,以使该地之民长服于亚国威势之下。夫范围若此广大,亚西里亚帝国之内各地人民交通杂住,其国民共同生活之状况,比昔时埃及与希、非二国之关系,自甚加复杂矣,此即国民共同生活之进步也。

第三章　亚西里亚帝国　四大强国崛起

波斯帝国

　　前章所述亚西里亚帝国，至纪元前七世纪之中叶犹能保其统一，版图亦为扩张。然至七世纪末忽而灭亡者，其原因由于内忧外患并至故。外患者何？即西翅的及金麦耳之二游牧族侵入亚国之东西二部是也。前者侵亚国西部之吕底亚，后者侵其东部之马太。且此时亚帝亚述拿西巴第五正用力讨伐巴比伦尼亚地方之叛徒，无暇兼顾，乃命两地总督各谋御之。未几，总督之军败退，而马太及吕底亚之一部并叙利亚大半之地，悉为外寇所夺，时纪元前六百三十五年。厥后马太总督削萨及吕底亚总督亚利遏的各谋恢复，遂败寇，退之国外。然二总督以为此事本非借亚帝之力，故恢复国土之后，即不复奉亚帝之命，自立为王。巴比伦尼亚及埃及亦乘机蠢动，各谋自立。亚帝力微，不能征服。已而马太及巴比伦尼亚又联兵与亚帝战，大败之，进攻其首府尼尼微，陷之，而亚国以亡，时纪元前六百零六年。

　　由是旧一统大帝国之地，有四大强国起焉，吕底亚、巴比伦尼亚、马太、埃及是也。彼从来臣属亚国之诸小国，如犹太、非尼西亚者，因亚国之灭亡，亦复自立。犹太人乘亚国内忧外患之际，早整饬内政，并谋信教之统一，国势复振，惟无暇用力于国外耳。非尼西亚虽脱亚国之羁绊，而航海殖民之利多失。然所以失之者，因当时希腊人极图扩充海上权利，渐成东进之势故也。未几，非尼西亚人遂弃其加达额及其他西方之殖民地而退。

　　前记四大强国中，巴比伦尼亚、埃及二国因锐意争扩地辟疆，致生冲突。巴比伦尼亚王子倪布甲尼撒乃大破埃及。埃及以其亚细亚地方之属让之，退而自守。于〔是〕巴比伦尼亚国势遂日盛，时纪元前六百零五年也。此时犹太、非尼西亚二国结盟约，协力以抗巴国。巴王破犹太，更置其王，转而讨非尼西亚，服之，使为臣属。未几，犹太又叛。倪布甲尼撒引兵讨之，陷耶路撒冷，毁其神庙、王宫。贵族、人民多逃荒野以避其难。贵族在国内者，巴王尽虏之，移之巴比伦，而犹太国以亡，时纪元前五百八十六年。倪布甲尼撒更进兵叙利亚，服之，国力遂远驾他三强国之上。

此时三强国之力既不敌巴国，乃各求援他方，谋抗巴国。埃及与吕底亚则与欧洲东南及小亚细亚海岸一带之希腊人结。当时希腊人散住此等之地，未有政治上统一。其为人也勇敢多力，善斗，与之联结，得缓急之助，则不难与巴国战。故吕底亚、埃及二国以种种方法购希腊人之欢心，或助其推广航海贸易事，以杀臣属巴国之非尼西亚海上权利。非尼西亚之势衰，职是故也。而马太则引邻邦波斯人助己。原来波斯人与马太人同种，所谓阿利安种之分支也。当时波斯人较马太文化程度犹低，专以游牧为业。今马太人以同族同教之故，而与之结，教以稼穑，教以西方亚细亚之文化，且为其组织军旅，以备缓急之援。

巴比伦尼亚之强盛也如此，三国之反抗也如彼。而其结果也，国民共同生活之范围渐为扩大。即一面欧罗巴之一部始入于国民共同生活之圈中，又一面东部亚细亚之地民族关系亦为扩张深切之，于是三国与巴国争雄中原之势成。然不意鹬蚌相争，渔人获利，其间忽有新进之二族崛起焉。二族者，即波斯人兴于东，希腊人兴于西，长足进步，互争雌雄。波斯人自东而西，遂压倒四国。于此波、希二国方相冲突，而其机实萌芽巴国与他三国争衡之间。然是时若以波、希二国进步之先后而言，则波斯为先，希腊为后。

马太王削萨者灭亚西里亚后，服波斯人为臣属，又降大夏人，国势强盛极矣。而其子亚士地赈立，柔弱无能，不克守父业。是时波斯有居鲁士者，有智略，善用兵，率国人叛之，遂灭之，时纪元前五百五十年。居鲁士既善用兵，其威力遂渐延西方。纪元前五百四十六年，灭吕底亚，五百三十八年，灭巴比伦尼亚，悉并其属国而降之。此时巴王倪布甲尼撒举全国之资，苦心营造之巴比伦城，亦荣华未久，而为敌人所有也。居鲁士既取吕底亚后，又征服从来助吕底亚以敌波斯之小亚细亚西岸一带之希腊殖民地，使每岁负纳贡之义务，是为波斯与希腊有事之始。因得巴比伦尼亚及其属国之故，势又迫近埃及。

居鲁士在位三十年，死于纪元前五百二十九年。其子冈庇士立，亦好远略，纪元前五百二十五年，灭埃及。于是旧亚西里亚帝〔国〕之版图悉归波斯，而波斯乃较亚国更大。冈庇士在位仅七年，阵没。一时国内王位继承之乱起，不久居鲁士之女婿大理武正位，时纪元前五百二十一年也。

大理武者，为人雄武，有权略，代乘王位继承之乱，谋叛诸属国，悉平之。且新略地，东至印度河，又服亚剌伯，其版图之大，实亘古所未有。此时西翅的人在欧罗巴者，屡犯其境。大理武遂决远征之计，举兵长驱，至多恼河畔，以欲取敌族之根据地，而事未如愿，竟班师，然犹略得欧罗巴地。于是波国之版图，北附里海及黑海。纪元前五百十年，小亚细亚地方之希腊人，假援于本国，谋叛波斯。纪元前四百九十四年，大理武又讨平之，更进征希腊本国，以永绝后患。于是波斯与希腊大战起，遂成希腊隆盛之时代。

波斯人与马太人同种，前文已述之矣。太古时，阿利安种之一部去其乡土，移之南方伊兰高原地。居此地之南部者为波斯人，居其西北地者为马太人。盖彼等一移伊兰，遂与旧人种混居，而宗教亦因之受其响应者匪浅矣。波斯人之经典名曰《圣亚维达》，即包含宗教礼、法律等而言也。此经典中所含之宗教名曰琐罗斯的教。琐罗斯的者，人名也。因其改良古来之宗教，故以其名名焉。纪元前一千年时之人。此教与古来阿利安人所奉之多神教相反对，以主张一神教为其教之本义。然因受波斯地方之时令风土及该地旧民信教之影响，一神主义一变而为二元主义。夫波斯之时令，夏极热而冬极寒，其地又肥瘠交错，隐然有两两相对之观。于是波斯人信宇宙间有善恶、阴阳之二神，称善神为阿尔美，即阳神也，恶神名安利曼，即阴神也。世界所有美善皆阳神之作为，所有恶魂皆阴神之作为也。人心之善恶亦固然也。阴神则专以破坏阳神之事业为务。自荒邈无稽之昔日起，彼二神已互为竞争，胜败至今犹未决也。然将来阳神遂胜阴神，将世界上所有恶魂一扫而空之。人当助阳神以增阳神之势力，破坏阴神所作为事物，则有助阳神之事业，有莫大之功焉。故以灭恶念、减劣情、清其心、明其知为宗教道德第一要义。翦除世界之恶兽、莠草等物，亦曰事于阳神者所应为也。农夫之除莠留良，其业则为最高尚之业。助阴神之事业乃为大恶，如是者，死后必降至阴神之左右，受种种苦难。善人死后，则升在阳神之左右。波斯人原来之宗教，大要如右所云。然伊兰地之旧民素以崇拜地、水、火、风为务，而尤以火为无上至尊之神。形于各高山之巅，设案焚神火，自太古不绝。琐罗斯的取此教融会于波斯古来之教，琐罗斯的教于此兴焉。其要旨亦不出于前记之外也。

治国之大法，大理武王以前，则依亚西里亚等之例，于属国乃令其负岁时入贡，战时出兵来援等之义务，而国政乃一任其旧王。然此法为统一帝国，其收效转觉甚少。于是至大理武王时，则更布新制，分全国为二十省，时有加减。每省置太守一。王钦命之，其任免黜陟，悉随王之意。各省年年解若干之租银于中央政府，而政府平时则察太守之举动，果于政府有利与否。又省有事，政府得遣兵助之。因此平时及战时之必要，中央政府用心讲求其与各省联络之法。开道路，设驿站等事，于是以兴。而国之统一则较之旧亚国，其巩固诚不可同日语。不特此也，即此制度亦为万国史上从来所未有也。

第四章　希腊国发达概略　至纪元前五百年止

希腊为欧罗巴东南半岛之国也，东隔多岛海，与小亚细亚对；西隔埃阿尼海，与意大利对；南隔地中海，遥与埃及相望；北与马基顿为邻。其地湾缭环，洲屿星列，国中山峦回隔，自为区分，群峰竞秀，名胜冠乎欧洲。气候温和，最宜人畜。而其地又自分为四部，南部伯罗奔尼撒，中央曰中部希腊，北方更分为二，东曰德沙里，西曰耶卑路。希腊人分为四族，曰埃阿尼族，曰德利安族，曰伊阿利族，曰渥奇安族是也。前二族较后二族强大。据现今学者之说，曰希腊人在太古时去阿利安种之地，即移小亚细亚西北部斐利嘉地，又由此地渐入希腊。盖当时居希腊者，有阿利安种属之毕拉士治族。希腊人夺其地，遂蔓延希腊全土及小亚细亚海岸一带者也。但此时前记四族中，移至希腊最先者伊阿利族及渥奇安族，其他二族系相踵而移入者也。埃阿尼族由斐利嘉地移之小亚细亚海岸，渐习水为乐，遂成乐海之俗，后竟由海路进中央希腊。而德利安族乃由斐利嘉渡黑海峡入欧罗巴，止于马基顿山地。山居者已久，以耕牧为业，于是更南下，而入伯罗奔尼撒地。德利安族南下时，其早居中部希腊及伯罗奔尼撒之他三族之人，或舍其地而移至小亚细亚海岸，德利安族亦同其迁徙之。今观纪元前八世纪时之希腊散布之状，埃阿尼族则居中部希腊各地，德利安族踞其南方之伯罗奔尼撒各地，相持不下。而埃阿尼族所开之都城，其最盛者曰雅典。德利安族所设之都城，最要者曰斯巴达。伊阿利族则居北部希腊，渥奇安族虽一时称雄南部，而久已为德利安族所压制，不复存当年之面目。而回顾小亚细亚海岸及希腊沿海岛屿，则前记四族各有其地，各开都城矣。

按当时希腊本国及小亚细亚地方之希腊人，其风气夙开，文化亦发达，而政治尚未统一。故四族分离，不能一致，且各族所设都城亦皆自立，无统一者也。如此散漫之小族，又接他为邻，是以争斗无时无之，而武艺为之发达，兵器制作远驾他国。前云希腊人勇敢多力善斗者，即此之谓也。其人勇敢，其兵精锐，故能乘亚西里亚帝征讨非尼西亚及埃及之机，征服本国中之外国殖民地，且渐延其力于海上，以占航海贸易之权利于黑海海岸，开数十之殖民地。又于苏拉斯、多岛海中之岛滨、西西利岛、南部意大利、哥塞牙、峨尔等地，到处均设殖民地。今将此等殖民地中最显著者，举其二三于下，比参修，即今之君士坦丁堡。马塞拉、即今之法国马塞港。那不里、即今意大利之那不勒。答连都即今意大利之答兰多。等是也。当彼四大强国争雄之际，希腊人始与埃及、吕底亚相结，得此二国之助，其势力益延于东方，遂握地中海上东部之霸权。

希腊人属阿利安种，由亚细亚而移住希腊者，前已言之。然希腊之地早为东方诸国民所移住，希腊人多受教于此等移住之种族者，亦自然之理也。据希腊人口碑，埃及徙来之塞克罗帕，则传埃及之文化；非尼西亚移来之加多马，则传其非尼西亚之字母；又斐利嘉人伯罗布来住南部希腊，其地方以辟，南部希腊称为〔伯罗奔尼撒〕者，盖因其名也。此等传说日经月久，固不免讹谬，然犹足以证希腊之文化乃得之东方民族者多。且希腊文化其始也并非自本国以及殖民地，乃自殖民地以及本国。彼居小亚细亚海岸之希腊人与非尼西亚及其他国民相交后，始收纳亚细亚、埃及之文化。所谓希腊文化，先发达于此地，厥后渐传入希腊本地。由是以观，彼希腊人受教于东方国民者，更勿容疑矣。

希腊人受教于东方国民，如前所云。然希腊人素性勇奋，有智略，且富于想像力及创作力，而爱美之情亦深，又能虚心接物。其天赋能力既如此，今又受教于东方国民，故其文化之发达迅速异常且高尚。彼东方之师国，反有瞠乎其后者焉。

考希腊人中最具有前记之性质者，为埃阿尼族。夫希腊人既具有此等能力，加之以其兵备武艺之发达，于是不欲长屈服于外来种族之下，遂起而逐之国外，其势日益强大。当时希腊人分四族，各族割据一方，开都城，而都城散漫，孤立无统属。一都之治俨若一国之治，皆各行其政，不相联络。又有住希腊本土之族，有隔海而开都城于小亚细亚及其他海岸者，其国民之涣散如此。团结力甚薄弱者，固其所也。惟言语、宗教相同之一事，仅能联络各地希腊人，保其团结。又希腊人自以为其言语较之他国优雅高尚，于此希腊人自视甚高，视他国为夷狄，自称曰希腊尼人。此自尊之情亦为强其种族结合之具也。又宗教相同，其所祀之神亦相同，故数都合力建神庙，为一种宗教的同盟，每年以时祭祀。是时也，同盟中之人均来会，而此类神庙遍设于希腊本土及小亚细亚殖民地。因宗教之故，各都城间自生政治上关系联络。四年祭天神之长芝哀斯及其他天神一次。祭日，东北自比参修以及西方马塞拉各地所住之希腊人，皆赴会焉。于是希腊人之结合，自此日加亲密。

希腊各都之政治，其组织不一，有君主政治、贵族政治、少数者政治、民主政治、强者政治等。而君主政治于有史以前为通行政体，而于有史以后，除斯巴达一处外，则未尝见也。况斯巴达虽为君主政治，而君权甚微，殆拥虚器。君主政治一变而为贵族政治或少数者政治。然而贵族政治与少数者政治之由来，其理盖有三焉。一由于少数之希腊人侵他民族之地，克之，开都城；二由于少数希腊人先移入其地，辟新疆，开都市，将其政权渐收之掌握，即异日有移来者，亦不许其干预政治；三由于富者之私心。此三理由实足为希腊各地贵族政治及少数者政治之起源也。

厥后时移世易，希腊人航海贸易之术大为发达，卒驾非尼西亚之上。是时也，从来行贵族政治及少数者政治之地，强者政治起焉。盖强者政治乃强者以力夺弱者之政权，而代为行之之谓也。此种人多半乘国政紊乱、民心涣散之际，出而为不平党者之领袖，借以夺政权者也。得政权之后，因覆辙之鉴，使其对下流人士格外注重，为保护利益以购其欢心，厥术可谓善矣。然因子孙相继执政之故，渐施压制之政，强者政治遂一变而成压制政治。国内骚然，民心动摇，而改变政体之问题于是复生焉。纪元前六百七十六年至五百年，为强者政治与压制政治之时代。然而当时各都城之风气已大开，国亦富足，在上者又能极意奖励学术，故诗人、美术家、学者辈出，文化大进。又以时运催政体变改之故，著名之立法家先后继出，各都政治之成典由是立焉。立法家中最著名者三人，曰来喀瓦士，即编成德利安族名都斯巴达之宪法者；曰梭伦，曰哥黎底尼，即同编定埃阿尼族之名都雅典之民主宪法者。

今将梭伦所编雅典宪法之大要，列举于左。

分人民为四级，凡有土地而岁得三万两之收入者为第一级，一万八千两、九千两及九千两以下者以次降之。各级均负从军及纳税之义务，而轻重各级不等，人民之权利亦各级不均。惟第一级人士得以充当阿康官，且一级至三级人士均得充高等会议议员等是也。

又定政府之组织如左。

一、置阿康官九人，每年选举之。其三人总理行政事务，余六人总理司法事务。而总理行政事务三人之中，以一人为代表其国者，一人掌宗教事务，一人掌军务。

二、置高等会议议员四百人，每年用抽签法任之。其职务乃定寻常会议之议题及监督政府各部之财务是也。

三、寻常会议议员无定数，勿论何人，皆可列席，且任意发言。其职务则专就高等会议处谘询之题为之决议，又选举阿康官，且每年终考察阿康官之政绩是也。

四、法院者，以阿康官在任无过失者组织之，掌管重罪裁判及监督法律施行，并监督士人私行等事。此制度因士人纳税之多寡，定其权利之多少，于是贵族多占政治上权利者，亦自然之理也。称之贵族政治，亦无不可。然又因最下级之士人犹有参政之权，不得谓为纯然贵族政治，此所以吾人谓为民主宪法也。

梭伦宪法行之未久，上下人士轧轹之风日盛，国内遂分二党。庇士多拉妥乃乘此机，率中部及北部之贫弱农人另自成党，于寻常会议时制其多数，后竟以兵夺雅典之政权，时纪元前五百三十七年。厥后十年，庇士多拉妥死，其二子相共执政。无几，次子以私怨被人杀，长子为士人中一派所不容，逃之波斯。于是当初之二党欲再兴争夺政权之难，而不料适逢哥黎底尼者跃然而出，为之改宪法，使二党于政治上权得以均衡，并预他日政权掠夺之途，时纪元前五百零九年也。今将其改订宪法之大要列下。

一、分雅典全部含雅典府及附近一带之地而言。为十部，各部又分为十团，以团为行政之单位。又为防富豪之徒武断乡曲起见，合十团成一部，不必取其地之远近，离合可以任意，专以杀豪族之势为务。

二、各部使各选五十人，统计以五百人，组织高等会议。又使各部轮番以执议会之牛耳，即各部以三十五日或三十六日为轮班之期。雅典地以三百五十四日或三百五十五日为一年。

三、阿康官之选任法，即于普通会议处，使选出候补者若干名，然后因抽签定其中之九名是也。

四、创追放境外之刑。每年于寻常会议时，察国中有无抱异志者。若议员以有决之，则更定日期，使各议员书其人名于瓦片，投之市中特设箱内，遇有六千片以上均书某一人之名者，其人即被逐于境外，非经十年不得归。

斯巴达为德利安族根据要地，伯罗奔尼撒名都也。德利安族克伯罗奔尼撒后，斯巴达地即有三种民族居焉。曰德利安族，是为真斯巴达人。其外二族曰巴里阿埃，曰黑埒士是也。第二者则由最古之时住伯罗奔尼撒，后为新来之德利安族所破，降之，即所谓亚克亚族是也。第三者奴隶也，此奴隶悉为官奴，非私奴，特自官分与斯巴达人耳。夫斯巴达一地既由此三种人民混合而居，其社会之组织亦自与雅典异。且德利安族者，其人素性勇为，尚武成俗，不似埃阿尼族之长于议论，而乃长于实行。其社会之组织、文化之发达自与雅典异者，固其所也。及来喀瓦士者出，乃就其已发达者，为之斟酌而损益之，为新定宪法，于是斯巴达之宪法成。今将来喀瓦士所定之宪法大要列举于下，以资参证。

一、国王二人。定国王二人者，系矫从前一人为私之弊。立法以后五百年间，国王曾无一欲再更宪法者。王成有名无实，国政常出于贵族。

二、元老院。以二十八名之元老为议员，王亦议员，故以实数言之，三十名议员也。年非六十以上者，不得充当议员。选举议员乃因一种特别法，当选举时，先派委员，即聚会于寻常会议处附近之一室，使元老候补者一人按次来寻常会议处，此时寻常会议议员见自党之候补者来，即同高声欢迎之。于是委员则因其欢迎之声多寡，以定其人望，而选为元老院议员。盖元老院当初其权力无限，厥后因设执政官，额定五人，权势则渐削矣。

三、寻常会议。凡年三十以上之斯巴达人，均有得充议员之权。

此会议有制定法律之权,并有决定宣战、媾和之权。惟其议题必须先经元老院议,元老院有决定无庸谘询寻常会议者,则寻常会议不得议之。

雅典人有智略,长于辩论,故每于会议必各斗其悬河之辩,争论无已。而斯巴达人反之以武士风,寡言不善辩,是以于寻常会议决定议题时,不过仅言"可"之一字而已。此外,有用投票以决可否者。

四、斯巴达原来以武立国,其民风尚质素,贱金钱,禁士人营商,专用力于武艺。一面为奖励质素之风,一面又为养成泛爱亲仁之美俗起见,令士人每年纳一定之金额于政府,而政府则以款开公谯于国都。国王以下皆临之,饮食俱供。其有不赴此公谯者,国人皆摈之,不与为伍。又男子生,则携之元老院,受议员之查验,体弱不能充武人者,其父即弃之谿谷。男子满七岁,即离父母膝下,受儿童教育官之监督,以习武艺为主。而教育目的在造就武士,故贱文学。教法甚严,而要旨总以养成能耐难苦,当公战,视身命如鸿毛,为其归宿。斯巴达人重国轻人,以为士人乃因国而存,人当舍身于国事也。雅典人文学、哲学、美术等虽已大为发达,而斯巴达人阙焉,仅武艺进步而已。希腊文化他日传之罗马及他国民,后又由罗马传之近世欧罗巴。今日欧罗巴之文明乃希腊文化之所赐,而皆出于雅典,斯巴达罕与焉。

欲论希腊宗教之大略,须先知当时希腊人以宇宙为何物。盖当时希腊人以为地球乃椭圆形,而四周皆以大海围绕。天穹状也,四边与地相接。地下有幽界,名曰哈埒斯,人死其魂降此。生人界与幽界有路数条,得以交通。幽界下又有名塔达之一界者,黑暗无底之深池也,四周以铁扉锁之,宛若牢狱。太阳亦神,其神持弓箭,乘火车,言车如火,非今日之火车也。往来于太穹。而西方大海之上,有羽翼之卧榻备焉,以待太阳来此卧之。太阳卧则微风徐送东方,而东方又有车马待焉,起则乘车马复登天。于是希腊人以为日出地与日入地皆丰饶之乐地也。且东方乐地为神所最悦,芝哀斯神常游此。西方乐地则为勇士、诗人幽魂所归。

希腊人所奉之神种类甚多,其中十二神为其最显著者,六阳神与六阴神是也。阳神之长曰芝哀斯,神人之父也,又神人之王也,怒则发雷电。其他五神,曰濮塞顿者,海神也;曰亚破洛,或云扶伊巴者,掌光明、音乐、医药、诗歌、谶言之神也;曰亚列,军神也;曰黑扶司都者,火神也,掌管用火一切艺业,且作雷电,造神人所用一切兵器;曰黑灭,掌转达天神之使命,并掌各种发明及保护商业人、盗贼。阴神之长曰黑拉,此神为芝哀斯之妹,而又为其妃也,所谓神人之母,掌男女婚姻事。其他五阴神,曰亚塞奔,又曰柏拉,智识之神也,又家事之神也;曰亚帖米,狩猎之神也;曰阿夫洛的,爱及美之神也;曰黑乔,灶神也;曰铁米达,地神也,又谷物农业之神也。罗马人起,取希腊文学、哲学、美术等以为己有,时希腊宗教亦并而取之,悉改其神名,故以上十二神亦有罗马人所附者也。此十二神中,芝哀斯者常居窝邻巴斯山岭,一朝有事,则召集十一神会议,犹地上国王召大臣谘询国政也。而芝哀斯已为神人之王,故宇宙为其所掌,但另以天为其所专管,即定昼夜、调寒暑风云雷雨等,皆其所为。且地上国王或执政者均受命于此神,而此神又以维持社会之秩序与正义为其职。

十二神外,犹有无数小神,亦有非神而居天上或地上者,又有非人之怪物,其数实不暇枚举。今择其一二,以资考证。曰哈垤,掌幽界之神也。曰乔尼萨,酒神也。曰耶洛,爱神也。曰爱里,虹霓之神也,此神掌传达芝哀斯之使命。曰耶莪鲁,风神也,此神平日被锁于窟中不得出。以上均属小神。更有缪资九人,掌传授人以美术歌咏事。此外有住山林、田野、河川、沼池、海泽之美女,称曰尼蒙腓。又有三司命,决人之生死。又有三司命罪者,曰夫幽里。以上皆非神而居天上或地上者也。至怪物则有称哈丕者三,女面鸟身,住埃阿尼海中之斯多洛发垤岛,遇有人至,即捕而食之。又有狮头羊身蛇尾口常吐火之怪物,称之曰加密拉。此外有守西方乐地金桃之龙,守幽界门之犬,上身人形,下身鸟形之怪物,奇形怪状,不遑枚举。

前所谓诸神,其形似人,而躯干之大则过之。其心亦与人无异,故其情欲行为亦与人同,惟异者力耳。形体既与人同,不得不衣食,然食者非地上物。又人有死而神无死,此神人之大不同处。而神有时可现形于人。至所谓怪物者,原来不过表人类所有感情,或暴风、火山等危险物而已,特人失其本义,而以为纯然怪物也。犹天上诸神其始也亦不过自然之现象及天然力,厥后时移世易,人遂奉为神耳。

希腊人以为在太古时神人相距不远,交际甚亲,神往往现其形与人交,故人得听神之教。厥后世渐浇漓,神人相距益远,神不复现其形与人相交，故后人欲听神教，知神意，则须用巫姑。但神或以雷电、日月蚀、疾风、猛雨、飞鸟等示其意者，然此属偶有之事。故常时欲知神意，仍必由巫姑。而巫姑问神意时，芝哀斯或亚破洛示之，他神则不与焉。问神意之法，必先择其地，以地有神所爱好与不爱好之别故耳。希腊本土及各殖民地中，亚破洛神所爱好者凡二十二，芝哀斯神所爱好者，其数则不及之。此等地多在山林之中，今举其最有名者，曰夺夺那，在耶卑唔。为芝哀斯神垂示之地，曰垤鲁发伊，亚破洛神垂示之地也。夺夺那地有深林，中有神树一株，巫姑听其枝叶鸣，即可闻芝哀斯神垂示语。垤鲁发伊地，地中有割裂之处，往往吐气出，巫姑即以其气之音为亚破洛神之垂示语。每听必专其诚，经若干时后，巫姑忽自发数语，待僧笔记之，解释其意义，而又有六韵诗书之。欲知神者，或经巫姑允诺，宿庙内，夜梦必得神意云。此地神垂示之事，验名甚著，往往传之国外。亚细亚地方国王亦有专使问神意者。希腊人凡有大事，必先至其地求神意，而于新开殖民地为尤甚。厥后因与波斯战，神之示意未甚灵验，其名始衰。

图书在版编目(CIP)数据

京师大学堂历史讲义合刊 / 屠寄等撰；刘开军编校. —上海：上海古籍出版社，2018.11
（中国近代史学文献丛刊）
ISBN 978-7-5325-8996-8

Ⅰ.①京… Ⅱ.①屠… ②刘… Ⅲ.①史学－中国－文集 Ⅳ.①K207-53

中国版本图书馆CIP数据核字(2018)第235723号

中国近代史学文献丛刊

京师大学堂历史讲义合刊

屠　寄　王舟瑶
陈黻宸　汪荣宝
服部宇之吉　撰
刘开军　编校

上海古籍出版社出版发行

（上海瑞金二路272号　邮政编码200020）

（1）网址：www.guji.com.cn
（2）E-mail：guji1@guji.com.cn
（3）易文网网址：www.ewen.co

浙江新华数码印务有限公司印刷

开本635×965　1/16　印张25.5　插页5　字数430,000
2018年11月第1版　2018年11月第1次印刷
ISBN 978-7-5325-8996-8
K·2557　定价：98.00元
如有质量问题，请与承印公司联系